DETLEV LINTZEL

EINHUNDERTNEUNZIG TAGE
DER RUNDE TISCH DES BEZIRKES HALLE
1989 – 1990

Herausgegeben von Hermann-Josef Rupieper
unter Mitarbeit von Anjana Buckow und Stefan Schäfer

Landeszentrale für politische Bildung Sachsen-Anhalt

Die Deutsche Bibliothek – CIP-Einheitsaufnahme
Lintzel, Detlev :
Einhundertneunzig Tage : Der Runde Tisch des Bezirkes Halle ; 1989 – 1990 /
Detlev Lintzel. Hrsg. von Hermann-Josef Rupieper unter Mitarb. von Anjana
Buckow und Stefan Schäfer. Landeszentrale für politische Bildung
Sachsen-Anhalt. – Halle : Mitteldt. Verl., 1997
ISBN 3-354-00953-5

ISBN 3-354-00953-5

Landeszentrale für politische Bildung Sachsen-Anhalt, Magdeburg
Druck und Binden: Wiener Verlag, Himberg
Umschlaggestaltung: Peter Hartmann, Leipzig

INHALT

VORWORT

Als im Oktober 1989 die DDR das 40jährige Bestehen mit Militärparaden, Fackelzügen und Volksfesten feierte, war dies, wie wir wissen, ihr letzter Jahrestag. Ein Jahr später war die politische Vereinigung der beiden deutschen Staaten vollzogen, hatte die DDR aufgehört zu bestehen. Einen wesentlichen Beitrag zum friedlichen Wandel 1989/90 haben die Runden Tische geleistet. Hier trafen die neuen politischen Gruppierungen, Neues Forum, Demokratischer Aufbruch, Demokratie Jetzt, SDP – um nur einige zu nennen – mit den alten, bisherigen staatstragenden Kräften zusammen. Hier wurde versucht, für die vielfältigen schwerwiegenden Probleme Lösungsvorschläge zu erarbeiten, hier wurde aber auch die in allen Bereichen desolate Lage der DDR offensichtlich. Ob Gesundheitswesen, wirtschaftliche Entwicklung, Umwelt, baulicher Zustand der Städte und Gemeinden etc., hier kamen die verheerenden Fakten auf den Tisch, wurde öffentlich gemacht, was jahrzehntelang verschwiegen oder schöngeredet worden war.

In der vorliegenden Publikation wird die Geschichte des Runden Tisches des Bezirkes Halle in den Jahren 1989/90 dokumentiert. Ihren besonderen Wert erhält die Dokumentation dadurch, daß neben den offiziellen Tagungsprotokollen die individuellen Eindrücke und Reflexionen eines Teilnehmers an diesem Runden Tisch stehen. Der inzwischen verstorbene Detlev Lintzel war als Verwaltungsleiter eines Krankenhauses in Wittenberg und Delegierter des Neuen Forums von Beginn an Teilnehmer der Sitzungen und leitete dabei die Arbeitsgruppe Gesundheits- und Sozialwesen. In seinen Aufzeichnungen wird die zwischen Anfangseuphorie und schleichender Resignation in der Endphase der Runden Tische sich bewegende Stimmungslage erkennbar, als deutlich wurde, daß die politische Entwicklung den Runden Tischen ihre Bedeutung genommen hatte. Dennoch bleibt festzuhalten, daß die Runden Tische in der Übergangsphase von der SED-Diktatur zur parlamentarischen Demokratie äußerst erfolgreich waren, da es ihnen gelang, durch Einbindung der alten, staatstragenden Kräfte den Prozeß des Wandels friedlich zu gestalten.

Die Landeszentrale für politische Bildung Sachsen-Anhalt dankt dem Herausgeber, Herrn Prof. Dr. Hermann-Josef Rupieper, sowie seinen Mitarbeitern für deren sorgfältige Bearbeitung der vorliegenden Dokumentation. Mit dieser Veröffentlichung wird eine weitere Lücke in der Aufarbeitung der Geschichte des Landes Sachsen-Anhalt geschlossen.

Bernd Lüdkemeier
Direktor der Landeszentrale für
politische Bildung Sachsen-Anhalt

EINLEITUNG

Der Runde Tisch des Bezirkes Halle

Für die Bürgerbewegungen in der DDR waren Runde Tische die ersten Institutionen, in denen sie als Oppositionsgruppen zunächst mit der Nationalen Front und später mit den umbenannten (SED-PDS) und zum Teil neugegründeten Parteien in einen offiziellen politischen Dialog treten konnten. Dieser Dialog richtete sich nicht nur auf die Überwindung der Parteidiktatur der SED, sondern in ihm wurden nahezu alle bedeutenden gesellschaftspolitischen und ökonomischen Fragen behandelt[1]. Ziel der Bürgerbewegungen und ihrer Vertreter an den Runden Tischen war es zunächst, zusammen mit den Vertretern der Regierungen und der Parteien die politische und ökonomische Krise in der DDR zu meistern und weiterhin ihre nationale Eigenständigkeit auf demokratisch legitimierter Basis zu sichern. Diese Phase des gesellschaftlichen Umbruchs in der DDR erfolgte, nachdem in der "Herbstrevolution"[2], in der Zeit der großen Montagsdemonstrationen bis zum Rücktritt von Erich Honecker und der kurzen Zwischenphase unter seinem Nachfolger Egon Krenz als Staatsratsvorsitzender (bis 6.12.1989), der revolutionäre Durchbruch zur Beseitigung der SED-Diktatur zwar noch nicht abgeschlossen, die Parteiführung jedoch weitgehend in die Defensive gedrängt worden war und nur noch auf die Forderungen der aufgebrachten Bevölkerung reagierte. Die SED-Parteidiktatur und ihr Machtinstrument, das Ministerium für Staatssicherheit, wirkten unsicher, desorientiert und verloren mehr und mehr ihren Bedrohungscharakter. Der Machtapparat und das Selbstbewußtsein der SED-Kader waren zutiefst ersc\u00fchttert, wenn auch noch nicht ausgeschaltet. Noch klammerten sich die alten Kader an den Führungsanspruch der Partei und beharrten auf der "Sachkompetenz" des Apparates. Allerdings brachen auch in der SED Anfang November die Gegensätze zwischen der alten Parteiführung und der auf Veränderung drängenden Parteibasis offen auf. In einigen Bezirken wurden z.B. die 1. Bezirkssekretäre nur 24 Stunden nach ihrer Wiederwahl auf der Plenartagung des SED-Zentralkomitees am 9. November 1989 wieder abgesetzt. Das System implodierte unter dem Druck der grundsätzliche Reformen fordernden Bürger, zumal deutlich wurde, daß die sowjetische Staats- und Militärführung unter Michail Gorbatschow das abgewirtschaftete SED-Regime nicht stützen würde und gleichfalls Reformen erwartete. Die DDR-Gesellschaft entwickelte allmählich - wenn auch noch äußerst labile -

---

[1] Haufe, Gerd u. Karl Bruckmeier (Hg.): Die Bürgerbewegungen in der DDR und in den ostdeutschen Bundesländern. Opladen 1993.

[2] Zur Problematik des Revolutionsbegriffs vgl. Richter, Michael: Die Revolution in Deutschland 1989/1990. Anmerkungen zum Charakter der "Wende". Dresden 1995, S. 14.

pluralististische Strukturen. Die Reformer in der Bürgerbewegung eroberten immer mehr gesellschaftliche Freiräume und begannen, einen verordneten Sozialismus durch basisdemokratische Strukturen zu ersetzen. In einem zähen Kampf gelang es ihnen allmählich, Zugang zu staatlichen Machtpositionen zu erlangen, sich in die Infrastruktur der Entscheidungen einzuschalten und den Unterdrückungs- und Sicherheitsapparat des Ministeriums für Staatssicherheit zu entmachten[3].

Die intellektuellen Exponenten der Bürgerbewegung, die als oppositionelle Kräfte auf die Straße gegangen waren und lange das Interesse der westlichen Medien gefunden hatten, fühlten sich allerdings teilweise von den sich herauskristallisierenden Zielen der friedlichen Revolution der Bevölkerung überrumpelt. Die Forderung nach dem nicht-geplanten Systemwechsel führte dazu, daß dieser Personenkreis nicht unbeträchtliche Schwierigkeiten mit dem Ruf nach nationaler Einheit - "Deutschland einig Vaterland" - durchlebte, der aus spontanen Aktionen der demonstrierenden Mehrheit entstand. Schließlich wollten die Bürgerrechtler Reformen der bestehenden Gesellschaft, warnten vor den Gefahren der westlichen Konsum- und Ellenbogengesellschaft und der Aufgabe der Eigenstaatlichkeit der DDR[4]. Man verstand sich als Teil der bisher fehlenden öffentlichen Kontrolle auf staatlicher Ebene, in den Bezirken und in den städtischen Verwaltungen und forderte, von der Regierung über wichtige rechts-, wirtschafts- und finanzpolitische Entscheidungen informiert zu werden. Gleichzeitig kümmerten sich die Bürgerrechtler um eine Bestandsaufnahme der "Altlasten" der Herrschaft des real-existierenden Sozialismus: von der Darstellung der Umweltschäden bis zur Gesundheitspolitik, von der Situation auf dem Arbeitsmarkt bis zur Analyse staatlicher Produktionszahlen, von der Aufdeckung der Funktion des Staatssicherheitsapparates bei der Kontrolle der Bevölkerung bis zur Rolle von Polizei und Militär[5].

In der DDR gab es neben einem Zentralen Runden Tisch in Berlin, der am 7.12.1989 gegründet worden war[6], Runde Tische in den Bezirks- und Kreisstädten sowie in vielen anderen Orten. Ebenso existierten themenbezogene und institutionenbezogene Runde Tische, wie zum Beispiel der "Runde Tisch der Jugend", der "Runde Tisch der Universität", der "Runde Tisch der Medizin" usw. Die regionalen und lokalen Runden Tische wurden genau wie der Zentrale Runde Tisch häufig von Vertretern der beiden großen Konfessionen geleitet, die als unabhängige und überparteiliche Moderatoren die Neutralität der Sitzungen gewährleisten sollten[7].

Runde Tische waren allerdings kein DDR-spezifisches Phänomen, sondern es hat sie in verschiedenen osteuropäischen Ländern in der Endphase des Zusammenbruchs der kommu-

---

3 Vgl. Süß, Walter: Revolution und Öffentlichkeit, in: Deutschland-Archiv 23 (1990), S. 214 - 217.

4 Vgl. z.B. Weiß, Konrad: Kein Tag in diesem Land war umsonst, in: Blätter für deutsche und internationale Politik 35/ 1990, S. 555 - 558; Bahrmann, Hannes u. Christoph Links: Chronik der Wende. Die DDR zwischen 7. Oktober und 18. Dezember 1989. Berlin 1994, S. 90, S. 96, S. 102, S. 122 mit weiteren Beispielen.

5 Vgl. hierzu die Beispiele in der Dokumentation.

6 Thaysen, Uwe: Der Zentrale Runde Tisch der DDR. Leistungen und Legenden, in: Fricke, Karl Wilhelm, Hans Lechner u. Uwe Thaysen: Errungenschaften und Legenden. Runder Tisch, Willkürherrschaft und Kommandowirtschaft im DDR-Sozialismus (Deutschland-Report 11). Melle 1990, S. 55 - 79; ders.: Der Runde Tisch. Oder: Wo blieb das Volk? Der Weg der DDR in die Demokratie. Opladen 1990.

7 Haufe/Bruckmeier, a.a.O., S. 85. Zum Verlauf der Revolution Bahrmann/ Links, a.a.O.

nistischen Machtapparate gegeben. Die Runden Tische als Versuch der Regelung politischer, gesellschaftlicher und wirtschaftlicher Probleme waren in Polen entstanden[8]. Sie durchliefen in der Endphase der DDR zumeist mehrere Stadien: Neben der Informationsbeschaffung, bis dahin ein Monopol der SED, durch das die Mehrheit der Bürger von relevanten Informationen über gesamtgesellschaftliche Entwicklungen ausgeschlossen worden war, galt es ferner, die Überwachungspraxis des Ministeriums für Staatssicherheit zu durchleuchten - ein Thema, das die meisten Bürger der DDR erst das ungeheure Ausmaß der staatlichen Überwachungspraxis erkennen ließ. Genauso wichtig wie diese Funktionen, auf die noch zurückzukommen sein wird, war das anfängliche Selbstverständnis der Runden Tische[9]. Sicherlich sah man sich als Institutionen, die zunächst keine parlamentarische Basis besaßen, sich aus Delegierten der Parteien und neu entstandenen Organisationen zusammensetzten, deren vornehmste Aufgabe es war, den Übergang von der Diktatur zu einer demokratisch strukturierten Gesellschaft zu erleichtern. Man wollte und konnte zunächst kein Parlamentsersatz sein, da die politische Legitimation fehlte. Andererseits deutet die Vielfalt der Themen, mit denen sich die Runden Tische beschäftigten, darauf hin, daß zumindest in der Anfangsphase einige, wenn nicht die Mehrheit der Runden Tische in ihrem Selbstverständnis davon ausgingen, daß sie auf breiter Basis alle reformwilligen Kräfte der DDR-Gesellschaft, unabhängig von der Parteizugehörigkeit und einschließlich der alten Kader, organisieren sollten. In diesem Sinne war man auf der Suche nach einem dritten Weg zwischen dem politischen System der alten Bundesrepublik und dem noch stärker abgelehnten, überholten System der DDR. Das Ziel war ein humaner Sozialismus, der die bolschewistischen Strukturen der Einparteienherrschaft und des demokratischen Zentralismus überwinden und die Gesellschaft auf parlamentarisch-demokratischer Basis reformieren sollte. Die Forderung der Überwindung des real-existierenden Sozialismus bei gleichzeitiger Ausschaltung der vielfältigen Deformationen des Systems bedeutete zunächst nicht, daß unter den Reformern die Bereitschaft zur Übernahme des Systems der Bundesrepublik bestanden hätte, das man zudem wenig kannte und das auch vielen als wenig nachahmenswert erschienen sein mag[10].

Reformer und revolutionäre Massenbewegungen unterschieden sich sehr bald voneinander. Diese Hoffnung auf einen dritten Weg, die Erwartung, durch Diskurse gleichberechtigter Personen und Gruppen politikfähige Entscheidungen vorzubereiten, einzuleiten und letztlich durchsetzen zu können, erklärt auch die Enttäuschung der Mitglieder der Bürgerrechtsbewegung nach den Wahlen im März 1990, die die Etablierung des politischen Systems der alten Bundesrepublik in den neuen Bundesländern brachte. Die Erkenntnis, daß ein dritter Weg nicht möglich sein würde, setzte sich jedoch nicht erst nach den Wahlen durch, sondern findet sich teilweise bereits in der Endphase der Runden Tische vor den Volkskammerwahlen am 18. März 1990[11]. Partei- bzw. gruppenübergreifende Initiativen gingen, wie auch Dokument 11.

---

8 Haufe/Bruckmeier, a.a.O.

9 Vgl. Thaysen, Der Runde Tisch, S. 49ff.

10 Ebd.

11 Vgl. Thaysen, Der Runde Tisch, S. 191.

(Beratung des Runden Tisches vom 1.3.90) für den Bezirk Halle zeigt, bereits in der Wahlkampfphase unter. Den meisten Mitgliedern des Runden Tisches des Bezirkes Halle dürfte Anfang 1990 klar geworden sein, daß mit der Volkskammerwahl und den folgenden Landtags- bzw. Gemeindewahlen sich ihre bisherige Tätigkeit dem Ende näherte und eine repräsentative Parteiendemokratie entstand.

Die hier vorgelegte Dokumentation ist eine einzigartige historische Quelle, welche die Berichterstattung über die Geschichte des Runden Tisches des Bezirkes Halle mit den persönlichen Erfahrungen und Eindrücken eines Teilnehmers derart verbindet, daß der Leser etwas über die innere Dynamik der Verhandlungen am Runden Tisch erfährt. Die Berichte verdeutlichen die allmähliche Politisierung von Detlev Lintzel, bis 1989 Verwaltungsleiter des größten konfessionellen Krankenhauses in der DDR, des "Paul-Gerhardt-Stifts" in Wittenberg. Lintzel war zu diesem Zeitpunkt 57 Jahre alt. Er hatte eine Ausbildung im kirchlichen Dienst absolviert und sich vornehmlich mit Betriebswirtschaft, Logistik von Betriebstechnologie und Bauwirtschaft beschäftigt. In seiner Tätigkeit als Verwaltungsleiter des Krankenhauses hatte er sich auch um Fragen der Ausbildung von Personal gekümmert und neben seiner offiziellen Tätigkeit zu Fragen von Staats- und Kirchenrecht gearbeitet. Mitte September 1989 hatte er über seinen Schwiegersohn, Pfarrer in Weißenfels, erstmals Informationen über das Neue Forum erhalten. Seit diesem Zeitpunkt befand er sich in Kontakt zu einem Kreis, aus dem das Neue Forum in Dessau entstand. In diesem Rahmen war er nach eigenen Angaben als Ghost-Writer für Mitglieder des Dessauer Neuen Forum tätig gewesen. Seit dem 16. Dezember 1989, an dem Lintzel zum ersten Mal zur Bezirksdelegiertenkonferenz der Sprecherräte des Neuen Forums aus den Kreisen nach Halle fuhr, um über die weitere Arbeit des Neuen Forum zu beraten - Bürgervertretung oder Gründung einer Partei -, war Lintzel Mitglied des Runden Tisches für den Bezirk Halle. Bei dieser Sitzung erfuhr Lintzel erstmals von der Gründung eines Runden Tisches in Halle, und er wurde von den Delegierten des Neuen Forum als Vertreter bestimmt. Die 1. Beratung des Runden Tisches des Bezirkes Halle hatte bereits am 12. Dezember 1989 stattgefunden. In den Unterlagen Lintzels befindet sich jedoch nur die Tagesordnung.

Lintzel nahm seit dem 21. Dezember 1989 an allen Sitzungen des Runden Tisches teil. Aber bereits Ende Februar/Anfang März 1990 dachte er über einen Rückzug von seinen bisherigen Aktivitäten nach (vgl. Dok. vom 15. März 1990). Berufsleben in Wittenberg und abendliche Sitzungen in Halle waren bei der problematischen Verkehrssituation kaum noch miteinander zu vereinen, zumal Lintzel auch in weiteren Kommissionen tätig war. Nach Monaten aufreibender Tätigkeit fühlte er sich überfordert von dem Vorsitz in der Gesundheitskommission des Bezirkes Halle und der zeitweisen Mitarbeit in der Regierungskommission für die Region Bitterfeld/Wolfen, sicher war er auch enttäuscht über die geringe Reichweite der Reformdiskussionen. Endgültig zum Ausscheiden hat er sich am 20. März 1990 entschlossen, nachdem er in einer sehr emotionalen und persönlichen Weise zur Wahl eines neuen Rektors der Martin-Luther-Universität Stellung genommen hatte. Lintzel vertrat die Auffassung, daß der Geist der Erneuerung bisher noch nicht die Universität erreicht hatte. Er befürchtete, daß die internen Machtstrukturen so erhalten werden könnten: "wie sie in den letzten 40 Jahren bestanden" haben. Beigetragen hat zu dieser Entwicklung sicherlich, daß Lintzel immer mehr von der Machtlosigkeit des Runden Tisches bei der Durchsetzung von Reformen ausging. Lintzel hatte auch erkannt, daß ohne eine vollständige Erneuerung des gesamten Systems - vom Austausch ehemaliger SED-Funktionseliten bis zur Gründung neuer Gewerkschaften - keine wirkliche demokratische Entwicklung eingeleitet werden konnte. Eine Reform des Systems hielt er nicht mehr für möglich, nur seine Abschaffung. Er mußte jedoch überrascht zur Kenntnis nehmen, daß die neugewählte Volkskammer der DDR einen beachtlichen Vertrauensbonus besaß, der bisher verhindert hatte, daß die DDR nach der Ablösung der alten Kader auseinanderbrach bzw. sich Anarchie im Lande breitmachte. Doch wenn er auch auf eine Tätigkeit für das Neue Forum am gemeinsamen Runden Tisch eines zukünftigen Landes Sachsen-Anhalt verzichtete, so wollte er doch durch die Mitarbeit in der ad hoc-Gruppe Gesundheits- und Sozialwesen auch zukünftig an der Gestaltung einer neuen Politik mitwirken und seine Fähigkeiten einbrigen.

In dieser Funktion hat er die folgenden Dokumente gesammelt und sie mit seinen persönlichen Erinnerungen über den Verlauf der Sitzungen ergänzt, die er in der Regel abends nach den Versammlungen niederschrieb. Das gesamte Manuskript hat er mir noch vor seinem Tode im Dezember 1993 zur Prüfung angeboten. Sein Schwiegersohn Dr. Lothar Tautz, ein Mitglied des Runden Tisches in Weißenfels, übergab mir dieses Manuskript. Bei der Edition, die von Frau Anjana Buckow und Herrn Stefan Schäfer vorbereitet worden ist, sind folgende Prinzipien angewandt worden: Grundsätzlich wurden alle Abkürzungen der Namen aufgelöst, soweit dies möglich war und es sich um Mitglieder der am Runden Tisch vertretenen Organisationen handelte. Erstmals genannte Institutionen wurden ebenfalls entschlüsselt. Das Gesamtmanuskript ist an wenigen Stellen gekürzt worden. Sehr persönlich gehaltene Passagen, zumeist in Traumform dargestellte Reaktionen auf die Erfahrungen am Runden Tisch, wurden entfernt. Ansonsten wurde das Manuskript im ursprünglichen Zustand belassen, Tippfehler wurden stillschweigend korrigiert. Ein Abkürzungs- und ein Namensverzeichnis wurden erstellt. Zur weiteren Lektüre und zur vergleichenden Analyse mit Entwicklungen an anderen Orten wurde für den wissenschaftlich interessierten Leser eine kleine Bibliographie angefertigt.

Die Protokolle des Runden Tisches, Anträge und Informationen über die wirtschaftliche Situation in der DDR, den Umweltschutz, das Gesundheitswesen und die Situation auf dem Wohnungsmarkt stellen 80% des Textes. Hier handelt es sich um eine Bestandsaufnahme für den Bezirk Halle 1989/90, die auch Vergleiche mit Entwicklungen in anderen Bezirken erlaubt. Die hier vorliegenden Dokumente lassen die breite gesellschaftliche Basis des Runden Tisches erkennen, der in seinem politischen Selbstverständnis Platz für die Vertreter aller gesellschaftlichen Gruppen bieten sollte. Es kam nicht zu einer Ausgrenzung ehemaliger Funktionsträger, auch wenn die Reformkräfte vorherrschten. Vertreter der SED/PDS konnten genauso als Delegierte an den Sitzungen teilnehmen wie Vertreter der Volkspolizei oder des Verbandes der Berufssoldaten. Nach der Umwandlung des Ministeriums für Staatssicherheit in das Amt für Nationale Sicherheit nahm zeitweise auch ein Vertreter dieser Organisation an den Gesprächen teil. Diese begrenzte Kooperation reformwilliger Kräfte mit Vertretern der alten Partei- und Funktionseliten kennzeichnete überall die Arbeit der Runden Tische und erlaubte einen allmählichen Übergang der Macht und die Ablösung der SED-Strukturen[12]. Die verschiedenen Formen der Kooperation von Vertretern des alten Staatsapparates und Reformkräften führten zu einer schrittweisen Transformation des Systems, ohne daß es zu massivem Einsatz von Gewalt kam[13].

Diese Interpretation wird auch durch die Hallenser Entwicklung gestützt. Am 12. Dezember einigte sich der Runde Tisch des Bezirkes auf folgendes Selbstverständnis: "Der Runde Tisch ist keine parlamentarische Einrichtung". Zu den zentralen Themen der ersten Sitzungsrunde gehörten "Sicherung der Gewaltfreiheit", "Wie kommen wir über den nächsten Winter", "Zugang zu den Medien" und "Umgang mit den Folgen der Amnestie". Bereits in der 1. Beratung wird deutlich, daß die bisherige Exekutive, der Rat des Bezirkes, vertreten durch seine führenden Repräsentanten, bis zur Auflösung des Runden Tisches weiterhin eine wichtige Rolle spielte, auch wenn der Runde Tisch für sich in Anspruch nahm, "verbindliche Empfehlungen an den Rat des Bezirkes" zu erarbeiten, eine "Kontrollfunktion" ausüben wollte und für den Rat eine "Informationspflicht" vorsah. Außerdem sollte der Rat an "verbindliche Empfehlungen" gebunden werden. Dies geschah zunächst offenbar nicht. Vielmehr entwickelte sich eine beachtliche Kooperation. Die Kooperation mit dem Rat des Bezirkes ging sogar so weit, daß noch am 15. März 1990 (Protokoll Nr. 12) auf Antrag der PDS das Abstimmungsrecht der neuen Mitglieder des Rates des Bezirkes am Runden Tisch mehrheitlich beschlossen wurde. Auch auf Seiten der noch existierenden alten staatlichen Repräsentanten war unter dem Druck der Öffentlichkeit eine beachtliche Kooperationsbereitschaft entstanden. Der Rat des Bezirkes verstand sich allerdings spätestens seit Anfang Februar 1990 als Exekutive zur "Umsetzung verbindlicher Empfehlungen des Runden Tisches" (Ratssitzung am 15.3.90). Die Mehrheit der Mitglieder des Runden Tisches war sich durchaus bewußt, "daß in dieser Phase der Umgestaltung der DDR mit den alten Administrationen und deren Kenntnissen der Verflechtungen und Weisungsrechte etc. weitergearbeitet werden muß, in der Hoffnung auf Loyalität und eine gewisse Kontrolle durch den Runden Tisch". (4. Beratung des Runden Tisches, 18.1.1990). Der Runde Tisch verstand sich als "Übergangsamt", als "zeitbegrenztes Amt" mit beschränkter Legitimation. Eine weitere Machtausdehnung des Runden Tisches war kaum möglich, da die Personaldecke für die Übernahme von Ämtern nicht ausreichte. Die meisten Angehörigen der Reformorganisationen standen voll im Berufsleben und konnten nicht vorübergehend Ämter übernehmen. Auf hauptamtliche Mitarbeiter der Blockparteien wollten die Vertreter der neuen Organisationen nicht zurückgreifen. Dieses Problem hatte sich bereits bei den Diskussionen um den Zugang zu den Medien gestellt, als sehr schnell deutlich wurde, daß die alten Leitungen weiterhin bestimmenden Einfluß ausübten (2. Beratung des Runden Tisches, 21.12.1989), sachkundige Vertreter der Reformer zur Überwachung der Presse jedoch nicht zur Verfügung standen. Ähnlich war die Situation in anderen Bereichen der Verwaltung oder der Sicherheitspolitik.

Die allmähliche Auflösung der Macht des Rates des Bezirkes setzte jedoch bereits vor der

---

[12] Ders., Der Einigungsvertrag in seiner praktischen Bewährung, in: Deutschland Archiv 25 (1992), S. 233-242.

[13] Glaeßner, Gert-Joachim: Der schwierige Weg zur Demokratie. Vom Ende der DDR zur deutschen Einheit. 2. durchgesehene Aufl., Opladen 1992, S. 85.

Jahreswende ein, versuchte der Rat doch, dem Runden Tisch Probleme zuzuspielen, für deren Lösung er sich nunmehr offensichtlich überfordert fühlte oder in Anbetracht der ungeklärten Entwicklungen zurückhaltend agieren wollte. Wie unsicher der Runde Tisch Halle hinsichtlich seines Selbstverständnisses war, wie stark seine Mitglieder zunächst noch auf die obrigkeitsstaatliche Bestätigung angewiesen war und wie unsicher man sich ohne staatliche Leitlinien fühlte, zeigt die Aufforderung an den Vorsitzenden des Rates des Bezirkes, das Selbstverständnis des Runden Tisches der "Regierung der DDR vorzulegen und regierungsamtlich bestätigen zu lassen" (21.12.1989). In dieser Phase funktionierte der Runde Tisch offenbar als Diskussionsrunde, während der Vorsitzende des Rates des Bezirkes die Kontakte zur Regierung und anderen Gremien aufrechterhielt. Gleichzeitig begann der Runde Tisch jedoch damit, auf dem Antragswege den Rat zur Vorlage von Grundlagenpapieren wie zum Beispiel zur Lehrerfortbildung, zur Situation in den Schulen oder zum Gesundheitswesen aufzufordern und Kontrollfunktionen zu übernehmen (21.12.1989). Um die Jahreswende 1989/90, nach dem Beschluß des Ministerrates der DDR zur Unterstützung der Arbeit des Zentralen Runden Tisches vom 21. Dezember 1989 ging diese Phase zu Ende.

Allerdings kam es auch hier nicht zu einer direkten Machtübernahme. Der Runde Tisch "regierte mit" oder wirkte als Steuerungsinstrument[14]. Dies wird besonders bei der Auflösung des Apparates der Staatssicherheit deutlich. Am 4.1.1990 faßte der Runde Tisch den Beschluß, der Rat möge die Offenlegung "der konkreten Maßnahmen nach Art und Zeit der Auflösung des Bezirksamtes für Nationale Sicherheit" bekanntgeben und die Akten des MfS unter Aufsicht einer "Autorisierten Bürgergruppe" abtransportieren. Gleichzeitig wurde auch deutlich, daß der Runde Tisch dem Ministerratsbeschluß zur Bildung des Amtes für Nationale Sicherheit im Bezirk Halle nicht zustimmte, eigene Meinungen vertrat und vom Rat des Bezirkes die Aussetzung dieses Beschlusses forderte. Am 18.1.1990 trat eine entscheidende Zäsur in den Beziehungen zwischen dem Runden Tisch und dem Rat des Bezirkes ein. Inzwischen war durch das Ausscheiden des Vorsitzenden des Rates und den Rücktritt des 1. Sekretärs der SED-Bezirksleitung Hans-Joachim Böhme, der im Dezember wegen Amtsmißbrauch angeklagt wurde, eine personelle Änderung eingetreten. Nunmehr übernahm der Runde Tisch zunehmend die Funktion einer Regierung, die vom Rat des Bezirkes die Umsetzung von Maßnahmen in so heterogenen Aufgabenbereichen wie dem Umweltschutz, dem Betrieb von Chemieanlagen, der Gesundheits- und Haushaltspolitik, der Umschulung von Berufssoldaten und natürlich der Auflösung des Amtes für Nationale Sicherheit einforderte. Da der Rat des Bezirkes sich im Verlauf des Monats Februar allmählich auflöste, erfolgte am 22.3.1990 eine Auffüllung der freien Mandate entsprechend dem anteiligen Bezirksergebnis der Volkskammerwahlen vom 18.3.1990. Das Ziel war die Sicherung der Arbeitsfähigkeit des Bezirkstages bis zu den Landtagswahlen. Zwischen dem Runden Tisch und dem Rat des Bezirkes entstand ein Koalitionsrat (19.4.1990). Auf regionaler Ebene war eine legale Machtübernahme erfolgt, ohne daß Gewalt eingesetzt worden wäre.

Welche bedeutende Rolle Sicherheitsfragen und die Auflösung des Amtes für Nationale

[14] Zum Begriff Thaysen, Der Runde Tisch, S. 76.

Sicherheit, der Nachfolgeorganisation des Ministeriums für Staatssicherheit[15], für die Arbeit des Runden Tisches spielten, wird an den Themen deutlich, die immer wieder verhandelt werden mußten - Umgang mit konspirativen Wohnungen und Objekten, Sicherung der MfS-Akten, Verhinderung der unkontrollierten Einsichtnahme in Akten im Interesse des Personen- und Datenschutzes, die nur allmählich durchgesetzt werden konnten (vergleiche z.B. 4.1.1990, 15. März 1990, 5. April 1990, 17. Mai 1990, 31. Mai 1990). Die Hinhaltetaktik der alten Kader beim Zugang zu Unterlagen der Staatssicherheit in Halle erleichterte zweifelsohne die Arbeit der "Reißwölfe" bei der Vernichtung relevanter Materialien.

Andererseits mußte der Runde Tisch sich auch mit Beschuldigungen oder Denunziationen von ehemaligen MfS-AfNS-Angehörigen beschäftigen, was häufig zu schweren Konflikten in den Familien, Zusammenbrüchen und gesellschaftlichen Zerreißproben führte (19. April 1990). Zu den bemerkenswerten Entwicklungen dieser Phase gehört auch, daß die SED-PDS bei der Auflösung des ehemaligen Amtes für Nationale Sicherheit mitarbeiten durfte (19. April 1990).

Von ganz besonderer Bedeutung in diesen Diskussionen war die Sorge, daß ehemalige Mitarbeiter des MfS, des AfNS oder auch der alten Parteien und Institutionen als Lehrer und Erzieher im Stadtbezirk Halle seit Oktober 1989 Unterschlupf finden könnten. Daher überprüfte der Runde Tisch alle Einstellungen von Lehrkräften seit Oktober 1989 und versuchte, die Arbeitsverhältnisse von diskreditierten Vertretern im Bereich Volksbildung rückgängig zu machen (15. März 1990, 5. April 1990). Diese Sorge erwies sich jedoch als weitgehend unberechtigt. In der 18. Sitzung des Runden Tisches am 31.5. wird deutlich, daß im Untersuchungszeitraum in sechs Kreisen keine strittigen Einstellungen erfolgt waren. In Halle erfolgt die Auflösung eines Arbeitsvertrages, in Weißenfels von zwei, in Naumburg war zu diesem Zeitpunkt ein Fall noch ungeklärt. Allerdings votierten z.B. die Elternvertreter einer Schule in Halle für die Beschäftigung eines ehemaligen Mitglieds des AfNS als Klassenleiter (Dok. 1. Februar 1990). Genaue Angaben über strittige Einstellungen fehlen jedoch bzw. sind nicht überprüfbar (vgl. Dok. 8. Februar 1990).

Die gute Zusammenarbeit mit dem Rat des Bezirkes führte schließlich dazu, daß der Runde Tisch dem Vorschlag der Regierung der DDR an das Präsidium der Volkskammer, den Bezirkstagen die Auflösung der Runden Tische nach dem 6. Mai 1990 zu empfehlen, nicht folgte. Im Gegenteil, auf Antrag der PDS wurde eine Vorlage eingebracht, die sich gegen diese Empfehlung aussprach und auch beschloß, die Arbeit des Runden Tisches fortzuführen. Gleichzeitig wurden alle am Runden Tisch vertretenen Parteien und politischen Organisationen aufgefordert, den Volkskammerabgeordneten des Bezirkes Halle zu empfehlen, diesen Standpunkt in der Volkskammer zu unterstützen. Zumindest wollte man die Tätigkeit bis zu den Landtagswahlen fortführen (3. Mai 1990). Wenig später am 31. Mai 1990 erfolgte jedoch die Entscheidung zur Beendigung der Arbeit des Runden Tisches.

Zu diesem Zeitpunkt scheint der Runde Tisch bereits jeden direkten Kontakt mit der Bevölkerung verloren zu haben. Trotz der massenhaften Beteiligung an Demonstrationen war eine

---

15 Vgl. hierzu jetzt: Hans-Peter Löhn, „Unsere Nerven lagen allmählich bloß". MfS und SED im Bezirk Halle, BF informiert Nr. 13, Berlin 1996.

allgemeine Politisierung der Bevölkerung, die sich als Mitarbeit in den neuen Parteien und Organisationen hätte zeigen können, nicht erfolgt. Wie prekär die Lage war bzw. wie stark die Arbeit des Runden Tisches ohne die direkte Unterstützung durch die Bevölkerung erfolgte, wird nicht zuletzt daran deutlich, daß es in den Gemeinde- und Landtagswahlen große Schwierigkeiten gab, überhaupt Wahlvorstände zusammenzustellen (13. Mai 1990).

Zu den ganz zentralen Problemen, mit denen sich der Runde Tisch gleichfalls intensiv zu beschäftigen hatte, gehörten auch die Arbeitsplatzsituation in der Umbruchszeit, der Zusammenbruch der Produktion und die Flucht aus DDR-Produkten. Die Sorge um die Erhaltung der Arbeitsplätze und die Steuerung des Absatzes zählten zu den wichtigsten Themen der Tagesordnung. Bereits im Mai 1990 wurde deutlich, daß in einzelnen Bereichen, so in der Schuhindustrie in Weißenfels und in der Filmindustrie Wolfen, der Arbeitsmarkt zusammenbrach. Ähnliche Erfahrungen machte man in der Landwirtschaft (3. Mai 1990). Mit Beginn des Jahres 1990 hatten im Vergleich zu Anfang 1989 die Verfahren zu Arbeitsrechtsstreitigkeiten um 127% zugenommen. 50% aller Streitfälle betrafen Einsprüche von Werktätigen gegen ausgesprochene fristlose bzw. fristgemäße Kündigung unter Verletzung des AGB. Belegschaften wandten sich immer wieder zur Klärung von arbeitsrechtlichen Fragen an den Runden Tisch (Vereinigte Mühlenwerke Saale-Mühlen 15. April 1990). Hier hatte die Arbeiterschaft die Umwandlung des Betriebes in eine GmbH unter Einbeziehung der Belegschaft gefordert (5. April 1990). Der VEB PV-Metall Halle wandte sich an den Runden Tisch mit dem Antrag zur Übernahme von Schlüsselkopiermaschinen zur Nachschlüsselfertigung vom ehemaligen Amt für Nationale Sicherheit (22. März 1990).

Die Kündigungswelle, die Anfang 1990 die Betriebe erfaßte, wurde von den Betriebsleitungen häufig mit Umstrukturierungsmaßnahmen bzw. Betriebsauflösungen begründet, so daß sich der Runde Tisch verpflichtet fühlte, daran zu erinnern, daß derartige Entscheidungen von den Betriebsleitern den Kontrollausschüssen, die in den Betrieben gebildet werden sollten, vorzulegen seien. Alle bereits vorgenommenen bzw. beabsichtigten Entlassungen waren auf ihre Gesetzmäßigkeit zu überprüfen (8. März 1990).

Von ganz besonderer Bedeutung war ferner die Beschäftigung mit der Umweltsituation im Raum Bitterfeld/Wolfen: die Untersuchung des Gesundheitszustandes der Bevölkerung in dieser industriellen Problemregion, der Naturschutz, die Müllentsorgung usw. Für diesen Bereich wurde eine ad hoc-Gruppe Gesundheits- und Sozialwesen gegründet. In diesem sensiblen Bereich werden aber auch die beträchtlichen Schwierigkeiten bei der Arbeit des Runden Tisches deutlich. Informationen waren nur schwer erhältlich und wurden nur unter Druck oder aufgrund persönlichen Einsatzes von Mitarbeitern der Bürgerbewegung zugänglich gemacht.

Auch in der Frage der Universitätsreform und der Neuwahl akademischer Gremien spielte der Runde Tisch eine Rolle, hatte es doch den Anschein, als ob die Universitätsleitung bei der Aufarbeitung der Vergangenheit zurückbleiben und zur akademischen Tagesordnung übergehen würde (22. März 1990, 5. April 1990, 29. April 1990, 3.Mai 1990).

Der Runde Tisch beteiligte sich schließlich an den Diskussionen um den Sitz der Landeshauptstadt und versuchte, durch einen Zusammenschluß der Runden Tische der Bezirke

Halle, Dessau und Magdeburg Strukturen für die Gründung eines Runden Tisches für Sachsen-Anhalt zu schaffen (19.4.1990).

Mit der Übernahme traditioneller Strukturen und der Legitimierung der Parteien für die repräsentative Demokratie durch Wahlen hatte der Runde Tisch sein Funktion weitgehend verloren. Er eignete sich wenig zur Durchsetzung regionaler oder überregionaler Politik. Die Runden Tische waren in der Übergangsphase von der SED-Diktatur zur parlamentarischen Demokratie der Bundesrepublik allerdings äußerst erfolgreich. Sie traten auf, als nach dem Zusammenbruch der SED-Herrschaft "die Macht auf der Straße lag", eine gewisse administrative Kontinuität zur Aufrechterhaltung der Strukturen und Institutionen notwendig war, um Chaos in einer komplexen Industriegesellschaft im Umbruch zu verhinden. Sie eigneten sich hervorragend zur Durchsetzung einer gewaltlosen Revolution, da es ihnen gelang, durch die Einbindung der alten Kader den Prozeß des Umbruchs abzufedern.

Prof. Dr. Hermann-Josef Rupieper
Halle/Saale, November 1996

EINSTIEG

14.09.1989

Von meinem Schwiegersohn, Pfarrer in Weißenfels, erhalte ich den Informationsbrief Nr.1 über die Gründungssitzung des NEUEN FORUM am 9./10. September 1989[16]. Darin wird aufgerufen zur Mitarbeit und Mitgliedschaft für alle, die im Lande bleiben wollen und Reformen für notwendig halten. Eine entsprechende Erklärung kann durch Unterschrift und Anschriftsangabe gegeben werden.

Ich nehme den Informationsbrief mit in mein Büro im Krankenhaus, unterschreibe selbst und lasse ihn bei meinen Mitarbeiterinnen in der Verwaltung kursieren. Was ich nicht geglaubt habe, ist geschehen: es haben alle unterschrieben.

Wie kommt das? Wir sind doch alle 40 Jahre geduckt worden und haben Angst. - Angst, unsere Zweifel, unseren Haß auf das System einzugestehen, und wir alle wissen, daß wir mit dieser Unterschrift aus der Anonymität in die Öffentlichkeit gehen und daß dies Konsequenzen haben wird. Woher also dieser plötzliche Mut? Aus der Verzweiflung, aus dem Wissen, daß eine Flucht über Ungarn oder die CSSR keine Lösung ist?[17]

Als wir zusammensitzen und reden, wird eines klar: diese Unterschrift ist für jeden eine Befreiung, ein Akt der Einsicht: wenn wir es jetzt nicht versuchen, nach so vielen Niederlagen, dann werden wir es nie versuchen! Wir wissen, daß wir endlich reden müssen, frei und ohne Verstellung. In aller Angst atmen wir tief durch. Wir haben einen Anstoß erhalten, den wollen wir nicht preisgeben. Wir wollen versuchen, den Mut zu bewahren und diesen Anstoß weiterzugeben.

---

16 Das NEUE FORUM wurde am 9.9.89 in Grünheide bei Erkner von 30 Vertretern aus 11 Bezirken gegründet, Gründungsaufruf ("Aufbruch 89" vom 10.9.) u.a. v. B. Bohley, R. Henrich, Sebastian Pflugbeil, J. Reich u. Hans-Jochen Tschiche unterzeichnet. Der Aufruf (abgedruckt u.a. in: Oktober 1989 - Wider den Schlaf der Vernunft, Berlin: 1989, S. 18f) wurde innerhalb von wenigen Wochen von 200000 Bürgerinnen und Bürgern unterzeichnet, Gründungskonf. am 27./28.1.90 in Berlin. Am Zentralen Runden Tisch war das NF durch Ingrid Köppe und Reinhard Schult vertreten, Sebastian Pflugbeil war der (ressortlose) NF-Vertreter in der sog. Regierung der nationalen Verantwortung von MP Modrow, bei der Volkskammerwahl (18.3.90) nahm das NF zus. mit DJ und der IFM als "Bündnis 90" teil (12 Mandate für das Bündnis), für die ersten gesamtdeutschen Wahlen am 2.12.'90 bildeten die Bürgerbewegungen der DDR (NF, DJ, IFM, GP, UFB und VL) mit den GRÜNEN (BRD) eine gemeinsame Wahlplattform. Das NF sah sich als "basisdemokratisch" - wollte Bürgerinitiative sein, keine Partei (darüber allerdings gab es unterschiedliche Meinungen im NF). Einen besonderen Schwerpunkt in der Tätigkeit des NF bildete die Kontrolle der Auflösung des MfS bzw. dessen Nachfolgeorganisation Amt für Nationale Sicherheit.

17 Seit dem 2.5.1989 wurde die Grenze von Ungarn nach Österreich durchlässiger, am 19.8. flohen etwa 600 DDR-Bürger bei Sopron in den Westen; am 11.9. öffnete Ungarn endgültig seine Grenzen für die DDR-Flüchtlinge. Mehrere Tausend DDR-Bürger suchten in den Botschaften von Prag, Budapest, Warschau und in der Ständigen Vertretung in Ostberlin Zuflucht und hofften, auf diesem Wege ihre Ausreise erzwingen zu können. Zu den Zahlen s. Chronik der Ereignisse in der DDR. Köln: Edition Deutschland Archiv, 1989.

28.09.1989

Auszug aus dem Protokoll der Sitzung der Krankenhausleitung vom 28.09.1989

TOP 2.9. "Der Verwaltungsleiter informiert über Gespräche im Hause, die an Hand eines kursierenden Papieres über das NEUE FORUM aufgebrochen sind. Gleichzeitig stellt er die Frage, ob es nicht dem evangelischen Krankenhaus Paul-Gerhardt-Stift widerspricht, zu staatlichen Feiertagen die Nationalfahne zu hissen (gemeint war der 07. Oktober 1989).

Es wird auf einen Beschluß des Vorstandes aufmerksam gemacht, den der Verwaltungsleiter in der kommenden Sitzung des Vorstandes in Frage stellen möchte. Die anderen fünf Mitglieder der Krankenhausleitung sind sich darin einig, daß es keinen Zwang gibt, entsprechend staatlichen Weisungen zu flaggen, daß aber im Vollzug eines Vorstandsbeschlusses, der mit Bedacht gefaßt worden ist, es angebracht ist, bis zu dessen Aufhebung so zu verfahren."

Ich bin wütend und ich bin verletzt. Jeder von uns weiß, daß dieser Beschluß des Vorstandes, von dem niemand mehr ahnt, warum er gefaßt worden ist, als eine Ausflucht benutzt wird. Was mich besonders kränkt, ist die Instinktlosigkeit, mit der übersehen wird, daß ein so kleiner Akt der Befreiung, nämlich den Fahnenmast auf unseren Gelände leer zu lassen, ein Zeichen setzen würde: ein Zeichen der Selbstachtung. Ich frage mich, warum nicht endlich Schluß gemacht wird mit den Verbeugungen vor diesem Staat, mit dem wir nichts gemein haben, außer daß wir in ihm leben.

18.10.1989

Das Politbüro der SED wird umgebildet. Honecker tritt zurück und Egon Krenz wird sein Nachfolger. Ist das ein Signal zum Einlenken, vielleicht sogar mehr?[18]

27.10.1989

Ich erhalte die Information Nr.2 des NEUEN FORUM. Da sind Struktur- und Organisationsmöglichkeiten aufgezählt und Kontaktadressen angegeben. Für den Kreis Wittenberg bin ich als Kontaktperson genannt.

Ich bin also dabei. Ich empfinde eine wilde Freude: ein geradezu wütendes Wollen, noch einmal mitzumachen. Nach all den Jahren des Widerstandes im Kleinen: 1953, 1961, der Hoffnung und dem Zusammenbruch 1968! Nach den Kämpfen für die Kinder in der Schule, für den Bildungsweg, der ihnen verstellt wurde, nach den täglichen Kämpfen im Beruf: den Vorladungen zur Abteilung "Inneres", manchmal mit, manchmal ohne Staatsanwalt und immer um dasselbe: Durchsetzung von Druckgenehmigungen, von Elternabenden im Kindergarten, die

---

[18] Bei den Feiern zum 40. Jahrestag der DDR, die der sowjet. Staatschef Gorbatschow besuchte (6. Oktober 1989) und an den folgenden Tagen kam es in Ostberlin zu Demonstrationen für eine demokratische Erneuerung des Sozialismus, die von der Polizei brutal unterdrückt wurden. Am 9.Oktober, bei einer Demonstration in Leipzig, an der 70000 Menschen teilnahmen, konnte die Anwendung von Gewalt seitens der massiv auffahrenden Polizeikräfte nur knapp verhindert werden. Nach weiteren Massenprotesten wurde Erich Honecker vom ZK der SED zum Rücktritt gezwungen (nach offizieller Lesart: "aus gesundheitlichen Gründen").

Erich Honecker, 1912 - 1994, ab 1971 1. Sekr. des ZK (ab 1976 Generalsekr.) der SED und Vors. des Nationalen Verteidigungsrats, Okt. 1976 Staatsratsvorsitzender.

Egon Krenz, *1937 in Pommern. Am 18.10.1989 löst K. Honecker als Generalsekretär, am 24.10. als Vorsitzender des Staatsrates und des Nationalen Verteidigungsrates ab, mußte am 3.12. als Generalsekretär zurücktreten. Am 6.12. legte er das Amt des Staatsratsvorsitzenden nieder, im Jan. 1990 sein Volkskammermandat. Ausschluß aus der SED-Nachfolgepartei PDS.

Möglichkeit, in Feierabendleistung Bausanierungen durchzuführen usw., nach all den Jahren des Wartens, der kleinen Resignation, den Jahren, in denen wir noch versuchten, unsere Individualität als letzte Grenze der eigenen Freiheit zu bewahren, und anderen sagten, daß ihnen diese Freiheit doch bliebe, daß sie nicht verzweifeln sollten; nach all diesen Jahren wurde es plötzlich möglich, laut zu werden, die Stille zu verlassen.

Ich weiß, das ist meine letzte Chance, den Kampf öffentlich aufzunehmen. Ich weiß, daß andere dies schon getan haben und von der Würde des Einzelnen, von der Unverletzlichkeit der Person sprechen. Das ist es, was wir einzuklagen haben: das Recht auf innere und äußere Freiheit, das Recht zu sagen, was wir meinen, das Recht gegen die totale Vereinnahmung anzugehen, gegen die Erziehungslügen, gegen die Überwachung im Beruf, in den Bildungswegen, gegen die gelenkte Freizeit, die Aufmärsche, das Fahnenschwenken.

Ich werde diesen Kampf kämpfen, und es ist mir egal, wie er für mich ausgeht, in welche Bedrohung ich gerate: Wichtig ist, daß ich meine Entscheidungsfreiheit öffentlich machen kann.

Es kommen die ersten Anrufe und viel Post. Bitten um Informationsmaterial, um Darstellung der Inhalte des NEUEN FORUM und Rückfragen. Ich werde eingeladen, um über Weg und Ziel zu reden und mich Diskussionen zu stellen.

Inzwischen kennt jeder die Ausmaße der Fluchtbewegung, die Reaktionen in Ungarn und der CSSR: die Bilder der Tausende, die in die Botschaften der Bundesrepublik strömen, die Darstellungen der unsinnigen Angst, nicht dabei zu sein und den Weg in die Freiheit des Westens zu versäumen. Die Berichterstattung im Fernsehen und Rundfunk heizt die Fluchtstimmung an. Was kann man dagegen tun? Das kann doch nicht der Ausweg sein, daß 17 Millionen aus der DDR fliehen. Ich will dableiben und verändern. Wie viele außer mir noch?

Wir gehen nach den Fürbittgottesdiensten an jedem Dienstag auf den Marktplatz, um zu demonstrieren. Da entstehen dieselben Bilder wie in Leipzig, Berlin, Halle, Magdeburg, Rostock: in allen Städten weitum in der DDR. Und dann, endlich, kommt zum ersten Mal aus Leipzig der Ruf: wir bleiben da! Wir sind das Volk!

09.11.1989

Die Mauer ist weg! Das Symbol der Gefangenschaft ist gefallen, wir sind wirklich frei! Was werden wir tun - was werde ich tun?

Ich denke an den langen Weg bis hierhin, an die Zeit, in der wir unseren Kindern, unseren Freunden immer wieder gesagt haben, sie sollen den Mut nicht verlieren und auch einmal "Nein" sagen, wenn es an ihre innerste Substanz geht, ganz gleich, was es kostet. Sie sollen sich das bewahren und weitergeben an die nächste Generation, dieses Wissen darum, daß auch "Nichtanpassen" eigene Freiheit bedeutet und daß Hoffnung aufrechterhalten werden kann, bis vielleicht einmal der Tag kommt, an dem ein Wandel möglich wird.

Dieser Tag ist heute da! Was wir nicht geglaubt haben, zu erleben, wir erleben es heute: jetzt! Die Gefängnistür ist offen.

Meine dringendste Frage ist: sind wir nach 40 Jahren totalem Staat noch fähig, ein neues Bewußtsein von Eigenständigkeit und Würde aufzubauen? Max Frisch hat einmal gesagt:

Freiheit ist die Möglichkeit der Wahl. Werden wir mit dieser Wahl umgehen können? Ich weiß, daß ich darüber mit anderen reden muß, ich muß auf die Suche gehen nach Gleichgesinnten.

11.11.1989

(Brief an einen der Erstunterzeichner für dasNEUE FORUM)

Sehr geehrter Herr Pflugbeil,

damit Sie wissen, wer an Sie schreibt:

Ich bin Verwaltungsleiter des größten konfessionellen Krankenhauses in der DDR, des "Paul-Gerhardt-Stifts" in Wittenberg, 57 Jahre alt, habe eine Ausbildung im kirchlichen Dienst absolviert und selber, zusätzlich zu meiner Tätigkeit mit den Schwerpunkten: Betriebswirtschaft, Logistik von Betriebstechnologie und Bauwirtschaft, in der Ausbildungsweitergabe und vor allem zu Grundfragen von Staats- und Kirchenrecht gearbeitet.

Seit Mitte September habe ich über Dr. Eigenfeld in Halle Material des NEUEN FORUM erhalten und bin damit nach meinen Möglichkeiten tätig geworden. Nun stehen wir hier in Wittenberg vor dem Problem, uns konstituieren zu wollen und dafür zwar eine Basis zu haben, aber keinen "Überbau". Ganz genau: wir wissen einfach nicht, wie es praktisch weitergehen soll.

Wir erwarten, daß die Erstunterzeichner des NEUEN FORUM uns erklären, was nach dem von Ihnen aufgestellten Fragenkatalog, nach den gestellten Forderungen und Schuldzuweisungen eigentlich passieren soll.

Wird das NEUE FORUM sich als eine Partei o.ä. zusammentun? Hat es Konzepte und wenn, welche für eine Arbeit der Basis? Ihnen muß doch klar sein, daß mit dem begonnenen Führungswechsel an der Spitze der SED noch gar nichts erreicht ist. Noch steht, völlig unangetastet, die 40 Jahre lang eingeübte Administration bis hinunter in den kleinsten Dorfgemeinderat und vor allem in sämtlichen Betrieben. Und dieser Arm der Exekutive ist die eigentliche Macht, mit der wir es zu tun haben. Das wissen Sie sicher genausogut wie ich, und Sie wissen auch, daß wir diese Tausenden von Mitarbeitern des alten Systems kaum ändern und auch nicht ersetzen können. Diese Leute haben das Wissen um das Machbare, und sie halten die dazu gehörenden Regulative in ihren Händen. Was also sollen wir tun? Welche neuen Forderungen stellen? Wie die Wartenden weiter in Ruhe abwartend halten?

Ich hoffe, daß Sie ein paar Antworten nach Wittenberg schicken können.

Ich danke Ihnen für alles, was bisher initiiert ist.

Ihr...

13.11.1989

Ich soll für einen Mitstreiter des NEUEN FORUM eine Rede schreiben, die dieser vor einer Versammlung von Theaterleuten und anderen Künstlern halten wird:

Liebe Freunde des Elbe-Elster-Theaters, liebe Kunstschaffende insgesamt, liebe interessierte Zuhörer!

Sie haben mich aufgefordert, heute zu Ihnen zu sprechen als Vertreter des NEUEN FORUM. Was will das NEUE FORUM? Wozu ist es angetreten? Sicher haben Sie alle schon soviele Informationen durch die Medien erhalten, daß ich mir einen Bericht über Gründungseinzelheiten ersparen kann.

Soviel dürfte bekannt sein, daß ein Kreis von Mitbürgern in unserem Lande, überwiegend aus Berlin: z.B. Bärbel Bohley, Prof. Jens Reich, Exrechtsanwalt Rolf Henrich, der Physiker Dr. Meinel[19] u.a. für uns alle mit einem Aufruf vom 11.09.1989 die Stimme erhoben haben, und uns aufforderten, nicht mehr länger zu schweigen.

Wir sollten endlich frei werden, d.h. mündige Bürger in einem Land, dessen Volk - wir alle - danach fragt, warum wir so geduckt umherlaufen, dem Nachbarn nicht trauen, in der Gaststätte nicht offen reden und am Te-

---

[19] Bärbel Bohley, *1945, Malerin, erklärte Pazifistin, '82 Mitbegründerin der Gruppe "Frauen für den Frieden", Kontakte zur westdt. und ausländischen Friedensbewegung, '83/84 6-wöchige U-haft, '85 Mitbegründerin der "Initiative für Frieden und Menschenrechte", im Jan. '88 erneut verhaftet, 6-monatiger Zwangsaufenthalt im Ausland. Initiatorin der Gründung des NEUEN FORUM (9.9.'89), Galionsfigur des politischen Aufbruchs. Mai-Dez. '90 Mitgl. der Berliner Stadtverordnetenversammlung, Sept. '90 Mitbesetzerin der MfS-Zentrale in Berlin.

Jens Reich, *1939, Arzt, 1980 Prof. für Biomathematik, seit '85 Mitarb. in oppositionellen Kreisen, aktiv bei den "Ärzten in sozialer Verantwortung", Sept. '89 Mitbegründer des NF, März-Okt. '90 Abg. der Volkskammer.

Rolf Henrich, *1944, Jurist, ab 1973 Parteisekretär des Kollegiums der Rechtsanwälte im Bezirk Frankfurt/O., zunehmend kritische Haltung zu dem in der DDR praktizierten Sozialismus; 1989 Veröffentlichung seines Buches "Der vormundschaftliche Staat", das eine offene Kritik am DDR-Staat darstellt, in der Bundesrepublik.

lephon das Gespräch abbrechen und flüstern: "Das erzähl ich dir morgen - mündlich!" Welchen Erfolg dieser Aufruf gehabt hat, das haben wir alle miterlebt, bis zur heutigen Stunde, sonst würde ich nicht vor Ihnen stehen. Und ich glaube, daß ich für uns alle sagen kann: "Wir sind stolz darauf: wir sind stolz, daß es plötzlich möglich ist, zu rufen: 'Wir wollen gehört werden, um uns geht es! Ihr da oben könnt nicht mehr an uns vorbeiregieren!'"
Aber wie läuft das weiter? Ist es genug damit, daß wir plötzlich kaum noch Grenzen haben? Das NEUE FORUM sagt dazu NEIN!
Wir alle wissen, daß wir in einer Krise sind, die nicht nur politischer Natur ist, sondern sich auf alle Bereiche unseres Lebens erstreckt. Wir wissen, daß wir eine Unzahl von ökonomischen und ökologischen Problemen haben, daß Kultur, Bildung und Wissenschaft einen Nachholebedarf von Jahrzehnten überwinden müssen, daß unser Rechts- und Staatswesen durch das Monopol einer einzigen Partei fehlorientiert und mißbraucht, an der Bevölkerung - an uns - vorbeigeleitet oder gegen uns benutzt wurde.
Es ist einfach unmöglich, in der Kürze der Redezeit alles das zu benennen, was geradegerückt und repariert werden muß.
Wir haben auch keine detaillierten Fakten und Daten darüber, wie es außer dem moralischen Verfall, gegen den wir kämpfen, ökonomisch um uns steht.
Wir wissen nicht, was unser Geld international wert ist und inwieweit unsere Produkte internationalen Standards genügen; d.h. ob wir ein Exportland sind, das Devisen erwirtschaften kann und damit in der Lage ist, die eigene Wirtschaft, die Forschung dafür usw. mit Investitionen zu versehen.
Kurzum: wir wissen so gut wie nichts über uns, außer daß wir vermuten, daß es schlecht steht.
Darum muß unsere erste Forderung sein, daß wir Einblick bekommen in die Zusammenhänge, die einen Staat - unseren Staat - lebensfähig erhalten. Und das kann nur geschehen, wenn wir unmittelbar teilhaben an den Schaltstellen, an denen entschieden wird, wie es nach der Aufdeckung aller Mängel weitergehen soll.
Das heißt, wir brauchen als erstes freie Wahlen, in denen wir Vertreter unseres Vertrauens in die Leitungsebenen auf Land-, Stadt-, Kreis-, Bezirks- und Republikebene entsenden können, die die "Fachleute" von gestern fragen:
Was habt ihr mit unserer Arbeit 40 Jahre lang gemacht?
Und darauf wollen wir nicht nur eine Antwort, vielleicht ein Schulterzucken, sondern dann ein Mitspracherecht zur wahrscheinlich nötigen Ablösung der "Alten" und deren Ersetzen durch junge, neue Mitstreiter mit Wissen und Profil.
Darum brauchen wir jeden, der etwas kann und weiß, egal ob er mit der Hand oder dem Kopf arbeitet. Und jeder, der uns jetzt verläßt, ist einer zuviel in der falschen Richtung und einer zu wenig: heute, hier, in der DDR.
Wir wollen bleiben und ändern!
Ich danke Ihnen.

Der Ministerrat der DDR wird neu gebildet. Modrow aus Dresden heißt der neue Ministerpräsident[20]. Hat das noch Bedeutung?

14.11.1989

Wir haben erreicht, daß zu den Demonstrationen auf dem Markt, die im Anschluß an die Fürbittgottesdienste stattfinden, Mikrofone geschaltet werden. Wer reden will, kann reden, von den Stufen des Rathauses aus an die Tausenden, die schweigend warten.

Sehr schnell haben sich auch in Wittenberg außer dem NEUEN FORUM die anderen Bürgerbewegungen DEMOKRATIE JETZT, DEMOKRATISCHER AUFBRUCH und die SPD[21] gegründet.

---

20 Hans Modrow, *1928, '58-67 Kandidat und ab '67 Mitgl. des ZK der SED, '73-89 1. Sekr. der SED-BL Dresden. Am 13.11.89 zum Vors. des DDR-Ministerrats gewählt, nahm Mitglieder der Blockparteien in die Regierung auf, am 5.2.90 traten der Übergangsregierung acht Vertreter der am Runden Tisch sitzenden Gruppierungen als ressortlose Minister bei. Bei der Volkskammerwahl vom 18.3.90 war M. Spitzenkandidat der PDS, am 12.4. übergab er die Regierungsgeschäfte an Lothar de Maizière.

21 DEMOKRATIE JETZT: 12.9.'90 Gründungsaufruf "Aufruf zur Einmischung in eigener Sache" und "Thesen für eine demokratische Umgestaltung der DDR". 19.-21.1.90 Vertreterkonferenz (Programm und Statut verabschiedet). DJ sah sich als "christlich-sozialistisch" orientierte Bürgerbewegung, deren Ziel v.a. die breite Demokratisierung des öffentlichen Lebens war. Die Gründungsmitglieder rekrutierten sich zum Großteil aus der ev. Kirche der DDR. Bekannteste Vertreter von DJ: Konrad Weiß, Wolfgang Ullmann, Hans-Jürgen Fischbeck und Ludwig Mehlhorn.

Wir bilden ein Komitee, das die Sprecher in Reihenfolge bestimmt und die ganze Demonstration durch einen Moderator begleiten läßt, der Begrüßung und Verabschiedung der Demonstranten übernimmt und die einzelnen Redner vorstellt. Scheinwerfer sind aufgebaut.

Rede vom 14.11.1989 (geschrieben f.H.La.)

Wir, das NEUE FORUM, grüßen die Bürger Wittenbergs hier auf dem Marktplatz. Wir wollen mit wenigen Sätzen sagen, weshalb wir uns Ihnen stellen und Sie zur Mitarbeit an der Änderung der gegenwärtigen politischen Situation auffordern.

1. Die Wende in der Politik der DDR, die sich zaghaft andeutet, ist nicht das Werk der SED und des Politbüros (wie Egon Krenz gesagt hat), sondern sie wurde durch die demokratische Volksbewegung in diesem Herbst herbeigeführt.
2. Wir hören noch immer die Worte vom Führungsanspruch der SED. Dazu sagen wir: es kann und darf in der DDR niemals wieder einen Führungsanspruch über das Volk hinweg geben. Das Volk der DDR selbst muß in letzter Instanz entscheiden, wie es gehen soll und wer dafür die Entscheidung übernimmt. Das heißt: wir wollen freie Wahlen, und wenn es zu einzelnen Fragen notwendig ist, die Möglichkeit zur Mitbestimmung durch einen Volksentscheid.
3. Wir hören, daß der Führungsanspruch der SED mit der Verfassung begründet wird. In derselben Verfassung, über die wir nie abgestimmt haben, verpflichtet sich auch die Regierung zur Einhaltung der allgemein gültigen Menschenrechte[22]. Wir klagen diese Einhaltung ein.
4. Seit 1974 gilt auch in der DDR die internationale Konvention der Menschenrechte. Nach Artikel 12 dieser Konvention steht es jedem Bürger frei, jedes Land, auch sein eigenes, zu verlassen[23].
   Wenn wir jetzt, seit dem 9. November nach Westberlin und in die Bundesrepublik reisen können, dann erfüllt sich endlich ein Recht, zu dem sich die DDR vor 15 Jahren verpflichtet hatte.
   Dies ist nicht ein großzügiges Geschenk unserer Regierung, sondern es ist von den demokratischen Volksbewegungen in der DDR erzwungen worden.
5. Der endlich freie Dialog, der durch die Demokratisierung unüberhörbar gemacht worden ist, hat den Willen des Volkes zum Aufbau einer Demokratie, die diesen Namen verdient, endgültig deutlich gemacht. Wir wollen auf diesem Weg weitergehen und das Erreichte unumkehrbar machen. Deshalb fordern wir jetzt:
   - durch eine demokratische Gewaltenteilung die Monopolstellung der SED zu beenden,
   - die Bürgerrechte der freien Meinungsäußerung, der Pressefreiheit, der Demonstrationsfreiheit gesetzlich eindeutig zu verankern.
6. Wir fordern Sie auf, bis wir dies erreicht haben, gemeinsam weiter zu demonstrieren.

DEMOKRATISCHER AUFBRUCH sozial und ökologisch: aus kirchlichen Friedens- und Menschenrechtsgruppen hervorgegangen, die sich am 21./22.8.89 in Dresden trafen, 2.10.'90 Gründungsaufruf, Gründungsmitglieder u.a.: Günter Nooke, Ehrhardt Neubert, 30.10. Delegiertenversammlung in Berlin, Verwandlung in eine Partei erfolgt auf dem Gründungsparteitag in Leipzig (16./17.12.). Prominenteste Vertreter: Pfarrer Friedrich Schorlemmer, Pfarrer Rainer Eppelmann und Ehrhart Neubert. Der basisdemokratisch, christlich und ökologisch orientierte Flügel mit Schorlemmer verließ den DA. Für die Volkskammerwahlen (18.3.90) bildete DA mit der DSU und der CDU-DDR das Wahlbündnis "Allianz für Deutschland".

SDP/SPD: 24.7'89 Initiativgruppe für eine sozialdemokratische Partei in der DDR; 26.8.'89 Aufruf., eine Sozialdemokratischen Partei in der DDR - SDP - ins Leben zu rufen, unterzeichnet von Martin Gutzeit, Markus Meckel, Ibrahim Böhme und Arndt Noack; 7.Okt.'89 Gründung der SDP, Gründungsurkunde von ca. 40 Personen, darunter zahlreichen Theologen, unterzeichnet, u.a. Gutzeit, Meckel, Böhme, Noack, Steffen Reiche, Stephan Hilsberg, Angelika Barbe. Erste landesweite Konferenz 12.-14.1.'90 (Umbenennung in SPD), 23.-25.2.'90 Parteitag in Leipzig.

[22] DDR-Verfassung in der Fassung vom 7.10.74, Art. 1: "Die Deutsche Demokratische Republik ist ein sozialistischer Staat der Arbeiter und Bauern. Sie ist die politische Organisation der Werktätigen in Stadt und Land unter Führung der Arbeiterklasse und ihrer marxistisch-leninistischen Partei". Die Grundrechte sind in Kapitel 1 der DDR-Verf. enthalten: "Grundrechte und Grundpflichten der Bürger".

[23] Internationaler Pakt über bürgerliche und politische Rechte vom 19.12.1966 (am 16.12.1966 von der UNO-Generalversammlung angenommen), der am 23.3.76 in Kraft trat, als die erforderliche Mindestzahl von UN-Mitgliedsstaaten unterzeichnet hatte. Der Staatsratsvorsitzende der DDR hat die Konvention am 2.11.'73 ratifiziert (veröffentlicht im GBl. II, 1974, Nr. 6, S. 57ff, und Nr. 7, S. 105ff).

[Im Original befindet sich an dieser Stelle ein Ausschnitt aus der Tageszeitung "Freiheit", Ausgabe Wittenberg, vom 16. Nov. 1989: "Ein sachlicher Meinungsstreit. Wiederum Tausende nach Fürbitte-Gottesdiensten am Dienstag zum Dialog auf Wittenberger Marktplatz".]

Rede vom 21.11.1989 (geschrieben f.H.La.)

Ich spreche zu Ihnen als Vertreter des NEUEN FORUM:

Zum zweiten Mal haben wir die Gelegenheit, mit Hilfe von Mikrofonen deutlich und offen unsere Meinung zu sagen und unsere Stimme einzusetzen für die Demokratisierung unseres Landes. Wir wiederholen, was wir am vergangenen Dienstag schon gesagt haben, aber wir wollen es präzisieren und Sie alle zur Mitarbeit auffordern. Um es kurz und deutlich auszusprechen:

1. Wir fordern die Einhaltung der Verfassung, insbesondere des Artikels 21, Abs.2, letzter Satz, der heißt: "Das Recht auf Mitbestimmung und Mitgestaltung ist dadurch gewährleistet, daß die Bürger in Volksabstimmungen ihren Willen bekunden."
   Zu dieser Volksabstimmung fordern wir Sie in Zusammenarbeit mit den anderen demokratischen Gruppierungen auf. Dafür sammeln wir Unterschriften, die unseren Anspruch legitimieren.
2. Durch diese Volksabstimmung fordern wir vor allem die Abschaffung von Artikel 1 Absatz 1 der Verfassung, der die Führung unseres Staates durch die SED festschreibt.
3. Wir fordern ebenso die Abschaffung des Artikels 3 der Verfassung, der die sogenannten Blockparteien in eine "Nationale Front" vereint.
4. Wir stützen uns auf Artikel 5, Absatz 3 der Verfassung, der lautet: "Zu keiner Zeit und unter keinen Umständen können andere als die verfassungsmäßig vorgesehenen Organe staatliche Macht ausüben".
   Wir fordern, daß diese verfassungsmäßig vorgesehenen Organe in freier, geheimer Wahl zu Stande kommen und daß für diese Wahlen ein Wahlgesetz vorliegt, das allen Wählern die echte Möglichkeit einer freien Entscheidung für eine politische Gruppierung garantiert. Darum fordern wir gleichzeitig die Zulassung der neuen demokratischen Bewegungen und ihren Zugang zu den Medien wie: Presse, Rundfunk und Fernsehen.
   Es darf nicht passieren, daß Leserbriefe - auf unserer Lokalseite - verstümmelt und verkürzt wiedergegeben werden. Damit wird der Artikel 27 der Verfassung, der das Recht auf Pressefreiheit garantiert, unterlaufen. Wir haben Beispiele für solches Vorgehen und fordern die Redakteure auf, ihrer Berufsverantwortung gerecht zu werden.
   Wir fordern gleichzeitig die staatlichen Organe der Stadt und des Kreises auf, uns allen in der Presse zu berichten, wie es wirklich um die ökologischen Probleme in unserer Stadt steht. Wir fragen dabei besonders nach der Regelung der Fernwärmeversorgung mit ihren sieben Heizhäusern, dem Bau einer Kläranlage für den VEB Agrochemie und die Stadt und wir wollen wissen, unter welcher Abgasbelastung wir hier leben müssen.
   Wir haben ein Recht auf diese Informationen und auch über die Gründe der Unterlassungssünden der letzten Jahrzehnte auf diesem Gebiet.
   Wir fordern eine baldige Antwort, weil die Grenzen unserer Geduld nun erreicht sind. Wir alle arbeiten und leben hier, wir wollen endlich wissen, unter welchen Bedingungen das geschicht.

[Im Original befindet sich an dieser Stelle ein Ausschnitt aus der "Freiheit", vom 23. Nov. 1989: "Wieder Forum auf Marktplatz".]

Rede vom 28.11.1989

Liebe Mitbürgerinnen und Mitbürger!

Wir haben von dieser Stelle inzwischen so oft zu Ihnen gesprochen, daß man glauben sollte, uns geht der Stoff fürs Reden aus! Aber das ist nicht so: Denn vieles von dem was hier gesagt worden ist, - und ich meine *allzuvieles* - ist untergegangen, nicht aufgenommen oder in Berichten darüber nicht korrekt wiedergegeben worden.

Wir haben die Lokalredakteure aufgefordert, mit mehr Berufsethos ihrer Arbeit nachzugehen. Aber wenn man den Bericht über das Marktforum von vor einer Woche nachliest, kann einem schlecht werden!

Wir haben hier gefragt nach den Energieproblemen und der Abwassersituation unserer Stadt. Eine Antwort haben wir nicht erhalten!

Was ist eigentlich los, hier, in Wittenberg!?! Wir fragen: Wo bleibt die Aufarbeitung unserer Vergangenheit? Wer stellt sich uns? Wer berichtet darüber? Wann hört das auf, daß schon im Kopf der Gedanke, der Zweifel, die Angst umgehen und wie mit einer Schere alles abschneiden, wofür es nur ein wenig Zivilcourage brauchte, um es auszusprechen?

Es scheint so zu sein, als ob immer noch das Denken nur kollektiv vor sich geht und der Einzelne isoliert bleibt und Angst hat vor der gewonnenen Freiheit.

Wieviel von dieser unserer Angst ist wirklich überwunden worden? Und warum hört das nicht auf, daß wir uns voreinander fürchten? Warum reden wir nicht sorglos! Wir können doch gar nicht tiefer fallen, als wir 40 Jahre lang gefallen sind! Ist es nicht so, daß wir *dagegen* Inventur gemacht haben, als wir friedlich auf die Straßen gingen und so die versteinerten Verhältnisse umgewälzt haben? Das waren doch wir, die diese Krusten aufbrachen, und wir sind es, die nun weiterkämpfen müssen gegen die Restbestände des immer noch "real existierenden Sozialismus" und zwar für unsere und für seine Erneuerung! Und da uns keiner antwortet, sagen wir es selber: Wenn wir wissen wollen, warum wir heute so dastehen, nach 40 Jahren Arbeit, vor immer leerer werdenden Läden und immer schmaler werdender Gesamtversorgung, dann doch darum:
Da hat wie ein Krebsgeschwür die Macht der Mächtigen an uns gewuchert und letztlich durch seine Mechanismen unsere Arbeit und deren Erträge aufgefressen! Und gegen Krebs muß man kämpfen, man muß schon im Keim seine Entstehung verhindern; --- und wenn er einmal ausgebrochen ist, dann muß man ihn operieren und herausschneiden: Denn Krebs ist nicht heilbar!
Also sind wir dafür, daß wir am Arbeitsplatz, im Bus, in der Bahn und wo auch immer sonst *unsere kollektive Maske abnehmen*, und daß der Einzelne wieder ein Individuum wird, aber eines, das dem anderen nicht als Wolf, sondern als Partner und Mitstreiter begegnet!
Wir sind dafür, daß der *Junge Pionier*[24] nicht länger ein "strahlender Pionier" ist, stets und immer bereit, sondern ein Kind, das fröhlich ist, wenn ihm danach zumute sein sollte, und das weint, wenn es weinen muß.
Wir stehen hier, weil wir eine Vision haben von einem Land, in dem sich Leben wieder lohnt, weil wir den Mut haben, auf Haß zu verzichten, und weil wir vorgelebten Klischeebildern nicht mehr nachleben wollen. Wir stehen hier, weil wir auf Wahrheit in uns und für uns hoffen!
Und darum rufen wir vereint mit allen demokratischen Kräften, ganz gleich welcher Art sie sind und welche vielleicht unterschiedlichen Ziele sie verfolgen, dazu auf: endlich auch hier, in Wittenberg, in unserer Presse Antworten zu erhalten auf unsere Fragen: nicht geschönt, nicht gekürzt, nicht ganz weggelassen!
Wir erklären uns hier zur Gemeinschaft mit allen Erneuerungsbewegungen in allen Staaten, die das nötig haben wie wir, und vor allem in Solidarität mit dem Tschechischen Volk, an dessen Schicksal wir soviel Schuld tragen! Wir klagen ein, daß diese Schuld auch von den dafür Verantwortlichen öffentlich bekannt wird. Wir sprechen für den unschuldig zum Tode verurteilten Rumänen Mircea Raceanu und fordern eine Revision seines Urteiles! Wir sprechen insgesamt für die Würde jedes Einzelnen, für seine Freiheit, für seine Möglichkeit der Wahl!

Ich danke Ihnen

29.11.1989

Gründung der Basisgruppe NEUES FORUM in Wittenberg: vorläufiges Programm und Statut wird erarbeitet, die Wahl des Vorstandes und die Verteilung der Aufgaben durchgeführt. Wir erreichen in einem Presseforum, daß neben der spärlichen Berichterstattung auf der Lokalseite in der Bezirkszeitung "Freiheit" Platz für Pressevorlagen geschaffen wird.

[Im Original befinden sich an dieser Stelle Ausschnitte aus der "Freiheit" vom 5.12. ("Programme - Meinungen - Standpunkte. Heute: NEUES FORUM. Von Detlev Lintzel" und "Verfahren eingeleitet"); 7.12. ("Stoppzeichen für SED und die Stasi. Rund tausend Demonstranten vor der SED-Kreisleitung. Kampfgruppen auflösen - Stasi-Schränke zum Teil leer"); 8.12. ("Aus der Arbeit der Untersuchungskommission. Fehlschuß wurde vertuscht" und "In eigener Sache"); 9.12. ("'Freiheit' deckt auf: Meßwerte seit Jahren bekannt. Umweltdaten für den Panzerschrank. Mitarbeiter des Zentrums für Umweltgestaltung erarbeiteten seit 1981 kontinuierlich Studien zur ökologischen Situation") und 14.12. ("Praktiken wurden untersucht").]

Wir haben erreicht, daß H.La. Mitglied des Runden Tisches im größten Betrieb von Wittenberg, dem VEB Agrochemie geworden ist. So kann über ihn für das NEUE FORUM der Betriebs-

---

[24] Junge Pioniere: Bezeichung für den Teil der Pionierorganisation "Ernst Thälmann" (Name seit 1952)in dem die bis 14 Jahre alten Kinder in der DDR organisiert waren. Die P. war die einzige Kinderorganisation der DDR; 99% aller Kinder der DDR waren "Pioniere".

funk mitgenutzt werden, und er wird Ansprechpartner für die Betriebszeitung.

Als erstes stelle ich für ihn eine Auflistung von konkreten Anfragen an die Betriebsleitung zusammen, die auch in der Betriebszeitung erscheint. Damit versuchen wir Offenheit für die ca. 8.000 Beschäftigten zu erreichen. Das wird besonders schwierig werden, nachdem sich der Generaldirektor mit seiner Jagdwaffe erschossen hat.

[An dieser Stelle befindet sich im Original ein Ausschnitt aus der Betriebszeitung "Ansporn" VEB Agrochemie Piesteritz vom 15.12.89: "Konkrete Fragen für den Runden Tisch im Werk"]

Es kann nicht unsere Absicht sein, Unruhe in die Belegschaft hereinzutragen, aber alles, was wir aus dem Betrieb erfahren haben, ist, daß dort eine Unsicherheit umhergeht, die das Arbeitsklima vergiftet. Wir müssen deutlich machen, daß eine Änderung der Planwirtschaft unumgänglich nötig ist, und daß das künftige Orientierungsprinzip sich den marktwirtschaftlichen Kriterien, vor allem einem nicht mehr subventionierten Rentabilitätsprinzip wird unterwerfen müssen.

Was das wirklich für die Betriebe bedeuten wird, ahne ich nicht. Werden wir Arbeitslose haben, in welchem Umfang, wer wird das finanzieren?

Das Schlimme an all den Fragen ist, daß ich sie als Realität auf uns zukommen sehe, aber keine Antwort habe. Der Grund ist immer derselbe: niemand von uns weiß, in welcher ökonomischen Lage innen- und außenwirtschaftlich die DDR, d.h. die Kombinate, Großbetriebe, LPGs usw. wirklich sind. Was werden wir erfahren, wenn es ernstlich ans Aufräumen geht und eine Staatsbilanz vorliegt, soweit so etwas machbar ist?

8.12.1989

Ich erhalte einen Anruf von dem Pfarramt in Coswig mit der Bitte zu kommen, um die Besichtigung eines Altersheimes im Ort mitzumachen und - wenn es mir möglich ist - ein Sanierungskonzept vorzuschlagen.

11.12.1989

Ich treffe mich mit Pfarrer L. und dem Bürgermeister von Coswig. Was ich sehe und erfahre ist ungeheuerlich:

In einem Backsteingebäude aus den Gründerjahren (gebaut ca. 1910) hausen 54 alte Menschen. Das Haus gehört als Teil zum Kreiskrankenhaus des Kreises Roßlau. Die in dieser sogenannten geriatrischen Abteilung untergebrachten Patienten sind durchweg Rentner, d.h. alle mindestens 65 Jahre und älter, und sie sind alle Pflegefälle. Darunter sind Diabetiker mit Beinamputationen, nicht mehr Gehfähige wegen Arteriosklerose, Teilgelähmte nach Schlaganfällen usw. Das Haus ist zu 100% belegt. Eine ärztliche Betreuung erfolgt einmal in der Woche durch einen Arzt aus dem Kreiskrankenhaus in Roßlau. Der dortige ärztliche Direktor ist gleichzeitig Kreisarzt. Mit der 100%igen Belegung des Teilobjektes in Coswig treibt er den Belegungsgrad des Kreiskrankenhauses in die Höhe und poliert so das Leistungsvermögen des Kreiskrankenhauses gegenüber dem Bezirksarzt auf. Das ist eine glatte Fälschung der Statistik seines Hauses in Roßlau, und die Sache wird dadurch noch immer schlimmer, [daß] dieser

Kreisarzt alle Mittel, die er erhält, für Roßlau kassiert und das "Objekt" in Coswig ohne Gelder verkommen läßt[25].

Geheizt wird in dem Haus mit Braunkohle in einer uralten Kesselanlage im Keller, die nicht ausreicht, um noch warmes Wasser für den Sanitärbereich zu liefern. Die Elektroleitungen sind noch in ummantelten Blechrohren verlegt und hängen von der Decke herab, nur noch gehalten von den ebenfalls aus Blech bestehenden Verteilerdosen. Da muß man dankbar sein, [daß] bisher kein Elektrobrand ausgebrochen ist. Die Küche besteht aus zwei Räumen im Keller, hat einen Kohleherd, der mit Brikett beheizt wird. Ein Raum ist der Kochraum, der andere wird als Vorratsraum und gleichzeitig [als] sogenannte Kalte Küche genutzt. Eine Schälküche, [einen] Fleischvorbereitungsraum usw. gibt es nicht. Die Essensausgabe geschieht durch die Küchentür auf großen Tabletts, welche die Schwestern in dem dreistöckigen Haus hochschleppen müssen. Irgendein Aufzug ist nicht vorhanden. Die Zimmer sind [jeweils von drei bis vier Personen] belegt, ein sogenannter Gemeinschaftsraum je Stockwerk ist gegeben.

Von außen sind Feuchtigkeitsschäden als Salpeterablage in dem Mauerwerk deutlich sichtbar, die im Kellergeschoß und schon teilweise im Hochparterre von innen den Putzabfall zur Folge haben. Der Schornstein, über den die Heizungsanlage läuft, ist total versotten. Die Fenster sind morsch und verzogen. Es fehlen ausreichende Toiletten und Bäder, die Zimmer haben keine angeschlossene Waschgelegenheit.

Eigentlich müßte das Haus sofort geschlossen werden. Es widerspricht allen Hygienebestimmungen, die Versorgung insgesamt ist katastrophal! Aber ein so radikaler Schritt würde 54 Patienten im Winter auf die Straße setzen: Das ist unmöglich! Zusätzlich sagt mir der Bürgermeister, daß eine lange Warteliste [mit weiteren Pflegefällen] existiert. So [unmenschlich] das auch scheint, es wird darauf gewartet, daß ein Patient stirbt.

Nach dieser Besichtigung fehlt mir der Mut, irgendetwas vorzuschlagen. Ich kann dem Pfarrer und dem Bürgermeister nur versprechen, mich einzusetzen, wann immer mir das möglich sein wird.

So deprimiert war ich lange nicht [mehr], und auf der zwölf Kilometer langen Rückfahrt nach Wittenberg wird mein Zustand nicht besser. Hilflose Wut bleibt übrig, und ich schwöre, nicht zu vergessen!

16.12.1989

Wir sind zu fünft in Halle, zur Bezirksdelegiertenkonferenz der Sprecherräte aus den Kreisen. Dort kommt es zu einer heftigen Auseinandersetzung über die Form, in der das NEUE FORUM weiterarbeiten soll. Die Hallenser Vertreter sind überwiegend der Meinung, das NEUE FORUM sollte eine Bürgervereinigung mit politischer Willensbildung von unten nach oben sein und bleiben. Wir Wittenberger haben uns besprochen und glauben, daß es für den Bestand des NEUEN FORUM besser ist, wenn sich die "Bürgerbewegung" in eine Partei umwandelt. Dann sind klare Strukturen und Verantwortlichkeiten gegeben, die ein einheitliches politisches

[25] Zur Organisation und Finanzierung des Gesundheitswesens in der DDR vgl. RUBAN: Maria Elisabeth: Gesundheitswesen in der DDR. Berlin: Gebr. Holzapfel, 1981; Die Gesundheitspolitik der DDR im Wandel. Probleme und Neuansätze. Hg. v. der Friedrich-Ebert-Stiftung. Bonn: Friedrich-Ebert-Stiftung, 1989.

Handeln erleichtern. Es kommt zu keiner Einigung, die Aussprache wird vertagt, bis zu einem DDR-weiten Treffen.

Ein Sprecher aus Halle, Herr Naujok, berichtet von der Gründung des Runden Tisches für den Bezirk Halle und fordert zur Wahl von Delegierten dazu auf. Herr Naujok wird als Vertreter bestätigt, und ich werde mit allen Stimmen dazugewählt.

Dr. H. aus dem Komitee zur Aufklärung der Stasi-Arbeit berichtet über das zögerliche Mitarbeiten staatlicher Stellen in Halle, der Staatsanwaltschaft, des Bezirksgerichts. Das führt dazu, daß auch hier in der Bezirkszentrale der Stasi heimlich Akten vernichtet oder nach *unbekannt* abtransportiert werden. Er beschreibt die ersten Eindrücke, aus dem gewaltigen Umfang der Akten in den Archiven der Stasi[26]. Was zu allererst entsteht, ist wieder ein Gefühl der ohnmächtigen Wut.

Wir alle haben gewußt, daß wir beobachtet (observiert), daß Telephonate abgehört und Briefe geöffnet werden. Was wir nicht wußten, ist vor allem, um was für einen gigantischen Apparat es sich bei dem Ministerium für Staatssicherheit handelt und, was noch schlimmer ist, daß sich die Zahl der hauptamtlichen Mitarbeiter etwa im Verhältnis 1:5 zur Zahl von nebenamtlichen (verdeckten) "Ermittlern", Informanten und sonstwie verpflichteten oder erpreßten Helfern bewegt. Wenn man es bedenkt, bleibt am Ende, daß wir ein geteiltes Volk sind: geteilt nach Spitzeln und Bespitzelten. Und dies fast in einem Gegenüber von 1:1.

Wir fahren zurück nach Wittenberg, ohne miteinander zu reden!

*****

---

26 Zum MfS und seiner Auflösung vgl. u.a. FRICKE, Karl Wilhelm: Die DDR-Staatssicherheit. Entwicklung, Strukturen, Aktionsfelder. Köln: 1989; GILL, David u. Ulrich SCHRÖTER: Das Ministerium für Staatssicherheit. Anatomie des Mielke-Imperiums. Berlin: 1991.

21.12.1989: 2. Beratung des Runden Tisches des Bezirkes Halle

Ich bin das erste Mal in Halle am Runden Tisch, bei der gastgebenden katholischen Kirche in der Gütchenstraße. Die Sitzung beginnt um 16.00 Uhr. Ich suche Herrn Naujok, der stellt mich zwei weiteren Vertretern des NEUEN FORUM vor, Herrn Dr. Mehlig von der Hallischen Universität und Herrn Dr. Wand, einem Spezialisten für Wirtschaftswesen. Wir sitzen nebeneinander. Herr Naujok gibt mir das Handprotokoll der 1. Beratung vom 12.12.1989, das ich mir abschreibe. [s. S. 33f]

Wir einigen uns schnell, daß bei Abstimmungen immer die zwei von uns stimmen, die in der verhandelten Sachfrage die entscheidende Kompetenz haben. Neben mir, an der linken Seite des Runden Tisches, der in Wirklichkeit aus zu einem länglichen Viereck aneinandergestellten Tischen besteht, sitzen Frau Dr. Schmidt und Herr Claus, beides Vertreter der PDS, dann an der oberen Stirnseite zwei Vertreter der GRÜNEN, dann zwei Vertreter der NPD, der LDP, und der Bauernpartei. Mir gegenüber haben die Mitarbeiter des Rates des Bezirkes[27] ihren Platz: der Ratsvorsitzende H. Kolodniak, der Vorsitzende des Bezirkswirtschaftsrates Dr. Süß, dann folgen die Moderatoren: Dr. Herold, Dekan der Katholischen Kirche, Dr. Willms, Justitiar der Katholischen Kirche und der Stadtsuperintendent der Evangelischen Kirche in Halle, Herr Buchenau. Es folgen die Vertreter der FDJ, des DFD, an der unteren Querseite und die Längsseite hinauf Vertreter der anderen Parteien: SPD, CDU, GRÜNE LIGA[28], dann Dr. Wand, Herr Naujok und Dr. Mehlig, der rechts neben mir sitzt. Die anfängliche Unsicherheit vergeht; sie geht unter in dem Gefühl des Dabeiseins.

Den breitesten Raum in der Diskussion nimmt der Tagesordnungspunkt: "Zugang zu den Medien für neue Gruppierungen" ein. Dabei gibt es interessante Informationen über Auflagenhöhen, die allein schon genügend aussagekräftig für die Vormachtstellung des so allmächtig gewesenen Parteiapparates sind. Im Bezirk Halle existieren vier Tageszeitungen. Deren festgelegte Auflagenhöhe wird zusätzlich durch Zuweisungen von Papierkontingenten in entsprechender Größenordnung unveränderlich gehalten. Das beinhaltet, daß eine Erhöhung der Auflage einer Zeitung nur möglich ist, wenn durch eine Bewilligung des Bezirkswirtschaftsrates das Papierkontingent erhöht wird. Eine solche Bewilligung zu erhalten, bedeutet,

---

27 Rat des Bezirkes: vollziehendes und verfügendes Organ des Bezirkstages, der Volksvertretung des Bezirkes, vom Bezirkstag für die Dauer einer Legislaturperiode gewählt (Der Bezirkstag wurde alle fünf Jahre von der Bevölkerung auf der Basis einer Einheitsliste der NF gewählt).

28 CDU (Ost): gegründet am 26.6 in Berlin. Bis zur Wende fungierte die CDU-Ost als mehr oder weniger willfährige Block-Partei. Im Okt./Nov.'89 begann der personelle und programmatische Bruch mit der Vergangenheit. Der Sonderparteitag im Dez. '89 brachte eine Absage an "weitere sozialistische Experimente". An den Wahlen zur VK nahm die CDU im Wahlbündnis "Allianz für Deutschland" teil und ging daraus, durch Unterstützung aus dem Westen, mit 163 Mandaten als stärkste Fraktion hervor (de Maizière Min.Präs.). Vgl. RICHTER, Michael: Die Ost-CDU 1948-1952. Zwischen Widerstand und Gleichschaltung. Düsseldorf: Droste 1991 und LAPP,Peter Joachim: Die "befreundeten" Parteien. DDR-Blockparteien heute. Köln: Verlag Wissenschaft und Politik, 1988.

GRÜNE LIGA - Netzwerk ökologischer Bewegungen: aus der DDR-Umweltbewegung hervorgegangen, Gründungsaufruf vom 18.11.1989, offizielle Gründung am 3./4.2.1990 in Buna, am Zentralen RT durch zwei Vertreter, in der Regierung der Nationalen Verantwortung durch einen Minister ohne Geschäftsbereich repräsentiert. In der GL sind verschiedene Gruppen, Initiativen und Einzelpersonen zusammengeschlossen, die alle eine "Ökologisierung der Gesellschaft" und eine nachhaltige Wirtschaftsweise anstreben.

daß eine politische Entscheidung gefällt wird, die in der Vergangenheit nicht an der Zustimmung des Bezirksparteiapparates vorbei kam.

Zur Zeit gibt es folgende Auflagenhöhen:

1. "Freiheit"	(Bezirkszeitung der SED/PDS)	= 570,0 Ts.
2. "LDZ"	(Bezirkszeitung der LDPD)	= 50,0 Ts.
3. "MDN"	(Bezirkszeitung der CDU)	= 40,0 Ts.
4. "Neuer Weg"	(Bezirkszeitung der NDPD)	= 30,0 Ts.

Diese Zahlen bedürfen keiner Interpretation. Aber sie legen auch dar, daß eine medienwirksame Darstellung des Runden Tisches und besonders der einzelnen Diskussionsbeiträge der Vertreter der Parteien und neuen Gruppierungen, die etwas über deren Profil aussagen, nur sinnvoll ist, wenn die Veröffentlichung in der flächendeckenden "Freiheit" geschieht. Von den Redakteuren der "Freiheit" ist ein Angebot zur politischen Öffnung signalisiert. Aber es bleibt seltsamerweise ohne Konsequenzen, daß die Redaktion der "Freiheit" (alles alte Genossen) nicht zur Disposition gestellt oder wenigstens hinterfragt wird.

Und es stellt sich immer wieder heraus, daß unter den gewählten Vertretern der Parteien und Organisationen am Runden Tisch niemand ist, der selbst in eine Redaktion gehen könnte. Der enorme Zeitdruck, unter dem der Einzelne steht und an seinem Arbeitsplatz direkt für eine neue Ordnung und Umgestaltung kämpft, läßt es nicht einmal zu, nach anderen neuen Kräften zu suchen, die jene "Altgedienten" ersetzen könnten. Ich bin sicher, daß es Mitarbeiter der Zeitungen im 2. und 3. Glied gibt, die dort sitzen, weil sie sich verweigert haben. Aber da ist niemand, der diesen Leuten hilft, sich gegen die alte Leitung durchzusetzen. Also wird die Ersetzung der jetzigen Leitung gar nicht erst diskutiert. Lieber wird auf eine gewandelte Loyalität gehofft.

Ich frage mich, woher diese neue Loyalität von den alten "Besetzungen" kommen soll. Ist dort eine Bewußtseinsänderung überhaupt möglich, und wenn ja: mit welcher inneren Wahrhaftigkeit? Wird nicht der Kampf um den Erhalt von Positionen dazu führen, daß alte Verbindungen neu erstarken und daß der eine den anderen deckt, weil jeder über jeden aus den alten Zeiten etwas weiß? So muß es zu einer gegenseitigen Erpressung kommen, um Macht zu erhalten und zu sichern. Diese Erpressung wird neue Bindungen schaffen, die bestehende Machtpositionen untereinander verschweißt.

Ich sehe das, ich weiß nicht, was man dagegen tun kann. Aber ich wundere mich doch, daß in den Pausengesprächen darauf niemand eingeht, wenn ich danach frage. Es kann nur so sein, daß andere ebenso wie ich keine Antwort auf solche Fragen sehen und deshalb lieber schweigen. Darum ist es für mich auch nicht erstaunlich, mit welcher Selbstverständlichkeit die Damen und Herren "der alten Garnitur" ihre angebliche Professionalität verteidigen. Typisch dafür ist, daß diese Vertreter der Medien, der Zeitungen und des Halleschen Regionalrundfunks, die an einem Nebentisch in dem großen Sitzungssaal Platz haben, von Beiträgen der Neuen Gruppierungen journalistische Professionalität verlangen. (Was für eine Qualität soll das sein, wenn man so liest, was da alles gedruckt wird). Aber sie künden unwidersprochen eine redaktionelle Überarbeitung eines Artikels an, den sie nicht selbst verfaßt haben.

Zu Top 3 gibt der Vorsitzende des Rates des Bezirkes einige Zahlen bekannt. Durch die vom Staatsrat der DDR am 06.12.1989 erlassene Amnestie[29] wurden im Bezirk Halle 2.360 Inhaftierte entlassen. Davon sind 550 Einzelpersonen mit Wohnraum und Arbeitsplatz neu zu versorgen. Von den Entlassenen im Bezirk haben 712 frühere Häftlinge eine Meldepflicht. Entsprochen haben ihr 426 Personen. Die Gerichte bzw. die für die Meldung zuständigen Abteilungen Inneres der Stadtbezirke und der Räte der Kreise sehen keine Möglichkeit der Versorgung von Entlassenen und erkennen auch keinen Weg, jene die sich nicht melden, vorzuführen.

Für mich sind das die ersten Zeichen der Hilflosigkeit eines Apparates, der gewohnt war, alles mit der ihm früher zustehenden Gewalt zu regeln. Diese Gewalt hat der Apparat nicht mehr, oder er hat Angst sie anzuwenden. Was wird dieses Vakuum ausfüllen?

Auf keinen Fall der Runde Tisch, der gar keine direkte Verfügungsgewalt hat, dem aber der Rat des Bezirkes dieses und ähnliche andere Probleme zur Lösung zuspielt. Dadurch wird verdeckt, daß es auch dort keinen Wechsel in den Spitzenpositionen gegeben hat. Wie kann ich Herrn Kolodniak gegenübersitzen, den ich aus alten Zeiten kenne als den stursten Befehlsempfänger und nach unten durchdrückenden Genossen! Das kann doch so nicht weitergehen, und ich muß überlegen, ob ich zur nächsten Sitzung einen Mißtrauensantrag gegen ihn einbringe. Werde ich dazu den Mut haben? - Ich weiß es nicht, es ist alles noch zu neu. Aber ich entschließe mich, den Antrag einzubringen, daß der Bezirksarzt sich einer Befragung stellen soll; und das wird so beschlossen.

Danach trägt Dr. Mehlig von der Martin-Luther-Universität ein persönliches "Statement" vor, dem wir anderen Vertreter des NEUEN FORUM ohne Diskussion zustimmen.

Statement

Auf Beschluß der Volkskammer wurde der §1 der Verfassung, welcher den Führungsanspruch der SED festschrieb, getilgt[30]. Auf dem außerordentlichen Parteitag der SED bekannte sich ihr Vorsitzender, Herr Dr. Gysi[31], ausdrücklich hierzu und erklärte, daß sich seine Partei in Zukunft demokratischen Spielregeln fügen werde und eine Partei unter anderen sein wolle. Unter diesen Maßgaben haben sich die Teilnehmer des Runden Tisches zu einer Zusammenarbeit bereitgefunden. Doch wie steht es um die Durchsetzung des Beschlusses der SED, und inwieweit verfolgt "die Partei" überhaupt die nunmehr verfassungsrechtlich gültige Streichung des §1?

Die Wirklichkeit weist andere Fakten auf. Nach wie vor bestehen in den Betrieben die Parteisekretariate. Es ist allenthalben bekannt, daß von ihnen die Leitung aller staatlichen Institutionen ausging. Die sogenannten staatlichen Funktionäre sind mit Ausnahme einer verschwindend kleinen Minorität Angehörige der SED. Sie sind dem nach wie vor gültigen alten Parteistatut verpflichtet. Inwieweit müssen sie auch heute noch ihrem erteilten Parteiauftrag Folge leisten? Welche Altstalinisten sitzen noch an den Schalthebeln, wie beispielsweise der Minister für Hoch- und Fachschulwesen, Hans-Joachim Böhme[32], und hemmen jeden demokratischen Fortschritt? Fragen über Fragen,

---

[29] Beschluß des Staatsrates der Deutschen Demokratischen Republik über eine Amnestie, in: Gesetzblatt der DDR, 1989, Teil I, Nr. 20, S. 237f (Hinfort: Gbl. I, 20, S.237).

[30] 1. Dez. 1989 (Vgl. Anm. 21).

[31] Gregor Gysi, *1948, Sohn von Klaus Gysi ('66-73 Min. für Kultur, '79-88 Staatssekr. für Kirchenfragen), Rechtsanwalt, '88/89 Vors. des Kollegiums der Rechtsanwälte Berlin u. des Rats der Vors. der Kollegien der DDR, Ende '89-'93 Vors. der PDS, März-Okt. '90 VK-Abgeordn., seit Okt. '90 im Bundestag.

[32] *1931, '70-89 Min. f. Hoch- u. Fachschulwesen, '71 Kandidat und '73-89 Mitgl. des ZK der SED.

die eine Grauzone des Mißtrauens schaffen und einer gedeihlichen und konstruktiven Zusammenarbeit am Runden Tisch hinderlich im Wege stehen.
Wir fordern daher die der SED angehörigen Teilnehmer des Runden Tisches auf, sich endlich zu einem **spürbaren** Machtverzicht der Partei bereitzufinden und die für uns unerträglichen Verhältnisse radikal zu ändern. Wir verstehen darunter folgende Maßnahmen:

1. Auflösung sämtlicher SED-Parteistrukturen in den Betrieben und Einrichtungen unseres Bezirkes, einschließlich der Parteigruppen.
2. Die Überprüfung aller staatlichen Leitungsebenen im Hinblick auf ihre fachliche Kompetenz und kreative Leistungsfähigkeit, die anstehenden demokratischen Reformen in Politik, Wirtschaft, Bildungswesen und anderen gesellschaftlichen Bereichen voranzutreiben. Bei diesen Entscheidungsprozessen muß es allein um die Sache und darf es nicht um Personen gehen.
3. Wir fordern die Angehörigen der Belegschaften und Kollektive auf, an ihren Arbeitsplätzen die Diskussion hierüber zu beginnen bzw. fortzusetzen und vordringlich demokratische gewerkschaftliche Strukturen mit dem Ziel der Bildung von Betriebsräten anzustreben. Die Erarbeitung von Betriebsverfassungsgesetzen sollte hierbei eine zentrale Aufgabe sein. Dieser Prozeß muß demokratisch und gewaltfrei gehen und der Belebung der Wirtschaft zum Wohle aller dienen.

Wir betrachten diese Maßnahmen als entscheidende Vorbedingungen zur Überwindung der noch immer anhaltenden Stagnation in den Betrieben und anderen Einrichtungen.
Dieser Appell richtet sich an alle Werktätigen unseres Bezirkes, versteht sich aber auch als verbindliche Empfehlung an den Rat des Bezirkes und als Forderung an die SED-Führung des Bezirkes Halle, sich verfassungsgemäß zu verhalten.

gez. Dr. Johannes Mehlig
NEUES FORUM Halle

Es entsteht eine merkwürdige Diskussion über dieses "Statement", die wieder abgedrängt wird in den Streit um professionelle Kompetenz, z.Zt. scheinbar nicht mögliche Ersetzung von sogenannten "Fachleuten" usw. Letztlich entschließt sich der Runde Tisch mehrheitlich dazu, das Papier von Dr. Mehlig als Anlage in das Protokoll aufzunehmen.

Was soll das? Was ist damit bewirkt?

Ich fahre zurück nach Wittenberg. Es ist etwa 23.00 Uhr, und in mir ist ein lange nicht gekanntes Hochgefühl, eine Lust, laut zu werden trotz aller Müdigkeit. Ich bin dabei! Ich habe zum ersten Mal seit Jahren ein Forum der verschiedensten Personen als Vertreter von Parteien und Verbänden erlebt, die frei und kontrovers miteinander gesprochen haben.

Ich bin fast 58 Jahre alt. Ich war immer im kirchlichen Dienst, in einer scheinbaren Enklave der Sicherheit in diesem Staat. Ich habe dort für das, was ich in meinem Amt zu tun hatte, gekämpft und noch mehr dafür, uns unsere innere Freiheit und Unverführbarkeit zu erhalten. Meine Frau hat dazu gestanden, auch dann, wenn unsere drei Kinder diese Haltung in Schule und Beruf bezahlen mußten.

Aber heute war ein Tag, an dem ich diese Vergangenheit abstreifen konnte. Wir haben geredet und einer hat dem anderen zugehört. Da war an diesem Runden Tisch, trotz der Einbrüche in einigen Fragen, etwas entstanden, was es so in 40 Jahren DDR nicht gegeben hat. Wir können offen kämpfen: für Menschlichkeit, für die Freiheit der Individualität. Und nach den langen 40 Jahren sind Menschen genug da, die eine Sprache miteinander haben.

Ich werde diese erste Rückfahrt nicht vergessen: Ich fuhr, und ich träumte zugleich den Traum der Brüderlichkeit, davon also, daß alles möglich ist.

22.12.1989

Die Euphorie ist verflogen. Wo habe ich nur meinen Verstand gelassen, mein Wissen von dieser DDR, von der Allgegenwärtigkeit der Partei und der totalen Einvernahme, gegen die wir aufgestanden sind! Das war ein Anfang, gestern, ein Anfang zu begreifen, wo wir stehen und was wir leisten müssen, um Hintergründe zu erfahren, diese dann aufzuarbeiten, wenn es irgend geht, weiterzuvermitteln und schließlich etwas Anderes, Neues zu schaffen.

Ich bin Ökonom, ich kann Bilanzen lesen, Wirtschaftszusammenhänge begreifen. Als Verwaltungsleiter kenne ich die Macht der Administration, ihre Verwachsungen und Auswüchse. Ich will nüchterne Arbeit leisten in Halle, sonst nichts! Aber das ist zu allererst Dreckarbeit und Mühe, um zu begreifen, was alles verändert werden muß. Ich darf das nicht vergessen!

[An dieser Stelle befanden sich im Original Ausschnitte aus der "Freiheit" vom 23.12.89 ("Hilfe aller Art für rumänisches Volk" und "Alles tun, um das Alltagsleben zu sichern. Dritte Tagung des Runden Tisches am 4.Jan. 1990"), vom 22.12., S. 1f ("Das Wichtigste erst ganz zum Schluß? 2. Bezirks-Tisch geriet unter Zeitnot") und S. ? ("Künftig mehr Zulassungen für das Medizinstudium? Neue Konzepte für Gesundheitswesen dringend notwendig")]

23.12.1989: Paul-Gerhard-Stift

Ein Anruf aus dem Krankenhaus veranlaßt mich, schnell dorthin zu fahren. Ich soll kommen, weil es eine Überraschung mit unserem neuen Fahrzeug gibt. Was sollte das sein?

Ich [hatte] am 22.12. unseren Technischen Leiter und den KFZ-Mechaniker nach Halle geschickt, um dort vom Volkseigenen Maschinenbauhandel einen gebrauchten 5-Tonnen-LKW zu kaufen. Das war möglich geworden, weil ich mit dem Rat des Kreises, Abteilung Verkehrswesen, verhandelt hatte und nach einer zähen Gesprächsrunde einen Freigabeschein zum Ankauf eines solchen LKW erhalten habe.

Gegen Mittag rief mich der Technische Leiter aus Halle an und sagte, daß es mehrere für unsere Transportzwecke geeignete Fahrzeuge im Bestzustand gäbe, aber die Leiterin der Verkaufsabteilung keines dieser Fahrzeuge an uns abgeben wollte. Die Lastkraftwagen hätten einen Metallkastenaufbau, doch der ließe sich mit Leichtigkeit abbauen und durch eine Holzpritsche ersetzen. Daraufhin habe ich mich mit der Abteilungsleiterin für den Verkauf verbinden lassen und ihr gedroht, daß ich mit ihrem Verhalten an den Runden Tisch gehen würde. Das genügte, um den Verkaufsabschluß durchzusetzen.

Ich weiß, daß dieses Telephonat mit seiner Drohung einer Erpressung gleichkam. Im Grunde war es um nichts besser, als die Verhandlungsmethoden, mit denen wir früher von staatlicher Seite bedacht wurden. Und trotzdem hatte ich ein Triumphgefühl, das ich nicht unterdrücken konnte. Zum ersten Mal nach so vielen Jahren war es möglich, diesen Dienststellen mit ihrer Münze heimzuzahlen. Es blieb beschämend - aber es war eine Genugtuung.

Da steht nun dieser LKW, den ich gestern nicht mehr gesehen habe. Der Kastenaufbau hinter dem Führerhaus hat nur eine schmale Seitentür. Die ist geöffnet, als ich ankomme, und wir alle, die an diesem Morgen um das Auto herumstehen, sehen auf einen Gang mit rechts und links abzweigenden Zellen, auf eine Drahtgittertür vor dem Zellengang, auf eine Bank vor dem

Gitter, an der Halterungen für ein Schnellfeuergewehr angebracht sind. Was von außen aussieht wie ein großer Brottransportwagen, entpuppt sich als ein GZW, wie es in den Zulassungspapieren heißt. Ich habe einen Gefangenenzuführungswagen des Ministeriums für Staatssicherheit erworben. Damit ist auch klar, warum dieser Wagen nicht an uns weiterverkauft werden sollte.

Wir stehen fassungslos vor dem LKW, gehen in den Zellentrakt, lassen die Gittertür hinter uns schließen. Wir sind bereit zum Abtransport! Ich rufe einen Photographen an, der uns eine Bildserie anfertigt. Eines Tages werde ich sie brauchen können: vielleicht im Fernsehen, vielleicht am Runden Tisch [s. u. 8. Beratung]. Ich lasse unsere größte Garage räumen und dort den Wagen einschließen. Es ist, als schämten wir uns, dieses Monstrum von Transportwagen zu besitzen, mit seinen sieben Zellen, jede nur knapp einen Meter im Quadrat groß, die Zellen unbelüftet, bis auf ein paar Schlitze an der Zellentür. Und es ist, als müßten wir dieses Monstrum verstecken, wie eine auf uns zurückfallende Schande. Das ist nicht zu erklären, aber wir sind alle erleichtert, als sich die Garagentore schließen. Vielleicht gelingt es uns, den Schrecken und die Scham - wenigstens kurzfristig - zu verdrängen, denn morgen ist Weihnachten.

*****

Protokoll der 1. Beratung des Runden Tisches des Bezirkes Halle vom 12.12.1989

1. Es wird eine vorläufige Geschäftsordnung beraten, die zur Beschlußfassung in der nächsten Sitzung vorzulegen ist.
2. Zum Selbstverständnis des Runden Tisches wird folgendes fstgeschrieben:
   a) Der Runde Tisch ist keine parlamentarische Einrichtung.
   b) Einladung und Tagesleitung übernehmen die Kirchen[33].
   c) Am Runden Tisch sitzen Vertreter des Rates des Bezirkes, aller etablierten Parteien, der Kirchen, des Demokratischen Gewerkschaftsbundes, des Demokratischen Frauenverbandes, der Freien Deutschen Jugend und der neuen Oppositionsgruppen bzw. -parteien. Antragsrecht besteht für alle, Stimmrecht nur für je zwei Vertreter der "etablierten Parteien" und des DEMOKRATISCHEN AUFBRUCHS, der DEMOKRATIE JETZT, der GRÜNEN PARTEI, der GRÜNEN LIGA, der SPD, der VEREINIGTEN LINKEN[34] und des NEUEN FORUM.
   d) Der Runde Tisch erarbeitet verbindliche Empfehlungen an den Rat des Bezirkes und übt Kontrollfunktion aus. Der Rat des Bezirkes hat Informationspflicht und ist an die verbindlichen Empfehlungen gebunden.
3. Themen der 1. Runde:

---

[33] Zur wichtigen Rolle der Kirchen bei der Umwälzung in der DDR vgl. GRABNER, W.-J. (Hg.): Leipzig im Oktober. Kirchen und alternative Gruppen im Umbruch der DDR. Analysen zur Wende. Berlin: 1990; MASER, Peter: Kirchen und Religionsgemeinschaften in der DDR 1949 - 89. Konstanz: 1992; HILDEBRANDT, J. u. G. THOMAS (Hg.): Unser Glaube mischt sich ein...: Evangelische Kirche in der DDR 1989. Berlin: 1990; ISRAEL, J. (Hg.): Zur Freiheit berufen: die Kirche in der DDR als Schutzraum der Opposition 1981 - 89. Berlin: 1991; SIEBENHÜNER, A.: Wegbereiter der Wende. Die Rolle der Kirche in der DDR im Umbruchsprozess. Köln: 1991; Staatliche Kirchenpolitik im "real existierenden Sozialismus" in der DDR. Berlin: 1993; Stasi und kein Ende?: Kirche und Staat in der früheren DDR und im vereingten Deutschland. Bochum: 1993.

[34] Die Bürgerwegung "Initiative Vereinigte Linke" bildete sich im Sept. '89, die Organisation VL wurde am 30.1.90 gegründet, Wahlbündnis mit den marxistischen NELKEN, 1 VK-Mandat.

- Sicherung der Gewaltfreiheit/Sicherheitspartnerschaft
- Wie kommen wir über den Winter
- Zugang zu den Medien
- Umgang mit den Folgen der Amnestie

4. Weitere Vorschläge zur Tagesordnung für den Runden Tisch am 21.12.89:
   - Rechtssicherheit
   - Dienstleistungen
   - Ernährung
   - Verwaltungsreform
   - Jugendpolitik
   - Gerichtswesen
   - Gesundheitswesen
   - Bestandsaufnahme materieller und finanzieller Mittel.

   Die Vorschläge zur Tagesordnung sind je nach Dringlichkeit und Zuarbeit seitens der jetzt zuständigen Stellen im Einzelnen in den folgenden Beratungen abzuarbeiten, soweit sich nicht dringlichere Fragen dazwischen schieben.

*****

Geschäftsordnung des Runden Tisches

1. Geschäftsordnungsanträge werden vor Sachanträgen verhandelt.
2. Geschäftsordnungsanträge sind:
   - Bestätigung der Tagesordnung
   - Begrenzung der Redezeit
   - Ende der Rednerliste
   - Schluß der Beratung
   - Antrag über die Art der Abstimmung
3. Sachanträge sind:
   - Hauptanträge
   - Änderungs- und Ergänzungsanträge
4. Über den inhaltlich weitergehenden Antrag wird stets zuerst abgestimmt. Für Änderungs- und Ergänzungsanträge gilt dies sinngemäß. Die zur Abstimmung gestellte Frage muß so gestellt werden, daß sie mit ja/nein beantwortet werden kann.
5. Anträge werden in der Reihenfolge der Antragstellung abgearbeitet. Die Tagungsleitung darf Anträge gemäß Ziffer 3, sofern es der Sachzusammenhang erfordert, bis zum Ende des Sitzungstages zurückstellen.
6. Anträge gelten als angenommen, wenn sie einfache Mehrheit gefunden haben. Geschäftsordnungsanträge und andere Anträge, bei denen die Teilnehmer dieses beschließen, bedürfen einer Zweidrittelmehrheit. Minderheitsvoten sind zulässig.
7. Über die Zulassung weiterer Sitzungsteilnehmer entscheidet der Runde Tisch durch einfache Mehrheit.

   Halle, den 20.12.1989

*****

Protokoll [der 2.] Sitzung des Runden Tisches Bezirk Halle am 21.12.1989

Beschlüsse:

1. *Zur Kompetenz des Runden Tisches*
   Der Vorsitzende des Rates des Bezirkes wird beauftragt, das Selbstverständnis des Runden Tisches im Bezirk Halle der Regierung der DDR vorzulegen und regierungsamtlich bestätigen zu lassen.
2. *Zugang zu den Medien für neue Gruppierungen*
   Es wird beschlossen, eine Medienkonferenz der Parteien und Gruppierungen [abzuhalten, auf der die] Frage der Papierkontingentierung ([die] für alle Zeitungen des Bezirkes vom Rat des Bezirkes offengelegt wird) und eine langfristig gerechtere Medienpolitik diskutiert [werden, und daß] dem Runden Tisch bis zum 15.1.1990 ein Vorschlag dazu vorgelegt wird.
   Einberufer: NDPD (Klement-Gottwald-Straße 73)
   vorgeschlagener Termin: Sonnabend, 6.1. 1990, 10.00 Uhr
   Es wird zustimmend zur Kenntnis genommen, daß die "Freiheit" der Bitte des Reformhauses entsprochen hat, den Gruppen wöchentlich eine Stelle der Zeitung zur Verfügung zu stellen. Den anderen Tageszeitungen wird empfohlen, [...] in gleicher Weise [zu] verfahren [...]. Der Antrag des Senders Halle, ihm für seine gestiegenen Aufgaben im Rahmen der gegenwärtigen politischen Situation bessere Räumlichkeiten zu schaffen, wird unterstützt. Die dafür in Frage kommenden Gebäude sollten von den dafür Zuständigen geklärt werden.
3. *Zur Frage der Amnestie*
   Der Vorsitzende des Rates des Bezirkes informiert über die Situation, die durch die Amnestie entstanden ist. Die Teilnehmer des Runden Tisches nehmen sich in die Pflicht, mitzuhelfen, daß die Entlassenen eingeliedert werden und für jeden eine Begleitperson gefunden wird. Die Presse wird gebeten, diese Arbeit zu unterstützen.
4. *Absicherung des alltäglichen Lebens*
   Der Runde Tisch bestätigt die Mitwirkung seiner Mitglieder *im Operativstab des Rates des Bezirkes* zur Durchsetzung der Sicherheitsgemeinschaft im Interesse der Gewährleistung des Alltagslebens im Territorium. Die Teilnehmer wirken mit bei der Entscheidung über die endgültige Auflösung des Bezirksamtes für Nationale Sicherheit und aller in diesem Zusammenhang anstehenden Sachfragen und Probleme. Die Teilnehmer des Runden Tisches entscheiden selbständig über den von ihnen zu entsendenden ständigen Vertreter in diesem Gremium und in Arbeitsgruppen. Die 1. Beratung findet am 27.12.1989, um 14.00 Uhr, im Rat des Bezirkes Halle, Willy-Lohmann-Straße 7, statt.
5. *Antrag zum Bericht über die Situation der Schulen*
   Dieses vom Bezirk erstellte Papier soll Grundlage für die Lehrerfortbildung in den Februarferien sein.
6. *Gesundheitswesen*
   Es wird beantragt, daß der Bezirksarzt auf der nächsten Sitzung eine genaue Situationsbeschreibung vorträgt.
   Dem "Hilfsfonds Rumänien" wird einmütig zugestimmt.
7. *Nächste Sitzung*
   Donnerstag, 4.1.1990, 16.00 Uhr, Heiligen Kreuz
   Vorbereitung in der Sitzung des Wirtschaftsrates am 29.12.1989, Maxim-Gorki-Straße 13, Haus des Wirtschaftsrates, 10.00 Uhr,

*****

Anwesenheitsliste

Beratung 29.12.89 zu Fragen der Wirtschaft im Bezirk Halle in Vorbereitung der Tagung des Runden Tisches am 4.1.1990

Partei/polit. Gruppierung/Organisation	Name
DEMOKRATIE JETZT	Mokosch, Thomas
INITIATIVE VEREINIGTE LINKE	Dienelt, Karlheinz; Röver, Uwe Larsen
FDJ	Gutewort, Bernd
NDPD	Gersching, Wilfried
DBD	Schneider, Dietrich
VdgB	Senf, Dieter
SZS Bezirksst. Halle	Thiele, Helga
SED-PDS	Wehage, Joachim
VEB CKB/Führungsstab GD	Wötzel, Roland
Komb. Pumpen u. Verdichter	Lehmann, Günter
CDU	Kühne, Harald-D.; Fuchs, Franz
FDGB	Becker, Manfred
Bezirksbauamt	Mertner, Jürgen (Gast)
GRÜNE PARTEI	Neumann, Torsten
Kulturbund DDR	Kormann, Gottfried
NEUES FORUM	Dr. Wand, Klaus
Christl. Ärzte	Bönisch, Bernhard
Rat des Bezirkes	Dr. Süß, Wolfgang
Kathol. Kirche	Nowak, Norbert

*****

Protokoll der 3. Beratung des Runden Tisches des Bezirkes Halle vom 04. 01. 1990

03/001 Der Antrag der Gruppe AKTION DIE DREI auf Neuzulassung an den Runden Tisch wird bekanntgegeben. Da kein Vertreter dieser Gruppe anwesend ist, wird über den Antrag nicht entschieden.

03/001 *Zusammenstellung der Tagesordnung*

1. Standpunkte zu den Ereignissen um und am Fahnenmonument in der Silvesternacht 1989/90 in Halle[35]
2. Information, Diskussion und Standpunkte zur Wirtschaftspolitik
3. Standpunkt zur weiteren Verfahrensweise Kulturhaus Halle
4. Diskussion und Standpunkt zur Weiterführung der Auflösung des Amtes für Nationale Sicherheit (Bezirksamt Halle)
5. Diskussion zum Ministerratsbeschluß zur Unterstützung der Arbeit des Runden Tisches vom 21.12.1989[36]
6. Antrag zur Wahrung von Sachlichkeiten in der Wahlpropaganda
7. Anträge der NDPD zu einer Erklärung über die Sorge der Auftritte neofaschistischer Kräfte
8. Vorschläge zur TO des 4. Runden Tisches, des Tagungszeitpunktes und des Tagungsbeginns

03/003 Dem Antrag, TOP 5 als TOP 1 zu behandeln, wird entsprochen. Da in der Diskussion weitere inhaltliche Schwerpunkte aufgeworfen werden, bleibt TOP 5 an der Stelle, wie in der TO vorgesehen, bestehen. Der Vorschlag für die Gestaltung eines Vordruckes zur Freistellung von Teilnehmern für die Mitwirkung am Runden Tisch wird angenommen.

03/004 Zum TOP 1 (Fahnenmonument) liegen eine Erklärung des Runden Tisches der Stadt Halle und eine Positionierung der SED-PDS vor. Nach kontroverser Diskussion, in der die SED-PDS ihren Antrag zurückzieht, wird mehrheitlich beschlossen, sich der Erklärung des Runden Tisches der Stadt Halle anzuschließen (Anlage DS 03/004). Mit Nachdruck wird darauf verwiesen, daß die Medien diese Erklärung zum schnellstmöglichen Termin veröffentlichen sollten.

03/005 Zum TOP 2 (Wirtschaftsfragen) wurde die "Niederschrift der Beratung vom 29.12.1989 zu Fragen der Wirtschaft im Bezirk Halle..." in der Fassung der DS 03/005 (Anlage) bei separater Abstimmung über die einzelnen Empfehlungspunkte mehrheitlich beschlossen.

03/05/01 Dem Papier des NEUEN FORUM zu Mitbestimmungsstrukturen in den Betrieben wird mit den eingebrachten Änderungen zugestimmt. Der Einwand des Vorsitzenden des Rates des Bezirkes, daß nur praktikable und durchsetzbare Vorschläge letztendlich den gewünschten Erfolg garantieren, wird unterstützt.

03/006 Die NDPD weist auf Streikabsichten von Handwerkern hin. Auf einer Kundgebung am 9.1.1990 wollen vor allem Bäcker und Fleischer ihren Unmut zu den halbherzigen und wenig durchdachten Beschlüssen des Ministerrates vom Januar 1990 zur Tätigkeit von Gewerbetreibenden[37] bekunden. Sollten ihre Forderungen nach Revision

---

[35] Das Monument wurde von Jugendlichen mit Farbbeuteln beworfen und mit systemkritischen Parolen beschmiert. S. Freiheit, 2. Jan. 1990 (45. Jahrg., Nr. 1), S. 2, vgl. auch ibid., 4. Jan., S. 2.

[36] In: MODROW, Hans: Aufbruch und Ende. Hamburg: Konkret, 1991, S. 156 - 163. Vgl. THAYSEN, Uwe: Der Runde Tisch, S. 134f.

[37] Dieser Beschluß ist im Gesetzblatt nicht aufgeführt.

einzelner Festlegungen nicht erfüllt werden, drohen sie Streiks an. Das Anliegen der Handwerker, die gefaßten Ministerratsbeschlüsse zu verändern bzw. zu ergänzen, wird vom Runden Tisch unterstützt.

03/007 Die Information der CDU, daß der Ministerpräsident von NRW Partnerschaftsbeziehungen zum Bezirk Halle anbietet, wird mit der Ergänzung zur Kenntnis genommen, daß derartige Angebote auch von Niedersachsen vorliegen.

03/008 Der Antrag der VEREINIGTEN LINKEN: "Endlich eine 'freie Wirtschaft'!! - ?" wird nach mehrheitlicher Ablehnung der Punkte 1 und 5 vertagt. Eine Arbeitsgruppe unter Leitung von Herrn Dr. Süß, Rat des Bezirkes (Mitglieder: Herr Dr. Wand, NEUES FORUM, Herr Bernt-Bärtl, GRÜNE LIGA; Herr Kupfer, VEREINIGTE LINKE; Herr Prof. Dr. Kühne, CDU) bringt den überarbeiteten Vorschlag zur nächsten Beratung des Runden Tisches ein.

03/009 Dem Antrag des Vorsitzenden des Rates des Bezirkes zum Bau des Kulturhauses in Halle wird mit dem eingearbeiteten Zusatz auf Seite 2, 4. Zeile von unten, zugestimmt (...erneut geprüft werden,) "mit dem Ziel, Möglichkeiten für die Fortführung des Projektes zu finden. [sic!]

Außerdem wird empfohlen, im Zusammenhang mit der Ausarbeitung der Grundsatzentscheidung eine nochmalige öffentliche Diskussion über die kulturell-inhaltlichen Zielstellungen des Kulturhauses zu führen. Besonders die Kulturschaffenden des Bezirkes Halle sollten in die weitere Vorbereitung der Entscheidungsfindung einbezogen werden.

03/010 Dem Antrag des DEMOKRATISCHEN AUFBRUCHS (TOP 4) zur Auflösung der Bezirksverwaltung des ehemaligen MfS wird in der Fassung der DS 03/010 (Anlage) zugestimmt.

03/011 Der Vorsitzende des Rates des Bezirkes wird beauftragt, die Verfahrensweise für die Verteilung von Fahrzeugen des ehemaligen MfS offenzulegen.

03/012 Der von der NDPD eingebrachten Erklärung (TOP 7) wird in der Fassung der DS 03/012 (Anlage) zugestimmt.

03/013 Die Mitglieder des Runden Tisches sind aufgefordert, alle Forderungen und Wünsche, die sich aus dem Beschluß des Ministerrates zur Unterstützung der Arbeit des Runden Tisches vom 21.12.1989 ergeben, dem Vorsitzenden des Rates des Bezirkes bis zum 20.01.1990 zu übergeben.

03/014 Die nächste Beratung des Runden Tisches findet am Donnerstag, dem 18.01.1990, um 14.00 Uhr, Heiligen Kreuz, Gütchenstr. 21, statt.

03/015 Der Vorsitzende des Rates des Bezirkes lädt alle Teilnehmer am Runden Tisch zu einer Operativberatung am 09.01.1990, 14.00 Uhr, im Ratssitzungssaal des Rates des Bezirkes Halle, Willy-Lohmann-Straße 7, ein.

03/016 DS 03/016 Anwesenheitsliste (Anlage)

03/017 Die Gruppen und Parteien des Runden Tisches, die noch keinen Vertreter für die "Autorisierte Arbeitsgruppe" (Auflösung AfNS) benannt haben, werden gebeten, dies bis zum 10.01.1990 dem Vorsitzenden des Rates des Bezirkes zu [tun].

*****

In der Diskussion um die Ereignisse am "Fahnenmonument" wird für mich deutlich, daß die Blockparteien versuchen, aus dieser Schmiererei von Jugendlichen in der Silvesternacht Kapital zu schlagen. Die Gewichtigkeit und die Länge der Diskussion mit sich immer wiederholenden Hinweisen auf einen erwarteten Rechtsruck sind nach meiner Auffassung lächerlich. Ich kann durch keinen Bericht zu diesem sicher nicht erfreulichen Vorfall erkennen, daß eine sogenannte

"Rechte" sich organisiert hat. Ich bin mir sicher, daß es sich um einen der Auswüchse handelt, den zuviel Alkohol und der offenkundige Zusammenbruch der allgewaltigen Staats- und Polizeimacht möglich machen.

Am wichtigsten an diesem Tage ist das überarbeitete Papier zur Auflösung des Bezirksamtes des Ministeriums für Staatssicherheit. Was gar nicht protokolliert wird, ist eine Mitteilung des beauftragten Bürgerkomitees zur Aufklärung der Stasi-Arbeit, daß es insgesamt im Bezirk Halle etwa 4.000 hauptamtliche Mitarbeiter des MfS gibt. Wer kündigt denen, wer befaßt sich danach mit diesen "Arbeitslosen" und fragt nach, was aus ihnen wird und wie sie leben werden? Wenn das nicht geschieht, wird zwangsläufig ein Potential von unbekannten Tätern jeder Art entstehen.

Die Situation ist gespenstisch. Wir haben erfahren, daß es einen Aktenberg im Bezirk Halle im Gebäude des MfS am Gimritzer Damm gibt, der etwa 4,5 km lang ist. Was steht da drin? Wer soll das auswerten, bewachen usw.? Die einfache Zustimmung zu dem Antrag des DEMOKRATISCHEN AUFBRUCHS (der, wie sich herausstellt, von dem Bürgerkomitee insgesamt erarbeitet wurde), kann nicht genügen. Wir müssen darauf warten, was für weitere Erkenntnisse über Art und Inhalt der Akten wir erhalten werden. Aber schon jetzt ist klar, daß allein die Menge der vorhandenen Akten einen Abtransport an einen anderen sicheren Ort gar nicht gestattet. In diesem Stasi-Gebäude am Gimritzer Damm arbeiten aber noch immer Stasi-Mitarbeiter. Was tun sie dort? Angeblich sind sie erforderlich zur Wartung der vielfältigen komplizierten Technik: z.B. der gigantischen Telephonabhöranlage. Was soll damit geschehen? Neue Fragen ohne Antwort.

Das lähmt und macht mutlos, wenn man es nicht vorläufig wegschiebt aus der eigenen Verantwortung und als weiter aufzuklärende Arbeit an das Bürgerkomitee zurückgibt. Genau so beschließen wir dann auch! Sicher ist das eine Flucht: Aber wer von uns am Runden Tisch ist kompetent für diese Arbeit und für die daraus entstehenden Fragen? Uns bleibt, daß wir sie irgendwann und irgendwie lösen müssen und für die jeweilige Lösung die Verantwortung zu übernehmen haben; dazu sitzen wir zusammen.

Ich fahre nach Hause. Es ist nach Mitternacht, und ich fange an, meine Notizen aus der Sitzung zu ordnen und zu vervollständigen, solange das Erlebte noch frisch ist. Schlafen kann ich ohnehin nach diesen Donnerstagen kaum noch.

Ich weiß auch, ich muß mich auf die nächste Sitzung besonders vorbereiten, weil dann der Bezirksarzt über die Lage des Gesundheitswesens reden wird. Ich kenne diesen Herren, und ich weiß, daß er ein Schreibtischtäter ohne jede Phantasie ist. Ich denke an das Erlebnis in Coswig und die vielen anderen Erfahrungen, die ich inzwischen gemacht habe: traurige, bittere Erfahrungen über Vernachlässigungen in der Arbeit in Krankenhäusern, psychiatrischen Einrichtungen und Altenheimen.

*****

Beschluß

des Runden Tisches des Bezirkes Halle vom 04.01.1990 betreffs Auflösung der Bezirksverwaltung des ehemaligen Ministeriums für Staatssicherheit

1. Der Runde Tisch erwartet vom Rat des Bezirkes die Offenlegung der konkreten Maßnahmen nach Art und Zeit der Auflösung des Bezirksamtes für Nationale Sicherheit.
2. Die sich noch im Gebäude am Gimritzer Damm befindenden Akten sind schnellstmöglich an einen anderen sicheren Ort zu transportieren. Dieser Transport hat unter Aufsicht einer "Autorisierten Bürgergruppe" zu erfolgen.
3. Eine Vernichtung oder Aufarbeitung des Aktenmaterials oder von Teilen desselben wird abgelehnt. Die Aufarbeitung kann erst nach der Schaffung gesetzlicher Regelungen durch ein legitimiertes Parlament und eine legitimierte Regierung erfolgen. (Dies betrifft auch die Einschätzung der Wertigkeit oder Brisanz der Akten.)
4. Der Gebäudekomplex wird insgesamt zur Disposition gestellt. Eine Übergabe eines Komplexteiles an ein "Amt für Verfassungsschutz" wird abgelehnt, da die Gründung eines solchen nicht vor dem 06.05.1990 erfolgen sollte und im Grundsatz einer neuen Verfassung bedarf. (Siehe Forderung Zentraler Runder Tisch[38])
5. Unter der Bedingung, daß nachweislich Gebäude, Räume und Telefonanschlüsse in entsprechendem Umfang in Halle geräumt werden, ist der Antrag der MLU auf Übergabe zu prüfen und eine entsprechende Empfehlung des Runden Tisches für die Verwendung des Gebäudekomplexes nach Abtransport des MfS-Materials zu geben.
6. Der Runde Tisch erwartet Auskunft über sämtliche Gebäude, Objekte und Wohnungen sowie Wohnungsdienstanschlüsse, die vom ehemaligen Ministerium für Staatssicherheit genutzt wurden.
7. Der Runde Tisch erwartet eine Erklärung über die Zahlung von Überbrückungsgeld an ehemalige Mitarbeiter des Ministeriums für Staatssicherheit und andere Funktionäre.
8. Der Runde Tisch hält die Tätigkeit der Volkspolizei für erforderlich und ausreichend. Die Arbeit anderer Ämter und Institutionen ist bis zum Inkrafttreten einer neuen Verfassung auszusetzen und danach neu zu stellen.
9. Der Runde Tisch stimmt dem Ministerratsbeschluß zur Bildung des Amtes für Verfassungsschutz und eines Nachrichtendienstes im Bereich des Bezirkes Halle nicht zu und erwartet vom Rat des Bezirkes die Aussetzung dieses Beschlusses.

*****

[Hier befanden sich im Original Ausschnitte aus der "Freiheit" vom 15.1.1990 ("Offener Brief des Redaktionskollektivs. Für eine unabhängige 'Freiheit'") und 16.1. ("Als Druckhaus Partner pluralistischer Medien. Offener Brief der Mitarbeiter des Druckhauses Freiheit" und "Gegen H.-J. Böhme wurde Haftbefehl erlassen. Ermittlungen gegen den ehemaligen 1. SED-Bezirkssekretär. Beweise aus Strafverfahren gegen Schräter und Kolodniak")]

*****

Staatliche Zentralverwaltung für Statistik
- Bezirksstelle H a l l e -
Halle-Neustadt, 29.12.89

I n f o r m a t i o n
für die Teilnehmer des Runden Tisch-Gesprächs am 4.1.1990

Im Bezirk Halle wurde in den vergangenen 11 Monaten des Jahres 1989 ein Volumen an *industrieller Waren-*

[38] Am 7.12.89 tritt auf Einladung der DDR-Kirche in Ost-Berlin der Runde Tisch zum ersten Mal zu Beratungen zusammen. Die Teilnehmer wurden von den fünf ehem. Blockparteien und sieben Oppositionsgruppen entsandt. Dazu: THAYSEN, Uwe; Der Runde Tisch (Der Zentrale RT hat Modrows Forderung, ein "Amt für Verfassungsschutz" zu gründen, vehement abgelehnt).

produktion in Höhe von *rd. 79 Milliarden Mark* produziert. Damit wurde die Staatliche Auflage für den Zeitraum 1.1.-30.11.1989 mit 100,3% erfüllt. Das entspricht einem Planvorlauf von 257,5 Mio M bzw. fast der Produktion eines Arbeitstages. Bei der Betrachtung der Übererfüllung des Planes sind zwei Faktoren jedoch wichtig:

- die bisher erreichte Übererfüllung wurde zu mehr als der Hälfte von den Betrieben der Fleisch-, Milch- und Getreidewirtschaft im Bereich der Abt. Land- und Nahrungsgüterwirtschaft des Rates des Bezirkes erreicht
- der Jahresplan wurde im Zeitraum von Februar bis Ende November um 426,7 Mio M reduziert.

Im Durchschnitt der Monate Januar bis Oktober entsprach die pro Arbeitstag hergestellte industrielle Warenproduktion dem für das Jahr geplanten Niveau. Im Monat November sank jedoch die arbeitstägliche Leistung erheblich ab. Für den Monat Dezember wird damit gerechnet, daß ein weiteres Absinken nicht eintritt. Durch diese beiden leistungsniedrigen Monate wird jedoch die geplante tägliche Leistung des Jahres 1989 im Durchschnitt des gesamten Jahres nicht erreicht. Damit ist mit einem Produktionsausfall gegenüber dem derzeitigen Jahresplan (Stand 30.11.) von rd. 300 Mio M zu rechnen.

Die Anzahl der Betriebe, die ihre Pläne des jeweiligen Berichtszeitraumes nicht erfüllten, nahm insbesondere im 3. Quartal zu. So waren es

per 30.6.1989: 41 Betriebe mit einer Untererfüllung von rd. 46 Mio M
per 30.9.1989: 57 Betriebe mit einer Untererfüllung von rd. 102 Mio M
per 31.10.1989: 75 Betriebe mit einer Untererfüllung von rd. 142 Mio M
per 30.11.1989: 112 Betriebe mit einer Untererfüllung von rd. 279 Mio M
und voraussichtlich schätzen die Betriebsleitungen
per 31.12.1989 : von 130 Betrieben eine Untererfüllung von rd. 883 Mio M ein.

Das *Wachstum der industriellen Warenproduktion* gegenüber dem gleichen Vorjahreszeitraum hat sich im zweiten Halbjahr von Monat zu Monat verringert und betrug per 30.11.1989 noch 2,6%. Für das Jahr muß mit einem Produktionszuwachs von rd. 2% gerechnet werden (1988 = 3,1%), der außerdem erstmals im wesentlichen nur einem gestiegenen Produktionsverbrauch geschuldet ist.

Ursache für das niedrige nicht planmäßige Leistungsniveau ist u.a.- *das gesunkene Arbeitskräftepotential*. In der Industrie war die Arbeitskräftezahl im 1. Halbjahr etwa konstant. Nach einer Zunahme der Beschäftigten im Juli durch Abschluß der Berufsausbildung zeigt sich ab September eine Verringerung (u.a. durch die ständige Ausreise aus der DDR) trotz der Zuführung von Hoch- und Fachschulkadern ab 1.9.1989. Im Durchschnitt der Monate Januar bis November waren in der Industrie des Bezirkes Halle 1736 Arbeitskräfte weniger beschäftigt als im Vorjahr. Gegenüber dem Plan per 30.11.89 fehlten sogar 3763 VbE Arbeiter und Angestellte. Noch höher ist die Differenz beim Produktionspersonal mit 3873 VbE. Daraus muß abgeleitet werden, daß Leitungs- und Verwaltungspersonal nicht planmäßig abgebaut wurde.

- Eine weitere Ursache ist die *gesunkene Arbeitsproduktivität*. Während im 1. Halbjahr 1989 von jeder VbE an einem Arbeitstag rd. 707 Mark an industrieller Warenproduktion hergestellt wurden, betrug dieses Volumen im November nur rd. 648 Mark.

- Hinzu kommen auch die aus den Abrechnungen der Betriebe sichtbaren Zeichen für *gestörte Kooperationsbeziehungen bzw. nicht gesicherten Absatz der Produktion*. Während zum Absatzplan per 30.11.1989 Verträge in Höhe von 558 Mio M fehlten, bestanden zu den abgeschlossenen Verträgen am 30.11.89 Rückstände in Höhe von 325 Mio M. Besonders Vertragsrückstände der Zulieferindustrie von 205 Mio M und bei der Ersatzteilauslieferung von 14 Mio M beeinträchtigten die Abnehmer. Die Versorgung wurde besonders durch Vertragsrückstände beim Absatz von Fertigerzeugnissen für die Bevölkerung von 43 Mio M gestört.

*****

Halle, 2. Jan. 1990

Niederschrift
der Beratung vom 29.12.1989 zu Fragen der Wirtschaft im Bezirk Halle in Vorbereitung der Tagung des Runden Tisches am 4. Jan. 1990

I. Durch Vertreter des Rates des Bezirkes, der Staatlichen Zentralverwaltung für Statistik/Bezirksstelle Halle und die Generaldirektoren bzw. [durch] Beauftragte der zentralgeleiteten Kombinate Pumpen und Verdichter sowie Chemisches Kombinat Bitterfeld (CKB) wurde die Planerfüllung 1989 und die Vorbereitung des Jahres 1990 in den Betrieben eingeschätzt.

Anlage 1 (liegt erst am 3.01.90 von SZS vor) enthält Zahlenübersichten zur Planerfüllung 1989 nach ausgewählten Kennziffern. Die Lage ist durch einen Rückgang der arbeitstäglichen Leistungen in den Monaten November und Dezember gegenüber dem erreichten Stand per 31.10.89 gekennzeichnet.

Der Leistungsrückgang, aber auch unreale Planvorgaben haben zunehmende Vertragsrückstände zur Folge, die sich vorrangig bei industriellen Zulieferungen auswirken. Fertigerzeugnisse für die Bevölkerung werden

wertmäßig über das geplante Volumen hinaus bereitgestellt. Die Exportaufgaben in das NSW werden insgesamt nicht erfüllt, ebenso nicht der geplante Nettogewinn.
Vom Bezirkswirtschaftsrat, dem Bezirksbauamt sowie den Generaldirektoren werden zunehmende Material- und Zulieferprobleme, fehlende Arbeitskräfte - vor allem Produktionspersonal -, Auswirkungen der Amnestie in der bezirksgeleiteten Industrie, im CKB, im Braunkohlenkombinat Bitterfeld und abnehmende Arbeitsintensität und -disziplin als Hauptursachen des Leistungsabfalls genannt.
Insgesamt wird im Bezirk ein Wachstum der IWP zum Vorjahr um ca. 2% eingeschätzt gegenüber einem Wachstum von 3 - 4% in den Vorjahren.
Im Bezirk hat sich 1989 (bis 31.10.89) die Einwohnerzahl um 16.105 und die Zahl der Gesamtbeschäftigten um [handschriftlich: ca. 7.000] Personen verringert.
Auf der Grundlage des Beschlusses des Ministerrates vom 21.12.89 über Maßnahmen zur Stabilisierung volkswirtschaftlicher Prozesse und erste Schritte zur Ausgestaltung der Wirtschaftsreform[39] werden die Zahlungen der Jahresendprämien unter Einsatz der verfügbaren finanziellen Fonds der Kombinate und Betriebe und bei Nichtausreichen dieser Mittel auf Antrag der zuständigen Minister bzw. der Vorsitzende des Rates des Bezirkes aus dem Staatshaushalt gewährleistet. Die letztgenannten Mittel sind von den Betrieben 1990 zusätzlich zu erwirtschaften und an den Staatshaushalt zurückzuzahlen.
Die Ausarbeitung des Volkswirtschaftsplanes 1990 in den Kombinaten und Betrieben erfolgt in den Monaten Dezember 1989 und Januar 1990 auf der Grundlage zentraler Orientierungskennziffern.
Nach dem gegenwärtigen Arbeitsstand werden die Vorgaben in erheblichem Umfang nicht erreicht. So würde in der bezirksgeleiteten Industrie ein Leistungsrückgang in der IWP zum Ist 1989 von 7,7% eintreten. Zugleich werden die vorgesehenen Lohnmittel ausgeschöpft bzw. überschritten. Unzureichende materiell-technische Versorgung, fehlende Arbeitskräfte und nicht ausreichende Leistungsbereitschaft sowie ungenügende Leitungswirksamkeit werden als hauptsächliche Gründe von den Verantwortlichen genannt.
Als *Empfehlungen des Runden Tisches* an den Rat des Bezirkes werden vorgeschlagen:

1. Die in den Betrieben zum 31.12.89 vorhandenen materiell-technischen Mittel (Material, Baugruppen u.a.) sind unverzüglich zu erfassen und für die Fortführung der Produktion ggfs. durch Umverteilung zwischen den Betrieben in Verantwortung der Kombinate und wirtschaftsleitenden Organe optimal einzusetzen.
2. Durch die Betriebe sind mit Kooperationspartnern Verträge zur Bereitstellung notwendiger Zulieferungen bzw. Vereinbarungen zur kurzfristigen Klärung damit zusammenhängender Probleme abzuschließen. [handschriftl.: Das schließt die Möglichkeit freier Abkäufe ein.] Gleichermaßen ist der Absatz der geplanten Waren und Leistungen mit den Partnern in Industrie und Handel [handschriftl.: für Innen- und Außenwirtschaft] vollständig vertraglich zu binden. Der Rat des Bezirkes bzw. die zuständigen Kombinate unterstützen diese Bemühungen in voller Wahrnehmung ihrer Verantwortung erforderlichenfalls durch Einschalten der Minister oder der Regierung.
3. Der Rat des Bezirkes Halle hat die beauftragten Deponiegenehmigungen für Abprodukte des CKB unter Beachtung des Landeskulturgesetzes und Erteilung strenger Auflagen für die Verringerung der Umweltbelastung zu prüfen und zu erteilen. Nach Angaben der Leitung dieses Kombinates wären bei Nichterteilung für 1990 1,8 Mrd. IWP nicht gesichert, mit entsprechenden Auswirkungen auf die Volkswirtschaft und die Beschäftigung von Werktätigen. [Randnotiz: vertagt]
4. Mit dem Rat der Stadt Halle sind die Bedingungen für den Fortgang des Wohnungsneubaus in der Innenstadt zu klären. Bei Aufrechterhaltung des generellen Abrißstopps können 1990 [handschriftl.: 600] neue Wohnungen nicht gebaut werden. Es ist ein Konzept zur weiteren Rekonstruktion einschließlich des Abrisses nicht mehr erhaltungswürdiger Bausubstanz vorzulegen.
5. Von der VdgB/BHG wird auf die problematische Situation bei der Versorgung der Bevölkerung mit festen Brennstoffen hingewiesen. Durch das Energiekombinat Halle ist unter Einschaltung des Ministeriums für Schwerindustrie die Kohlezufuhr zu sichern.Vom Rat des Bezirkes sind die Versorgungsaufgaben unter Nutzung aller territorialen Möglichkeiten zu unterstützen. Der Runde Tisch ist über die Versorgungssituation laufend wöchentlich zu informieren.

II. Angesichts der kritischen Wirtschaftslage einerseits und den hohen Anforderungen, Wünschen und Erwartungen der Bürger andererseits ist die volle Funktionstüchtigkeit aller Betriebe und Einrichtungen in allen Bereichen des gesellschaftlichen Lebens von existenzieller Bedeutung. Diesen Ansprüchen werden staatliche Leiter in einer Vielzahl von Betrieben nicht gerecht. Auch fehlen in einer Reihe von Betrieben und Einrichtungen Vertreter der Belegschaften als Partner der staatlichen Leitungen. Somit entsteht eine Situation, die durch Handlungsunsicherheiten bis zu Handlungsunfähigkeit gekennzeichnet ist.
Begleitet wird dies von Disziplinverlust und unrealen Forderungen von Belegschaften z.B. nach höheren Löh-

[39] Dieser Beschluß ist im Gbl. nicht aufgeführt.

nen, die zum Teil durch Streikandrohung durchgesetzt werden sollen, wie z.B. im Kraftverkehrskombinat. In der bezirksgeleiteten Industrie hat ein Betriebsdirektor, der als kompetent, tatkräftig und verantwortungsbewußt gilt, die Vertrauensfrage gestellt.Von der Belegschaft haben sich in einer geheimen Wahl unter Leitung der BGL nur ca. 30% für seine weitere Tätigkeit ausgesprochen. Wenngleich dieses Ergebnis grundsätzliche Schlußfolgerungen vom zuständigen Kombinatsdirektor verlangt, so entspricht die Verfahrensweise nicht dem geltenden Recht.

Als *Empfehlung des Runden Tisches* an den Rat des Bezirkes werden vorgeschlagen:

1. Zur Sicherung der Funktionsfähigkeit der Betriebe und Einrichtungen und Erreichung hoher Leistungen im Interesse der ganzen Gesellschaft sind die geltenden rechtlichen Bestimmungen ohne Abstriche anzuwenden und anzuerkennen.
2. Zur Sicherung der vollen Handlungsfähigkeit von Betrieben und Einrichtungen liegt ein Vorschlag des NEUEN FORUM zur Schaffung von Verwaltungsräten in den Betrieben vor und ist als *Anlage 2* beigefügt. Dieses gesellschaftliche Beratungs- und Kontrollorgan soll aus 5 Mitgliedern der Betriebsleitung, 5 Vertretern der Belegschaft sowie Vertretern der Bank und Territorialorganen gebildet werden und stellt nach Auffassung des überwiegenden Teils der Teilnehmer eine tragfähige Lösung zur Sicherung der vollen Handlungsfähigkeit von Betrieben und Einrichtungen auf demokratische Weise dar. Vom NEUEN FORUM werden in der Beratung des Runden Tisches am 4.1.1990 weitere Vorstellungen zu Aufgaben, Rechten und Pflichten erläutert. Im Ergebnis der Beratung am Runden Tisch sind die Empfehlungen an den Rat des Bezirkes endgültig zu formulieren.
3. Der Rat des Bezirkes informiert den Runden Tisch unverzüglich über alle Erscheinungen von Streiks und Streikandrohungen. Der Runde Tisch wird nach Lage der Dinge und im Rahmen seiner Möglichkeiten an der Schlichtung mitwirken.

III. Vom Bezirkswirtschaftsrat wurde über erste Vorstellungen zur Wirtschaftsreform in der bezirksgeleiteten Industrie informiert. Auf der Grundlage der Regierungserklärung und weiteren Beschlüssen und internationalen Abkommen gehen die Überlegungen und erste Maßnahmen in folgende Hauptrichtungen:

- Die Betriebe sind künftig die Hauptform der gesellschaftlichen Produktion.
- Demzufolge wird die Zweckmäßigkeit der bezirksgeleiteten Kombinate überprüft und eine Entflechtung mit der Bildung von eigenständigen Betrieben in unterschiedlichen Eigentumsformen in Angriff genommen.
- Eine schnelle Veränderung zur Modernisierung der Betriebe und rasche Innovation von Erzeugnissen und Technologien ohne Unterstützung und Hilfe aus anderen hochentwickelten Ländern ist nicht möglich. Demzufolge werden bestehende Beziehungen im Rahmen von Exportgeschäften auf Ausbaufähigkeit zu stärkerer Kooperation, zu gemeinsamer Produktion und Vertrieb und zur Kapitalbeteiligung untersucht und neue Beziehungen angebahnt. Von entscheidendem Gewicht bei der stärkeren Teilnahme an der internationalen Arbeitsteilung zur Wahrung der Eigenständigkeit ist das klare eigene Konzept der Betriebe auf Grundlage der Marktkenntnisse.
- Der Rat des Bezirkes konzentriert sich auf die Schaffung entsprechender rechtlicher sowie materieller und finanzieller Rahmenbedingungen und auf vielfältige Formen der Vermittlung von Kenntnissen, Erfahrungen und Informationen zur Entwicklung der Eigenständigkeit der Betriebe in unterschiedlichen Eigentumsformen.

Als *Empfehlung des Runden Tisches* werden vorgeschlagen:

1. Vom Rat des Bezirkes/Wirtschaftsrat sollten Maßnahmen
- zur Entflechtung der bezirksgeleiteten Kombinate zu selbständigen Betrieben unterschiedlicher Eigentumsformen nach solchen Kriterien, wie Rentabilität, Flexibilität u.a.
- zur stärkeren Teilnahme an der internationalen Arbeitsteilung mit Vorschlägen von Betrieben zur Kooperation ohne Kapitaleinschuß, Bildung von gemeinschaftlichem Eigentum mit Kapitaleinschuß sowie gemeinsamer Produktions- und Vertriebsorganisation
- zur Bildung eines regional organisierten Außenhandelsunternehmens zur Interessenvertretung von Klein- und Mittelbetrieben
- zur Kontaktaufnahme mit einem Bundesland der BRD [handschriftl.: Baden-Württemberg und Niedersachsen] zur Schaffung günstiger Rahmenbedingungen für die Zusammenarbeit klein- und mittelständischer Betriebe unverzüglich eingeleitet und über den Fortgang der Runde Tisch informiert werden.

2. Der Vorsitzende des Rates des Bezirkes stimmt mit der für den industriellen Ballungsraum Halle/Merseburg/Bitterfeld gebildeten Regierungskommission eine Information an den Runden Tisch des Bezirkes Halle über Ziele und erste Maßnahmen zur Durchführung der Wirtschaftsreform zum frühestmöglichen Zeitpunkt ab. Dabei sollte auch über Maßnahmen und Ergebnisse des Schreibens des Vorsitzenden des Rates des Bezirkes an den Vorsitzenden des Ministerrates vom 7.12.89 zu Umweltfragen berichtet werden.

*****

Anwesenheitsliste

Beratung 29.12.89 zu Fragen der Wirtschaft im Bezirk Halle in Vorbereitung der Tagung des Runden Tisches am 4.1.1990

Partei/polit. Gruppierung	Name
DEMOKRATIE JETZT	Mokosch, Thomas
INITIATIVE VEREINIGTE LINKE	Dienelt, Karlheinz; Röver, Uwe Larsen
FDJ	Gutewort, Bernd
NDPD	Gersching, Wilfried
DBD	Schneider, Dietrich
VdgB	Senf, Dieter
SZS Bezirkst.	Thiele, Helga
SED-PDS	Wehage, Joachim
VEB CKB/Führungsstab GD	Wötzel, Roland
Komb. Pumpen u.Verdichter	Lehmann, Günter
CDU	Kühne, Harald-D.; Fuchs, Franz
FDGB	Becker, Manfred
Bezirksbauamt	Mertner, Jürgen (Gast)
GRÜNE PARTEI	Neumann, Torsten
Kulturbund DDR	Kormann, Gottfried
NEUES FORUM	Dr. Wand, Klaus
Christl. Ärzte	Bönisch, Bernhard
Rat des Bezirkes	Dr. Süß, Wolfgang
Kathol. Kirche	Nowak, Norbert

*****

4. Beratung des Runden Tisches

Die Sitzung des Runden Tisches beginnt mit einem Paukenschlag: Anstelle des Vorsitzenden des Rates des Bezirkes, Herrn Kolodniak, eröffnet Dr. Süß, der 1. Stellvertreter des Rates des Bezirkes. Er teilt kurz mit, daß sowohl der Vorsitzende des Rates als auch der 1. Sekretär der SED-Bezirksleitung wegen Amtsmißbrauchs und Unterschlagungen durch die Bezirksstaatsanwaltschaft verhaftet worden sind.

Für mich ist das eine ganz persönliche Genugtuung. Ich muß diesem bulligen Mann, dem man in allen bisherigen Sitzungen ansah, daß er uns am liebsten zum Teufel gejagt hätte, nicht weiter gegenüber sitzen. Mein Gegenüber ist jetzt Dr. Süß, dessen offensichtlicher Wille, an diesem Runden Tisch mitzuarbeiten, eine Bestätigung und Aufmunterung bedeutet. Hinzu kommt seine besondere Gabe zur präzisen Formulierung, die bei den vielen Anfragen und Nachfragen an die Bezirksverwaltung schnelle und kurze Antworten garantieren.

Was für ein Stimmungswandel sich mit diesem Personenwechsel verbindet, wird deutlich, als der Runde Tisch den Antrag der Blockparteien zur Auflösung und Neubildung des Rates des Bezirkes ablehnt (s. Protokoll, Pkt. 4). Außerdem ist sich die Mehrheit der Mitglieder des Runden Tisches bewußt, daß in dieser Phase der Umgestaltung der DDR mit den alten Administrationen und deren Kenntnissen der Verflechtungen und Weisungsrechte etc. weitergearbeitet werden muß, in der Hoffnung auf Loyalität und eine gewisse Kontrolle durch den Runden Tisch. Wie alle wissen, daß z.Zt. gar keine Personaldecke für die Übernahme von Ämtern vorhanden ist, es sei denn, wir griffen auf die hauptamtlichen Mitarbeiter der Blockparteien zurück; und das will niemand von uns "Neuen". Wir haben dasselbe Dilemma vor uns, das schon bei dem Umgang mit den Medienvertretern eine Rolle gespielt hat: Alle hier am Runden Tisch tragen Verantwortung in ihren derzeitigen Berufen und stehen für ein Übergangsamt nicht zur Verfügung. Und um mehr als ein zeitbegrenztes Amt kann es gar nicht gehen. Wir erwarten doch alle die ersten freien Wahlen in diesem Jahr, und erst danach sind neue freigewählte Parteien und Mehrheiten da, die dann Mandate rechtens vergeben können.

Als zweiter Berichterstatter, nach dem amtierenden Ratsvorsitzenden, wird der Bezirksarzt aufgerufen. Dieser verliest das Papier der Abt. Gesundheits- und Sozialwesen vom 18.01.1990, das an uns alle verteilt worden ist. Die Moderatoren rufen zu Wortmeldungen auf, und vor mir beginnt Pfarrer Dr. Turre, der als Direktor der Diakonie Halle im Gaststatus anwesend ist. Er lehnt den Bericht pauschal ab als unpräzise, beschönigend und im alten Stil des Saubermachens gearbeitet.

Dann bin ich an der Reihe. Ich stütze mich auf meine zu Hause gefertigten Notizen, und ich will und werde diese schonungslos vortragen. Ich frage den Bezirksarzt nach seiner Meinung über die Ursachen des Personalschwundes von Mitarbeitern in allen Bereichen der medizinischen Versorgung. Ich verweise auf die besondere Ethik, die Ärzte und Schwestern gemeinsam haben sollten. Das hat sie, wie wir wissen, nicht gehindert, in den Westen abzuwandern. Ich frage den Bezirksarzt, warum er darüber nichts ausgesagt hat, außer daß allein 1989 insgesamt 1400 Mitarbeiter, darunter 389 Ärzte und 735 Schwestern gegangen sind. Ich frage, ob er nicht auch der Meinung ist, daß hier ein politisches Versagen vorliegt, und ob er dieses Versagen decken will.

Die Mitarbeiter im Gesundheitswesen haben bei dem relativ niedrigen Altersdurchschnitt fast alle vom Kindergarten an die sozialistische Erziehung genossen. Sie sind die erste Folgegeneration der Arbeiter- und Bauernkinder. Warum hatten sie dann nicht das nötige Bewußtsein, obwohl sie doch hier in der DDR eine Berufsgruppe mit besonderen Privilegien sind. Ist es vielleicht so, daß die politische Administration sie übermäßig gegängelt und ihnen nicht geholfen hat, wenn es um ganz elementare Fragen der medizinischen Versorgung ging, weil sogenannte "Kaderfragen", endlose Sitzungen über "Planvorgaben" u.a.m. wichtiger waren?

Es besteht auch kein Zweifel: die Welle der Westabgänge ist nicht gestoppt. Welches Konzept besteht dagegen? Ein höheres Gehalt wird wenig oder gar nichts ausrichten. Wer hilft bei der Beschaffung der notwendigen Wohnungen, wer ersetzt die fehlende Motivation?

Dieses Motivationsdefizit hat nach meiner Einsicht vor allem zwei Ursachen:

a) Immer weniger medizinisches Personal muß die Arbeit auch für die Abgänge erbringen, um die Versorgung der Patienten aufrechtzuerhalten. Der Einsatz von ungelernten Bausoldaten in einem Krankenhaus ist unsinnig. Er belastet nur die Schwestern, die nun zusätzlich auch noch Anlernaufgaben übernehmen müssen.

b) Das gesamte medizinische Personal, aber ebenso die Mitarbeiter in den Küchen, Wäschereien usw. arbeitet in Bausubstanzen, die so veraltet sind, daß ihre Ver- und Entsorgungssysteme laufend zusammenbrechen. Das hat zur Folge, daß bei laufendem Stationsbetrieb auf den Fluren und in den belegten Zimmern Reparaturleistungen durchgeführt werden müssen, mit aller zusätzlichen Belastung an Lärm, Vorsorge zur Einhaltung der Hygienebestimmungen und Schmutzbeseitigung. Jede Arbeitserleichterung durch den Gebrauch von Einwegmaterial entfällt; es ist einfach nicht beschaffbar. Fast nirgends bestehen zentrale Systeme für die Sterilisation, für die Versorgung mit technischen Gasen und Druckluft. Die Absicherung von hochwertiger diagnostischer Medizintechnik ist nicht gesichert. Das gilt für Sonographie, Endoskopie, Computertomographie u.a.m. Allein die Beschaffung einer einfachen Röntgenkugel zum stationären Einsatz dauert über die Plan-Bilanzorgane sechs bis acht Jahre!

Was hat der Herr Bezirksarzt in seiner Verantwortung getan? Ist er und wenn: wie oft, im Ministerium für Gesundheitswesen vorstellig geworden? Der Bezirksarzt hat in seinem Papier Gehaltsaufbesserungen für medizinisches Personal angekündigt. Daß dies als Motivationsschub nichts bewirkt, wurde schon gesagt. Aber schlimmer noch ist: wo bleiben Gehaltsanhebungen für die anderen Mitarbeiter: Küche, Wäscherei, Stationshilfen, Pforten- und Telephondienst, technisches Personal, Reparaturdienste, Fahrer und Verwaltung? In keiner medizinischen Einrichtung ist die Mitarbeiterschaft auseinanderdividierbar. Wenn ein Bereich versagt, entstehen unaufholsame Folgelasten für alle anderen Bereiche. Ist das dem Herrn Bezirksarzt entgangen?

Was ist mit der Bereitstellung von Bauleistungen durch Firmen bei Reparaturen, die von dem eigenen Personal nicht mehr geleistet werden können. Was da durch sogenannte "Planvorgaben" als Auflage an Betriebe geht, damit diese in medizinischen Einrichtungen arbeiten dürfen, ist von seinem Volumen her einfach lächerlich. Weiß das der Herr Bezirksarzt, und tut er etwas dagegen? Gibt es überhaupt eine Erfassung des Bedarfes an Leistungen für das

Gesundheits- und Sozialwesen sowohl im Bereich der Rekonstruktion als auch im Bereich der Investition und zwar für die Gebäude und für Geräteausstattung? Ich bin sicher, daß es eine solche Erfassung, die realitätsgerecht ist, nicht gibt. Drückt sich der Herr Bezirksarzt vor einer Aufdeckung der tatsächlichen Zustände in Krankenhäusern, Polikliniken, Altersheimen usw.?

Aber vor allem: Was geschieht, um die Altersversorgung der Bevölkerung zu sichern? Für Rentner und Alterspflegefälle gibt es DDR-weit insgesamt 5% Heimplätze: und was für welche! Ich erzähle den Fall in Coswig, ich frage den Bezirksarzt, ob ihm dieser oder ähnliche Fälle bekannt sind!

Ich rede fast 20 Minuten, immer schneller und mit immer mehr Wut. Nach der Darstellung der Situation "Coswig" höre ich auf: Niemand sagt etwas.

Schließlich schlagen die Moderatoren vor, eine ad-hoc-Kommission zu bilden, die sich sofort zurückzieht und einen ersten Prioritäten-Katalog niederschreibt, der noch in der Sitzung eingebracht werden soll. Daran wirken außer mir Professor Dr. Lübbe, Frau Dr. Schmidt und Dr. Bohley mit. [Das] in kurzer Zeit erarbeitete [Bündel] von Sofortmaßnahmen (s. Protokoll Anlage DS 7) wird vom Runden Tisch akzeptiert. Er führt durch seine Fragestellung dazu, daß die ad-hoc-Gruppe Gesundheitswesen eine ständige Arbeitsgruppe des Runden Tisches wird, die zu anderen Terminen als der Runde Tisch in den Räumen des Bezirksgesundheitswesens tagen soll. Als Vorsitzender der Arbeitsgruppe werde ich vorgeschlagen, mit der Aufgabe, Zwischenberichte an den Runden Tisch zu liefern.

In der dann folgenden Pause kommt der Bezirksarzt zu mir und fragt mich, wie nach meiner Meinung dem geriatrischen Haus in Coswig schnell zu helfen wäre. Ich schlage eine direkte finanzielle Zuweisung über den Bürgermeister von Coswig vor. Der Bezirksarzt verspricht, 250.000 DM aus seinem Etat bereitzustellen.

In der zweiten Hälfte der Beratung geht es vorrangig um drei Probleme:

- Auflösung des Apparates der Staatssicherheit
- Mitarbeit in den Medien
- Frage des Umweltschutzes verbunden mit der Energiepolitik

Für die Umsetzung von Aufgaben aus dem ökologischen Bereich hat die GRÜNE LIGA ein Papier erarbeitet, das der Runde Tisch so akzeptiert. Ich übernehme es in meine Unterlagen. Bei allen drei Problemkreisen wird mir deutlich, unter welchem Zeitdruck hier gearbeitet wird, und was das für einen Verlust an Durchschaubarkeit der Zusammenhänge und damit an Kompetenz bedeutet.

Die Stasi-Fragen nehmen in der Diskussion einen so breiten Raum ein, daß es zu Zeitverlusten für die anderen Themen kommen wird. Es ist gar keine Frage, daß die Probleme behandelt werden müssen, aber ich würde mir wünschen, daß z.B. der beginnende Streit um das Stasi-Erbe, d.h. in diesem Fall die Verteilung der materiellen Werte: Gebäude und Einrichtungen, nicht in der Sitzung, sondern in einem Ausschuß bearbeitet [wird]. Ein entsprechender Antrag von mir wird abgelehnt. Es ist so, als ob die am Runden Tisch vertretenen Parteien und Bewegungen Angst haben, sie kämen zu kurz, wenn sie nicht alle bei der Verteilung persönlich mitmischten.

Über die Mitarbeit in den Medien geht es im Galopp mit kurzen Beschlüssen hinweg. Wie ist das möglich? Wissen wir nicht alle, daß von der Art und Weise der Medienberichterstattung die eigene Präsenz und die Schaffung von Problembewußtsein abhängt?

Zum Schluß entsteht noch einmal eine Grundsatzdiskussion über Umweltfragen: Für mich hat sie etwas Groteskes. Ich weiß von der Arbeit unserer beiden Söhne, die sich beide den GRÜNEN[40] angeschlossen haben, und an den Runden Tischen in Leipzig und Senftenberg arbeiten, daß auch dort Ökologie vor Ökonomie gesetzt wird. Gleichzeitig erzählen mir beide, daß nicht nur das Weiterarbeiten der großen Chemiekombinate und der ohne Rücksicht auf das Umland betriebene Raubbau in den Braunkohlerevieren die entscheidenden Schäden verursachen, sondern daß das Mitschleppen der Schäden von den genannten und anderer Industrien seit 40 Jahren und länger eine sogenannte "Altlast" angehäuft hat, die als gigantisches Ökologiesyndrom die DDR in allen Bezirken kaputtgemacht hat und weiter kaputtmacht. Das ist sicher richtig. Aber ich frage mich, wie ökologische Schäden aufgearbeitet werden können, wenn ökonomisch kein Überschuß erwirtschaftet wird, der diese Abarbeitung im ökologischen Bereich bezahlt.

Ich weiß, daß viele der Großbetriebe wenigstens teilweise stillgelegt werden müßten, um weitere Verschmutzung zu stoppen. Dadurch werden zweifellos Arbeitsplätze wegfallen. Gegen diese Argumentation ist es leicht zu sagen, daß wir die Arbeitsplätze beim Aufräumen der "Altlasten" zurückgewinnen. Ich glaube das nicht! Im übrigen scheint mir das Kernproblem zu sein, wie mit dem Braunkohleabbau weiter umgegangen wird. Wir alle wissen, daß die Braunkohle bei uns zu fast 80% als Energieerzeuger in den Kraftwerken eingesetzt wird. Ohne die dort erzeugte Energie in jeder Form (Strom, Fernwärme, Heißwasserkreisläufe usw.) steht die Wirtschaft.

Ich schlage vor, unseren Sohn aus Senftenberg an den Runden Tisch zu laden. Er ist Experte für Energieversorgung und könnte uns etwas über die Energiepolitik der Vergangenheit und Gegenwart berichten. Erst wenn wir die Zusammenhänge erkennen, werden wir kompetent handeln können. Dr. Süß, der amtierende Ratsvorsitzende, stimmt mir zu. Er wird die Einladung aussprechen.

Auf der Heimfahrt kommen mir schwere Zweifel, ob es richtig war, unseren Sohn an den Runden Tisch laden zu lassen. Aber ich habe diese Einladung angeregt und muß jetzt versuchen, damit fertig zu werden. Ich bin mir nicht sicher, wie unser Sohn darauf reagieren wird; er weiß z.Zt. noch nichts davon.

Das einsame Fahren durch die Nacht von Halle und Wittenberg wird schwierig. Manchmal fürchte ich mich auf den leeren Landstraßen und dem langen Band der Autobahn. Ich darf nicht müde werden!

*****

---

[40] Die GRÜNE PARTEI der DDR entstand aus dem"Grün-ökologischen Netzwerk Arche" der Ev. Kirche und verschiedenen Naturschutzgruppen; Gründung am 24.11.; radikal-ökologische Partei, mit zwei Vertretern am RT und mit einem Minister ohne Geschäftsbereich in der Modrow-Regierung vertreten. Bei den VK-Wahlen erzielte die GP in einem Wahlbündnis mit dem UFV acht VK-Mandate; in der VK Fraktion mit dem Bündnis 90.

[Im Original befanden sich an dieser Stelle Ausschnitte aus der "Freiheit" vom 19.1.90 ("Fragenkatalog für eine schnelle Hilfe im Gesundheitswesen. 'Lageeinschätzung' fand Mißfallen des Runden Tisches") und vom 20.1. ("Notwendiger Nachtrag zum Runden Tisch des Bezirkes vom Donnerstag. Die neuen Aufgaben der K im Detail nicht überblickbar.", "Gesetzliche Durchsetzung des Umweltschutzes sichern" und der Kommentar "Was macht der große Besen")]

*****

Protokoll der 4. Beratung des Runden Tisches des Bezirkes Halle am 18.1.90

4/1 Dem Antrag der Gruppe AKTION DIE DREI auf Neuzulassung an den RT wird mehrheitlich zugestimmt. Die Gruppe hat Rede- und Antragsrecht.

4/2 Das Protokoll der 3. Beratung des RT vom 4.1.90 wird bestätigt. Im Pkt. 3/7 ist "NRW" zu streichen und durch "Baden-Württemberg" zu ersetzen.

4/3 Zusammenstellung der Tagesordnung
1. Erklärung des amtierenden Vorsitzenden des RdB,
2. Informationen, Diskussionen und Standpunkte zur Lage des Gesundheitswesens im Bezirk Halle,
3. Informationen und Diskussionen zum Stand der Auflösung des ehemaligen Amtes für Nationale Sicherheit im Bezirk Halle,
4. Frage der Zusammenarbeit mit den Medien,
5. Informationen, Diskussionen und Standpunkte zu Fragen des Umweltschutzes,
6. Verschiedenes.

4/4 Über den redaktionell überarbeiteten Antrag der Initiative VEREINIGTE LINKE zur öffentlichen Kontrolle der Verhandlungen über "joint ventures" wird in der Beratung des RT am 25.1.90 beraten.

4/6 Die beiden Anträge der LDPD sowie der ergänzende Antrag der CDU (DS 04/006) zur Erklärung des amt. Vorsitzenden des RdB auf Forderung des Rücktritts des RdB am 23.1.90 durch Beschluß des Bezirkstages sowie Bildung eines amtsausübenden Rates aus Vertretern der am RT vertretenen Parteien und Gruppen wurden mehrheitlich abgelehnt. Eine diesbezügliche Empfehlung an den Bezirkstag ergeht nicht.

4/7 Die Berichterstattung des Bezirksarztes zur Lage im Gesundheitswesen wird zurückgewiesen (Material sowie Resolution der Teilnehmer des RT der Stadt Halle wurden übergeben). Der RT beruft sofort eine ad hoc-Kommission ein, die vorschlägt, welche Sofortmaßnahmen im Gesundheitswesen in Angriff genommen werden müssen. Der RT bestätigt den erarbeiteten Prioritätenkatalog (DS 4/7) sowie die darin vorgeschlagenen Termine.

4/8 Die Berichterstattung des amt. Vorsitzenden des RdB wird zur Kenntnis genommen. Die Teilnehmer des RT sind der Auffassung, daß nach wie vor der Prozeß der Auflösung des ehemaligen Amtes für Nationale Sicherheit zu langsam verläuft und nicht alle Fakten offengelegt werden. Der amt. Vorsitzende wird beauftragt, einen erneuten Bericht entsprechend dem Antrag des Herrn Engelmann vom DA (DS 4/8) zur Beratung am 25.1.90 vorzulegen.

4/9 Die Beratung und Abstimmung des Vorschlages des RdB zur weiteren Nutzung der Gebäude und Einrichtungen des ehemaligen Amtes für NaSi durch die MLU Halle-Wittenberg erfolgt am 25.1.90. Das entsprechende Material wurde am 18.1.90 erläutert und übergeben.

4/10 Die Berichterstattung des Vertreters der BdVP (Amler) wird zur Kenntnis genommen.

Die Vertreter des RT lehnen mehrheitlich die Übernahme von ehemaligen Mitarbeitern des AfNS in den Bestand der Deutschen Volkspolizei ab. Das betrifft auch technische Mitarbeiter.

4/11 Der RT des Bezirkes Halle macht sich diesbezüglich die bekanntgegebene Erklärung des RT der Stadt Halle zu eigen. Zur Klärung des Betriebes der "Geheimen Regierungsfernsprechleitung" wird ein Antrag des RT durch Herrn Willms an den Zentralen RT am 19.1.90 übergeben (DS 4/11). Bis zur Entscheidung ist die Leitung betriebssicher zu konservieren.

4/12 Der Antrag des Herrn Kupke (GRÜNE LIGA) zur sofortigen Außerbetriebsetzung der "Geheimen Regierungsfernsprechleitung" wurde mehrheitlich abgelehnt.

4/13 Der amt. Vorsitzende des RdB wird beauftragt, der BdVP die von den Vertretern der Parteien und Gruppierungen genannten Fakten, die im Zusammenhang mit der Auflösung des ehemaligen Bezirksamtes für NaSi genannt wurden, zu übergeben bzw. zu prüfen:
Das betrifft vor allem:
- fünfstellige Summen für die Abfindung ehemaliger Mitarbeiter (NF)
- weiterbestehende Objekte, wie Ostrau und Seeben (NF)
- ehemalige Dienststelle im VEB Kombinat Chemische Werke Buna wurde als Büro dem Generaldirektor unterstellt (DJ).

4/14 Zum Antrag der NDPD zwecks Auflösung des ehemaligen Bezirksamtes für NaSi bis zum 28.2.90 soll die "Autorisierte Gruppe des RT" einen entsprechenden Vorschlag zum frühestmöglichen Termin erörtern und einbringen.

4/15 Die Anträge des Herrn Engelmann für die Arbeit der "Autorisierten Gruppe zur Auflösung des ehemaligen Bezirksamtes für NaSi" wurden mehrheitlich beschlossen. Das betrifft:
1. Die SED-PDS darf bei der Auflösung mitarbeiten.
2. Alle Parteien und Gruppierungen, die aktiv in der Gruppe mitarbeiten, sind stimmberechtigt.
3. Die "Autorisierte Gruppe" ist in ihrer jetzigen Zusammensetzung zu belassen. Neue Gruppierungen werden nicht mehr aufgenommen.

4/16 Antrag der NDPD: Übergabe von Sicherheitstechnik bzw. Einrichtungen aus dem Bestand des ehemaligen Amtes für NaSi zur Sicherstellung von Drogen und Arzneimitteln in allen Kreisen des Bezirkes für Apotheken wird beschlossen. Der RdB hat diese verbindliche Empfehlung auf ihre Realisierbarkeit zu prüfen und entsprechende Maßnahmen einzuleiten.

4/17 Die Anträge der Teilnehmer der Beratung vom 6.1.90 zur Medienarbeit im Bezirk werden bestätigt (siehe 6 des Protokolls vom 6.1.90). Durch den amt. Vorsitzenden des RdB ist nochmals konkret die Papierkontingentierung im Bezirk Halle sowie die Kapazität von Druckereien, die als ZENTRAG-Betriebe der SED-PDS gehören, offenzulegen.

4/18 Zum Problem der Bereitstellung von Papier für die 2. Ausgabe der Zeitung des NEUEN FORUM nimmt der RdB eine Überprüfung vor und gewährt die erforderliche Unterstützung.

4/19 Der Antrag des Reformhauses Halle zur Bereitstellung von vier Seiten je Woche in der "Freiheit" wird mit folgenden Änderungen bestätigt:
Pkt. 4 ist zu ergänzen durch "Modalitäten zum Einbringen in die anderen Tageszeitungen sind zu verhandeln".
Pkt. 6: "Journalisten und" ist zu streichen.
Die für die Woche vom 15.1.-21.1.90 vorgesehene "Reformzeitung" wird am 23.1.90 veröffentlicht. Darüber ist am 19.1.90 eine Information in der "Freiheit" zu veröffentlichen. Ab 25.1.90 erscheint die "Reformzeitung" wöchentlich (DS 4/11).

4/20 Die vom Leiter des Senders Halle unterbreiteten Vorschläge auf der Grundlage des Protokolls vom 6.1.90 (S. 6) in Vorbereitung der Wahlen werden bestätigt.

4/21 Der Antrag zur Bildung eines Medienbeirates ab 22.1.90 wird bestätigt. Jede Partei und jede Gruppierung ist mit je einer Person vertreten. Die erste Beratung wird durch Herrn Müller (NDPD) einberufen. (DS 4/21)

4/22 Die Vertreter des RT beschließen, die Fragen des Umweltschutzes nach entgegengenommener globaler Einschätzung auf den 25.1.90 zu vertagen. Der RdB wird beauftragt, in Abstimmung mit Vertretern des RT (unter Koordinierung der GRÜNEN LIGA) eine Konzeption für die Darlegung grundsätzlicher Probleme des Umweltschutzes unter Beachtung ökonomischer und ökologischer Zusammenhänge am 25.1.90 vorzulegen. Die Beratung zu dieser Konzeption erfolgt am 23.1.90, 17.00 Uhr. Zur Klärung detaillierter Fragen des Umweltschutzes beschließt der RT die Bildung einer Expertengruppe in Zusammenarbeit mit dem RdB und dem Beirat Umweltschutz des Bezirkes Halle, die vor den Vertretern des RT regelmäßig über ihre Arbeit berichtet.

4/23 Der RT hält es für erforderlich, am 25.1.90 über Grundfragen der Energiepolitik im Zusammenhang mit Luftverschmutzungen zu beraten. Dazu wird auf Vorschlag von Herrn Lintzel (NF) sein Sohn als Experte durch den amt. Vorsitzenden des RdB eingeladen.

4/24 Der RdB legt dem RT den Umweltbericht für das Jahr '89 bis spätestens April/Anfang Mai '90 vor.

4/25 Die Erklärung des DFD zur beabsichtigten Gründung der REPs in Mecklenburg ist zu überarbeiten und erneut einzubringen (wurde allen übergeben).

4/26 Der Antrag der Halleschen IPPNW-Gruppe (DS 4/25) wird bestätigt mit der Ergänzung im vorletzten Satz: "nach dem 6. Mai 1990 (Wahlen) durch dann legitimierte Institutionen".

4/27 Der Antrag an den RT der Stadt Halle von Herrn Winfried Völlger zu Kommunalwahlen wurde den Vertretern des RT des Bezirkes Halle zur Kenntnis gegeben. Seine Beratung wurde auf den 25.1.90 vertagt (DS 4/26).

4/28 Alle für die Beratung des RT erforderlichen Materialien sind jeweils am Beginn der Beratung zu übergeben.

4/29 Die nächste Beratung des RT findet am 25.1.90, 14.00 Uhr, Halle, Heilig Kreuz, Gütchenstr. 21, statt. Neben den Fragen Umweltschutz/Energiepolitik stehen die im Protokoll geforderten Berichterstattungen zur Beratung.

4/30 Zur Beratung des RT am 25.1.90 ist der GD des CKB zur Berichterstattung durch den amt. Vorsitzenden einzuladen.

4/31 Den Vertretern des RT wurden abschließend folgende Materialien übergeben:
- Brief des Direktors der Arbeitshygieneinspektion des RdB Halle,
- Information über die Durchführung des Volkswirtschaftsplanes 1989 im Bezirk Halle (Bezirksstelle der SZS),
- Einladung für die Tagung des Bezirkstages am 23.1.90.

*****

DS 4/26

Antrag

Die hallesche IPPNW-Arbeit wurde durch die Organe der Stasi gesteuert und kontrolliert. Diese Tatsache wurde im Dezember 1989 durch den noch amtierenden Vorsitzenden des Bezirkskomitees Halle der IPPNW, Prof. Nest, offiziell mitgeteilt und durch den Vorsitzenden des DDR-Plenums der IPPNW, Prof. Mebel (ehem. Mitglied des ZK der SED), bestätigt. Mitglieder der IPPNW-Gruppe Halle, die zum größten Teil auch in der Gruppe "Christliche Ärzte in sozialer Verantwortung" mitarbeiten, können diese Tatsachen aus eigenen Erfahrungen bestätigen. Ich beantrage im Namen der halleschen Gruppe "Christliche Ärzte in sozialer Verantwortung" und der IPPNW-Mitglieder die Offenlegung dieser Stasi-Aktivitäten durch Sichtung der vorhandenen Stasi-Akten unter diesem Gesichtspunkt. Die Fortführung der Arbeit der DDR-IPPNW kann nur nach Offenlegung und Aufarbeitung dieser Stasi-Vergangenheit glaubwürdig erfolgen.

Dorothea Stolle

*****

DS 4/11

Antrag an den Zentralen RT

Der RT Halle vertritt den Standpunkt, daß die geheime Regierungsfernsprechleitung außer Betrieb genommen wird. Ursache dieser Entscheidung ist darin begründet, daß die Fernsprechleitung durch Mitarbeiter des ehemaligen Amtes für NaSi betrieben und gewartet wird sowie diese Mitarbeiter durch die Deutsche Volkspolizei übernommen werden sollen. Da das Fernsprechnetz über die gesamte Republik verlegt ist, bitten wir den Zentralen Runden Tisch, darüber zu entscheiden.

Runder Tisch des Bezirkes Halle

*****

DS 4/8

Antrag des RT des Bezirkes Halle an den RdB betreffs Auflösung des Bezirksamtes MfS/ANS

1. Durch den Rat des Bezirkes ist dem RT zu übergeben:
   - eine Auflistung aller Objekte (einzeln) konspirativer Wohnungen und Objekte anderer Art, einschließlich der Projekte zu diesen Objekten (als Anlage),
   - eine Auflistung der Technik und Bewaffnung aller Art (und persönliche Waffen),
   - eine Auflistung der Anzahl der Mitarbeiter (auch IM).

   Diese Auflistung ist von politisch Verantwortlichen zu bestätigen.
2. Es ist mit gleicher Übernahme der politischen Verantwortung schriftlich zu erklären, welche Interessen des ehemaligen Amtes definitiv nicht mehr ausgeführt werden.

*****

Vorschläge des RdB an den RT des Bezirkes zu Fragen der Energiepolitik/Umwelts[ituation]

1. Der RdB legt dem RT nach Vorliegen der jeweiligen Analysen für die ökologisch am stärksten belasteten Territorien des Bezirkes unverzüglich Sofort-, mittel- und langfristige Maßnahmen zur Veränderung in der Struktur der Energieversorgung (analog Stadt Halle) vor.

2. Der RT unterstützt die vorgeschlagenen Maßnahmen zur Stadt Halle aus dem Brief des amt. Vorsitzenden an den Minister für Schwerindustrie, Dr. Singhuber, und fordert den RdB auf, die Durchsetzung der vorgeschlagenen Maßnahmen mit Nachdruck von der Regierung zu fordern.

3. Der RdB schlägt vor, daß im Monat Februar, beginnend am 1.2.90, wöchentlich je eine der vier im Bezirk arbeitenden Regierungskommissionen zu Fragen des Umweltschutzes vor den Vertretern des RT die ersten Ergebnisse ihrer Arbeit darlegt. Der Vorsitzende des RdB wird beauftragt, die Termine für diese Berichterstattungen abzustimmen.

*****

DS 4/7

Die Ad hoc-Kommission RT/Gesundheitswesen des Bez. Halle schlägt folgendes vor:

Aufstellung eines Prioritätenkatalogs im Gesundheitswesen bis zum 5.6.90 unter folgenden Aspekten:

1. personeller Einsatz,
2. materielle Sicherstellung bei besonders im Winter durch[zuführenden] Leistungen.

Dazu Bestandsaufnahme:

1. personell, z.B. Auftreten der empfindlichsten Lücken,
2. mögliche Einbeziehung von Mitarbeitern anderer medizinischer Dienste (DR, VP, Sportmedizin),
3. Analyse der materiell-technischen Basis: Basis, Ausrüstung,
4. Ersetzung der komplexen Ver- und Entsorgungssysteme,

5. Aufbesserung der Gehälter für alle Mitarbeiter im Gesundheitswesen (Spektrum Küchenhilfe bis Chefarzt),
6. sofort einsetzende Stärkung der offenen sozialen Arbeit
   a) Zivildienstleistende zur Versorgung nicht unterzubringender pflegebedürftiger Menschen,
   b) Zuleitung von umzuschulenden Personen in bereits bestehende Organisationsformen, z.B. Volkssolidarität, Gemeindestationen,
   c) Organisierung eines mobilen Hauswirtschaftsdienstes.
7. Erarbeitung von neuen Zulassungskriterien für die Fachrichtungen Humanmedizin/Stomatologie.

Um diesen Prioritätenkatalog weiter auszubauen, beruft der Bezirksarzt eine zu bildende Arbeitsgruppe Gesundheitswesen ein. Termin: Mittwoch, 31.1.90, 15.00 Uhr, Büro für Wasserwirtschaft, Reilstr. 72.
Bei sofortiger Zusendung des erarbeiteten Materials an die Vertreter des RT des Bezirkes Halle könnte die Problematik Gesundheitswesen zum RT am 8.2.1990 erneut besprochen werden.

*****

DS 4/21
Bildung eines Medienbeirates beim Sender Halle

Ausgehend vom Ministerratsbeschluß über das Fernsehen der DDR und den Rundfunk der DDR vom 21. Dez. 89 (Gbl. der DDR 89, Teil I. Nr. 26 [S. 272]) schlägt die LDPD vor, beim Sender Halle einen Medienbeirat zu bilden. In diesem Medienbeirat sind die stimmberechtigten Teilnehmer des RT des Bezirkes Halle vertreten.

*****

Staatliche Zentralverwaltung für Statistik

Bezirksstelle Halle

Information über die Durchführung des Volkswirtschaftsplanes 1989 im Bezirk Halle

Endredaktion: 10.1.1990

Industrie

Im Bezirk insgesamt wurde die *staatliche Auflage industrieller Warenproduktion* im Jahr 1989 *mit 99,6% erfüllt.* Das entspricht einer Planuntererfüllung von 353,6 Mio M bzw. einer fehlenden Produktion von 1,3 Arbeitstagen. Bei der Bewertung dieses Ergebnisses muß jedoch berücksichtigt werden, daß der Jahresplan im Laufe des Jahres um 524,8 Mio M reduziert wurde, allein im Bereich der Industrieministerien um 461,8 Mio M. Gegenüber dem zu Jahresanfang gültigen Plan wurden also fast 0,9 Mrd. M weniger produziert. Das entspricht der Leistung von mehr als 3 Arbeitstagen.

	Erfüllung in % d.Planes 1989 in %	Abweichung in Mio M
Bezirk insges.	99,6	-353,6
dar.Ind.-Min.einschl.WdB)	99,5	-379,8
dar. WdB	100,0	+ 1,1

Die *arbeitstägliche industrielle Warenproduktion* betrug im Jahr 1989 279,1 Mio M, gegenüber einem Plan von 280,3 Mio M. Im Monat Dezember war die arbeitstägliche Produktionsleistung um 3,6% niedriger als im Durchschnitt der ersten 11 Monate und auch niedriger als im Monat November.
Im Jahr 1989 haben *124 Betriebe* den Plan der industriellen Warenproduktion um zusammen *858,6 Mio M nicht erfüllt.* Das *Wachstum der industriellen Warenproduktion* gegenüber dem Jahr 1986 hat sich im zweiten Halbjahr 1989 von Monat zu Monat verringert und betrug per 31.12. noch 1,5% (1988=3,1%). Berücksichtigt man, daß im Jahre 1989 ein Werktag weniger als im Jahre 1988 zur Verfügung stand, so ergibt sich ein Wachstum von 1,9%.

Der *Gesamtselbstkostensatz* war in den Betrieben der Industrieministerien etwas geringer als 1988. Der Nettogewinnplan wurde per 30.11.1989 nicht erfüllt.
Sichtbares Zeichen für zunehmend gestörte Kooperationsbeziehungen bzw. nicht gesicherten Absatz der Produktion sind einerseits *Vertragsrückstände von 494,6 Mio M* per 31.12. und andererseits 791,1 Mio M fehlende Verträge gegenüber dem Absatzplan. Die Vertragsrückstände sind damit fast doppelt so hoch wie zum Jahresende 1988. Besonders Vertragsrückstände der Zulieferindustrie von 305,9 Mio M und bei der Ersatzteilauslieferung von 24,5 Mio M beeinträchtigen die Abnehmer.
Die Versorgung der Bevölkerung wird insbesondere durch Vertragsrückstände beim Absatz von Fertigerzeugnissen für die Bevölkerung von 49,3 Mio M zum Jahresende 1989 gestört.

Bauwesen
Die volkseigenen Betriebe des Ministeriums für Bauwesen und der Bauämter haben im Jahr 1989 die Staatliche Auflage für die Bauproduktion mit 97,1% realisiert. Der Planrückstand betrug 10,3 Mio M. Gegenüber dem Vorjahr sank die Bauproduktion um 2,9%. Dabei ist zu beachten, daß bis Jahresende die Jahrespläne gegenüber Januar um 78,5 Mio M reduziert wurden.
Mit knapp einem Drittel sind die VEB der Bauämter an der Bauproduktion aller Betriebe des Bezirkes beteiligt. Dabei werden rd. 60% der Bauproduktion der VEB Bauämter von den bezirksgeleiteten VEB, knapp 40% von den kreisgeleiteten VEB erbracht.

		Erfüllung der staatl. Auflage 1989 in %	Planrückstand Mio M	Veränd. gegenüb. 1988 auf %
Produktion d. Bauwesens				
VEB d. Min.f.Bauw.insg.		98,7	76,7	98,6
dar. VEB der Bauämter		99,4	12,7	100,0
dav.	kreisgel. VEB	99,3	5,2	99,4
	bezirksgel.VEB	99,5	7,5	100,3
Bauproduktion				
VEB d. Min.f.Bauw.insg.		97,1	80,3	97,1
VEB der Bauämter		99,5	6,3	100,7
dav.	kreisgel.VEB	99,1	4,7	99,1
	bezirksgel. VEB	99,8	1,6	99,1

Die Arbeitsproduktivität auf Basis Produktion des Bauwesens stieg in den volkseigenen Betrieben der Bauämter gegenüber dem Vorjahr um 2,8% bei einer Jahresplanerfüllung von 101,3%. Die Bauproduktionsentwicklung verlief in den VEB der Bauämter diskontinuierlicher als in den Vorjahren. Im IV. Quartal, vor allem in den Monaten Oktober und November, wurden je Arbeitstag wesentlich weniger Leistungen erbracht als in den Vorjahren. Das bewirkte, daß erstmalig die *arbeitstägliche Bauproduktion* des IV. unter den Leistungen des I. Quartals lag. Der Planvorlauf der Bauproduktion stieg in den VEB der Bauämter fast kontinuierlich bis zum Monat September an, verringerte sich Ende Oktober sehr stark, und seit November ist sogar ein Planrückstand entstanden. Maßgeblichen Anteil daran hatten die kreisgeleiteten VEB, die seit August die Pläne nicht mehr erfüllten.
Der Planrückstand in den bezirksgeleiteten VEB von 1,6 Mio M erscheint relativ gering. Dabei ist jedoch zu beachten, daß im Monat Dezember die staatliche Auflage um 5,0 Mio M verringert wurde. Planrückstände bestanden in 14 der 41 Betriebe und betragen ohne Saldierung mit der Übererfüllung der anderen Betriebe sogar 13,6 Mio M. Im Jahr 1989 wurden durch die VEB der Bauämter *Baureparaturen an Wohngebäuden* in Höhe von 69,2 Mio M erbracht, das sind 5,0% ihrer gesamten Bauproduktion. Bei einer Planerfüllung von 87,9% sanken diese Leistungen gegenüber dem gleichen Vorjahreszeitraum um 1,5%. Planrückstände verblieben in Höhe von 9,5 Mio M, darunter 6,6 Mio M verursacht durch die kreisgeleiteten VEB.
14 Betriebe haben die Pläne nicht erfüllt. Die Untererfüllung beträgt saldiert mit der Übererfüllung der anderen Betriebe 10,7 Mio M. Hauptschuldner sind: WBK Halle, Kreisbaubetrieb Dessau, Kreisbaubetrieb Wittenberg, Kreisbaubetrieb Bitterfeld, Kreisbaubetrieb Weißenfels, Kreisbaubetrieb Nebra.
Im Jahr 1989 wurden im Bezirk Halle fertiggestellt:

6 833 Neubauwohnungen
1 198 Rekonstruktionswohnungen
258 Um- und Ausbauwohnungen

Die staatliche Auflage des *Wohnungsneubaues* ist mit 90,3% realisiert worden. Es besteht eine Untererfüllung von 886 WE. Die Rückstände im Wohnungsneubau resultieren aus ungenügender Kontinuität in der Baudurchführung. In 9 Kreisen wurde der Plan erfüllt. Rückstände von zusammen 1074 WE traten in 14 Kreisen auf, die vor allem vom WBK Halle verursacht wurden.
Das WBK Halle hat 4991 Wohnungen seit Januar 1989 neugebaut, das sind 903 WE weniger als geplant. Die Staat-

liche Auflage wurde mit 84,7% erfüllt. Im Jahr 1989 wurden 10 546 Wohnungen *modernisiert* und die staatliche Auflage mit 98,3% erfüllt, das sind 179 WE weniger als geplant. Damit ist erstmalig die geplante Modernisierung von Wohnungen nicht erfüllt worden.
Die Pläne zur Neuschaffung bzw. Rekonstruktion von *Gemeinschaftseinrichtungen* der Volksbildung und des Gesundheitswesens wurden erstmalig im Jahr 1989 in allen Positionen nicht erfüllt. Es wurden fertiggestellt

	Ist Anzahl	Planerfüllung %	Planabweichung Anzahl
Kinderkrippenplätze	254	45,8	- 300
Kindergartenplätze	1118	74,8	- 376
Unterrichtsräume	130	61,6	- 81
Schulsporthallen	12	80,0	- 3
ambulante ärztliche und stomatologische Arbeitsplätze	24	54,5	- 20
Feierabend -und Pflegeheimplätze	175	33,3	- 350

Export
Im Jahr 1989 wurde von den Betrieben des Bezirkes insgesamt der geplante Export in das NSW im Monat September und am Jahresende, gegenüber den sozialistischen Ländern seit November nicht erfüllt.

	Planabweichung absolut in Mio M VGW per 31.12.89	Planerfüllung in %	Entwicklung zum Vorjahr auf %
SW insgesamt	-68,0	99,2	97,9
dav. UdSSR	+ 7,5	100,2	98,4
and. soz. Länder	-75,5	98,0	97,2
NSW Mio VM	-12,1	99,4	106,1

Am 31.12.1989 bestanden Vertragsrückstände in Höhe von:

	in Mio M/VGW bzw. Mio VM
gegenüber dem SW	168,1
dar. UdSSR	69,9
and. soz. Länder	98,2
gegenüber dem NSW	5.1

Die für den Export in das NSW geplante Effektivität für das Jahr wurde für den Bezirk insgesamt überboten.

Bevölkerung
Ende November 1989 betrug die *Bevölkerungszahl* des Bezirkes Halle rd. 1754000 Personen (einschließlich der mit Hauptwohnsitz hier lebenden Ausländer). Sie ist um 22360 niedriger als am Jahresende 1988. Der Rückgang der Bevölkerung verstärkte sich zum Jahresende hin auch durch die gewachsene Zahl ständig Ausgereister (bis Ende November 20518 Personen). Darüber hinaus betrug per 30.11.1989 der Binnenwanderungsverlust 6149 Personen. Die Anzahl der *Lebendgeborenen* war im November stark rückläufig. Wurden in allen Vormonaten über 1600 Kinder geboren, so waren es im November nur 1496. Seit Januar 1989 wurden 18539 Kinder geboren, das ist die niedrigste Zahl seit 1975. Im Vergleich zum Zeitraum 1.1.-30.11.1988 sind das 1975 Kinder weniger.

Arbeitskräfte
In der *Industrie* und im *Bauwesen* war die Arbeitskräftezahl im 1. Halbjahr etwa konstant. Nach einer Zunahme der Beschäftigten im Juli durch Abschluß der Berufsgausbildung zeigt sich ab September eine Verringerung des Arbeitskräftepotentials. Trotz der Arbeitsaufnahme von Hoch- und Fachschulabsolventen ab 1.9.1989, die sich in den letzten Monaten des Jahres noch verstärkte.

	Arbeiter und Angestellte in VbE	
Durchschnitt des Monats	Industrie	Bauwesen
Januar	359 516	61 038
September	359 139	61 073
Oktober	357 187	60 407
November	352 727	59 608

Land- und Forst- und Nahrungsgüterwirtschaft
Das *Staatliche Aufkommen tierischer Erzeugnisse* wurde im Jahr 1989 in den Positionen Schlachtvieh insgesamt, Milch und Hühnereiern erfüllt und überboten.

	Erfüllung VW-Plan (vorl. Angaben) 1989		Abweichg. zum Plan 1989	Veränd. 1.1.- 31.12.1989/88 [sic!]
	t	%	t	auf %
Schlachtvieh insgesamt [1]	251 389	100,4	+889	100,9
Milch	554 331	101,2	+6331	100,1
Hühnereier (T-Stück)	485 517	101,6	+7517	100,9

[1] ohne Vorauslieferungen aus 1988 für das Jahr 1989

Planschulden hatten bei
- Milch 5 Kreise, darunter Querfurt, Aschersleben, Merseburg
- Hühnereiern die Kreise Hohenmölsen, Naumburg und Merseburg

Bei Schlachtvieh insgesamt (ausschließlich Schlachtschwein) und Hühnereiern war es 1989 das bisher höchste staatliche Aufkommen. Bei Milch wurden durch die Steigerung im 2. Halbjahr die in den ersten Monaten eingetretenen Rückgänge gegenüber dem Vorjahr wieder aufgeholt. Das Aufkommen an *Gemüse* unter Glas und Plaste wurde 1989 in fast allen Positionen überboten. Planrückstände traten beim Freilandgemüse, insbesondere bei Möhren ohne Laub sowie allen Kohlarten auf. Das Staatliche Aufkommen *Obst* wurde 1989 mit 100,2% erfüllt.

Versorgung der Bevölkerung
Die *Nettogeldeinnahmen der Bevölkerung* betrugen im Jahr 1989 im Bezirk insgesamt 16,4 Mrd M. Gegenüber dem Vorjahr stiegen sie um 2,3%. Die Staatliche Auflage 1989 des *Einzelhandelsumsatzes* wurde um 75 Mio M nicht erfüllt, darunter der Industriewarenumsatz um 28 Mio M.

		Planerfüllung in % 1989
Einzelhandelsumsatz insges.		99,4
dar.:	Nahrungs- und Genußmittel	99,2
	Industriewaren	99,6

*****

Rat des Bezirkes Halle
Abt. Gesundheits- und Sozialwesen

zum 18.1.1990

Aktuelle Lageeinschätzung im Gesundheits- und Sozialwesen des Bezirkes Halle

Die medizinische und soziale Betreuung der Bürger unseres Bezirkes wird gegenwärtig unter großen Anstrengungen der insgesamt 59633 Mitarbeiter des Gesundheits- und Sozialwesens in 41 Krankenhäusern und 14 Universitätskliniken, 215 Polikliniken und Ambulatorien, 123 staatlichen Arzt- und Zahnarztpraxen, 130 Feierabend- und Pflegeheimen, 250 Apotheken sowie 814 Krippen und durch Unterstützung vieler Bürger aus anderen Bereichen des gesellschaftlichen Lebens aufrechterhalten.
Gravierender Personalmangel, verschärft durch den Weggang von 1400 Mitarbeitern des Gesundheits- und Sozialwesens seit Beginn 1989, *darunter 389 Ärzte, Zahnärzte* und andere HS-Kader sowie 735 medizinische Fachschulkader und 275 sonstige Beschäftigte (Anlage 1), und eine instabile Versorgung mit Arzneimitteln und Verbrauchsmaterial, ungenügende Medizintechnik, schlechten Bauzustand und uneffektive Strukturen führen zu erheblichen Beeinträchtigungen der Betreuung der Bürger. Dadurch ist die Betreuungssituation der Bevölkerung sehr differenziert und zum Teil territorial zugespitzt. Besondere Schwerpunkte der Betreuung in Krankenhäusern sind:
- der Bereich Medizin der MLU
- die Bezirkskrankenhäuser Halle und Dessau
- die Kreiskrankenhäuser Naumburg, Zeitz, Quedlinburg
- das Stadtkrankenhaus Halle.

Das betrifft besonders die Fachgebiete Herzchirurgie, Neuro- und Kinderchirurgie, Orthopädie, Gynäkologie, Urologie, Anästhesie, Psychiatrie und Dialyse. In der ambulanten Betreuung stellt sich als ein besonderer Schwerpunkt die augenärztliche und neurologisch-psychiatrische Betreuung dar. In einigen Kreisen wie z.B. Artern, Bernburg,

Bitterfeld, Halle, Hohenmölsen, Köthen, Merseburg, Wittenberg entstand punktuell in verschiedenen Fachgebieten der ambulanten Betreuung eine angespannte Situation.
Die Versorgung mit Arzneimitteln, gleichgestellten Erzeugnissen, Verbandsstoffen und medizinischem Verbrauchsmaterial konnte im Verlauf des vergangenen Jahres verbessert werden. Dennoch bleiben Mängel bei der Bereitstellung von verschiedenen Medikamenten und Spezialsortimenten an Verbrauchsmaterial bestehen, deren Auswirkungen territorial sehr unterschiedlich sind. Die qualitative Verbesserung der materiell-technischen Basis konnte in der geplanten Größenordnung nicht erreicht werden (Anlage 2).
Trotz der wesentlich höheren Bereitstellung von Ausrüstungsinvestitionen in Höhe von 39,0 Mio M gegenüber den Vorjahren (1986 17,3 Mio M, 1987 21,5 Mio M, 1988 35,8 Mio M) erschwert der über viele Jahre bestehende Rückstand, insbesondere in einer Reihe von Kreiskrankenhäusern, die durchgängige Sicherung einer modernen, qualitativ hochwertigen Diagnostik und Therapie (vor allem Gastroenteroskopie, Arthroskopie, Ultra-Schall-B-Bildgeräte, Röntgendiagnostik, Narkose-, Beatmungs- und Überwachungsgeräte, Operationstische u.a.). Von diesem Problem ist auch zunehmend der Bereich Medizin betroffen.
Dieser Situation Rechnung tragend, wurden folgende Maßnahmen eingeleitet:

- finanzielle Stimulierung von Schwestern, Ärzten und Zahnärzten durch volle Ausschöpfung des geplanten Lohnfonds und Bereitstellung von 200 TM Lohnfonds für den Bereich Medizin der MLU
- kurzfristiger Einsatz von Arbeitskräften aus der Verwaltung und der NVA (s. Anlage 3)
- vorzeitiger Einsatz von Studenten des 3. Studienjahres der Medizinischen Fachschulen, darunter 530 der Krankenpflege
- Einstellung von 41 Berichterstattungen, des Wettbewerbs, des Leistungsvergleichs und der MMM-Bewegung
- Absetzung von 15 Aus-, Weiter- und Fortbildungsveranstaltungen der Bezirksakademie des Gesundheits- und Sozialwesens
- schrittweise Übernahme von Objekten der ehemaligen Bezirksleitung der SED und des Amtes für Nationale Sicherheit (Dessau, Naumburg, Burgkemmnitz, Bad Dürrenberg, Halle, Köthen, Weißenfels, Saalkreis, Roßlau, Aschersleben) vorwiegend zur Nutzung für soziale Betreuung in voller Eigenverantwortung der örtlichen Volksvertretungen
- Übernahme von 15 PKW "Trabant", 7 PKW "Wartburg", 1 Lada 2101, 1 Sankra LO, 1 Sankra, 1 Wolga und 32 Notstromaggregaten des ehemaligen Ministeriums für Nationale Sicherheit
- Orientierung auf die Förderung der demokratischen Mitbestimmung in den Krankenhäusern durch die Bildung von Krankenhausbeiräten bzw. anderer Interessenvertretungen
- Aufhebung von Restriktionen bei der Zulassung privater Niederlassungen von Ärzten, Zahnärzten und des Privathandwerks für medizinisch-technische Leistungen
- Entlastung der Ärzte von medizinisch nicht indizierten Dispensaire- und Reihenuntersuchungen
- Einrichtung einer "Umweltmedizinischen Beratungsstelle" am Bezirkshygieneinstitut Halle
- Bildung einer Arbeitsgruppe leitender Ökonomen aus Einrichtungen unterschiedlicher Eigentumsformen zur gemeinsamen Beratung und Lösung ökonomischer Probleme im Gesundheits- und Sozialwesen, insbesondere neuer Finanzierungsformen hinsichtlich der Eigenverantwortlichkeit der Einrichtungen
- Durchführung von Umschulungslehrgängen (40-Stunden-Pflegeprogramm) an der Bezirksakademie und Betriebsakademien des Gesundheits- und Sozialwesens für den sofortigen Einsatz von Werktätigen anderer Bereiche in der Krankenpflege und Vorbereitung weiterer Umschulungsmaßnahmen.

Kritisch muß eingeschätzt werden, daß es nicht gelungen ist, folgende Probleme zu lösen:

1. Schaffung einer einheitlichen Leitung des Gesundheits- und Sozialwesens zur Überwindung der uneffektiven Strukturen, zum einheitlich abgestimmten Einsatz aller Kapazitäten und Kräfte, zum Abbau unterschiedlicher Belastung und Auslastung sowie zum Abbau verzichtbarer Leistungen zugunsten notwendiger Betreuung und zur Sicherung unverzichtbarer spezifischer Aufgaben für alle Bürger des Bezirkes (Bereitschaftsdienste, Akutversorgung, SMH, Rettungsstelle, diagnostische und therapeutische Kapazitäten).
   Als Empfehlung des Runden Tisches wird vorgeschlagen:
   - den Rat des Bezirkes zu beauftragen, alle erforderlichen Maßnahmen zur vollständigen Einbindung aller medizinischen Dienste einschließlich des Bereiches Medizin der MLU in die jeweiligen Kreise mit dem besonderen Schwerpunkt der Bezirksstadt Halle durchzuführen und nicht länger auf die längst fälligen zentralen Entscheidungen dazu zu warten.
2. Die vorrangige Bereitstellung freigewordenen Wohnraumes, besonders von Mitarbeitern des Gesundheits- und Sozialwesens, für stationär tätige Schichtschwestern, Operationsschwestern, Anästhesieschwestern und Ärzte wurde in den Kreisen sehr unterschiedlich, in der Stadt Halle völlig unzureichend realisiert. Dadurch konnte in der Stadt Halle keine Veränderung der desolaten Situation erreicht werden. Im Gegenteil - die Lage verschärft sich weiter. Analog ist die Situation bei der Bereitstellung von Telefonanschlüssen, die die Einsatzbereitschaft des Gesundheitswesens gefährdet und die Belastung des Personals auf Dauer unerträglich macht.
   Als Empfehlung des Runden Tisches wird vorgeschlagen:
   - bei Freigaben von Wohnungen und Telefonanschlüssen aufgelöster Dienststellen ist der oben genannte

Personenkreis vorrangig zu berücksichtigen. Dazu haben die zuständigen Ratsbereiche regelmäßig zu berichten.
- In der Stadt Halle und bei analogen Situationen in weiteren Kreisen ist für o.g. Personenkreis eine Fahrbereitschaft zur ständigen Erreichbarkeit unter vorwiegender Nutzung von PKW und Kraftfahrern aus aufgelösten oder noch aufzulösenden staatlichen und gesellschaftlichen Dienststellen bzw. Organisationen zu sichern.

3. Die gegenwärtig in der Stadt Halle und Merseburg eingesetzten NVA-Soldaten sind zur Aufrechterhaltung der Betreuung unbedingt erforderlich und ihr Abzug ist zu verhindern.
   Als Empfehlung des Runden Tisches wird vorgeschlagen:
   - Das Wehrbezirkskommando ist zu beauftragen, die jetzige Stärke zu erhalten, solange kein Ersatz durch den zivilen Ersatzdienst oder andere Arbeitskräfte gegeben ist.
4. Die ungenügende materiell-technische Basis des Gesundheits- und Sozialwesens erfordert die zügige und kompromißlose Bereitstellung und Nutzung weiterer Objekte, Ausrüstungen und PKW aufzulösender Dienststellen und Organisationen.
   Als Empfehlung des Runden Tisches wird vorgeschlagen:
   - Teilnutzung des Objektes Gimritzer Damm durch SMH/DRK Krankentransport (Gebäudekomplex der ehemaligen Wacheinheit für 250 Mitarbeiter, Garagen für 70 Fahrzeugeinheiten, Mitnutzung der Waschanlagen und Werkstatt, Nutzung des vorhandenen Ambulatoriums)
   - alle örtlichen Räte aufzufordern, entsprechend ihrer Eigenverantwortung, die Baureparaturen vorrangig für die Einrichtungen des Gesundheits- und Sozialwesens mit dem besonderen Schwerpunkt der Feierabend- und Pflegeheime zu sichern.
5. Trotz der kritischen Analyse und der beschlossenen Maßnahmen zur komplexen medizinischen, geistig-kulturellen und sozialen Betreuung der Bürger im höheren Lebensalter im Bezirk vom 14.4.1988 ist es auf Grund des Abschiebens der Verantwortung ausschließlich in den Bereich des Gesundheits- und Sozialwesens nicht gelungen, eine grundlegende Wende in der unbefriedigenden Lebenssituation der älteren, behinderten und pflegebedürftigen Bürger zu erreichen.
   Als Empfehlung des Runden Tisches wird vorgeschlagen:
   - daß die gesamtgesellschaftliche Verantwortung für diesen Personenkreis besser wahrgenommen wird und die örtlichen Räte alle Initiativen von Bürgern und Selbsthilfegruppen aufgreifen und unterstützen.

Mit den materiellen und finanziellen Fonds des Jahres 1990 (Anlage 4) wird seitens des Rates des Bezirkes den örtlichen Volksvertretungen dringend empfohlen, die in den Foren und Diskussionen eingebrachten Vorschläge und Forderungen zur Verbesserung der medizinischen und sozialen Betreuung vorrangig zu berücksichtigen.

Anlage 1

Rat des Bezirkes Halle
Abt. Gesundheits- und
Sozialwesen

17.01.1990

Entwicklung des Bestandes an Ärzten im örtlich geleiteten Gesundheits- und Sozialwesen und am Bereich Medizin der MLU 1988 / 1989

Kreise	Bestand am 31.12.88	Abgänge 1.1.-30.9.89	darunter natürl. Abgänge	Fluktuation in andere Kreise des Bezirkes	Fluktuation in andere Bezirke	Weggang in die BRD 1.1.-30.9.89	Zugänge 1.1.-30.9.89	darunter Absolventen	Bestand am 31.12.1989
Artern	71	1	-	-	1	13	11	1	80
Aschersleben	108	8	-	1	2	7	12	2	110
Bernburg	117	10	-	1	3	8	13	7	119
Bitterfeld	192	14	4	1	6	4	12	10	190
Eisleben	100	8	3	-	2	2	8	5	100
Gräfenhain.	45	1	1	-	-	3	2	-	44
Saalkreis	84	10	-	2	1	8	2	-	75
Hettstedt	71	9	-	2	3	2	6	5	70
Käthen	116	17	1	2	4	12	8	2	103
Nebra	14	-		-	-	2	-	-	43
Merseburg	215	27	2	3	10	22	24	13	203
Naumburg	110	10	1	2	1	11	15	5	107
Quedlinburg	143	16	2	1	4	11	9	3	136
Querfurt	63	-	-	-	-	-	-	-	64
Rosslau	58	6	1	1	-	1	3	1	53
Sangerhausen	126	4	1	-	1	5	6	3	129
Hohenmälsen	41	1	-	-	-	6	3	3	40
Weißenfels	107	9	1	-	2	6	9	6	107
Wittenberg	170	7	-	-	4	8	9	4	172
Zeitz	110	18	1	-	4	11	12	3	98
Dessau	273	6	1	-	-	7	15	11	278
Halle	498	46	7	7	11	28	56	15	495
Halle-Neust.	172	24	1	7	1	17	13	5	155
Bez.-geleit. Einricht.	307	30	1	8	3	16	25	12	292
MLU (*)	570	67	-	10	9	52	50	33	504
Bezirk insg.	3855	345	28	48	72	262	323	149	3767

(*) alle Angaben über Zu- und Abgänge (außer Weggang in die BRD) für den Zeitraum 1.1.-31.12.89

Absolventenzuführung: (ohne MLU)	1986	1987	1988	1989	Zusammen
	140	172	142	132	586

Anlage 1b

Rat des Bezirkes Halle
Abt. Gesundheits- und Sozialwesen

17.01.1990

Entwicklung des Bestandes an Zahnärzten im ärtlich geleiteten Gesundheits- und Sozialwesen und am Bereich Medizin der MLU 1988 / 1989

Kreise	Bestand am 31.12. 1989	Abgänge 1.1.- 30.9. 1989	darunter natürl. Abgänge	darunter Fluktuation in andere Kreise des Bezirkes	darunter Fluktuation in andere Bezirke	Weggang in die BRD	Zugänge 1.1.- 30.9. 1989	darunter Absol- venten	Bestand- am 31.12. 1989
Artern	32	4	-	-	2	6	6	4	33
Aschlersleben	39	3	1	-	-	4	5	2	38
Bernburg	41	6	-	-	3	8	11	8	38
Bitterf.	76	8	2	-	1	5	1	1	69
Eisleben	37	5	1	1	-	-	5	2	36
Gräfenh.	21	1	-	-	1	2	2	-	20
Saalkr.	40	3	1	-	1	7	1	-	34
Hettst.	29	9	1	1	-	3	4	2	24
Käthen	51	9	-	-	1	4	2	-	43
Nebra	18	-	-	-	-	-	-	-	18
Mersebg.	90	6	-	-	-	6	10	5	89
Naumbg.	35	8	1	-	2	2	7	2	32
Quedlbg.	50	2	1	-	1	3	6	4	50
Querf.	17	2	1	-	1	-	3	3	17
Rosslau	24	2	-	-	-	-	-	-	22
Sangerh.	48	2	-	2	-	5	1	1	46
Hohenmäl.	19	2	-	-	-	-	1	1	17
Weißenf.	43	3	-	-	-	-	5	2	45
Wittenbg.	53	5	-	-	-	5	3	2	50
Zeitz	44	3	-	-	1	3	9	5	44
Dessau	69	-	-	-	-	-	-	-	70
Halle	175	27	2	1	9	18	17	10	150
Halle-N.	84	10	-	-	3	8	6	5	72
Bez.-gel. Einricht.	10	1	-	-	1	-	1	1	10
MLU (*)	43	4	-	-	-	5	21	4	60
Bezirk insgesamt	1188	125	11	5	27	96	127	64	1127

(*) alle Angaben über Zu- und Abgänge (außer Weggang in die BRD) für den Zeitraum 1.1.-31.12.89

Absolventenzuführungen: (ohne MLU)	1986	1987	1988	1989	Zusammen
	57	58	55	62	232

Anlage 2

Erfüllung - Plan 1989 -

(vorläufiges Ergebnis - ausgewählte Kennziffern, da Ergebnisse Statistik noch nicht vorliegen)

	Plan 1989	Ist 1989
- Neuanschaffung		
ambulante ärztliche Arbeitsplätze	25	14./.12
" zahnärztliche Arbeitsplätze	19	10./.9
Kinderkrippenplätze	554	254./.300
Feierabend/Pflegeheimplätze	525	175./.350
- Investitionen nichtobjektgebundes Ausrüstung (Medizintechnik, sonst. Ausrüstung)	33,2 Mio M[x)]	39,0 Mio M

----

x) der ursprüngliche Plan lautete 15,0 Mio M, eine Planfortschreibung mit 18,2 Mio im Dezember erfolgte.

Anlage 3

Arbeitskräftezuführung aus anderen Bereichen zur Unterstützung von Hilfstätigkeiten im Pflegebereich und wirtschaftstechnischen Bereichen

	dar. Bausoldaten	dar. Verwaltungspersonal bis 31.12.89		Studenten ab Febr.90 verschiedener Hochschulen
Artern	7			
Aschersl.	45			3
Bernburg				
Bitterfeld	50			1
Dessau	26			3
Eisleben 17				
Gräfenhain.	2			
Halle	233	RdB		
dar. MLU	74	nachgeord.		MLU 30
BKH	65	Einr.	70	BKH 23
FAH	41	FDGB -	11	FAH 10
Konfes.	17	sonstige	7	
Hettstedt				2
Hohenmölsen	13			
Köthen				
Merseburg	60			50
dar. Dürrenberg FAH	35			
Naumburg	12			
Nebra				
Quedlinburg	14			
Querfurt				
Roßlau	5			
Saalkreis				
Sangerhausen				1
Weißenfels				
Wittenberg	29 [handschriftl.: davon 6 im P.-G.-Stift]			
Zeitz				
Halle-Neust.				3
insgesamt	513 Pers.	88		126

Anlage 4a

<u>Kennziffern - vorläufiger Plan 1990 -</u>

<u>AK</u>	VbE	49.347	+ 427 Zuwachs zur STAL 1989
	Pers.	53.650	+ 577 " " " "
Lohnfonds		612.800 TM	
Durchschnittslohn		1.035 TM	
<u>Investitionen</u>			
gesamt		37.400 TM	
davon	Bau	7.000 TM	
	Ausr.	29.000 TM	
	Sonstiges	1.400 TM	
Wiss.u. Technik		2.100 TM	

Neuanschaffungen an Kapazitäten

- ambulante Ärztearbeitsplätze	32
- " zahnärztl. Arbeitsplätze	14
- Feierabend/Pflegeheimplätze	350
- Krippenplätze	220
- Plätze für schulbildungsunfähige Kinder und Jugendliche	40
- Plätze in geschützter Werkstatt	12
- Wohnheimplätze f. Reha	32
- Betten	15

Anlage 4b

Gesundheits- und Sozialwesen
Abschn. 520-523

Vorläufiger Haushaltsplan 1990 - Gesamtübersicht

	Vorläuf. Plan 1990 in Mio M	Vergleich STAL 1989 in Mio M	Steigerung 1990 zu 1989 in %
Einnahmen:			
insgesamt	186,4	180,6	103,2
Ausgaben:			
insgesamt ohne Invest.	1.195,1	1.165,3	102,6
davon:			
Werterhaltung	91,8	87,3	105,2
Lohnfonds	574,3	566,1	101,4
gesellsch. Verbrauch	254,7	242,9	104,9
übrige Ausg.	274,3	269,0	102,0

*****

V o r s c h l ä g e

Gemeinsam zu tragende Empfehlungen des Runden Tisches zu Umweltaufgaben im Bezirk Halle - 18. Januar 1990

Der im Bezirk Halle gebildete Beirat für Umweltschutz nimmt in Übereinstimmung mit dem Runden Tisch im Auftrag des Bezirkstages Halle die Durchsetzung der getroffenen Festlegungen wahr. Dazu gehören:

1. Erarbeitung einer Sanierungskonzeption für die extrem hoch belasteten Ballungsgebiete und ökologischen Katastrophengebiete im Bezirk Halle. Dazu nimmt der Rat des Bezirkes gemeinsam mit dem Beirat für Umweltschutz konsequenten Einfluß auf die Arbeit der Regierungskommissionen in Bitterfeld, Leuna - Buna, Zeitz - Hohenmölsen, Wittenberg - Piesteritz, Rodleben und Kaliwerk Roßleben, Weißenfels, Hettstedt - Helbra
   . bei der Stillegung abprodukt-, abwasser- und abluftreicher Technologien,
   . bei der Ausrüstung mit entsprechender Umwelttechnik und
   . bei der Einrichtung einer umweltfreundlichen Technologie
   . bei Gewährleistung und Sicherung einer breiten Beratung und Diskussion mit den Werktätigen und der betroffenen Bevölkerung.
   Termin: einen Monat nach Vorlage der Ergebnisse der Regierungskommission
2. Mitwirkung und konkrete Einflußnahme des Beirates für Umweltschutz auf die Überarbeitung der Energiestrategie der DDR im Bezirk Halle unter Berücksichtigung der Aufgabengebiete
   -rationelle Energieanwendung,
   -Zentralisierung der Wärmeversorgung und

-kurzfristiger Einsatz von Edelenergieträgern (Koks, Gas, Braunkohlenbriketts u.a.) in kleinen Heizungsanlagen der Innenstädte, insbesondere bei Smoglagen.
Termin: Monat März

3. Schaffung einer materiell-technischen Basis zur Bedarfsdeckung mit Umwelttechnik im Rahmen der Neuprofilierung von Betrieben und Kombinaten des Bezirkes Halle (z.B. Mansfeld Kombinat, Wirtschaftsrat und Bauwesen).
Termin: 30.3.1990
4. Schnelleres Wirksamwerden des Meßnetzes für Umweltbelastungen im Bezirk Halle mit zentraler und internationaler Unterstützung, insbesondere der BRD, durch den Aufbau unabhängiger Umweltschutz-Kontrollorgane.
Termin: sofort; erste Ergebnisse: 30.3.1990
5. Einflußnahme und Unterstützung der Medien für eine breite Umwelterziehung, für den ökologischen Umbau unserer Gesellschaft zur Verwirklichung der ökologischen Zielstellungen im Rahmen der sozialen Marktwirtschaft. Dazu werden erste Vorstellungen in einem Medienpapier im Beirat für Umweltschutz beraten.
Termin: 28.2.1990
6. Mitwirkung an der Überarbeitung der Rechtsvorschriften des Umweltschutzes im Rahmen der DDR und bei den sich neu herausbildenden Verwaltungsstrukturen in unserem Territorium.
Termin: laufend
7. Unterstützung aller Umweltaktivitäten von Bürgergruppen, Einzelpersonen und gesellschaftlichen Organisationen auf dem Gebiet der Umweltinformation, Beratung, Aufklärung bis zur Erteilung von Gewerbegenehmigungen beim Bau von Umwelttechnik.
Termin: sofort
8. Zur Wahrnehmung und Durchsetzung der umfangreichen Maßnahmen und Aufgaben zur Verbesserung der Umweltbedingungen im ökologisch überbelasteten Bezirk Halle ist auf dem Gebiet des Umweltschutzes eine personelle und materielle Stärkung der staatlichen Organe (Rat des Bezirkes, Räte der Kreise) und der Kontrollorgane SGA (Staatliche Gewässeraufsicht), STUI (Staatliche Umweltinspektion), BHI (Bezirkshygieneinspektion) u.a. vorzunehmen.
Termin: Vorlage der Konzeption: 28.2.1990
9. [Sammlung] weitere[r] Parameter in Schulen, Reihenuntersuchungen etc., die Erkenntnisse sichern, welche Morbiditätsfälle sich häufen!

*****

5. Beratung des Runden Tisches

Schwerpunkt der Sitzung sind wieder die Berichte und Fragen, die sich aus der Auflösung des Amtes für Nationale Sicherheit = Bezirksstelle des MfS ergeben (s. Protokoll 05/003-05/017). Je mehr wir über die Arbeit des MfS zu wissen glauben, um so größer wird der Umfang der Fragen und der Teile, von denen wir noch nichts gehört haben. Es ist, als ob man gegen einen Ball aus Kaugummi tritt, der sich an der Trittstelle nach innen verformt, aber an dem entgegengesetzten Punkt sein altes Volumen durch Ausbeulung nach außen zurückgewinnt. Dabei werden immer neue Details aufgedeckt und von der autorisierten Gruppe (Bürgerkomitee) berichtet, und die zunehmende Fülle an Wissen über die Arbeit des MfS ist niederdrückend und zugleich in verletzender Weise demütigend.

Was für ein Wissen über Persönlichkeit ist da amtlich erarbeitet und gespeichert worden! Oder anders: was für ein Doppelgänger ist in den Akten dieser Ämter entstanden. Wenn wir da gespeichert sind - und ich bin sicher, daß dies bei mir der Fall ist -, wer sind wir dort, was für verbogene Schatten unseres Ichs sind da gespeichert und leben ein zweites Leben neben uns? Abgesehen von der Ungeheuerlichkeit dieses Apparates und von den Menschen, die dafür gearbeitet haben, was haben sie aus uns gemacht? Werden wir das je erfahren, und wenn wir es erfahren, werden wir uns wiedererkennen? Ich weiß keine Antwort, und genau genommen will ich gar keine Antwort wissen. Ich will in diese Art des Wissens nicht fallen!

Erstmalig erscheint am Runden Tisch die Leitung eines der großen Volkseigenen Werke des Bezirkes. Der stellvertretende Generaldirektor des Chemiekombinates Bitterfeld gibt einen Situationsbericht und stellt sich den Fragen. Dabei wird auch deutlich, mit wieviel Geschick diese Leute arbeiten, wenn sie in Schwierigkeiten kommen. Zuerst übergibt der stellvertretende Generaldirektor eine Fülle an Materialien über die chemische Zusammensetzung der Grundprodukte, die dort gefertigt werden, der dabei entstehenden Abfälle und der Deponien, auf denen diese Abfälle gelagert sind. Niemand von uns ist in der Lage, diese Informationen zu übersehen und sie in ein Ganzes: das Problem der Region Bitterfeld, einzuordnen.

Wir wissen alle, daß der Chemiestandort Bitterfeld, zu dem noch als unmittelbarer Nachbar das Filmwerk in Wolfen hinzukommt, der toxikologisch am meisten verseuchte Ort in der DDR ist. Nicht umsonst hat die Regierung zur Klärung und Aufarbeitung der dort anstehenden Probleme eine eigene Regierungskommission unter der Leitung von Professor Dr. Steinberg eingesetzt. Dem Runden Tisch bleibt gar nichts weiter übrig, als den Bericht aus Bitterfeld zur Kenntnis zu nehmen und für die nächste Sitzung noch einmal den Generaldirektor zusammen mit Professor Steinberg zu laden. Denn es gibt keinen anderen Weg, dem bisher totgeschwiegenen Problem der ökologischen Schäden auf die Spur zu kommen, als die Verursacher: Chemiebetriebe, Braunkohlentagebau, Kohleveredlungsbetriebe usw. zu laden und zu versuchen, den Umfang der Schäden aufzulisten. Ob überhaupt eine Möglichkeit besteht, etwas zur Sanierung der "Altlasten" und zu der dann nötigen Umstrukturierung der Betriebe zu tun: Ich bezweifle es! Schließlich verliest Dr. Süß meinen Brief an ihn wegen der Einladung unseres Sohnes aus Senftenberg. Der Runde Tisch beschließt erneut seine Mitarbeit, und der Ratsvorsitzende erklärt, daß er drei kompetente Abteilungsleiter aus der Bezirksebene zu dem Termin mit nach Berlin schickt, an dem unser Sohn dort im Ministerium für Kohle und Energie vorsprechen wird. Ich muß das im Detail mit unserem Sohn klären. Ich hoffe, daß er den Mut behält und der Bezirk ihm die Hilfestellung gibt, die er in Berlin bitter nötig haben wird.

NEUES FORUM
- Lutherstadt Wittenberg -
Detlev Lintzel
Str.d.Befr.123

dienstlich:
Krankenhaus Paul-Gerhardt-Stift
Lutherstadt Wittenberg
Verwaltungsleiter

Wittenberg, den 20.01.1990

An den amtierenden
Vorsitzenden
des Rates des Bezirkes Halle
Herrn Dr. Süß
Willi-Lohmann-Str. 7-9
4020 Halle

Geehrter Herr Vorsitzender,

ich halte es für ein Gebot der Fairneß und der gegenseitigen Achtung, wenn ich Sie noch vor dem nächsten Runden Tisch von folgendem Sachverhalt informiere: Als ich zu vorgerückter Stunde am 18. Januar des Jahres darauf verwies, daß es unsinnig sei, über ökologische Probleme abgetrennt von den ökologischen Verursacherfaktoren und den daraus für diese resultierenden Probleme zu sprechen und daß dabei an erster Stelle unser aller Hauptproblem, die Energieversorgung, stehen müßte, habe ich dann meinen älteren Sohn als kompetenten Auskunftgeber in dieser Sache benannt. Ich habe dies ohne sein Wissen und ohne Rücksprache mit ihm getan. Da von Ihnen die Einladung ausgehen sollte, und ich inzwischen mit ihm mehrfach telephonieren konnte, steht jetzt im Ergebnis fest:

1. Mein Sohn, Hans-Detlev Lintzel, ist als Dipl.-Ing. für Kraftwerke letztlich dem L[ei]t[e]r der Brennstoffbilanzierung, Koll[ege] F. [...] unterstellt. Er arbeitet auf einem Einzelposten in Senftenberg und ist subspezialisiert für Fragen des zentralen Einsatzes von festen Brennstoffen des Ostelbischen Kohlereviers an Großabnehmer in Heizwerken und Heizkraftwerken einschließlich der immer wieder notwendigen technologischen Versuchsprozesse zur Umstellung von Verbrennungsvorgängen in Gliederkesseln, Planrostkesseln u. Wanderrostkesseln bei Lieferung von festen Brennstoffen unterschiedlicher Qualität. In dieser Funktion kennt er ca. 130 Heizkraftwerke, Kraftwerke usw., natürlich auch aus dem Bezirk Halle.
2. Seit Jahren arbeitet er mit anderen Kollegen an Konzeptionen zu Fragen der Energieproblematik. Die daraus entstandenen Unterlagen an Einschätzungen mit konkreten Aufarbeitungsfaktoren sind immer wieder nach Berlin gegangen und dort unter Verschluß. Folglich könnte mein Sohn in letzter Kompetenz nur vor dem Runden Tisch berichten, wenn er dieses Material wieder zu seiner Verfügung hätte. Das kann aber leichter und besser berichtet werden, wenn eine Einladung an den Leiter der Staatlichen Kohleversorgung in Berlin, Kollege B., erginge.
3. Der kompetente Vertreter für die Verteilung fester Brennstoffe ist der "Leiter Brennstoffbilanzierung der Staatl. Kohleversorgung Berlin". Dieses Haus hat praktisch ein Machtmonopol zum o.g. Problem in Händen. Dort könnte ermittelt werden, warum z.B. der Bezirk Dresden seit über 2 Jahren fast ausschließlich Ostelbische Kohle erhält (Schwefelgehalt 0,7% - 1,2%), während der Bezirk Halle die Kohle aus dem Bitterfelder Raum (Schwefelgehalt 2,5% - 4,0% mit steigender Tendenz) verbrennen muß. Dazu hat sicher der Direktor des VEB Kohlehandel Halle authentisch etwas zu sagen.
4. Der Bezirk Halle ist zweifellos der ökologisch am meisten belastete Raum im Gebiet der DDR. Aber das entläßt ihn nicht aus seiner Einbindung in die DDR und letztlich mit allen Folgen (Windströme, Wasserlauf Elbe) aus dem Gesamtverband des mitteleuropäischen Raumes. Hier bei uns am Runden Tisch des Bezirkes Halle werden damit Fragen von internationaler Tragweite besprochen, auch wenn sie uns unmittelbar territorial betreffen. Das bedeutet, daß die territoriale Problematik leider nicht aus dem Gesamtkonzept einer Lösung heraustransportiert werden kann. Dabei will ich nicht bestreiten, daß dies in Einzelfragen, z.B. "Mülldeponie CKB" u.ä.m., möglich ist.

   Jedoch zum Problem der Energieversorgung und deren konzeptioneller Lösung in den nächsten Jahren und Jahrzehnten bedarf es umfassender Strategien. An einer solchen Strategie zu Fragen der Energiekonzeption arbeitet z.Zt. das Institut für Energetik Leipzig, Fachabteilung Gesamtenergiewirtschaft. Dort sitzen Mitarbeiter, die über Zukunftsmöglichkeiten für uns nachdenken.

Es wäre sinnvoll, falls Interesse am Runden Tisch besteht, eine Einladung an den Direktor dieses Institutes ergehen zu lassen.

5. Ich habe bisher vermieden, weil mir eigene Kompetenz fehlt, nachzufragen, welche Entscheidung über den Kahlschlag des größten zusammenhängenden Waldgebietes unseres und des angrenzenden Leipziger Bezirkes: der Dübener und Dahlener Heide gefällt worden ist. Unter diesem Waldgebiet liegt Braunkohle, und es sind, ausgehend vom Stützpunkt Bergwitz, vor meinen Augen eineinhalb Jahre lang Probebohrungen durch die Abt. Geodäsie des Bezirkes (?) durchgeführt worden. Das ist doch sicher ein nachfragbarer Faktor.
6. Es bleibt nun die Frage offen, ob mein Sohn seine Fach- und Sachkompetenz am Runden Tisch einbringen soll. Ohne Zugang zu dem Material in Berlin (s. 2.) ist das wenig sinnvoll. Er ist aber bereit zu kommen, wenn ihm dieser Zugang ermöglicht wird; er ist genauso dankbar, wenn ihm der Weg nach Halle erspart bleibt, weil der Runde Tisch anders entscheidet.

Geehrter Herr Vorsitzender,
Sie werden verstehen, daß dieser Brief am Runden Tisch verlesen werden muß. Ich überlasse es Ihrer Entscheidung, wer von uns beiden das tun wird.

Hochachtungsvoll
Lintzel

Aus den Anfängen der Nachtarbeit nach den Donnerstagen in Halle ist schon ein festes Ritual geworden. Wenn ich mich zu Hause hinsetze und nacharbeite, spult im Kopf ein Film ab, der die Sitzung optisch und akustisch wiederholt. Das muß aufhören. Ich muß schlafen!

*****

[Im Original befanden sich hier Ausschnitte aus der "Freiheit" vom 26.1.90 ("Stasi-Abhörtechnik wird unter Aufsicht gestellt"), vom 27.1. ("Einseitige CKB-Sicht stand im Kreuzfeuer") und vom 1.2. ("Bericht vom Runden Tisch des Bezirkes vom 25.2. MfS wirklich nicht arbeitsfähig? - Schwere Folgen verfehlter Wirtschaftspolitik")]

*****

Protokoll der 5. Beratung des Runden Tisches Bezirk Halle vom 25.01.1990

05/001 Der Runde Tisch nimmt die Erklärung der NDPD zu ihrem 14. Parteitag zur Kenntnis. (DS 05/001)

05/002 Der Antrag der VdgB auf Erlangung des Abstimmungsrechts am Runden Tisch des Bezirkes wird mehrheitlich abgelehnt, da diese eine Organisation zur Interessenvertretung der Genossenschaftsbauern ist. Nach dem Selbstverständnis des Runden Tisches sind nur politische Parteien/Bürgerbewegungen abstimmungsberechtigt. (Antrag wurde am 25.1.90 übergeben)

05/003 *Tagesordnung*
1. Berichterstattung des Vorsitzenden des Rates des Bezirkes zum Stand der Auflösung des ehemaligen AfNS (Amt für Nationale Sicherheit), Bezirk Halle,
2. Fragen der Energiepolitik/Umweltschutz,
3. Verschiedenes

05/004 Das Protokoll vom 18.1.1990 ist wie folgt zu korrigieren: [...] Pkt. 04/003 statt "VEB Kombinat Chemische Werke Buna" - "Chemiekombinat Bitterfeld"

05/005 Der Bericht des Vorsitzenden des Rates des Bezirkes zum Stand der Auflösung des ehemaligen AfNS wird zur Kenntnis genommen und mit den gegebenen Hinweisen bestätigt. Die vorgeschlagenen Maßnahmen, insbesondere zur personellen Auflösung und Verhinderung der Konzentration des Einsatzes ehemaliger Mitarbeiter in bestimmten Bereichen der Volkswirtschaft werden bestätigt. In diesem Zusammenhang ist eindeutig zu klären, welche materiellen und finanziellen Regelungen bei der

Entlassung der Mitarbeiter angewendet werden. Zur nächsten Beratung sind insbesondere folgende Fragen zu beantworten:

- Welche Tätigkeiten des ehemaligen Amtes werden nicht mehr ausgeübt? Das betrifft vor allem die Zusammenarbeit (personelle Verquickung) des AfNS mit
  . Bahnpostamt Halle
  . Zolldienststelle
  . Bezirksdirektion Deutsche Post (auch Objekt Seeben)
  . NVA zur Schaffung des Verfassungsschutzes dort (Verdacht)
- Warum wurden auch schwere Waffen an MfIA übergeben?
- Werden immer noch über LVO-Vorhaben bestimmte Schutzobjekte (Bunker) errichtet?

Es sind weiterhin konkrete Aussagen zu trefen:

- [zur] Beseitigung der Anschlußschnittpunkte des Fernsprechsystems des ehemaligen AfNS bei der Deutschen Post,
- [zu den] ehemalige[n] Objektdienststellen in den drei großen Chemiekombinaten,
- [zum] Objekt Seeben der Deutschen Post (Abhörmöglichkeiten).

[handschriftlich ergänzt:

05/006 Dem Antrag der Autorisierten Gruppe wird zugestimmt. (DS 05/06)]

05/007 Die Vertreter des Runden Tisches stimmen darin überein, daß alle im Zusammenhang mit der weiteren Auflösung des AfNS bekannt werdenden Tatsachen, Verdachtsmomente und Hinweise unverzüglich den zuständigen Dienststellen angezeigt werden. Es ist die Überprüfbarkeit und Klärung dieser Hinweise und Anzeigen zu sichern.

05/008 Zur Beseitigung des Verdachtes, daß nach wie vor unkontrollierte Transporte im Objekt Gimritzer Damm vorgenommen werden, sind ab sofort jegliche Kfz-Bewegungen außerhalb der täglichen "Dienstzeit" zur Auflösung des AfNS einzustellen. Alle Personen, die außerhalb der o.g. Zeit berechtigt sind, das Objekt zu betreten oder zu verlassen, sind durch das Wachpersonal in einem Ein-/Ausgangsbuch zu erfassen (u.a. Dienstausweis-Nr. erforderlich). Erforderliche Kontrollen zur Einhaltung von Ordnung und Sicherheit im Objekt sind mit der "Autorisierten Gruppe" abzustimmen.

05/008 Der Vorsitzende des Rates des Bezirkes informiert den Runden Tisch permanent über die vorgesehene Wiederverwendung der Objekte, die das ehemalige AfNS genutzt hat (1. Zwischeninformation 1.2.1990). Weiterhin hat er über das Bekanntwerden wieterer Objekte zu informieren, die durch die Zentrale des ehemaligen AfNS oder andere Bezirksämter im Bezirk Halle genutzt wurden. Zur Offenlegung dieser Objekte wurde am 25.1.1990 ein Schreiben des Vorsitzenden des Rates des Bezirkes an den Regierungsbeauftragten zur Auflösung des ehemaligen AfNS gerichtet.

05/009 Dem Vorschlag des Vorsitzenden des Rates des Bezirkes zur Aufteilung der noch vorhandenen Kfz des ehemaligen AfNS ausschließlich für Bedarfsträger im Bezirk Halle sowie der Einbeziehung von Vertretern des Runden Tisches in die Arbeitsgruppe beim Rat des Bezirkes zur Aufteilung wird zugestimmt. Der Runde Tisch unterbreitet bis 1.2.1990 personelle Vorschläge für die Mitarbeit in dieser Arbeitsgruppe.

05/010 Der Runde Tisch gibt folgende verbindliche Empfehlung, die in der Presse veröffentlicht werden sollte:
"Alle bisher durch das ehemalige Amt für Nationale Sicherheit genutzten Grundmittel sind in Volkseigentum zu übernehmen und ausschließlich der zivilen Nutzung zuzuführen. Diese Vergabe erfolgt in Zuständigkeit der jeweiligen Volksvertretungen

und Bürgerinitiativen."
Diese Empfehlung ist der Presse durch den Vorsitzenden des Rates des Bezirkes zu übergeben. (29.1.1990 der Presse übergeben)

05/011 Der Vorsitzende des Rates des Bezirkes übergibt dem Reformhaus sowie der Gesprächsleitung des Runden Tisches je 1 Exemplar der Aufstellung der bisher konspirativ genutzten Objekte sowie eine Aufstellung aller bisherigen Dienstobjekte des ehemaligen AfNS. Die Aufstellung ist kontinuierlich um die noch bekannt werdenden Objekte zu ergänzen.

05/012 Der Vorsitzende des Rates des Bezirkes wendet sich schriftlich an den Vorsitzenden des Ministerrates der DDR mit der Bitte, die Mitarbeiter des ehemaligen AfNS, die mit der Auflösung beauftragt wurden, von ihrer Schweigepflicht im Rahmen der für die Auflösung des Amtes erforderlichen Informationen zu entbinden.

05/013 Dem Antrag der "Vorübergehenden Arbeitsgruppe zur Auflösung des ehemaligen AfNS" in Brachwitz zur Mitarbeit in der "Autorisierten Gruppe" des Runden Tisches des Bezirkes Halle wird zugestimmt. (DS 06/013)

05/014 Der Antrag zur Einweisung der Mitarbeiter des Staatsarchivs Magdeburg in das System des Archives des ehemaligen AfNS wird bestätigt (DS 05/014). Der Vorsitzende des Rates des Bezirkes hat die Information des Leiters des Staatsarchivs zu sichern.

05/015 Der Antrag des Runden Tisches der Stadt Halle zur Offenlegung dienstlich genutzter Telefonanschlüsse im öffentlichen Fernsprechnetz von Mitarbeitern des ehemaligen AfNS und ehemaliger Mitarbeiter des Staatsapparates wird zur Kenntnis genommen. Der Antrag ist unter Berücksichtigung einer kurzfristig zu erwartenden generellen Lösung des Fernsprechproblems sowie unter Beachtung von Prioritäten zu präzisieren.

05/016 Der Vorschlag des Rates des Bezirkes für die künftige Nutzung des Gebäudekomplexes des ehemaligen AfNS am Gimritzer Damm (als DS 05/016 aufzunehmen) wird mit folgender Präzisierung bestätigt. Die Nutzung der Objekte für das Gesundheitswesen ist als Einheit für die Nutzung als Ambulatorium, Stützpunkt der SMH und Aufbau eines Landesrettungsamtes zu betrachten. Der Verwendungszweck "Sender Halle" im Objekt C entfällt. Die SMH ist entgegen dem Vorschlag des Rates des Bezirkes sofort zu berücksichtigen. Die Modalitäten sind zwischen dem neuen Rechtsträger MLU und den künftigen Nutzern zu vereinbaren.

05/017 Die Information zur Einstellung von Mitarbeitern des ehemaligen AfNS in der Volksbildung ist am dargelegten Beispiel "Stern-Schule" Halle zu überprüfen. Grundsätzlich erklärt der Runde Tisch, daß das Recht auf Arbeit entsprechend der Verfassung gesichert werden muß, jedoch eine Einstellung o.g. Mitarbeiter im Bereich der Volksbildung als Lehrer/Erzieher abgelehnt wird.

05/018 Der Jahresbericht Umweltschutz für 1989 ist bis zum 30.4.1990 durch den Rat des Bezirkes unter Berücksichtigung der gegebenen Hinweise zum Inhalt vorzulegen.

05/019 Der Runde Tisch nimmt die Berichterstattung des stellv. GD des Chemiekombinates Bitterfeld (Material wurde am 25.1.1990 übergeben) zur Kenntnis und beschließt die Durchsetzung der Maßnahmen entsprechend DS 05/019. Zur erneuten Berichterstattung am 15.2.1990 zur Deponie-Situation im CKB sind der Leiter der Regierungskommission für Bitterfeld und der Generaldirektor des CKB einzuladen.

05/020 Der Vorsitzende des Rates des Bezirkes wird beauftragt, die im Brief vom 7.12.1989 an den Vorsitzenden des Ministerrates zur Umweltsituation [geforderte] schadlose[...] Lagerung und Beseitigung der Kondensatoren (PCB) an den Vorsitzenden des Ministerrates mit Nachdruck anzumahnen.

05/021 Die im Bezirk Halle eingesetzten Regierungskommissionen zur Umweltsituation sind zu Berichterstattungen über Stand und Ergebnisse ihrer Arbeit zu den Beratungen des Runden Tisches einzuladen. Begonnen werden sollte mit der Regierungskommission für den Bereich "VEB Chemische Werke Buna". In die Arbeit der o.g. Regierungskommission sind Experten des Bezirkes Halle verstärkt einzubeziehen.

05/022 Die Berichterstattung des Stellvertreters des Vorsitzenden des Rates des Bezirkes für Energie sowie des Mitgliedes des Rates für Umweltschutz/Wasserwirtschaft zu Fragen der Energiestrategie und Luftreinhaltung [wird] zur Kenntnis genommen. Die im vorgelegten Material vorgeschlagenen Maßnahmen zur Energiepolitik und Verbesserung der lufthygienischen Situation werden durch die Vertreter des Runden Tisches unterstützt. Das übergebene Material ist als DS 05/022 dem Protokoll beizufügen. Gegenüber der Regierung ist die schnellstmögliche Übergabe der Kontingente der Energieträger für 1990 durch den Rat des Bezirkes zu fordern.

05/023 Der Rat des Bezirkes hat eine Strategie zur Energiepolitik bei Berücksichtigung der Erfordernisse des Umweltschutzes für den Bezirk Halle unter Einbeziehung der Parteien und Bürgerinitiativen zu erarbeiten und dem Runden Tisch vorzulegen. Zur Ausarbeitung wird, wie vorgeschlagen, Herr Hans-Detlev Lintzel eingeladen.

05/024 Zum Antrag des Runden Tisches der Stadt Halle (Herr Völlger) zur Durchführung von Kommunalwahlen erklärt sich der Runde Tisch des Bezirkes als nicht zuständig.

05/025 Die Erklärung des Vorsitzenden des Rates des Bezirkes zur Offenlegung der Papierkontingente und Druckkapazitäten wird zur Kenntnis genommen und bestätigt. Die Übersicht der Druckkapazitäten des Druckhauses Freiheit wird als DS 05/025 allen Vertretern am Runden Tisch übergeben. Übergeben wurde am 25.1.1990 eine Produktionsübersicht der Betriebe der territorialen Erzeugnisgruppe Polygraphie des Bezirkes Halle. Treten bei Druck- und Papierbereitstellung für Druckerzeugnisse auf der Grundlage erteilter Lizenzen Probleme auf, wird der Rat des Bezirkes, Abt. Kultur, auf Anforderung als Vermittler tätig.

05/026 Zur Klärung der Modalitäten des Einfügens der "Reformzeitung" in die Tagespresse (außer "Freiheit") nimmt Herr Dr. Wand, NEUES FORUM, Verbindung mit den zuständigen Institutionen auf und informiert den Runden Tisch in der Beratung am 1.2.1990 über die erreichten Ergebnisse.

05/027 Der Antrag des NEUES FORUM zur Errichtung einer Manager-Schule im Objekt der ehemaligen Bezirksparteischule der SED-PDS in Ballenstedt wird auf den 1.2.1990 vertagt. Die Tendenzabstimmung zur Entscheidung über den Verwendungszweck der o.g. Schule ergab, daß diese vor Ort durch die zuständigen Organe in Ballenstedt getroffen werden sollte.

05/028 Der Vorsitzende des Rates des Bezirkes informiert den Runden Tisch über den Stand der Kontaktaufnahme zu Partnern in der BRD.
Termin: 1.2.1990

05/029 Der Runde Tisch entspricht der Bitte des Vorsitzenden des Rates des Bezirkes, die Fragen der Zusammenlegung von Halle und Halle-Neustadt (Antrag des Runden Tisches der Stadt Halle) mit beiden Oberbürgermeistern im Zuge der Verwaltungsreform (Halle - Landeshauptstadt) zu klären und den Runden Tisch Anfang März zu informieren.

05/030 Der Antrag des DFD gegen die Gründung der Republikaner wird am 1.2.1990 als Standpunkt des Runden Tisches erneut eingebracht.

05/031 Der Runde Tisch stimmt zu, daß der Interessenvertreter der Angehörigen der DVP am 1.2.1990 eine Erklärung über die Aufgaben und Ziele abgibt.

05/032 Der Antrag der LDPD zur Auflösung der Geschäftsstellen der Nationalen Front wird unter Hinweis auf den Beschluß des Nationalrates der Nationalen Front zur Auflösung beschlossen. (Wurde allen Teilnehmern am 25.1.1990 übergeben und ist als DS 05/032 dem Protokoll beizufügen)

05/033 Im Zusammenhang mit dem Antrag der Initiative VEREINIGTE LINKE zu "joint ventures" verweist der Runde Tisch auf seine Erklärung vom 4.1.1990 Punkt 2 (DS 03/005). Die verbindliche Empfehlung zur Bildung eines gesellschaftlichen Beratungs- und Kontrollorgans in den Betrieben sichert die im o.g. Antrag geforderten Rechte der Werktätigen.

05/034 Der Medienbeirat beim Sender Halle führt seine nächste Beratung am 30.1.1990, 16.00 Uhr, Waisenhausring 8/9, in Halle durch.

05/035 Die nächste Beratung des Runden Tisches findet am 1.2.1990, 14.00 Uhr, Halle, Heilig Kreuz, Gütchenstraße 21, statt. Neben den in diesem Protokoll genannten Berichterstattungen stehen Fragen des Bauwesens im Bezirk Halle zur Diskussion. Ein entsprechendes Vorbereitungsmaterial wird mit diesem Protokoll allen am Runden Tisch vertretenen Parteien und Bürgerinitiativen zugestellt.

05/036 Anwesenheitsliste vom 25.1.1990

05/037 Der Vorsitzende des Rates des Bezirkes sichert die Übergabe der Protokolle der Beratungen des Runden Tisches des Bezirkes Halle (ab 25.1.1990) an die Vorsitzenden der Räte der Kreise und Oberbürgermeister der Städte, um die Information zu den Runden Tischen der Kreise/Städte sowie den örtlichen Räten zu gewährleisten.

*****

DS 05/001

Erklärung an den Runden Tisch des Bezirkes Halle am 25.1.1990

Der 14. Parteitag der NDPD hat in seinem Verlauf und im Schlußwort des inzwischen zurückgetretenen Parteivorsitzenden, Herrn Glaeser, zu Diskussionen und Irritationen in nationaler und internationaler Presse geführt. Das Sekretariat des Bezirksvorstandes Halle der NDPD gibt dazu folgende Erklärung ab:

1. Wir verstehen uns als eine seriöse demokratische Partei, die über den Weg der Konföderation für die Einheit Deutschlands eintritt. Wir verbinden damit Besonnenheit, Augenmaß, die Einbindung in das gemeinsame Haus Europa und die Anerkennung der bestehenden Grenzen.
   Unsere Partei ist eindeutig antifaschistisch aus nationaler Tradition und demokratischer Überzeugung.
2. Unter dem Begriff "national" meinen wir Deutsch im guten Sinne und grenzen uns eindeutig ab von links- und rechtsextremen Kräften. Wir verstehen uns nicht als eine rechte Partei.
3. Eckpunkte künftiger Politik der NDPD sind die Orientierung auf eine soziale und ökologisch bestimmte Marktwirtschaft sowie die klare Abgrenzung von der SED-PDS.
4. In diesem Sinne sind wir offen für alle und bereit zur Zusammenarbeit mit allen Kräften, die sich diesen Zielen verpflichtet fühlen.
5. Diese von mir genannten Positionen bilden die Grundlage für die Weiterführung unseres Parteitages am 11. Februar 1990 und somit für das politische Wirken der NDPD im Bezirk Halle.

*****

DS 05/006

Antrag auf Erweiterung der Autorisierung des Bürgerkomitees zur Auflösung des ehemaligen MfS/ANS durch den Runden Tisch des Bezirkes Halle

1. Das autorisierte Bürgerkomitee schafft sich Arbeitsformen, welche es selbständig entscheiden lassen, entsprechend den anfallenden Aufgaben bei der Auflösung des ehemaligen MfS/ANS. Dies betrifft nicht Fragen von gesamtgesellschaftlichem Interesse, wie z.B. der Vergabe neuer Rechtsträgerschaften.
2. Informationsmaterialien, welche über Strukturen, Aufgaben und Arbeitsweisen des ehemaligen MfS/ANS Auskunft geben, können durch das autorisierte Bürgerkomitee kontrolliert und ggf. bei der Auflösung des ehemaligen MfS/ANS verwendet werden. Der Personen- und Datenschutz (IM-Akten, OM-Akten*, Personenakten u.ä.) bleibt weiterhin garantiert.

3. Die Regierungskommission wird durch 3 Personen aus dem autorisierten Bürgerkomitee erweitert, um eine paritätische Zusammenarbeit zu gewährleisten.

---

* inoffizielle bzw. offizielle Mitarbeiter

*****

DS 05/014

Es muß eine unverzügliche Einweisung der Staatsarchivmitarbeiter durch die bisherigen Mitarbeiter des MfS-Archivs erfolgen. Mit der Durchführung dieses Beschlusses ist der Leiter des Staatsarchivs Magdeburg und der bisherige Leiter des MfS-Archivs zu beauftragen. Als Abschlußtermin der Übernahme ist der 28.2.1990 vorzusehen. Das bedeutet keine Übernahme in die Rechtsträgerschaft des Staatsarchives.

*****

DS 05/019

1. Der Runde Tisch verlangt vom Rat des Bezirkes Halle eine Entscheidung über die Deponiegenehmigung für das CKB auf der Grundlage der bestehenden gesetzlichen Bestimmungen.
2. Legt die Regierungskommission zum 15.2.1990 keine greifbare Lösung in Zusammenarbeit CKB - Ausrüstungsindustrie - Forschungseinrichtungen vor, erwartet der Runde Tisch die Schließung und Sicherung der CKB-Deponien und Stillegung der damit vorhandenen Produktion.
3. Die Ursachen und Folgewirkungen dieser Produktionsstillegung müssen von der Kombinatsleitung und den sie in der Vergangenheit dirigierenden staatlichen Stellen und SED-Parteiorganen öffentlich erklärt werden.
4. Der Runde Tisch fordert die Offenlegung und nochmalige Überprüfung aller ökologisch relevanten Regelungen auf der Grundlage der 6. DVO zum Landeskulturgesetz sowie des Wassergesetzes durch die Kombinate der chemischen Industrie in Verbindung mit der Vorlage der Ergebnisse der Regierungskommissionen.

*****

DS 05/013

An die Abgeordneten aller am Runden Tisch vertretenen gesellschaftlichen Kräfte

Wir, die Mitglieder der "vorübergehenden Arbeitsgruppe zur Kontrolle über die Auflösung des ehemaligen MfS bzw. ANS" in Brachwitz, bitten nachträglich darum, ein stimmberechtigtes Mitglied unserer Gruppe in die Autorisierte Gruppe des Runden Tisches des Bezirkes Halle delegieren zu dürfen.

Eine positive Bearbeitung unseres Antrages sowie eine umgehende Information über Ihren Entscheid wird erbeten.

Im Auftrag der Arbeitsgruppe

gez. Henning Zinner gez. Stefan Heine

*****

DS 05/036

Anwesenheitsliste Runder Tisch Bezirk Halle am 25.1.1990

Partei/Organisation	Name
Kath. Dekanat	Dr. Willms, Peter; Dr. Herold, Claus
Ev. Kirche	Buchenau
Ev.-Freikirche	Reif, Ernst
Rat des Bezirkes	Dr. Süß, Wolfgang; Vogt, Erhard
FDJ	Messerschmidt, Olaf
FDGB	Becker, Manfred, Röhrig, Norbert
DFD	Haller, Ruth; Deckert, Sabine
Vereinigte Linke	Röver, Uwe Larsen; Dr. Zimmermann, Manfred
SPD	Dr. Dittmann, Jörg; Szabados, Dagmar
VdgB	Vogel, Reinhard; Zimmermann, Marianne
Christl. Ärzte/IPPNW	Dr. Bohley, Eckart
DA	Stiasny, Bernd; Engelmann, Gerd
GP	Neumann, Torsten
Demokratie Jetzt	Mokosch, Thomas; Dr. Renger, Peter
NF	Dr. Wand, Klaus; Lintzel, D., Dr. Mehlig, J.
Reformhaus	Dr. Keitel, Klaus

AG Brachwitz	Heine, Stefan; Zinner, Henning
DBD	Schneider, Dieter; Rothe, Joachim; Bill, Adolf
CDU	Bölke, Reinhard; Wünsche, Gerd
NDPD	Gersching, Wilfried, Dr. Müller, Lothar
LDPD	Schubert, Hartmut
GRÜNE LIGA	Kupke, Wolfgang; Hesler, Jürgen
Kulturbund	Kormann, Gottfried
SED-PDS	Claus, Roland; Dr. Schmidt, Marion
AKTION DIE DREI	Radziejewski, Winfried
VEB CKB	Enders, Karl; Kawalek, Günter
STUI Halle	Neuhofer, Richard; Schindler, Max

Medienvertreter: Stemmler, Rainer (Sender Halle); Fukowski, Karin (Mitteldeutsche Neueste Nachrichten); Koehn, Lore (Neuer Weg); Neumann, Volker (LDZ); Jäckel, Eckhard (Freiheit)

*****

Bitterfeld, den 12.01.1990

Konzeption
zur Abproduktentsorgung/Deponie für den Raum Bitterfeld/Wolfen

Inhalt:

1. Vorbemerkungen
2. Ist-Zustand der Abproduktentsorgung im Raum Bitterfeld/Wolfen
3. Geohydrologische Situation
4. Maßnahmen zur umweltgerechten Abproduktentsorgung
4.1 Sondermüllverbrennungsanlagen
4.2 Sondermülldeponie
5. Effekte - Bewertung der Maßnahmen

angefertigt von einer Arbeitsgruppe

VEB BKK Bitterfeld	[Unterschrift]
VEB CKB Bitterfeld	Dr. E.
VEB FCK Wolfen	Leiter der Arbeitsgruppe
VEB DLK Bitterfeld	

1. Vorbemerkungen

Das Industrieballungsgebiet Bitterfeld/Wolfen liegt westlich der Mulde in deren Urstromtal. Der zu betrachtende Raum umfaßt die Städte Bitterfeld, Wolfen, Jeßnitz, Raguhn und die Gemeinden Friedersdorf, Muldenstein, Greppin, Sandersdorf und Bobbau mit insgesamt ca. 100 000 Einwohnern. Das Gebiet wird geprägt durch die umfangreichen Produktionsanlagen der chemischen Industrie und die Tagebaue der Braunkohlenindustrie einschließlich ihrer Bergbaufolgelandschaft. Das Territorium wird in erheblichem Maße durch Verunreinigungen der Luft, des Wassers und des Bodens belastet.

2. Ist-Zustand der Abproduktentsorgung im Raum Bitterfeld/Wolfen

Neben gas- und staubförmigen Emissionen in die Atmosphäre sowie der Abwasserlast in den Vorfluter Mulde stellt die Kontamination des Bodens durch die Deponie von festen, schlammförmigen und flüssigen Abprodukten einen wichtigen Faktor der Umweltbelastungen im Raum Bitterfeld/Wolfen dar. Für die Ablagerung der Abprodukte werden in allen Fällen Tagebaurestlöcher genutzt. Die wichtigsten zur Zeit betriebenen Deponiestellen sind:

Deponiestätte	Rechtsträger	Art der Abprodukte
1. Freiheit III	CKB	Chemieabfälle, Bauschutt
2. Freiheit IV	CKB	Asche, Produktionsschlämme
3. Grube Antonie	CKB	Chemieabfälle
4. Grube Greppin	CKB	Neutraschlämme
5. Schlammbeete F 184	CKB	Fäkalien, Schlämme
6. Grube Hermine	FCK	Aschen-Spülkippe
7. Grube Johannes	FCK	Aschen-Spülkippe

8. Brifa-1-Grube Leopold	DLK	Hausmüll, Fäkalien
9. Kippe Holzweißig Ost	BKK	Spülkippe für Aschen u.Kohletrübe
10. Mülldeponie Sandersdorf	FCK	Bauschutt, Chemieabfälle

Aus [Auf] den o.g. 10 Deponiestellen wurden im Jahr 1989 folgende Abproduktmengen abgelagert:

Betrieb	Kraftwerksasche kt/a	tox. Abprodukte kt/a	sonstige Schadstoffe
CKB	107	9,5	110 kt/a
FCK	40	1,9	28 kt/a
BKK	70	-	15 kt/a
EK-Halle	4	-	-
DLK	110	-	185 Tm^3
Summe	331 kt/a	11,4 kt/a	

Die toxischen Abprodukte und Schadstoffe werden nahezu ausschließlich auf den Deponiestellen Freiheit III, Antonie und Spülkippe Freiheit IV abgelagert. Der Anteil der zur Zeit durch Verbrennung entsorgten Abprodukte von

- 630 t/a Lösungsmittel im VEB CKB
- 150 t/a silberhaltige Filmabfälle im VEB FCK

ist gegenüber der Deponiemenge sehr gering.

Der Hausmüll des Ballungszentrums wird durch den *VEB Stadtwirtschaftliches Dienstleistungskombinat* in das Tagebaurestloch Brifa-1 entsorgt. Es fallen an

- 230 000 m^3/a Haushaltmüll
- 65 000 m^3/a Industriemüll und Bauschutt.

Der Haushaltsmüll setzt sich zusammen aus:

- 25 000 m^3/a Sperrmüll
- 95 000 m^3/a Hausmüll aus ferngeheizten Wohngebieten
- 110 000 m^3/a Asche.

Ein Sonderproblem ist die Verbringung von 88 000 m^3/a Fäkalien auf der Kommunaldeponie, das über den Komplex Abwasserbehandlung des Kommunalbereiches gelöst werden muß. Die 15 kt/a unter "sonstige Abprodukte" geführte Position des VEB BKK stellt Kohletrübe dar und wird in das Restloch Holzweißig Ost verspült. Die Mengenangabe bezieht sich auf wasserfreie Substanz.

3. Geohydrologische Situation

Die Deponiestätten sind ohne Ausnahme gegenüber dem Grundwasserhorizont nicht abgeschirmt. Die Abproduktablagerung erfolgt unmittelbar in die Tagebaurestlöcher ohne spezielle Vorbereitung des Geländes. Von Bedeutung ist, daß sich die Deponien bis auf die Brifa 1 westlich der Industrieanlagen befinden. Die Grundwasserfließrichtung im betrachteten Gebiet ist von Südwest nach Nordost in Richtung Mulde gerichtet. Die Randriegelbrunnen der Grundwasserabsenkungsanlagen heben deshalb zumindest teilweise die Grundwässer. Die Deponie Freiheit III besitzt weiterhin an der tiefsten Stelle eine Pumpstation für Brauchwasser, die als Grundwassersenke für die Sickerwasser des Deponiekörpers wirkt.

Trotz der dargestellten speziellen Bedingungen kann eine Beeinträchtigung des Grundwassers durch die aus den Deponien ausgewaschenen Schadstoffe nicht ausgeschlossen werden. Die durch den Bergbau verursachten Störungen der geologischen Verhältnisse (Restlöcher, Kippen, Randriegel der laufenden Tagebaue Köckern und Goitsche) und die Grundwasserabsenkungsanlagen der Chemiebetriebe erschweren eine Aussage über die Kontamination des Grundwassers insbesondere im Bereich der Trinkwasserbrunnen in Muldenähe außerordentlich.

Ein komplexes geohydrologisches Gutachten für das gesamte Gebiet Bitterfeld/Wolfen muß erstellt werden. Zur Zeit liegen nur Teilkenntnisse vor, die zu einer zuverlässigen Einschätzung des Gefährdungspotentials durch die ungeschützten Deponien nicht ausreichen. Voraussetzungen für das Komplexgutachten sind

- die Erfassung vorhandener Deponie-Altlasten im Untersuchungsgebiet. Schwerpunkt ist hier die Deponie Grube Antonie mit ca. 70 kt abgelagerten HCH-Isomeren.
- das Niederbringen von zusätzlichen Kontrollpegeln zur Grundwasserbeprobung.

Auflagen der SGA und der STUI zu diesen Komplexen liegen bereits vor. Untersuchungen über Schadstoffemissionen der Deponien in die Atmosphäre sind ebenfalls erforderlich.

4. Maßnahmen zur umweltgerechten Abproduktentsorgung

Folgende Arbeitsrichtungen sind erforderlich:
- Abproduktnutzung,
- Minimierung des Abproduktenanfalls durch Produktionsreduzierungen einschließlich Betriebsstilllegungen,
- umweltgerechte Entsorgung der Abprodukte durch Rückstandsverbrennung und Deponie.

Eine Trennung in
- Sofortmaßnahmen, deren Wirksamkeit überwiegend im Jahre 1990 liegt,
- mittel- und langfristige Maßnahmen

ist sinnvoll.

In Anlage 1.1 und 1.2 sind die Maßnahmen aus der Umweltkonzeption des *VEB CKB* zusammengestellt. Im *VEB FCK* sind vorgesehen:

Sofortmaßnahme	Effekt
Kleinverbrennungsanlage für nicht-halogenierte KW	53 t/a

Mittel- und langfristige Maßnahmen	Effekt
1. Verbrennungsanlage für Lösungsmittel	1050 t/a
und silberhaltige Filmabfälle	150 t/a
2. Abfälleaufbereitungsanlage für Hygieneerzeugnisse	150 t/a

In Anlage 2 ist nach einer einheitlichen Gliederung für jede Einzelmaßnahme eine Kurzdokumentation dargestellt.

4.1. Sondermüllverbrennungsanlage

Das Abproduktaufkommen im Raum Bitterfeld/Wolfen erfordert die Errichtung einer derartigen Anlage mit Hochtemperaturverbrennung und Abgasreinigung. Erste Untersuchungen führten zu einer Anlage mit einer Leistung von ca. 15 kt/a. Folgende Fakten sind dabei von Bedeutung:
- diese Anlage kann alle Sondermüllprobleme des Raumes Bitterfeld/Wolfen, die für eine Verbrennung geeignet sind, lösen. Der VEB FCK ist integriert.
- eine Einbindung von normalem Kommunalmüll ist vorerst nicht vorgesehen.
- Kapazitäten für die schrittweise Entsorgung von Altlasten und die Verbrennung toxischer Abwässer sind im gewissen Umfang berücksichtigt.
- Einzelheiten sind der gesonderten Dokumentation Anlage 3.1 zu entnehmen.
- der Anfall und die Entsorgung von Altkondensatoren (PCB-Problem) erfordert gesonderte Untersuchungen.
- der VEB FCK muß aus Gründen der Silberrückgewinnung eine eigene Anlage kleinerer Kapazität errichten (Anlage 3.2).

4.2 Sondermülldeponie

Zur Zeit existiert im Untersuchungsgebiet keine umweltgerechte Anlage. Eine erste Analyse ergab eine Abproduktmenge von ca. 7000 t/a, die zu entsorgen ist. Die Kapazität der Deponie sollte auf ca. 200.000 m^3 in Bauabschnitten konzipiert werden. Anlage 3.3 enthält Einzelheiten.

5. Effekte - Bewertung der Maßnahmen

Mit den Sofortmaßnahmen werden Senkungen des Abproduktenanfalls
- im VEB CKB um 919 t/a
- im VEB FCK um 50 t/a

erreicht, die aber die Gesamtsituation nicht entscheidend ändern.

Die Sondermüllverbrennungsanlage und die Sondermülldeponie lösen die laufende Abproduktentsorgung. Bestimmend für das von den Kippen ausgehende Gefährdungspotential sind aber die Altlasten. Die unter Punkt 3. geforderte
- Analyse der Altlastensituation,
- Abwicklung eines Pegelkontrollprogramms durch Ermittlung von Belastungsschwerpunkten und ihre Wichtung (Freiheit III, Antonie),
- Anfertigung eines komplexen geohydrologischen Gutachtens für den Ballungsraum Bitterfeld/Wolfen sind vorrangig zu bearbeiten. Bereits vorhandene Ergebnisse sind wesentlich durch die o.g. komplexen Untersuchungen auszubauen.

Anlage 1: Effekte von Sofort- und Mittelfristmaßnahmen des VEB CKB
Anlage 2: Kurzdokumentationen zu den einzelnen Sanierungsmaßnahmen

Anlage 3.1: Kurzdokumentation Sondermüllverbrennungsanlage VEB CKB
3.2 Dokumentation für eine Verbrennungsanlage für Filmabfälle (VEB FCK)
3.3 Dokumentation für eine Sondermülldeponie......

Maßnahmenübersicht: Ökologische Auswirkungen - Abproduktentsorgung

Sofortprogramm

VEB CKB	Senkung Emissionen	Senkung Senkung Abwasserlast	Verbleibende Deponie	Umweltbelastungen
Produktions- einstellung Grafitrinne	Natronlauge 6,4 t/a Kalilauge 170 t/a	Natronlauge 55 t/a	Grafitabfälle 30 t/a	
Produktions- einstellung Kaliumdichromat	Kaliumdichromat 0,3 t/a		Chromatschlamm 80 t/a	
Produktions- einstellung Hydrochinon techn.	p-Benzochinon 0,5 t/a	Hydrochinon 3,5 t/a	Dest. Rückstd. 11 t/a Eisenoxidschlam 140 t/a Calciumcarbonat 44 t/a	Dest.-Rückstd. 3 t/a Eisenoxidschlamm 30 t/a
Produktions- einstellung Mesamoll		Phenol 80 t/a		
Produktions- einstellung Mephol- Resorcin		Phenol 0,09 t/a Kaliumsulfit 10 t/a Schwefelsäure 100 t/a Resorcin 12 t/a Mephol 5 t/a	Dest.-Rückstd. 66 t/a Aktivkohle 8 t/a Kaliumsulfit 300 t/a	
Produktions- einstellung ß-Naphthol	Schwefeldioxid Chlorwasserstoff 20 t/a org. Stoffe 30 t/a	CSV 440 t/a Kochsalz 2500 t/a Natriumsulfit 1500 t/a CNÄ 22 t/a	Dest.-Rüchstd. 240 t/a	
S u m m e	Senkung Einheits- schadstoff um 13 000 t/a		Senkung Deponie- mengen um 919 t/a	

Maßnahmenübersicht: Ökologische Auswirkungen - Abproduktentsorgung
Maßnahmen mittel- und langfristig

VEB CKB	Senkung Senkung Emissionen	Senkung Abwasserlast	Verbleibende Deponie	Umweltbelastungen
Errichtung einer Chlor-Kalilauge- Natronlauge- Membranelektro- lyseanlage	Chlor 25 t/a Quecksilber	Quecksilber 5 t/a Natronlauge 500 t/a Kochsalz 500 t/a	Asbestabfälle 10 t/a Spülschlamm 4000 t/a Quecksilberverluste 55 t/a	Spülschlamm 30 000 t/a
Reko Leicht- metall-Um- schmelze	Staub 100 t/a Chloride 100 t/a Org. Verb. 30 t/a		Salzschlacke 1840 t/a	Schlacke 160 t/a Staub 20 t/a Chloride 80 t/a Org. Verb. 10 t/a
Rückgewinnung von p-Nitrophenolnatrium einschl. Kondensations- stufe		CNÄ 5 t/a p-Nitrophenol- natrium 170 t/a	p-Nitrophenol- natrium 25 t/a	

Sondermüllver-brennungsanlage			Sondermüll 15000 t/a	
Sondermülldeponie			Umweltgerechte Ent-sorgung von 7000 t/a	
Farbstoffe		CSV 1580 t/a	Filterrückstand 90 t/a	Erhöhung Salzlast v. 20 600 t/a auf 34 100 t/a CSV 720 t/a
Zwischenprodukte		CSV 470 t/a	Eisenschlamm 1700 t/a	CSV 130 t/a
Chlorbenzol-Nitrierung-Nitrodestillation	Chlorbenzol 50 t/a Chlor 4 t/a Chlorwasserstoff	Salzsäure 2100 t/a Chlorbenzol 100 t/a 15 t/a	Dest.-Rückstände 245 t/a Isomerengemisch NCB 70 t/a	

Maßnahmen mittel- und langfristig
Nr.: 15
Bezeichnung der Maßnahme: Sondermüllverbrennungsanlage
Kombinat/Betrieb: VEB CKB

1. Kurzcharakteristik des Ist-Zustandes und der vorgesehenen *Maßnahme mit Kennzeichnung des Importanteils*

Im Stammbetrieb des VEB CK Bitterfeld wird ungefähr 10 kt toxischer und nichttoxischer brennbarer oder thermisch zersetzbarer Sondermüll auf 6 Deponien nicht umweltgerecht entsorgt. Der Rat des Bezirkes Halle hat für acht Abprodukte (Sondermüll) die Genehmigung zur Deponie mit Wirkung vom 11.1.1990 entzogen und zugleich die thermische Entsorgung dieses chemischen Sondermülls verlangt. Als Alternative dazu bliebe nur die Produktionseinstellung. Da in der DDR kein know-how für Sondermüllverbrennungsanlagen vorliegt und keinerlei Lieferbetriebe existieren, kommt nur ein kompletter Anlagenimport aus der BRD in Frage.

2. *Arbeitsstand und Vorstellungen zur Realisierung*

Der betriebliche Arbeitsstand erstreckt sich lediglich auf die teilweise Erfassung des Sondermülls, der für die Entsorgung in einer Sondermüllverbrennungsanlage in Frage kommt im Rahmen der Kontrolltätigkeit von CIU. Der Bau der Sondermüllverbrennungsanlage kann nur durch eine NSW-Firma erfolgen (s.o.). Mögliche Lieferer solcher Anlagen in der BRD sind: MAN-Gute Hoffnungshütte AG Oberhausen, Deutsche Babcock Anlagen AG Oberhausen, Uhde Anlagenbau GmbH Frankfurt/M., Salzgitter AG.

3. *Investitionsaufwand*:
3.1. Gesamt Mio M 750
3.2. Geschätzter Valutaaufwand: Mio VM 150
3.3. Vorschlag zur Finanzierungsquelle (Mio M bzw. Mio VM)
a) Inland
b) Planimport [Es werden keine Zahlen angegeben]
c) Devisenkredit
d) Umweltfonds x
e) Produkt bzw. Kapitalkooperation

4. *Zeitlicher Ablauf (Monat/Jahr)*:

a) Anfragespezifikation 06/90
b) Vertrag 12/90
c) Realisierungsbeginn 1991
d) Realisierungsende (IT) 1993

5. *Ökologische Effekte*:

- Umweltgerechte Entsorgung von 15 000 t/a Sondermüll
- Einsparung von Deponieraum

6. *Ökonomie*:

Kennziffer		Ist	Ergebnis
Gesamtproduktion	Mio M	-	-
Warenproduktion	Mio M	-	-
	t/h Dampf	-	4 - 8
Export NSW	Mio VM	-	-
Export SW	Mio MGW	-	-
Rohstoffimporte	Mio VM	-	-
NSW Importe Deckung			
Inlandbedarf	Mio VM	-	-
Arbeitskräfte	VbE	-	+35

[Es werden nur die wenigen Zahlen angegeben]

Volkswirtschaftliche Auswirkungen:

7. *Voraussetzungen und Folgemaßnahmen*:

Voraussetzung für den Bau der Anlage ist ein geeigneter Standort, die infrastrukturelle Anbindung der Anlage an den Betrieb (Verkehrswege, evtl. Bahnanschluß, Strom, Energie, Wasser). Anbindung an die geplante zentrale Abwasserbehandlungsanlage und die Deponien (Schlacketransport); für die TUL-Prozesse ist die Beschaffung von geeigneten Spezialfahrzeugen und Containern erforderlich. Für die Kontrolle der Auswirkungen der Anlage auf die Umwelt sind geeignete Analysemeßgeräte zu beschaffen.

Maßnahmen mittel und langfristig

Nr. 16
Bezeichnung der Maßnahme: Sondermülldeponie
Kombinat/Betrieb: VEB Chemiekombinat Bitterfeld

1. Kurzcharakteristik des Ist-Zustandes und der vorgesehenen *Maßnahmen mit Kennzeichnung des Importanteils*

Die derzeitige Abfallbeseitigung im Tagebaurestloch "Freiheit III" wird seit 1963 straßen- und schienengebunden mit einer derzeitigen Last von ca. 100 000 m^3/a als Mischdeponie betrieben. Die grundsätzlich festen Abfälle bestehen derzeit aus 4500 t/a *toxischer Abprodukten und Schadstoffe = 4,5%.* Auf einen Zuwachs 2500 t/a ist durch Neuinbetriebnahme von Anlagen bzw. Neuerfassung und Neubewertung von Abprodukten zu rechnen, so daß ein Lastpotential von 7000 t/a durch eine gesicherte Deponievariante abzufangen ist.
Die erforderliche Maßnahme *der Sondermülldeponie* basiert auf der gesonderten Behandlung des Anteils der Abfälle, die als *toxisch bzw. als Schadstoff* zu werten sind und deren grundwassergesicherte Endlagerung von den Behörden ausdrücklich gefordert wird. Die Maßnahme basiert auf in der BRD ausgeführten Anlagen wie z.B. Sondermülldeponie Gallenbach oder Industriemülldeponie Bayer Dormagen, bei denen künstlich mit Dichtschichten und besonderen Schutzsystemen gearbeitet wird. Die Sondermülldeponierung ist für mind. 30 Jahre mit dem erforderlichen Niveau entsprechend dem Stand der Technik zu sichern.

2. *Arbeitsstand und Vorstellungen zur Realisierung*

Mit den unter Pkt. 1 genannten Anforderungen sind erste Inhalte der Maßnahme festgeschrieben. Bezüglich der Realisierungsmöglichkeiten sind Firmen anzusprechen, die o.g. Beispielanlagen (Sondermülldeponie Gallenbach über die Gesellschaft zur Beseitigung von Sondermüll in Bayern (GSB) und Industriemülldeponie Bayer-Dormagen über Bayer AG) realisiert haben.

3. *Investitionsaufwand*
3.1. Gesamt: 60 Mio M
3.2. Geschätzter Valutaaufwand: 10,0 Mio VM
3.3. Vorschlag zur Finanzierungsquelle (Mio M bzw. Mio VM)
a) Inland
b) Planimport
c) Devisenkredit [Es werden keine Zahlen angegeben]
d) Umweltfonds
e) Produkt bzw. Kapitalkooperation

4. *Zeitlicher Ablauf (Monat/Jahr)*

a) Anfragespezifikation	04/90	
b) Vertrag	06/90	
c) Realisierungsbeginn	01/91	
d) Realisierungsende (II)	12/95	1. BA - 12/91

5. *Ökologische Effekte*:

Art des Schadstoffes	ME	Ist	Ziel/Ergebnis	Auswirkungen auf
Umweltgerechte Entsorgung von toxischen Abprodukte und Schadstoffe in mind. 45 Einzelpositionen			7000 t	Deponie

6. *Ökonomie*: [...]

Volkswirtschaftliche Auswirkungen:

7. *Voraussetzungen und Folgemaßnahmen*:

Die Maßnahme ist an den Standort entsprechend der Infrastruktur "Freiheit III" gebunden. Mit zu sichern ist die für Überwachung erforderliche Qualifizierung des Bedienungspersonals und die Analysen- und Untersuchungstechnik. Die Anpassung der Abprodukte an die Sondermülldeponie bedeutet die Entfachung der derzeitigen TUL-Prozesse und die Anpassung der Technik an die neuen technologischen Erfordernisse in bezug auf die Einbringung der Abprodukte in die Sonderdeponie einschl. der Rekultivierung der auf Endhöhe gebrachten Deponieflächen.

Komlex 2 (Mittel- und langfristige Maßnahmen)
Einstellung, Verlagerung, Reduzierung der Produktion zur Senkung *der Umweltbelastungen*
Kombinat: VEB Fotochemisches Kombinat Wolfen, Stammbetrieb
[...]

1. Bezeichnung der Maßnahme: Verbrennungsanlage für Lösungsmittelabfälle und silberhaltige Filmabfälle FCK Wolfen mit Rauchgaswäsche

2. Kurzcharakteristik der Maßnahme:
In verschiedenen Produktionsbereichen des VEB Filmfabrik Wolfen fallen Lösungsmittelgemische an, die vielfach Feststoffe in gelöster und ungelöster Form enthalten. Eine destillative Aufbereitung ist nicht möglich. Gleichzeitig fallen Abdampf- und Rektifikationsrückstände sowie nicht ohne weiteres verwertbare Destillationsfraktionen an, deren Entsorgung unbedingt erforderlich ist. Weiterhin fallen in Prozessen der Herstellung von Informationsmaterialien feste Rückstände in Form von beschichteten und unbeschichteten Filmmaterialien auf Celluloseacetat- (80%) und Polyethylenteraphthalatbasis (20%) an. Diese Rückstände sind silberhaltig und ihre Entsorgung bedingt die Rückgewinnung des enthaltenen Silbers.

3. Ökologie:
Diese Anlage stellt die derzeit einzige Möglichkeit zur Entsorgung der genannten Abprodukte dar, wenn sie umweltgerecht, d. h. ohne akute Gefährdung von Boden, Luft und Wasser erfolgen soll. Die Silberrückgewinnung macht diese Anlage rentabel. Da auch zukünftig neue Lösungsmittelgemische/Abprodukte zu erwarten sind, deren Entsorgung nur über eine Verbrennung sinnvoll und preiswert wäre, ist diese Anlage in jedem Fall langfristig notwendig.

Art des Schadstoffes	Ist (ME)	Ziel (ME)	Auswirkung auf die Luft
Lösungsmittelabfälle davon 3-5 % chloriert	1050 t	0 t	1 kg/h Es 16. Grenzwert bei Quellenhöhe 10 m und Abgasvolumen von 4000 m;/h
Filmabfälle (kein Schadstoff)	150 t	-	Wasser: geringfügige Salzlast aus neutralisierter Rauchgaswäsche. Deponie: keine, da Ag-Rückgewinnung aus der Asche.

4. Ökonomie: [...]
Bekannte volkswirtschaftliche Auswirkungen:
- Verhinderung der Emission von Chlorkohlenwasserstoffen und undefinierten Verbrennungsprodukten der Abfälle, Einhaltung der gesetzlichen Bestimmungen
- Vorschriftsmäßige Entsorgung von 150t Filmabfällen und von ca. 1050t Lösungsmittelabfällen
- Rückgewinnung von 187,5t Metallen/a (Silber); Wert: 937,5 TVM

5. Wirksamkeit ab: 1992
6. Technische Folgemaßnahmen: keine

Auswirkungen bei nicht genehmigter Deponie auf das Leistungsvolumen nach Gebrauchswertstruktur und die Freisetzung direkt in *den Produktionsanlagen tätiger Produktionsarbeiter im Jahr 1990*

Produkt	Produktionsausfall Menge	Wert (Mio M)	Arbeitskräfte
Abprodukt: Entfallschwefelsäure und Destillationsrückstand Chloral			
Wotexit	543 t	9,1	9
Bi 3411	8297 t	22,0	22
Chloral	603 t	3,1	
Woguman FN	75 t	1,9	2
Natronlauge	18 kt	15,9	
			21
Entfallsalzsäure	9 kt	9,2	
		61,2	54
Abprodukt: Destillationsrückstand Chlorbenzol und Nitrodestillation			
Kombinal TO	580 t	2,5	3
Duroplant	340 t	7,0	6
Topusyn	40 TFl.	1,2	1
Wofato	10700 t	171,2	165
Filitox	1372 m³	33,0	31
DMPAT-Esteramit	300 t	6,3	5
Metamidophos	100 t	1,8	
o-NCB/p-NCB	8095 t	9,6	
DNCB G	1600 t	6,6	46
p-DCB	1100 t	7,3	
o-DCB	625 t	3,4	
Paracetamol	135 t	7,6	6
Trizilin	2822 m³	17,1	15
Schwefelfarbstoffe	1603 t	25,1	7
Anstrichstoffe		10,0	8
Reaktivfarbstoffe	306 t	12,1	
Weißtöner	903 t	48,6	
Metallkomplexfarbstoffe	800 t	47,3	
Säurechromfarbstoffe	332 t	18,3	
Säurefarbstoffe	153 t	13,5	240
Dispersionsfarbstoffe	512 t	28,4	
Pigmente	190 t	34,3	
Kationische Farbst.	421 t	25,5	
Lederfarbstoffe	612 t	22,4	
Vorstufenproduktion		449,5	409
		1009,6	976

Problemabprodukte mit 12/89 auslaufenden Deponiegenehmigungen

Abprodukt	Menge t/a	Inhaltsstoffe	vorgeschlagene Maßnahmen
Entfallschwefelsäure	1200	H2 SO4 mit ca. 3% organischen Bestandteilen	Nutzung im Gipsschwefelsäureprozeß oder später Hoko-Anlage
Destrückstand Chloral	150	60% chlorierte KW 30% Chloral 10% Crackprodukte	Sonderdeponie Antonie später Verbrennung
Destrückstand Chlorbenzol	100	chlorierte Phenole! Chlorbenzene	Sonderdeponie Antonie später Verbrennung
Destrückstand Nitrodest	270	Nitrochlorbenzene	Sonderdeponie Antonie, später Verbrennung
Benzylchloridrückstand	75	chlorierte KW,HCL-haltig	Betriebsstillegung Neutralisation auf Grube Antonie
Destrückstand P6/V	48	40% Aminophenol, 50% organ. Substanzen (Teere)	Sonderdeponie Freiheit III
Hexachloräthan P4/PC	700	Hexa-, Penta-, Tetrachloräthan	Produktnutzung, als Zwischenlösung Sonderdeponie Freiheit III
Aminrückstand Wofatit SB	256	25% Methanol, 5% Methylal 15% freies DMA 43% Aminhydrochlorid 12% Wasser	zeitweilige Verspülung nach Grube Hermine - destillative Aufarbeitung oder - Fällungsverfahren, aber auch Rückstandsprobleme beachten

Tabelle 5: Flüssige Abprodukte unterschiedlicher Toxizität

Nr.	Reg.-Nr.	Bezeichnung des Abproduktes	Anfall-betrieb	Menge t/a	Hauptbestandteil	Aggregatzustand	Toxizität	Heizwert
1	688	DVB-Vorlauf	P6/WO	150	Nethylstyrene 15-45% Diäthylbenzene 10-40%	flüssig	stark	
2	754 851	Lösungsmittelmittelgemische (Abfälle)	TEK/Z FW/A	2	Methanol, Ether Ethanol, Dichloräthan, Chloroform	flüssig	schwach bis mittel	z.Zt. keine Angaben möglich
3		Öle aus Abscheidern	TEW	10	div. Öle und Fette	flüssig	schwach	
4		Kresol aus Raschitproduktion	P6/P	360	Kresole	flüssig	stark	
				522				

Abprodukt: Benzylchloridrückstand

Benzylchlorid	580 t	3,0	3
		3,0	3

Abprodukt: Destillationsrückstand P6/Vulkazit

Wobezit Mercapto	150 t	2,8	
Wobezit AZ	280 t	6,0	) 12
Wobezit DM	152 t	4,1	
		12,9	12

Abprodukt: Hexachloräthan

PC-Pulver	8409	t	89,4	35
Stamm- und Klebelösung	9000	t	54,0	26
			143,4	61

Abprodukt: Aminrückstand Wofatit SB

Anionenaustauscher	7600	m³	71,5	38
			71,5	38

Gesamt	1301,6	1144

****

6. Beratung des Runden Tisches

Ich bin heute in die Beratung gekommen mit einer weiteren bitteren Erfahrung. Aber ich werde mich zurückhalten, bis ich an der Reihe bin und nicht vorher meiner Enttäuschung freien Lauf lassen. Jedenfalls habe ich mich in zwei Punkten auf die Rednerliste setzen lassen:

a) 1. Kurzbericht der ad-hoc-Gruppe Gesundheitswesen
b) Bericht über die Ergebnisse des Treffens in Berlin beim Ministerium für Kohle und Energie mit unserem Sohn.

Als erster trägt der Bezirksbaudirektor einen Bericht vor, der vom Runden Tisch zurückgewiesen wird, weil er zu allgemein gehalten ist, keine Aufgabenschwerpunkte setzt und nicht im Detail aussagt, in welchen Gewerken ganz besonders schlechte Bedingungen herrschen und aus welchen Gründen das so ist. Ich habe ein schriftliches "Statement" des Kreisbaudirektors von Wittenberg bei mir, das dieser nicht unterschrieben hat, aber mit einem offiziellen Absender versah. Das ist typisch für die immer noch ängstliche Haltung der offiziellen Dienststellen. Ich verlese das Schreiben nicht, füge es aber meinen Unterlagen bei.

Statement des Kreisbaudirektors des Kreises Wittenberg:
Zu aktuellen Problemen des Bauwesens

Das Bauwesen gehört zu den Bereichen unserer Volkswirtschaft, die durch die bisherige Wirtschaftspolitik in eine Krise geführt wurden. Ursachen dafür sind eine veraltete Tarifpolitik, völlig ungenügende Versorgung mit Baumaschinen und Bautechnik sowie eine nicht bedarfsgerechte Materialversorgung. Die Kapazitäten des Bauwesens wurden zunehmend zentralisiert, mit Zweckbindungen beauftragt, nach einem von der Zentrale vorgegebenen Rangigkeitsprinzip eingesetzt und so immer mehr dem Einfluß der Basis bzw. der Territorien entzogen. Was, wo und wie gebaut wurde, wurde vom übergeordneten Organ entschieden. Der Preis für den Wohnungsneubau in großem Stil war der Zerfall der Altbausubstanz. Die Bürokratisierung in der Planung und Baubilanzierung war nicht mehr zu überbieten.

Folge von dieser Baupolitik war die zunehmende Einschränkung der freien Entfaltung der Kräfte und Individuen. Die Fluktuation nahm zu. Besonders junge Baufacharbeiter verließen das Bauwesen. Am stärksten vernachlässigt wurde das private Handwerk.

Um aus dieser Situation herauszukommen, ist es notwendig, überholte Strukturen sofort zu verändern. In Wittenberg wurde bereits damit begonnen. Ab 1.5.90 wird das kreisgeleitete Bauwesen neu strukturiert. Der zentrale Kreisbaubetrieb wird aufgelöst und durch kleinere wirtschaftliche Einheiten ersetzt. Die Planungs- und Bilanzbürokratie ist sofort abzuschaffen. Die örtlichen Organe entscheiden eigenständig über den Einsatz der Kapazitäten. Schnellstens muß die Tarifpolitik in Ordnung gebracht und das Bauwesen materiell-technisch versorgt werden. Voraussetzung für die Wettbewerbsfähigkeit des Bauwesens ist, daß Strukturen aller Eigentumsformen entwickelt werden, die sich unternehmerisch entfalten können und dafür die erforderlichen Freiräume erhalten. Jede staatliche Reglementierung ist zu unterbinden. Die Baupreispolitik muß so gestaltet werden, daß die Baubetriebe stärker an der Erhaltung, Instandsetzung und Modernisierung der Altbausubstanz interessiert werden.

Dem Bauwesen müssen mehr Schulabgänger zugeführt und die Facharbeiterausbildung so gestaltet werden, daß eine vielseitige Einsatzmöglichkeit gegeben ist. Es müssen Bedingungen geschaffen werden, um das schöpferische Wirken der Stadtplaner, Architekten und Projektanten stärker herauszufordern. Dabei muß ein enges Zusammenwirken mit den Bürgern erreicht werden. Wichtig ist weiter, daß das Mietpreisrecht in Ordnung gebracht wird, und damit das Interesse der privaten Eigentümer an der Erhaltung der Wohnbausubstanz stärker herausgebildet wird.

Rat des Kreises
- Kreisbauamt -

Paul-Gerhardt-Stift
z.H. d. Herrn Lintzel

Es folgen zwei Darstellungen, die wir so noch nicht erlebt haben. Als erster tritt ein Major Spicher der Volkspolizei auf und gibt eine imponierende Übersicht über die Lage und die künftige Arbeit der Volkspolizei (s. Protokoll-Anlage DS 06/006). Er berichtet über die ehemalige politische Durchsetzung, den verlorengegangenen moralischen Halt und die Möglichkeit, durch Bildung einer Polizei-Gewerkschaft (an der er arbeitet) Vertrauen unter den von Mitgliedern der Stasi gesäuberten Polizeiangehörigen wieder herzustellen. Gleichzeitig erhofft er sich eine neue Vertrauensbasis zwischen der Volkspolizei und der Bevölkerung. Seine Ausführungen sind so überzeugend, daß von allen Mitgliedern des Runden Tisches spontan Beifall gegeben wird. Das ist noch nie vorgekommen.

Anschließend sprechen zwei Oberstleutnants als Vertreter des Verbandes der Berufssoldaten. Beide werden für diesen Verband am Runden Tisch integriert und erhalten Rede- und Antragsrecht. Meines Wissens sind wir der einzige Runde Tisch in der DDR, an dem ein Gewerkschaftsvertreter der Volkspolizei gesprochen hat und an dem zwei hohe Offiziere der NVA ständige Mitglieder sind.

Schließlich erhalte ich das Wort zur Erklärung des Berliner Vorfalles im Ministerium für Kohle und Energie. Ich berichte, gestützt auf ein ausführliches Telephonat mit unserem Sohn: Am Dienstag, den 30.01.1990, fand das geplante Gespräch in Berlin im Ministerium für Kohle und Energie statt. Anwesend waren vier Vertreter des Ministeriums, darunter der Staatssekretär. Hinzu kamen drei Vertreter des Rates des Bezirkes Halle, die sich alle als Fachbereichsleiter Umweltschutz auswiesen. Die sieben Herren sprachen sich untereinander mit Vornamen an und duzten sich. Sie traten gemeinsam gegen meinen Sohn auf und forderten von ihm eine ökologische Konzeption, die er doch angeblich erarbeitet hätte. Allerdings läge diese in Berlin nicht vor und könnte damit auch nicht unter Verschluß gehalten sein. Unser Sohn verwies wiederholt auf Punkt 2 meines Briefes an den Vorsitzenden des Rates des Bezirkes. Diesen Brief hatte er in Abschrift von mir erhalten. Dort heißt es: "Seit Jahren arbeitet er mit anderen Kollegen an Konzeptionen zu Fragen der Energieproblematik. Die daraus entstandenen Unterlagen an Einschätzungen mit konkreten Aufarbeitungsfaktoren sind immer wieder nach Berlin gegangen und dort unter Verschluß."

Seine Arbeit sollte darin bestehen, die entstandenen ökologischen Schäden im Verhältnis zu den energiepolitischen Notwendigkeiten (Bedarf an Brennstoffen) darzustellen und die dabei entstandenen Fehleinschätzungen aufzuweisen. Unser Sohn hat nach einer Stunde das sinnlos gewordene Gespräch abgebrochen. Damit ist seine Mitarbeit hier in Halle nicht mehr möglich.

Erstaunlicherweise hat niemand nach meiner Schilderung das Wort erbeten. Auch von seiten des Rates des Bezirkes kam kein Kommentar. Es war, als würde eine Mauer des Schweigens um diesen Vorfall gebildet; es sieht fast so aus, als ob am Runden Tisch nichts anderes erwartet worden wäre. Ich kann mir das nicht erklären, aber ich frage mich doch, ob das Obrigkeitsprinzip "Berliner Ministerium" noch immer nicht gebrochen und das allgemeine Schweigen darauf zurückzuführen ist.

Noch vor der Pause geht es erneut um Detailfragen zur Auflösung der Abteilung des MfS im Bezirk Halle. Ich verlasse den Saal, gehe in den Garten hinter dem Gemeindehaus oder setze mich eine Weile in den von dort aus zugänglichen Kirchenraum, um meine Ruhe zurückzugewinnen. Einzelheiten über die Stasi-Fragen kann ich im Protokoll nachlesen. Ich werde ohnehin bei der Behandlung dieser Punkte durch autorisierte Mitarbeiter des NEUEN FORUM aus dem Bürgerkomitee vertreten, die dann mein Stimmrecht haben.

Als ich wieder zurückkomme, werden Fragen zur Bewerbung der Stadt Halle als künftige Landeshauptstadt von Sachsen-Anhalt verhandelt. Es ist klar, daß Halle ein Mitbewerber neben Magdeburg ist und Halle wegen des Standortvorteiles von Magdeburg die schlechteren Karten hat. Aber wenn Halle nicht Landeshauptstadt wird, geht auch der warme finanzielle Regen an der Stadt vorbei. Magdeburg ist zusätzlich in einer besseren Position, weil es zerbombt war und diese Schäden weitgehend beseitigt hat, also über eine bessere Infrastruktur verfügt. Halle ist in seiner unbeschädigt gebliebenen Altbausubstanz in einem Ausmaß heruntergewirtschaftet, das kaum vorstellbar ist. So bleibt für Halle nur, um das Ziel "Landeshauptstadt" mit allen Mitteln zu kämpfen. Dazu soll auch eine Fahrt zum Ministerpräsidenten von Niedersachsen[41] am 09.02.1990 helfen, für die Vertreter des Runden Tisches gewählt werden.

Schließlich werde ich das zweite Mal aufgerufen und gebe den 1. Kurzbericht der ad-hoc-Gruppe Gesundheitswesen (s. u.), der bestätigt wird. Am 8.2. soll ein ausführlicher Bericht folgen, den ich mit Hilfe von Material aus der Abteilung Gesundheitswesen des Bezirkes erarbeiten werde.

[...]

Kurzbericht und Empfehlung für Sofortmaßnahmen

Die Arbeitsgruppe für Gesundheits- und Sozialwesen schlägt als Ergebnis ihrer ersten Tagung vom 31. Januar 1990 dem Runden Tisch des Bezirkes folgendes als Sofortmaßnahmekatalog vor:

1. Durch einen von dem Rat des Bezirkes zu bildenden Einsatzstab sind Direktmeldungen über katastrophennahe Situationen in allen medizinischen und sozialen Einrichtungen zu erfassen. Als katastrophennah sind vorhandene und kurzfristig zu erwartende Defekte zu verstehen, welche die zentralen Ver- und Entsorgungssysteme betreffen oder in anderer materieller Weise eine Akutgefahr für den Ausfall von solchen Einrichtungen bedeuten. Der Einsatzstab entscheidet sofort, ob er selbst materielle und ggf. finanzielle Hilfe durch Zuordnung von Gewerken geben kann oder ob er diese Aufgabe weiterdelegieren muß. Gleichzeitig entscheidet er, in welcher geeigneten Weise ein deckungsgleiches Verfahren bei den Räten der Kreise, Städte und Gemeinden erreicht werden kann.
2. Durch den Rat des Bezirkes oder in gleicher Weise die Räte der Kreise, Städte, Stadtbezirke und Gemeinden sind sofort Übergangsmöglichkeiten anzuregen, welche die freie Niederlassung von Ärzten garantieren, einschließlich der Bereitstellung von Räumen und Ausstattung. Dies ist möglich durch die Garantie von frei vereinbarten Z-Stellen[42] an einem oder mehreren Wochentagen über Miet- und Pachtverträge in bereits entstehenden Einrichtungen des Gesundheitswesens (z.B. in Altersheimen, in Pflegeeinrichtungen, in Polikliniken ab 16.00 Uhr in Räumen, die dann nicht mit Bereitschaftsdienst u.ä. besetzt sind). Für diese Z-Stellen muß sowohl für den praktizierenden Arzt wie für mitarbeitendes sonstiges med. Personal eine Leistungsentschädigung etwa im Sinne einer Fallpauschale gezahlt werden. Der Arzt hat absolute Vereinbarungsfreiheit für die Vergütung gegenüber ihm zuarbeitendes oder sonst helfendes Personal. Die steuerrechtlichen Fragen sind von den Finanzämtern, z.B. im Sinne eines 2. ARV oder des Honorarsteuerrechtes zu regeln.
3. Durch den Rat des Bezirkes ist sofort eine Arbeitsgruppe zu bilden, welche die Gebührenordnung von 1960 für niedergelassene Ärzte überarbeitet und den heutigen Bedingungen anpaßt. Diese Überarbeitung ist als Vorschlag bei den zuständigen Ministerien einzubringen, um damit auch eine finanzielle Motivation zu erreichen.

Der Runde Tisch des Bezirkes wird gebeten, diese drei Vorschläge an den Rat des Bezirkes als seine Empfelung aufzunehmen. Gleichzeitig berichtet die Arbeitsgruppe, daß sie an dem umfangreichen vorgelegten Material der Abteilung Gesundheits- und Sozialwesen weiterarbeitet, das durch zusätzliche Fragestellungen des Berichterstatters

---

[41] Ernst Albrecht (CDU), 1976-90 MP von Niedersachsen.

[42] Ärztliche Zusatzstellen. Qualifizierte Fachärzte werden als "Springer" an einzelnen Tagen der Woche an unterschiedlichen Einrichtungen eingesetzt.

ergänzt worden ist.
Ein erster Zwischenbericht mit Auszügen aus dem vorgenannten Material wird dem Runden Tisch am 8. 2. vorgelegt werden. Danach möge der Runde Tisch über das weitere Vorgehen entscheiden, vor allem, ob er noch einen mittelfristigen Maßnahmenkatalog erwartet. Der Berichterstatter kann schon jetzt sagen, daß der Schwerpunkt der Aussagen auf dem Teilgebiet der Situation in den Alters- und Pflegeeinrichtungen liegen wird.
Als nächster Termin der Arbeitsgruppe Gesundheits- und Sozialwesen wird dem Runden Tisch der 21. Februar, 15.00 Uhr, Reilstr. 72 vorgeschlagen.

1.2.1990 gez. Lintzel

*****

[Hier befinden sich im Original Ausschnitte aus der "Freiheit" vom 2.2. ("Schwerpunkt liegt künftig auf Reko und Modernisierung. Runder Tisch: Überarbeitung der Bezirks-Baukonzeption") und 8.2. ("Bericht vom Runden Tisch des Bezirkes vom 1.2. Kritische Situation im Bauwesen - Demokratisierung in bewaffneten Organen - Auflösung MfS - Halle Landeshauptstadt?" sowie "1990 mehr Koks für Bezirk Halle. Schadstoffbelastung soll spürbar gemindert werden")]

*****

Protokoll 6. Beratung des Runden Tisches des Bezirkes Halle am 1. 2. 1990

06/001 *Tagesordnung*

1. Berichterstattung des Bezirksbaudirektors zu Fragen des Bauwesens im Bezirk Halle
2. Bericht des Rates des Bezirkes zum Stand der Auflösung des ehemaligen Amtes für Nationale Sicherheit - Bezirksamt Halle
3. Verschiedenes - Anträge

06/002 Das Protokoll vom 25.1.1990 wird bestätigt. Der Antrag des NEUEN FORUM zur Tagesordnung wird bei TOP "Auflösung des AfNS" behandelt. (DS 06/002)

06/003 Die Fragen des Bauwesens werden am 22.2.1990 erneut beraten. Dazu ist den Vertretern des Runden Tisches ein überarbeitetes, aussagefähiges und überschaubares Material zu übergeben. Die gegebenen Hinweise zum Inhalt der Berichterstattung sind zu berücksichtigen. Das zum 1.2.1990 übergebene Material wird zurückgewiesen.

06/004 Zur Sicherung der Effektivität der Arbeit des Runden Tisches wird der Rat des Bezirkes aufgefordert, die Berichterstattungen und das dazu erarbeitete Vorbereitungsmaterial künftig in hoher Qualität und in überschaubarem Umfang einzureichen.

06/005 Zur Unterstützung der Arbeit im Bauwesen wurde der Runde Tisch "Bauwesen" gebildet, zu dem Fachleute aller Parteien und Bürgerbewegungen einbezogen werden. Die nächste Beratung findet am 2.2.1990, 8.00 Uhr, Büro für Städtebau und Architektur, Halle, Kurallee, statt. Alle am Runden Tisch vertretenen Parteien und Bürgerbewegungen, die noch keine Vertreter benannt haben, werden bei Interesse an der Mitarbeit gebeten, kompetente Vertreter zu entsenden. Bei Rückfragen ist mit dem Bezirksbaudirektor direkt die Verbindung aufzunehmen.

06/006 Die Erklärung des Interessenvertreters der Volkspolizei, Major Spicher, wird zustimmend zur Kenntnis genommen. (DS 06/006) Der BDVP wird empfohlen, die in der Diskussion gegebenen Empfehlungen bei der weiteren Arbeit zu berücksichtigen. Die aufgezeigten Probleme bei der materiell-technischen Sicherstellung der Aufgaben der VP, vor allem im Bereich K, sowie die vorgetragene Bitte zur Übernahme von Technik aus dem ehemaligen AfNS sind direkt mit dem Rat des Bezirkes zu klären.

06/007 Die Erklärung des Vertreters des Verbandes der Berufssoldaten wird zustimmend zur Kenntnis genommen. Dem Antrag des o.g. Verbandes auf Mitarbeit am Runden Tisch des Bezirkes wird mehrheitlich zugestimmt. Der Verband der Berufssoldaten erhält Antrags- und Rederecht.

06/008 Zum Antrag der SPD, grundsätzlich zu klären, wer berechtigt ist, einen Antrag auf die Erlangung der Mitgliedschaft am Runden Tisch des Bezirkes Halle zu stellen, wird auf die Übereinkunft bei der Konstituierung des Runden Tisches verwiesen, daß die Zulassung von Fall zu Fall entschieden wird.

06/009 Der Antrag der CDU zur Forderung nach Koalitionsgesprächen (als DS 06/007 im Protokoll aufzunehmen) ist mit der Erklärung des Vorsitzenden des Rates des Bezirkes, daß am 5.2.1990 und 7.2.1990 die Gespräche geführt werden, gegenstandslos.

06/010 Die Vertreter des Runden Tisches nehmen die Erklärung von Herrn Lintzel zu Punkt 05/023 des Protokolls vom 25.1.1990 zur Kenntnis, daß sein Sohn nach der in Berlin dazu erfolgten Beratung nicht mehr bereit ist, an der Ausarbeitung der Energiekonzeption für den Bezirk Halle mitzuwirken.

06/011 Die Berichterstattung des Rates des Bezirkes zum Stand der Auflösung des AfNS (Bezirksamt Halle) wird zur Kenntnis genommen und bestätigt. Der Runde Tisch verweist grundsätzlich darauf, daß die zum Bericht vorgebrachten bisher ungeklärten Einzelprobleme in der "Autorisierten Gruppe" mit den für die Auflösung beauftragten Mitarbeitern des ehemaligen AfNS und Vertretern des Rates des Bezirkes zu klären sind. Eine Aufstellung der Tätigkeiten des ehemaligen AfNS, die nicht mehr ausgeführt werden, wird als DS 06/011 diesem Protokoll beigefügt.

06/012 Zum Antrag des Neuen Forum (DS 06/002) wird der Rat des Bezirkes beauftragt, die erforderlichen Auskünfte, die unter Punkt 1 gefordert werden, in die wöchentliche Berichterstattung zum Stand der Auflösung des AfNS aufzunehmen. Die übergebene Auflistung der durch das ehemalige AfNS konspirativ genutzen Wohnungen und Gewerberäume ist zu überprüfen, zu aktualisieren und erneut vorzulegen (Termin: 8.2.90). Dazu sind, wie vom Rat des Bezirkes vorgeschlagen, die ehemaligen Leiter der Kreisämter für Nationale Sicherheit zu konsultieren. Die beantragte Anhörung des ehemaligen Leiters des AfNS (Dr. Schmidt) und seines Stellvertreters (Herr Schöppe) hat in der "Autorisierten Gruppe" zu erfolgen.

Zur Klärung des Problems der geheimen Regierungsfernsprechleitung (W-Tische) sowie der Chiffriertechnik ist durch die Autorisierte Gruppe und die BDVP unter Beachtung des Ministerratsbeschlusses vom 13.1.1990 (MRB Nr. 9/19/90)[43] ein Entscheidungsvorschlag vorzulegen. Dazu ist die angebotene Unterstützung der NVA zur Mitarbeit von Nachrichtenspezialisten zu nutzen.

06/013 Der Antrag des Neuen Forum und [der] Aktion Die Drei zur sofortigen Offenlegung der IM-Akten (DS 06/013) wird mehrheitlich abgelehnt. Eine Offenlegung erfolgt erst nach durchgeführten Wahlen und auf Beschluß der dann legitimierten Volksvertretungen/Regierung.

06/014 Folgende Fragen/Probleme sind u.a. in den Bericht des Rates des Bezirkes über den Stand der Auflösung des ehemaligen AfNS am 8.2.1990 zu klären:

- Verdacht des Verkaufs eines Bungalows am Heidesee/Nietleben des ehemaligen Amtes in Privathand,
- eindeutige Aussage zum Weiterbau von LVO-Objekten für das ehemalige Amt,
- Aussage zur Vernichtung/Überführung von Akten des ehemaligen MfS im Zusammenhang mit dem Beschluß zur Bildung des AfNS sowie die Rechtmäßigkeit

[43] Dieser Beschluß ist im Gbl. nicht aufgeführt.

der Vernichtung/Überführung von Akten zu diesem Zeitpunkt,
- Rechtmäßigkeit der Abhörung von Telefongesprächen bis 5.12.1989,
- Aussage zu den 4 Bereichen, die bis 1.2.1990 nicht versiegelt waren,
- Aussage zum Transport von der Sendezentrale "Schloßberg" am 11.1.90,
- Aussage zur Art und Weise der Auflösung der genutzten Räumlichkeiten des ehemaligen Außenpostens VIII,
- Aussage zu sogenannten MOB-Akten,
- Aussage zur Offenlegung der Diensttelefonanschlüsse der ehemaligen Mitarbeiter des AfNS (entsprechend Antrag des Runden Tisches der Stadt Halle - DS 06/014).

06/015 Der Antrag der NDPD zur Auflösung des ehemaligen Amtes wird bestätigt (DS 06/015). Die aufgeworfenen Fragen, Probleme sind in den Bericht am 8.2.1990 aufzunehmen.

06/016 Der Runde Tisch bestätigt die Sicherung und Konservierung der Spezialfahrzeuge (W 50, B 1000) zur Satellitenaufklärung sowie die Übernahme dieser durch die Deutsche Post.

06/017 Der Antrag der NDPD zur Bereitstellung von Nutzkraftwagen für private Kohlehändler des Bezirkes wird bestätigt. (DS 06/017)

06/018 Das Problem der Einziehung von Jagdwaffen im Zusammenhang mit den Suiziden ist der BDVP und dem Bezirksstaatsanwalt zu übergeben.

06/019 Der Antrag des Schriftstellerverbandes und des Verbandes Bildender Künstler wird bestätigt. (DS 06/018) Vertreter beider Verbände sind durch die "Autorisierte Gruppe zur Auflösung des AfNS" zur nächsten Beratung einzuladen, um den Antrag zu beraten. Zum Ergebnis erfolgt eine Information durch Herrn Webel.

06/020 Der Runde Tisch stimmt dem Antrag der "Autorisierten Gruppe" zum Ausbau und zur Übergabe der Kassettenlaufwerke (Abhörtechnik) zu. Ein entsprechendes Angebot ist dem VEB Industrievertrieb RFT durch die "Autorisierte Gruppe" zu unterbreiten.

06/021 Nach Einsichtnahme in die Projektunterlagen des Gebäudes des ehemaligen AfNS (Gimritzer Damm) informiert Herr Dr. Wand am 8.2.90 den Runden Tisch über das Ergebnis.

06/022 Der Antrag der "Autorisierten Gruppe zur Auflösung des ehemaligen AfNS" auf Ausstellung einer Vollmacht im Umfang der durch den Runden Tisch übertragenen Rechte und Pflichten wird bestätigt. Die Vollmacht ist durch den Vorsitzenden des Rates des Bezirkes auszustellen.

06/023 Das Ergebnis der Überprüfung zu Punkt 05/017 des Protokolls vom 25.1. 1990 (Stern-Schule Silberhöhe) wird zur Kenntnis genommen. Der Runde Tisch akzeptiert die Entscheidung der Eltern zur Einstellung des ehemaligen Mitarbeiters des AfNS als Klassenleiter.

06/024 Der Antrag der Aktion Die Drei zur Tageszeitung "Freiheit" wird unter Hinweis auf die Grundsätze der Arbeit der Mediengruppe des Runden Tisches abgelehnt. (DS 06/024)

06/025 Die Delegation des Bezirkes Halle zu Verhandlungen am 9.2.1990 mit dem Ministerpräsidenten von Niedersachsen setzt sich wie folgt zusammen:
Dr. Süß - Vorsitzender des Rates des Bezirkes Halle
Dr. Herold - Vertreter des Runden Tisches (Katholische Kirche)
Dr. Keitel - Vertreter des Runden Tisches (Reformhaus Halle)
Dr. Wand - Vertreter des Runden Tisches (nimmt auf Einladung des Vorsitzenden des Rates des Bezirkes teil).

06/026 Zur Beratung des Runden Tisches am 8.2.1990 legt der Vorsitzende des Rates des Bezirkes ein Konzept zur Strategie der Bildung des Landes Sachsen-Anhalt (Landeshauptstadt Halle) sowie erstes Grundsatzmaterial in Zusammenarbeit mit der MLU dazu vor.

06/027 Der Kurzbericht der Ad-hoc-Kommission Gesundheits- und Sozialwesen vom 31.1.1990 wird bestätigt. (DS 06/027 - wurde am 1.2.90 übergeben) Der Bericht wird durch Vertreter o.g. Kommission erarbeitet.

06/028 Zur o.g. Berichterstattung ist ein Vertreter des Bezirksausschusses der Volkssolidarität durch den Vorsitzenden des Rates des Bezirkes einzuladen.

06/029 Die Klärung des Problems, daß nach wie vor Parteiversammlungen während der Arbeitszeit in den Leuna-Werken (Tagesschicht - Phenolsynthese) durchgeführt werden, wird auf den 8.2.1990 vertagt.

06/030 Der Antrag der Initiativgruppe Sport des Bezirkes Halle wird zurückgestellt. Die aufgeworfenen Probleme können vom Runden Tisch des Bezirkes Halle nur im Zusammenhang mit einer entsprechenden Berichterstattung beraten werden.

06/031 Im Zusammenhang mit der Festlegung des Runden Tisches vom 4.1.1990 zur Prüfung von Möglichkeiten zum Bau des Kulturhauses Halle sowie einer weiteren öffentlichen Diskussion dazu, lädt der Rat des Bezirkes, Abt. Kultur, und das Kuratorium Kultur der Stadt Halle alle interessierten Parteien und Bürgerbewegungen zu einer Beratung am 9.2.1990, 15.00 Uhr, bei der Aufbauleitung Kulturhaus Halle, Große Klausstraße 12 (Friedemann-Bach-Haus) ein. Es wird um vorherige telefonische Anmeldung über Telefon 26924 oder 37801 App. 25 gebeten.

06/032 Mangels Beteiligung am 30.1.1990 wird die Beratung des Medienbeirates auf den 5.2.1990, 17.30 Uhr, beim Sender Halle, Waisenhausring 8/9, festgelegt.

06/033 Die Arbeitsgruppe Ökologie tagt am 6.2.1990, 17.30 Uhr, im Reformhaus Halle, Kl. Klausstraße 12.

06/034 Der DFD zieht seinen Antrag gegen die Aktivitäten der "Republikaner" vom 18.1.1990 sowie 25.1.1990 mit folgender Begründung zurück:
"Wir, der DFD, verzichten auf die Wiedereinbringung eines Antrages, in dem unsere Sorge gegen die zunehmenden Aktivitäten der REP's zum Ausdruck kommt. Weil Eile geboten ist, haben wir uns als DFD an den Zentralen Runden Tisch und an die Volkskammer gewandt. In der Erklärung der Volkskammer vom 29.1.1990 ist unsere Forderung eingegangen."

06/035 Anwesenheitsliste vom 1.2.1990 DS 06/034

06/036 Die nächste Beratung des Runden Tisches des Bezirkes findet am 8.2.1990, 14.00 Uhr, Halle, Heilig Kreuz, Gütchenstraße 21, statt. Auf der Tagesordnung stehen u.a.:
- Berichterstattung zum Gesundheits- und Sozialwesen,
- Berichterstattung der Regierungskommission Umweltfragen, Chemische Werke Buna (Vertreter Regierungskommission und GD Buna sind einzuladen),
- Bericht zum Stand der Auflösung des ehemaligen AfNS.

*****

DS 06/002

NEUES FORUM Halle, 1.2.1990

Antrag des NEUEN FORUM zur Tagesordnung des Runden Tisches am 1.2.1990 zur Problematik der Auflösung des MfS

1. Auskunft über den Verteilungsmodus des Stasi-Nachlasses. Das NEUE FORUM erhielt auf seinen Antrag hin weder Informationen noch Materialien
2. Aufklärung über das aktuelle Datum ante festum, zu welchem die Auflistung der vom Stasi genutzten Wohnungseinheiten vorgenommen wurde. (Recherchen haben ergeben, daß die angegebenen Objekte teilweise schon vor mehreren Jahren geräumt wurden.)

3. Antrag auf Anhörung des Herrn Schöppe, der mit der Auflösung des Stasi-Nachlasses beauftragt ist, zu Punkt 2. am 7.1.
4. Die nochmalige Diskussion über die "Wtsche (?)-Leitung [sic!]. Hierzu möge Herr Dietmar Webel, NF, konsultiert werden.

*****

DS 06/006

Im Auftrag der Angehörigen der DVP sowie der Organe des Strafvollzuges, der Feuerwehr und der im MfIA tätigen Mitarbeiter möchte ich hier am Runden Tisch die Gelegenheit wahrnehmen, Sie zu folgenden Schwerpunkten und Problemen zu informieren:

1. Der Stand des Demokratisierungsprozesses in den Dienststellen des MfIA im Bezirk Halle
2. Probleme der qualitätsgerechten Aufgabenerfüllung und Sicherung des Berufsstandes Volkspolizei
3. Positionen der Angehörigen des Dienstzweiges K zu den Einstellungsproblemen der ehemaligen Angehörigen des AfNS

Zu 1.)

Die Veränderungen in unserem Land sind auch immer deutlicher in den Dienststellen des MfIA mit Befriedigung wahrzunehmen und drücken sich nicht nur in den für viele sichtbaren Sicherheitspartnerschaften aus. Viel wichtiger ist es, und das bitte ich, meine Damen und Herren, besonders in ihrer täglichen Arbeit zu berücksichtigen, daß die Angehörigen des MfIA sich identifizieren mit dem Demokratisierungsprozeß in unserem Land. Wir betrachten diesen revolutionären Prozeß als die Möglichkeit, daß sich auch der Berufsstand Polizist profilieren kann und ausschließlich auf der Grundlage der Verfassung parteiunabhängig wirksam wird und zum Gelingen der gesellschaftlichen Veränderung wesentlich mit beiträgt.

Die Polizei unseres Landes muß sich zukünftig zur konsequenten Liberalität bekennen und hat mit hoher Sachkompetenz und Rechtsstaatlichkeit zum Schutz der Bürger und des Eigentums sowie für ein hohes Maß an Ordnung und Sicherheit in unserem Land einzustehen. Hierzu sind vor allem Sicherheitspartnerschaft und Transparenz erforderlich. Der demokratische Charakter kann jedoch nur dann in praktische polizeiliche Tätigkeit umgesetzt werden, wenn die Angehörigen des MfIA die Möglichkeit der demokratischen Mitsprache innerhalb der Polizei und seiner Organe Strafvollzug und Feuerwehr, besonders zu sozialen und Kaderproblemen erhalten.

Diese Bestrebungen aus den eigenen Reihen führten dazu, daß die Angehörigen des MfIA am 20.1.1990 in Berlin eine Gewerkschaft der Volkspolizei gegründet haben und damit nach 40 Jahren eine tatsächliche Interessenvertretung der Angehörigen wahrnehmen können. Gegenwärtig sind ca. 75% der Angehörigen [als] eingeschriebene Mitglieder für diese GdVP registriert (7500) und zur Zeit werden, entsprechend der dienstlichen Strukturen, die Gewerkschaftsgruppen gebildet und Vertrauensleute gewählt.

Ich möchte jedoch kein Geheimnis daraus machen, daß dieser Prozeß besonders für einige Leiter Probleme aufzeigt, da der Umgang mit demokratischen Prinzipien beidseitig neues Denken und Verhalten in der Führungs- und Leitungstätigkeit erfordert. Generell kann jedoch festgestellt werden, daß der Chef der BDVP eine positive Haltung dazu einnimmt. Dazu möchte ich jedoch bemerken, daß in jeder Polizei die Einzelleitung und das Weisungsrecht zur Erfüllung der auf der Verfassung basierenden Aufgaben erforderlich macht. (Erklärung dazu, daß der militärische Aspekt im Polizeidienst völlig zu streichen ist - es geht um den sachbezogenen und qualifizierten Polizeidienst) Das Einspruchsrecht zur Erfüllung von Aufgaben, die Menschenrechte und den Verfassungsauftrag verletzen, besteht in jedem Fall.

Eine der Forderungen im Katalog der gewerkschaftlichen Positionen besteht darin, Stellenplanobergrenzen nicht zuzulassen, den Formalismus in der Strukturbestimmung maßgeblich zu reduzieren sowie das Wirkungsprinzip zukünftig konsequenter durchzusetzen.

Zu 2.)

Bei der Gewährleistung der zukünftigen Aufgabenerfüllung sehen die Angehörigen eine Reihe von Problemen, welche in der Entscheidungsfindung am Runden Tisch unbedingt Beachtung finden sollten.

So sollten solche Maßnahmen durchgesetzt werden wie:

a) Erarbeitung eines Beamtenschutzgesetzes mit dem Ziel, [einen] Stamm mit sachkompetenten Kräften zu schaffen, finanzielle und soziale Sicherheit für die Mitarbeiter zu gewährleisten und [die] Anerkennung des Berufes Polizist. Das geschieht z.Z. lediglich auf der Grundlage von Weisungen des Ministers.
b) Die materiell-technischen Voraussetzungen, wie
   . Kfz-Technik
   . Nachrichtentechnik
   . K[abel]T[elegramm]-Technik
   . Video- und Aufzeichnungstechnik
   sichern z.Z. nicht die Wahrnehmung aller erforderlichen Aufgaben.
c) Gegenwärtig gibt es erhebliche Probleme bei der Durchsetzung der Autorität des Staates. Es ist erforderlich, in der Sicherheitspartnerschaft die Rolle der Volkspolizei darzustellen.

Es ist eine steigende Tendenz der Kriminalität bei
Bombendrohungen, Angriffen gegen Persönlichkeiten und Eigentum zu verzeichnen.

Zu 3.)

Probleme der öffentlichkeitswirksamen Übernahme von ehemaligen Angehörigen des AfNS

- Untersuchungen zu Amtsmißbrauch und Korruption brachten erhöhte Belastungen bei der Aufgabenerfüllung im Bereich Untersuchung,
- Existenzsorgen der Mitarbeiter des Untersuchungsorgans wurden bei Bekanntwerden der Absicht zur Einstellung von ehemaligen MfS-Angehörigen deutlich - Leiter wurden gewarnt vor diesem Schritt.
- Darstellung der Einstellungsmodalitäten:
  . Fehler war die Beschäftigung der ehemaligen Mitabeiter des AfNS - auch wenn nur 2-3 Tage.
  . Gegenwärtig werden Maßnahmen zur Prüfung dieses Vorganges in den eigenen Reihen mit dem Gesamtkollektiv durchgeführt, um ggf. disziplinarische Schritte zur Verantwortung dieser Situation einzuleiten.
  . Letztendlich hatten die Kriminalisten des U-Organs eine eindeutige Position dazu, ohne Abstimmung mit dem Runden Tisch keinerlei Einstellungen solcher ehemaliger Mitarbeiter des AfNS vorzunehmen.

Schlußfolgernd aus dem Artikel in der "Freiheit" sei bemerkt, daß auch zukünftig eine exakte Informationsvermittlung in der Presse erforderlich ist, um nicht unnötige Befürchtungen und Ängste in der Bevölkerung zu erzeugen.

*****

DS 06/011

II. Welche Tätigkeiten des ehemaligen ANS werden nicht mehr durchgeführt

1. Struktureinheiten, in denen die gesamte inoffizielle Arbeit (IM-Arbeit) bzw. operative Tätigkeit eingestellt wurde:

1.1. Abteilung II	Spionageabwehr in politischen, ökonomischen und militärischen Bereichen
1.2. Abteilung VI	Sicherung des Reiseverkehrs
1.3. Abteilung VII	Abwehrarbeit in den bewaffneten Organen (außer NVA)
1.4. Abteilung XI	Sicherung des staatlichen Chiffrierwesens
1.5. Abteilung XV	Bereich Aufklärung/Nachrichtendienst
1.6. Abteilung XVIII	Sicherung von Objekten und Bereichen der Volkswirtschaft
1.7. Abteilung XIX	Sicherung des Verkehrs- und Nachrichtenwesens
1.8. Abteilung XX	Verhinderung von Angriffen auf die verfassungsmäßigen Grundlagen der DDR
1.9. Arbeitsgruppe XXII	Abwehr von Terror- und Gewaltakten
1.10. Bezirkskoordinierungsgruppe	Verhinderung [von] Grenzdelikte[n], Bekämpfung [von] Menschenhändlerbanden, Prüfungshandlungen zu Übersiedlungsersuchenden
1.11. Arbeitsgruppe Geheimnisschutz	Durchsetzung gesetzlicher Regelungen des Geheimdienstschutzes
1.12. Selbständiges Referat Abwehr Wehrkommando	Abwehrarbeit in Bereichen Wehrbezirks-/Wehrkreiskommandos
1.13. Referat Personenschutz	

2. Diensteinheiten, in denen die Fahndungs-, Aufklärungs-, Untersuchungs- und Überwachungstätigkeit eingestellt wurde:

2.1. Abteilung III	Fahndung im nachrichtendienstlichenVerbindungswesen, funk-elektronische und Satellitenaufklärung
2.2. Abteilung 26	Telefonüberwachung, Fahndung im nachrichtendienstlichen Verbindungswesen auf der Basis des Telefonverkehrs
2.3. Abteilung M	Überwachung des Post- und Paketverkehrs
2.4. Abteilung IX	Untersuchungsabteilung
2.5. Abteilung XIV	Untersuchungshaftanstalt
2.6. Abteilung VIII	Beobachtung, Ermittlungen, Durchsuchungen, Zuführungen

3. Struktureinheiten mit koordinierenden, stabsmäßigen und sicherstellenden Funktionsmerkmalen, die ihre Tätigkeit eingestellt haben:

3.1. AKG	Auswertungs- und Kontrollgruppe
3.2. AGL	Arbeitsgruppe des Leiters, Planung für den Verteidigungszustand
3.3. Abteilung XII	Speicher-, Akten- und Archivwesen
3.4. Abteilung Operative Technik	Operative Spezialtechnik

3.5. Abteilung N	Nachrichtenwesen	
3.6. Selbst. Referat Bewaffnung/Chemischer Dienst		
3.7. Büro der Leitung	Dokumentenverwaltung, Kurierdienst	

4. Diensteinheiten, die nur noch im Sinne der Auflösung des ehemaligen Amtes für Nationale Sicherheit tätig sind:

4.1. Abteilung Kader und Schulung	Entlassungen, Arbeitsververmittlung ehemaliger Angehöriger	59 MA
4.2. Abteilung Finanzen		14 MA
4.3. Abteilung Medizinischer Dienst		17 MA
4.4. Abteilung Rücwärtige Dienste	Versorgung, Übergabemodalitäten von Grundmitteln	40 MA
Sonstige		10 MA
AK zur Beräumung		100 MA
		240 MA

*****

DS 06/013

Antrag an den Runden Tisch des Bezirkes Halle

Wir beantragen die Bildung einer autorisierten Arbeitsgruppe, bestehend aus Vertretern der Bürgerbewegungen und der zivilen Staatsanwaltschaft, zur Sichtung und Prüfung der "Quellen" des ehemaligen MfS bzw. AfNS.
Sich für diese Tätigkeit zur Verfügung stellende Bürger werden nach staatsanwaltschaftlicher Prüfung ihrer im Archiv des ehemaligen MfS bzw. AfNS befindlichen Personalakten und nach einer abzugebenden Geheimnisschutzverpflichtung vom Runden Tisch des Bezirkes bestätigt. Wir empfehlen, die Auswahl der Mitarbeiter für diese Arbeitsgruppe aus bisherigen Mitwirkenden der Autorisierten Gruppe zur Auflösung des ehemaligen AfNS und vom Runden Tisch zu benennenden Personen zu treffen, damit die Kontinuität der Arbeit gewährleistet bleibt. Der Antrag auf Mitarbeit in dieser Gruppe ist an die mit der Auflösung des Amtes befaßte Staatsanwaltschaft zu richten.
Die Sichtung und Prüfung der "Quellen" soll zu dem Zweck durchgeführt werden, um klarzustellen, ob sich Straftatbestände aus der Tätigkeit dieses Personenkreises herleiten lassen, und daß eine Weiterführung bzw. Neuaufnahme dieser konspirativen Tätigkeit weitestgehend verhindert wird. Es handelt sich hierbei um die Grundlagen der geheimdienstlichen Aktivitäten des alten, als verbrecherisch erkannten Systems.

AKTION DIE DREI   NEUES FORUM

*****

DS 06/014

Antrag an den Runden Tisch des Bezirkes Halle — 01. 02. 1990

Der Runde Tisch der Stadt Halle erwartet bis zum Termin 08. 02. 1990 eine detaillierte Auflistung aller vorhandenen Telefonanschlüsse ehemaliger MfS-Angehöriger. Für diese Telefonanschlüsse ist die Geschäftsgrundlage nicht mehr gegeben. Von der Deutschen Post wird erwartet, unter Wahrung der Geheimhaltung von persönlichen Daten, hier Zuarbeit zu leisten. Wir erwarten am 08. 02. 1990 die Teilnahme je eines kompetenten Vertreters der Deutschen Post und des ehemaligen MfS am Runden Tisch der Stadt Halle.

i. A. des Runden Tisches der Stadt Halle
Henry G. Schramm
GRÜNE PARTEI

*****

DS 06/015

Antrag NDPD zur Auflösung Amt

1. Sind Waffen an die 6. VP-Bereitschaft gegangen?
2. Sind ehemalige MfS-Mitarbeiter von der Transportpolizei übernommen, wie hoch ist der Prozentsatz?
3. Am 18.1.1990 hat NDPD Antrag eingebracht, Panzerschränke etc. für Apotheken im Bezirk Halle zur Verfügung zu stellen zur Sicherung von Arzneimitteln und Drogen. In der nächsten Beratung des Runden Tisches erwarten wir Antwort.
4. Im Amt sind weiterhin 59 Mitarbeiter in der Kaderabteilung eingesetzt. Somit ergibt sich z.Z. ein Verhältnis 1 Mitarbeiter Kaderabteilung - 14 Mitarbeiter Amt. Hier entsteht Eindruck Dunkelziffer. Womit begründet Amt diese hohe Konzentration von Mitarbeitern in der Kaderabteilung?

*****

DS 06/017

Antrag NDPD 1. 2. 1990

Im Interesse der sicheren Versorgung der Bevölkerung mit Brennstoffen sind vorhandene Nutzkraftwagen des ANS vorrangig an private Kohlenhändler entsprechend vorliegender Anträge zu geben.

*****

DS 06/018

Schriftstellerverband der DDR Bezirk Halle, Verband Bildender Künstler Bezirk Halle

31. 1. 1990

An den Runden Tisch des Bezirkes Halle

Schriftsteller und Bildende Künstler des Bezirkes Halle hat das MfS jahrelang bespitzelt. Schriftgut, Bücher und Grafik von ihnen sind unterschlagen worden. Im Gebäude der Bezirksbehörde am Gimritzer Damm wurde vor einigen Tagen solches Material gefunden.

Der Bezirksverband der Schriftsteller und der Bezirksverband der Bildenden Künstler bestehen darauf, daß je eine von ihnen bereits gewählte Kommission umgehend Zugang zu den Räumen und Einsicht in die Dokumente erhält. Staatsanwalt Dr. Unger und Militärstaatsanwalt Oberstleutnant Würschmidt wurden bereits informiert. Wir erwarten, daß der Runde Tisch des Bezirkes unser Anliegen durchsetzt.

gez. B. gez. M. gez. B.

*****

DS 06/024

AKTION DIE DREI

Auf der Grundlage der Erklärungen und Dokumente des Kongresses der Journalisten, unter Berücksichtigung politischer und ökonomischer Gegebenheiten und Zwänge, bringt die AKTION DIE DREI folgenden Vorschlag über den Runden Tisch des Bezirkes Halle zur Diskussion.

1. Die nunmehr unabhängige Tageszeitung "Freiheit" öffnet sich bis zum Wahltag am 18. März 1990 für alle demokratisch legitimierten Parteien und Gruppierungen. Ziel ist eine möglichst realistische Wahrheitsfindung über den Prozeß unserer demokratischen Erneuerung, eine breite Meinungswiderspiegelung und eine Chancengleichheit der sich darstellenden politischen Kräfte.
2. Im Freiheit-Verlagshaus gründet sich ein Redaktionsrat, dem Vertreter der an der Wahl beteiligten Parteien angehören und der für diesen abgegrenzten politischen Bereich verantwortlich zeichnet.
3. Den Parteien und Gruppierungen stehen Freiheit-Redakteure für objektive Berichterstattung und zur Anleitung zur Verfügung.

Halle, 1. 2. 1990

*****

DS 06/034

Anwesenheitsliste Runder Tisch 1.2.1990

Partei/Organisation	Namen
Kathol. Dekanat	Dr. Herold; Dr. Willms
Ev.-Freik. Gemeinde	Greif, Ernst
FDJ	Messerschmidt, O.
Christl. Mediziner/IPPNW	Dr. Büdke, Michael
FDGB	Becker, Manfred; Röhrig, Norbert
DFD	Müller, Helga; Haller, Ruth
VEREINIGTE LINKE	Feudel, Lutz; Dr. Zimmermann, M.
SPD	Dr. Hoffmann, P.
DA	Klein, Undine; Engelmann, Gerd
GRÜNE PARTEI	Löhr, Henryk; Neumann, Torsten

Demokratie Jetzt	Mokosch, Thomas; Dr. Renger, Peter
VdgB	Vogel, Reinhard
VBS	Piossek (OSL), K.
BDVP-Interessenvertreter d.MA d.VP	Spicher (Major VP)
Rat des Bezirkes	Steuer, B.; v. Malottky, W.-D.
DBD	Schneider, D.; Baumgarth, M.
CDU	Sievers, Harald; Wünsche, Gerd
NDPD	Adler, Peter; Dr. Müller, L.
LDPD	Schubert, H.; Scholze, Dieter
Grüne Liga	Bernt-Bärtl, J.; Hesler, Jürgen
Kulturbund	Kormann, Gottfried
SED-PDS	Claus, Roland; Dr. Schmidt, M.
Aktion die Drei	Radziejewski, W.; Lippold, Manfred
NF	Lintzel, Detlev; Dr. Mehlig, Johannes; Dr. Wand, Klaus

Medienvertreter: Pohle, Heidi ("Freiheit"-Bezirksredaktion); Stavenhagen, B. (LDZ); Grünsch, Walter (Sender Halle); Dr. Keitel, Klaus (Reformzeitung); Rudnik, Karl-Heinz (Der Neue Weg); Görtz, Armin (Mitteldeutsche Neueste Nachrichten)

*****

7. Beratung des Runden Tisches

Das Verhältnis der verschiedenen Vertreter von Parteien und Bewegungen untereinander wird immer offener. Das ist ein erfreuliches Ergebnis der stundenlangen Beratungen. Wir sind seit Anfang Januar dazu übergegangen, die Anfangszeiten von 16.00 Uhr auf 14.00 Uhr vorzuverlegen, in der Hoffnung, die Zeit abends zurückzugewinnen. Aber das war nur eine Illusion: Nach wie vor dauern die Sitzungen bis in die Nacht hinein und sind selten vor 23.00 Uhr zu Ende. Trotz dieser langen Zeit an jedem Donnerstag kommt es in keiner Beratung zu offenem Streit: Vielmehr werden die kontroversen Diskussionen sachlich ausgetragen in einer fast freundschaftlichen Art. Man kennt sich inzwischen untereinander zu gut, sowohl durch die langen Sitzungen als auch durch die Pausen, in denen man gemeinsam raucht, Kaffee oder Tee trinkt und ein paar der fertigen Schnitten von den Platten ißt, die der Veranstalter, Dr. Herold, durch seine Helfer reichen läßt.

Heute bin ich mit dem großen Bericht der ad-hoc-Kommission Gesundheitswesen an der Reihe. Ich will versuchen, den langen Bericht zu verfremden, indem ich am Anfang und Ende je ein Gedicht verlese. Das hat es noch nie gegeben, und ich werde möglicherweise den einen oder anderen schockieren. Das wird mir noch deutlicher, als ich die Gedichte ankündige und mich die ca. 50 Zuhörer verwundert anschauen. Aber ich hoffe, daß die herausgesuchten Texte, die Wut und teilweise Verzweiflung noch verstärken, mit der ich den Bericht geschrieben habe.

1. verlesen am "Runden Tisch des Bezirkes Halle" am 08.02.1990
zum Vortrag über Fragen des Gesundheits- und Sozialwesen

1. Für Karl Kraus

In einem zehnteiligen Gedicht
erhob sich seine Stimme, einzig, um zu klagen,
daß sie nicht ausreiche.

Wenn die Greuel ein bestimmtes Maß erreicht haben,
gehen die Beispiele aus.
Die Untaten vermehren sich
und die Wehrufe verstummen.
Die Verbrechen gehen frech auf die Straße
und spotten laut der Beschreibung.

Dem, der gewürgt wird,
bleibt das Wort im Halse stecken.
Stille breitet sich aus und von weitem

erscheint sie als Billigung.

Als der Beredte sich entschuldigte,
daß seine Stimme versage,
trat das Schweigen vor den Richtertisch,
nahm, das Tuch vom Antlitz und
gab sich zu erkennen als Zeuge.

Bert Brecht

Zwischenbericht des Ausschusses "Gesundheits- und Sozialwesen" an den Runden Tisch des Bezirkes Halle zur Sitzung am 08.02.90
Berichterstatter: Detlev Lintzel, Wittenberg

Meine Damen und Herren!
Der Ausschuß hatte Ihnen einen "Sofortmaßnahmekatalog" als Zwischenergebnis seiner ersten Zusammenkunft vom 31.01.1990 vorgelegt, den Sie ohne weitere Diskussion einstimmig akzeptiert haben. Dieser Sofortmaßnahmekatalog entsprang nicht den umfangreichen Materialien, die im Hause des Bezirksarztes vorbereitet waren und hier als Unterlage mit 88 Seiten Umfang, gegliedert in fünf Berichtsteile, dem Vortragenden vorliegen. Diese Gliederung betrifft im einzelnen:
1. Personelle Situation und ihre Auswirkung auf die medizinische Betreuung
2. Materiell-technische Situation
3. Medizintechnische Situation
4. Situation der offenen sozialen Arbeit (Pflegebedürftige und Behinderte)
5. Vorschlag zur Aufbesserung der Gehälter für alle Mitarbeiter im Gesundheits- und Sozialwesen

Dazu hatte der Berichterstatter einen eigenen Arbeitsvorschlag mitgebracht, dessen Inhalte und Themengruppen nur teilweise von dem vorliegenden Material aufgegriffen wurden. Darum hat die Arbeitsgruppe beschlossen, die Thematik zu erweitern, den Berichterstatter ermächtigt, aus dem bisher vorgelegten Material nur wenige zentrale Unterlagen herauszuziehen und vorzutragen und insgesamt den ersten Zwischenbericht schwerpunktmäßig auf die unter 4. der Materialsammlung "Situation der offenen sozialen Arbeit" zu konzentrieren.
An dieser Stelle bittet der Berichterstatter die Damen und Herren des Runden Tisches, ihm nachzusehen, wenn er in seinem persönlichen Engagement die erforderliche Zurückhaltung an dem einen oder anderen Punkt seines Berichtes verlieren sollte.
In einer etwas lockeren Zwischenpause wurde im Kreise der Arbeitsgruppe die Frage gestellt, warum das Gesundheits- und Sozialwesen in unserem Lande im Grunde keine Öffentlichkeit habe! Damit war gemeint, daß natürlich ein medienwirksamer Schlager besetzt ist, wenn ein Arzt im wehenden weißen Kittel die Korridore eines frischpolierten Krankenhauses entlangfegt und ab und zu lächelnd einem Patienten versichert, wie gut er es doch in der "Schwarzwaldklinik" hätte. Ebenso medienwirksam besetzt ist die nette Hebamme oder liebreiche Jungschwester, wenn sie ein strampelndes gesundes Neugebornes der strahlenden - wenn auch leicht angegriffenen - Mutti in die Arme legt.
Aber: wo bleibt die Medienwirksamkeit, wenn gezeigt werden muß, wie eine frisch amputierte Diabetikerin, aufgelegen, 190 Pfund schwer, umgebettet, der Beinstumpf neu verbunden wird, der dampfende Schieber in den Spülraum geschafft werden muß? Wo bleibt die Medienfreundlichkeit, wenn auf der Trage, das, was vordem ein Mensch war, - mit einem weißen Laken verdeckt - in die Pathologie geschafft wird? Wo bleibt die Medienaufmerksamkeit, wenn geistig und körperlich Behinderte, wenn Insassen von Alters- und Pflegeheimen vorgezeigt werden sollten, die doch auch Menschen sind wie wir hier am Tisch, und zu denen aus irgendwelchen Gründen wir morgen gehören könnten.
Es gibt in der Liturgie aller Konfessionen an der Stelle, an der der Sarg versenkt wird einen Gebetssatz - lassen sie ihn mich hier sagen: "Herr, wir bitten dich für den nächsten unter uns um Deinen Frieden." Diese Nichtöffentlichkeit, von der ich eben sprach, hat einen tiefen Grund, und dieser Grund ist identisch mit dem Zustand des Gesundheits- und Sozialwesens in unserem Land und im Bezirk Halle, sonst würde ich über ihn nicht sprechen: Das Elend hat keine Lobby!
Das menschliche Wesen hat jung, dynamisch, fortgeschritten zu sein! Wir tragen eine Erblast an Bewußtseinsschwund für die Schwächen in uns, für unser Altern, für unseren Tod mit uns herum, die eine Altlast an Substanzverlust im Gesundheits- und Sozialwesen zur Folge hat. Der kernige Hitlerjunge, und der immerbereite FDJler, der frohe Arbeiter auf dem KDF-Schiff im Erholungsurlaub und der strahlende Brigadier auf der Reise nach Kuba: die werden nicht älter, die werden nicht krank, die sterben nicht. Wie sich solch ein Bewußtsein ausgewirkt hat, soll Ihnen folgende Zahlengegenüberstellung verdeutlichen. In Prozenten an den Gesamtinvestitionen des Rates des Bezirkes Halle wurden ausgegeben in den Fünfjahrplänen:

	1971/75	1976/80	1981/85	86/90
Volksbildung	4,5%	6,0%	6,0%	fehlende Zahlen
Gesundheits- u. Sozialwesen	3,9%	1,2%	0,7%	

Ich weise niemandem daran die Schuld zu, warum auch? Die Verantwortung für solche Planungen und Weisungen an die Räte der Bezirke, ihre Gelder festzuschreiben, kamen aus einem ganz anderen zentralen Befehlsstand. Aber dieser Zentralismus, das wissen wir heute alle, hatte kein Herz, in ihm war keine Lobby für das Elend, und es gehört zu der Ironie der Geschichte, daß eine der zentralen Figuren dieses Zentralismus heute in Lobetal ist. Wer

von Ihnen kennt Lobetal, wer kennt Neinstedt, Borsdorf, Seyda, Coswig, Zahna usw.; wer weiß, was dort getan wird, und daß dies alles nur ein Tropfen auf den heißen Stein ist, der sofort verdampft angesichts des nicht bewältigten Potentials an Heimbedürftigen?
Aber selbst dort entstehen die groteskesten Verzerrungen. In den Pflegeeinrichtungen und Heimen werden Aufgenommene betreut gegen ein Pflegegeld von 120,- M monatlich, das den Einrichtungen als Erlös gegen ihre Kosten angerechnet wird. Die Bewohner sind und werden nur in ganz schweren Fällen entmündigt. Sie kommen mit 18 Jahren und der gesetzlichen Mindestrente, können und wollen in vielen Fällen etwas dazuverdienen (Pflegetherapie) und sammeln über ein normales Lebensalter Vermögen an. Dieses Vermögen wird als Einzelguthaben verwaltet, und es ist ganz schwer, etwa für eine Zimmergemeinschaft ein Gemeinschaftsvermögen herzustellen und daraus einen Farbfernseher oder einen Radio-Plattenspieler-Turm zu kaufen. Denn wem gehört dann was, wenn Zimmergesellschaften verlegt werden müssen, wenn sie sich nicht mehr vertragen? Was wird, wenn einer stirbt - und nun endlich kommt die ganze liebe Verwandtschaft, die 30 Jahre nicht zu sehen war, aber nun erben will! Und wie will sie erben - mit welcher Freude am Streit, um jeden Pfennig.
Wie kann so etwas passieren! Da gibt es keine gesetzliche Regelung, die dem Heim oder gemeinsamen Pflegschaftsträgern irgendwelche Rechte einräumt im Interesse der Insassen. Darum hat sich nie jemand gekümmert; ich kann es nur wiederholen: Elend hat keine Lobby!
Und wenn ich vorhin sagte, daß die genannten Einrichtungen diakonischer und caritativer Werke sowie der staatlichen Administration nur ein Tropfen auf dem heißen Stein sind, dann darf ich das jetzt mit einer kompletten Anlage von neun Seiten belegen, die ich aus dem Bericht des Hauses des Bezirksarztes herausziehe, und die mir im Analytischen und Zukunftsweisenden das Beste ist, was ich dort finden konnte. Ich verteile den Bericht anschließend in ausreichenden Kopien und danke dem Verfasser.
Er geht auch ausführlich auf die Rolle der Volkssolidarität ein, deren Vertreterin ich heute hier begrüßen darf und deren Mitarbeitern ich den Respekt erweise, der ihnen zukommt[44].
Und wenn mir überhaupt etwas Mut gemacht hat, diesen Zwischenbericht zu geben, dann die Tatsache, daß scheinbar unbemerkt unter uns eine stille Solidargemeinschaft lebt, daß es Menschen gibt in uns unbekannter Größenordnung, die nicht nach Lohn und Dank gefragt haben, sondern die einfach da waren und da sind und helfen. Sie helfen jenen ohne Lobby, die ca. 15,6% der Gesamtbevölkerung unseres Landes ausmachen: Das sind rund 2,5 Mio Bürger im Rentenalter aus einer Gesamtbevölkerungszahl von rund 16 Millionen.
Für den Bezirk Halle, so beweisen die Unterlagen, die Ihnen zur Verfügung stehen, liegt der Anteil der Bürger im Rentenalter bei 17,3%; von diesen rund 312.000 Menschen haben 4,4% einen Platz in Alters- und Pflegeheimen. Welche ungeheure Aufgabe, die der Volkssolidarität zukommt, wie sehr sie unsere Unterstützung und Hilfe braucht, wird aus diesen Zahlen deutlich. Ich denke, daß die Vertreterin der Volkssolidarität dazu selber Stellung nehmen wird und von den technischen Nöten und personellen Schwierigkeiten usw. spricht. Es ist eindeutig, welches Potential an Arbeitsplätzen dort erwächst, wie schnell durch Zivildienstleistende geholfen werden könnte usw.
Ein Aspekt aus dem Bericht, der Ihnen abgelichtet zugeht, ist allerdings nicht ausgebaut. Es heißt dort: "Von 297.806 Bürgern im Rentenalter in Wohngebieten sind 86.693 Bürger alleinstehend und 211.113 Bürger haben Angehörige." Das sieht fast so aus, als ob 211.113 Bürger in Wohngebieten durch oder unter Hinzuziehung von Angehörigen versorgt werden könnten. Natürlich ist das nicht so; denn auch hier tragen wir Erb- und Altlasten mit, die den Sünden der letzten 40 Jahre Republik hinzuzufügen sind. Alleinstehende im Rentenalter auch mit Angehörigen sind Alleinstehende, weil wir der Großfamilie und der Beziehung Oma - Enkel durch unsere Wohnungsbaupolitik mit Kleineinheiten für junge, dynamische Doppelverdiener den Rest gegeben haben, soweit da noch ein Rest nach den Kriegsauswirkungen bestanden hat.
Auch hier, wie in allen anderen Bereichen unseres Lebens, muß man sagen, daß 40 Jahre real existierende Planwirtschaft die DDR dazu gebracht hat, daß für ihre Bürger der 2. Weltkrieg zweimal verloren wurde. Nach 1945, und - das ist die bitterste Erkenntnis dieser Tage -: zum zweiten Mal 1989 u. ff. Jahre!
Hinzu kommt, daß der ungeheure Bedarf an Pflege- und Altersheimplätzen und deren Neubau oder Rekonstruktion in bitterster Konkurrenz steht zum Gesamtsanierungswohnungsbau für alle diejenigen, die die Renten erarbeiten sollen für ihre Eltern. Wo haben dann jene eine Chance?
Es bleibt nur die Einzelhilfe der Volkssolidarität, deren quantitativer und qualitativer Ausbau. Ich erspare mir alle weiteren Ausführungen, verweise nochmals auf den Berichtsteil aus dem Hause des Bezirksarztes und erwarte die Äußerungen der Vertreterin der Volkssolidarität.
Ich könnte in derselben Ausführlichkeit über die Not an Plätzen für Rehabilitanden, für die Betreuung geschädigter Kinder, geschädigter Erwachsener usw. sprechen. Ich will das nicht, weil das Maß an Bitterkeit sich immer weiter füllt. Was sind das denn für 40 Jahre gewesen, wenn eine Rückfrage in der Psychiatrie in Bernburg ergibt, daß die

[44] Volkssolidarität: Massenorganisation, die sich v.a. für die Betreuung und soziale Integration von älteren und kranken Mitbürgerinnen und Mitbürgern einsetzt. 1945 gegründet, Mittel durch Beiträge, Spenden und Veranstaltungseinnahmen, 1980 ca. 1,7 Mio Mitglieder.

Mehrzahl ihrer Insassen Pädagogen sind: Lehrer also, die an der Doppelzüngigkeit ihrer Erziehungs- und Ausbildungsarbeit an unseren Kindern zerbrochen sind? Wer trägt das alles, was dort und in Brandenburg, in Wermsdorf, in Löbau usw. nicht aufgefangen werden kann? Wo sind die Gruppentherapeuten zur Hilfe zur Selbsthilfe für Alkoholiker, Depressive, Suizidgefährdete aller Altersgruppen und Gesellschaftsschichten? Noch einmal: wo ist die Lobby der Elenden, wer spricht für sie, wenn nicht wir, hier und heute!
Drei weitere Berichtsteile aus dem Hause des Bezirksarztes befassen sich mit der personellen, der materiell-technischen und der medizintechnischen Situation. Die Akribie der analytischen Zustandsbeschreibung ist bewundernswert. Aber wichtig sind die Berichtsteile nur dort, wo sie Aspekte in die Zukunft ausweisen. Ich kann es kurz zusammenfassen: Wir alle wissen, daß wir zumindest bald vor einer Währungsunion, d.h. vor konvertierbarem eigenem Geld stehen. Damit entfallen eigentlich die Sorgen - so hoffe ich - aus diesen drei Bereichen. Das bedeutet nicht, daß den in dem Bericht gezogenen jeweiligen Schlußfolgerungen keine Beachtung zu schenken wäre; sie müßten Teile eines erweiterten Sofortprogrammes oder eines mittelfristigen Hilfsplanes werden.
Aber entscheidend ist etwas anderes; und dazu fehlt jede Aussage in den Berichten, und auf meine Nachfrage wurde mir gesagt: "Das stand als Frage nicht im Protokoll, darum haben wir darauf nicht geantwortet." Nun frage ich, was ist das für eine Administration, die nur auf Protokollauszüge hin arbeitet? Das kann doch nicht wahr sein, daß wir in 40 Jahren jedes Potential an Kreativität und innovativem Weiterdenken verlernt haben. Und in der Tat, das ist auch nicht so: Ich habe Mitarbeiter kennengelernt, z.B. aus dem Bereich Grundfondsökonomie und unter den Anwesenden in der 1. Runde am Mittwoch, den 31.1., die wußten oder wollten mehr.

a) Es war klar, daß der Mangelbedarf an Personal durch materielle Stimulation anzuheben wäre = Teil 5 des Berichtes. Ich kann zwar den Ausführungen des Verfassers, wie das gemacht werden soll, nicht immer folgen: Da ist mir vieles zu glatt und linear. Es ist richtig, daß LAG- Anteile weg müssen, die keine Steuervorteile bringen, sondern nur moralisierenden Charakter tragen.
   Aber, in jedem Lohn oder Gehalt stecken immer zwei Komponenten:
   a) Anteil Leistung = Qualifikation + Schicht- und Bereitschaftsdienste
   b) Anteil Soziales =
   1. Erfahrung, die Leistungsnachlässe aus Altersgründen wettmacht
   2. Ausgleich für soziale Härten (Ehe, Kinder), die nicht nur durch erhöhtes Kindergeld abgefangen werden können. Kein Staat kann diese Kostennachteile allein ausgleichen. Das sind auch Anteile, die ein Betrieb abzufangen hat, wenn er qualifizierte Mitarbeiter halten will.

Und dann, wie entgehen Gehaltssteigerungen der großen Steuerschere? Wir alle befinden uns immer noch in der Steuerprogressivität unseres Lohnsteuerrechtes aus dem Jahre 1953! Bei Gehaltssteigerungen, wie geplant, würden alle Mitarbeiter über der Progressionshöchstgrenze liegen und 20 % ihres Bruttoeinkommens an den Staat als Lohnsteuer abführen. Das kann doch wohl nicht der Weisheit letzter Schluß sein!

b) Es wurde deutlich, daß der Mangelbedarf an materiell-technischem und medizin-technischem Gerät nur sinnvoll und gesteuert eingesetzt werden kann, wenn zusätzlich eine Morbiditätsstudie der 23 Kreise vorgelegt wird, die der hoffentlich schnell gebildeten und mit echten Vollmachten ausgestatteten Arbeitsgruppe zur "Soforthilfe" sagt, wo welche Schwerpunkte an Akuterkrankungen vorliegen, denen diagnostisches und therapeutisches Hilfsmaterial zugeordnet werden muß. Also: es fehlt die Morbiditätsstudie. Diese würde auch helfen, die Arzneimittellenkung und die Versorgung mit medizinischen Verbrauchsgütern von Zellstoff bis zur Nabelschere und kleinern Op-Besteck usw. operativ zu steuern bis: -

Und dann kommt der große ökonomische Hammer! Und der kommt sehr bald und mit, wie ich fürchte, katastrophalen Auswirkungen auf uns zu. Der große Unternehmer mit seiner milden und ach so teuren Hand wird nach uns greifen mit seinem Überangebot an allem, was pharmazeutische Industrie, medizin-technisches Angebot und aller Mist eines freien Marktes in unser armes Land hineinpusten können.
Und dazu fehlt jede Aussage in den Unterlagen aus der Reilstr. 72.
Was wir brauchen, ist ganz klar: Fachleute, die nicht jedem dort produzierten Gegenstand, nur weil er gut verpackt ist und gut riecht, auf den Leim kriechen. Wir brauchen bestimmt kein Angebot für Drittländer von Havimed (z.Zt. Gott sei Dank im Konkurs). Wir brauchen:

1. Wissenschaftler, die gut genug sind, um die sinnvollen neuen Standards medizinischer Errungenschaften zu erkennen und durchzusetzen.
2. Wissenschaftler, die gut genug sind, um wissenschaftlichen Nachwuchs auf allen Ebenen heranzubilden oder nachzuqualifizieren: von Ärzten bis zu Laboranten und Schwestern im klinischen, Op-, Anästhesie- und Intensivmedizinbereich.
3. Wissenschaftler, die wissen, wo die vertretbare Grenze zwischen unserer jetzigen Medikamentennomenklatur von ca. 8.000 Einzelangeboten und den ca. 160.000 Einzelangeboten der bundesdeutschen Pharmaindustrie liegt.
4. Wissenschaftler, die dem heimlichen Tod der Krankenhäuser nachgehen, der in Ost und West gleichermaßen grassiert. Ich spreche von Hospitalismus, resistenten Antibiotikafressern, die eine krankenhausinterne Mortalität zur Folge haben; ich spreche von Klimaanlagen, die sich gedreht haben und zu Einschleusungsfaktoren geworden sind; ich spreche davon, daß zentrale medizin-technische

Versorgungsträger wie: technische Gase (Sauerstoff, Druckluft, narkotische Gase) etc. Gefahrenträger geworden sind und uns eine ganze Generation von Krankenhaushygienikern fehlt.

5. und zuletzt: medizinische Ökonomen, die in der Lage sind, Einrichtungen des Gesundheits- und Sozialwesens als betriebswirtschaftliche Einheiten zu führen, ihnen ein eigenständiges Leistungssystem zu geben, wie es weltweit im Pflegesatzverfahren nach Kosten- und Erlösrechnung mit Bilanz, Wirtschaftsprüfung und einem Preis je belegtem Bett besteht. (übrigens auch hier in der DDR mit Erfolg in allen konfessionellen Häusern seit 1946!)

Kurz, wir brauchen Manager in Wissenschaft und Wirtschaft und keine Planideologen!

Und zu allerletzt: wir brauchen ein "Recht der Patienten". Da gibt es jenes kleine gute Heft von Mandel, dem Chefjuristen des MfG, aber das entkleidet nicht diese ganze Welt in Weiß, der wir so hilflos ausgeliefert sind, wenn sie uns einmal in den Klauen hat.

Und das geht immer so weiter: Wir haben keine Richtwerte für den Bedarf an Medizinern, an mittlerem med. Personal, an Hilfskräften jeder Art, an Verwaltungs- und Wirtschaftspersonal. Da gibt es das WAO beim MfG, und es gibt das gute Institut für Bauten des Gesundheitswesens in Berlin-Buch, und es gibt jede Sorte und Art von wissenschaftlichen Vereinigungen für Anästhesiologie und Radiologie und, und, ...

Wann sind sie je innovativ wirksam geworden in der Breite unseres Gesundheits- und Sozialwesen? Wie konnten sie? Sie hatten alle keine Lobby, denn jeder Gesunde schreit doch wie ein Dieb: Mich fangt ihr nicht! Ich kann nur sagen: machen wir es, wie der kleine Herr Blüm von drüben[45], reden wir davon, wie teuer es ist, krank zu sein! Das macht munter: Wir haben es an der Diskussion über die Gesundheitsreform drüben erlebt.

Natürlich ist es billiger zu schweigen - scheinbar! Die Folgen, wir alle haben sie vor uns, und darum fordere ich Sie alle auf: Reden wir davon, schaffen wir dem Gesundheits- und Sozialwesen in der Gesamtheit, die ich hier meine, eine Lobby.

5. 2. 1990

verlesen am "Runden Tisch..." am Donnerstag, den 08.02.1990"
(gekürzt und in einem Wort verändert[46])

Landessprache

was habe ich hier verloren,
in diesem land
dahin mich gebracht haben meine älteren
durch arglosigkeit?
eingeboren, doch ungetrost,

abwesend bin ich hier,
ansässig im gemütlichen elend,
in der netten zufriedenen grube.

was habe ich hier? und was habe ich hier zu suchen?
(...)

und doch bin ich inständig hier,
in asche und sack, und frage mich:
was habe ich hier verloren?

das habe ich hier verloren,
was auf meiner zunge schwebt,
etwas andres, das ganze,
das furchtlos scherzt mit der ganzen welt
und nicht in dieser lache ertrinkt,

(...)
ein mundtotes würgen, das nichts von sich weiß,

---

45 Norbert Blüm, Bundesminister für Arbeit und Sozialordnung von 1982, bis 1991 (Errichtung des Bundesministeriums für Gesundheit) auch für das Gesundheitswesen zuständig.

46 Hans Magnus ENZENSBERGER; Erinnerung an die Zukunft. Poesie und Politik, Leipzig: 1988, S. 35-39.

von dem ich nichts wissen will, muster(ort),
mördergrube, in die ich herzlich geworfen bin,
bei halbwegs lebendigem leib,
da bleibe ich jetzt,

ich hadere aber ich weiche nicht,
da bleibe ich eine zeitlang,
bis ich von hinnen fahre zu den anderen leuten
und ruhe aus, in einem ganz gewöhnlichen land,
hier (ruhe ich) nicht,
nicht hier

Hans Magnus Enzensberger

Nach dem Bericht spricht niemand zu den aufgeworfenen Fragen oder der Gesamtdarstellung überhaupt. Ich glaube, daß die allgemein spürbare Betroffenheit dieses Schweigen verursacht. Ich hätte auch kaum die Kraft zu einer längeren Diskussion gehabt. Ich bin vollkommen leer. Ich verlasse den Saal, gehe in den Hof und auf der Straße auf und ab, bis ich wieder ruhiger geworden bin.

Als ich in den Saal zurückkomme, hat der Bericht über die Bunawerke begonnen. Ich bin weder Experte für wirtschaftliche noch für ökologische Themen und kann nur mit Staunen anhören, unter welchen Bedingungen und mit welchen verheerenden Folgen auch in Buna gearbeitet worden ist. Alles, was dann von der Ökologie-Gruppe gesagt wird, erscheint mir im Grunde hilflos. Niemand, der eine umorientierte Wirtschaftsproduktion fordert, kann sagen, was das ökonomisch bedeutet, wie das Geforderte durchsetzbar sein könnte und was wegen der verlorengehenden Arbeitsplätze geschehen soll. Nach den Darstellungen über Bitterfeld ist es das zweite Mal, daß ich tieferen Einblick in die marode Wirtschaftsstruktur der DDR erhalte. Immerhin eröffnen sich erneut Rückschlüsse auf den DDR-weiten Gesamtzustand, und meine Ratlosigkeit wächst.

Nach der Pause folgen die inzwischen obligatorisch gewordenen Berichte über das Bezirks-MfS, die mit allen Detailfragen dazu den Rest der Sitzung füllen. Ein Lichtblick ist ein noch vorgetragener Antrag der GRÜNEN zur Gründung eines Umweltamtes und die Forderung zur Auflistung von Betrieben, die *umweltverträglich* arbeiten.

Es ist wieder 23.00 Uhr, als ich auf der Heimfahrt bin. Ich halte unterwegs an, um noch eine Schnitte von zu Hause zu essen. Das ist schon so, als wäre ich in Wittenberg.

*****

[Hier befinden sich im Original Ausschnitte aus der "Freiheit" vom 8.2. ("Zahlen künftig die Patienten?" und "Gestern in Halle: Koalitionsgespräch. 'Freiheit'-Interview mit dem Ratsvorsitzenden Dr. W. Süß") und 9.2. ("Bei Betreuung Älterer und Kranker Pflegenotstand. Runder Tisch des Bezirkes zu Gesundheits- und Sozialwesen")]

*****

07/001 Im Protokoll der Beratung vom 1.2.90 ist im Punkt 06/033 die Anschrift auf Große Klausstraße 11 zu verändern.

07/002 *Tagesordnung*

1. Information des Vorsitzenden des Rates des Bezirkes zum Stand der geführten Koalitionsgespräche,
2. Bericht und Diskussion zu Fragen des Gesundheits- und Sozialwesens,
3. Bericht der Regierungskommission Umweltfragen, Chemische Werke Buna,
4. Bericht über den Stand der Auflösung des ehemaligen Amtes für Nationale Sicherheit,
5. Verschiedenes - Anträge

07/003 Der Runde Tisch nimmt die Information des Vorsitzenden des Rates des Bezirkes über den Stand der Koalitionsgespräche zur Bildung des Rates des Bezirkes entgegen. Die Gespräche werden am 14.2.1990, 10.00 Uhr, beim Rat des Bezirkes, Willy-Lohmann-Str. 7, Ratssitzungssaal, mit allen Parteien und Bürgerbewegungen fortgesetzt. Der Vorsitzende des Rates des Bezirkes legt den Vertretern des Runden Tisches am 15.2.1990 eine Vorlage über die Ergebnisse der geführten Verhandlungen zur Diskussion vor.

07/004 Der Vorsitzende des Rates des Bezirkes informiert über den MR-Beschluß vom 1.2.1990 (12/16/90) über erste Maßnahmen zur Vorbereitung der Wahlen zur Volkskammer der DDR[47] (wurde übergeben). Am 15.2.1990 legt der Vorsitzende des Rates des Bezirkes einen Maßnahmeplan zur organisatorischen Vorbereitung der Volkskammerwahlen im Bezirk Halle vor. Dem Antrag, Vertreter des Runden Tisches in die Arbeit des beim Rat des Bezirkes zu bildenden Organisationsbüros zur Vorbereitung der Volkskammerwahlen einzubeziehen, wird zugestimmt.

07/005 Die Berichterstattung der Ad-hoc-Arbeitsgruppe zu Fragen des Gesundheits- und Sozialwesens sowie die erarbeiteten Grundgedanken zur lückenlosen Betreuung der Bürger im höheren Lebensalter sowie von schwer- und schwerstgeschädigten Bürgern aller Altersgruppen werden zur Kenntnis genommen (DS 07/005.1. - wurde übergeben). Die gezogenen Schlußfolgerungen sowie die in der Diskussion unterbreiteten Vorschläge des NEUEN FORUM (DS 07/005.2 - wurde übergeben) und der PDS (07/005.3) sind in die weitere Arbeit des Rates des Bezirkes und der o.g. Ad-hoc-Arbeitsgruppe einzubeziehen.

07/006 Die nächste Beratung der Ad-hoc-Arbeitsgruppe Gesundheits- und Sozialwesen findet am 21.2.1990, 15.00 Uhr, Halle, Reilstraße 72, statt. Es sind die unter 07/005 eingebrachten Vorschläge zu diskutieren und daraus abgeleitete konkrete Entscheidungen für den Runden Tisch vorzubereiten.

07/007 Im Zusammenhang mit der Erklärung der Vertreterin des Bezirksausschusses der Volkssolidarität unterstützt der Runde Tisch des Bezirkes den Vorschlag der SPD, daß zukünftig Einladungen zur Städtepartnerschaft Halle - Karlsruhe am Runden

---

[47] Dieser Beschluß ist im Gbl. nicht aufgeführt. Vgl. auch: Beschluß der Volkskammer über die Wahlperiode der Volkskammer der Deutschen Demokratischen Republik vom 11. Jan. 1990, Gbl. 1990, I, 3, S. 10; Beschluß des Staatsrates der Deutschen Demokratischen Republik über die Durchführung der Wahlen der Volkskammer der DDR vom 15.1., Gbl. 1990, I, 3, S. 11; Beschluß der Volkskammer der Deutschen Demokratischen Republik über die Wahlperiode der Volkskammer der DDR vom 5.2., Gbl. 1990, I, 7, S. 41; Beschluß der Volkskammer der Deutschen Demokratischen Republik in Vorbereitung der Wahl zur Volkskammer der DDR am 18. März 1990 vom 5.2., Gbl. 1990, I, 8, S. 43; Beschluß der Volkskammer der Deutschen Demokratischen Republik über die Durchführung der Wahlen der Volkskammer der DDR vom 8.2., Gbl. 1990, I, 8, S. 44.

Tisch der Stadt Halle zu beraten sind.

07/008 Die Berichterstattung des Leiters der Regierungskommission zu Umweltfragen der Chemischen Werke Buna wird zur Kenntnis genommen und entsprechend den Empfehlungen der Arbeitsgruppe Ökologie des Runden Tisches unter der Bedingung bestätigt, daß die Produktion von Karbid nur solange aufrechterhalten werden muß, wie es volkswirtschaftlich erforderlich ist. Die nachfolgenden Empfehlungen der Arbeitsgruppe werden bestätigt und sind in die weitere Arbeit der Regierungskommission einzubeziehen.

1. Das Ministerium für Schwerindustrie hat sich dafür einzusetzen, daß die im Programm enthaltenen Maßnahmen zeit- und inhaltsgerecht realisiert werden.
2. Es sind Folgemaßnahmen auszuarbeiten zur:
   - Stillegung weiterer Karbidöfen,
   - Senkung der SO_2-Emissionen,
   - Umstellung der Produktion auf umweltschonende Technologien.
3. Der Antrag der SPD, daß der Runde Tisch vom Leiter der Regierungskommission erwartet, über den erreichten Stand der Arbeit und die weiteren Schritte ausführlich in der Presse zu berichten, wird mehrheitlich bestätigt.

07/009 Der Bericht des Rates des Bezirkes zum Stand der Auflösung des AfNS (Bezirk Halle) wird zur Kenntnis genommen und bestätigt. Der Runde Tisch legt fest, daß der Bericht ab sofort mit der "Autorisierten Gruppe" vorher abgestimmt wird, offene Probleme zwischen den an der Auflösung beteiligten Partnern geklärt werden und die Vertreter am Runden Tisch durch den Rat des Bezirkes wöchentlich über den Stand der Auflösung informiert werden. Nur noch die in diesem Prozeß nicht zu klärenden Fragen sind dem Runden Tisch zur Entscheidung vorzulegen.

07/010 Der Runde Tisch des Bezirkes Halle nimmt den Protest des Runden Tisches der Stadt Halle gegen die Einstellung von ehemaligen Mitarbeitern des AfNS im Bereich der Volksbildung in der Stadt Halle entgegen und beauftragt den Rat des Bezirkes, die Prüfung zu veranlassen:

Neueinstellungen
Stadtbezirk Halle-Süd: 46,davon 8 ehem. MA AfNS
Stadtbezirk Halle-Ost: 13,davon 2 ehem. MA AfNS
Stadtbezirk Halle-West:49,davon 4 ehem. MA AfNS
Stadt Halle [insg.]: 108, davon 14 ehem. MA AfNS

Es besteht von seiten der Absolventen die Befürchtung, daß sie dadurch keinen Arbeitsplatz nach dem Studium erhalten.

07/011 Dem Antrag des Runden Tisches der Stadt Halle zur Offenlegung der Telefonanschlüsse (DS 007/011) wird zugestimmt. In Abstimmung zwischen dem Regierungsbeauftragten zur Auflösung des AfNS (Bezirk Halle), der Autorisierten Gruppe, dem Rat des Bezirkes und dem Bezirksdirektor der Deutschen Post wird eine Liste aller ehemaligen Mitarbeiter des AfNS, die in Halle wohnen, erarbeitet und der Post zur Prüfung entsprechend dem Antrag übergeben. Die Prüfung wird bis zum 23.2.1990 abgeschlossen.

07/012 Der Antrag des Rates des Bezirkes (DS 07/012) wird zur Kenntnis genommen. Die Modalitäten zur Sicherung der Arbeiten durch das KIW Halle sind mit der "Autorisierten Gruppe" abzustimmen. Ein Vertreter des Reformhauses zur Mitarbeit in der Arbeitsgruppe des Rates des Bezirkes zur Vergabe der Kfz wurde benannt. Der Bedarf an Fahrzeugen für die am Runden Tisch vertretenen Parteien/Bürgerbewegungen ist beim Rat des Bezirkes, Stellv. des Vors. für Verkehrs- und Nachrichtenwesen, einzureichen.

07/013 Zum Antrag des Runden Tisches Aschersleben hinsichtlich der Aufhebung der Schweigepflicht des ehemaligen Leiters der Kreisdienststelle des AfNS Aschersleben erhält der Rat des Bezirkes den Auftrag, eine Information, nach Vorliegen der zentralen Entscheidung, an den Runden Tisch Aschersleben zu geben. (DS 07/013)

07/014 Der Antrag des Runden Tisches Artern zur Vergabe der Fahrzeuge des ehemaligen AfNS ist durch den Rat des Bezirkes zu beantworten. Zum Antrag auf Teilnahme an der Sichtung/ Vorsortierung der Akten der ehemaligen Kreisdienststelle Artern des AfNS ist eine Antwort durch die "Autorisierte Gruppe" zu geben.

07/015 Der Antrag des VEB Gebäudewirtschaft Halle zur Bereitstellung von Kfz aus dem Bestand des ehemaligen AfNS wird an die Arbeitsgruppe des Rates des Bezirkes übergeben.

07/016 Der Antrag des Herrn M. Waschitschka als Vertreter der Umweltbibliothek (DS 07/016 - wurde übergeben) wird bestätigt. Die beantragte Übergabe von Kassettenregalen und Literaturbeständen ist als Dauerleihgabe zu behandeln.

07/017 Die Erklärung des Runden Tisches der Stadt Halle zur Gründung einer Industrie- und Handelskammer (IHK) wird zur Kenntnis genommen und vom Runden Tisch des Bezirkes einstimmig unterstützt. (DS 07/017)

07/018 Der Antrag der NDPD zur Sicherung der erforderlichen Arbeitsbedingungen des Konservatoriums "Georg Friedrich Händel" in der Stadt Halle wird durch den Runden Tisch mehrheitlich unterstützt, jedoch ohne Orientierung auf ein konkretes Gebäude. Die konkrete Entscheidung dazu ist durch die Stadt Halle im Zuge der generellen Stadtgestaltung zu treffen. (DS 07/018 - wurde übergeben)

07/019 Die Erklärung der Vollversammlung des Verbandes Bildender Künstler vom 19. Januar 1990 wird zur Kenntnis genommen. (DS 07/019)

07/020 Der Antrag der GRÜNEN LIGA zur Bildung eines Umweltamtes wird einstimmig bestätigt. (DS 07/020) Dem Rat des Bezirkes wird empfohlen, die erforderlichen Maßnahmen abzustimmen und festzulegen.

07/021 Der Antrag der GRÜNEN LIGA zur Einrichtung einer Koordinierungsstelle für Umweltschutztechnik produzierende Betriebe im Bezirk Halle wird mehrheitlich bestätigt. Die erforderlichen Maßnahmen sind durch den Rat des Bezirkes in Abstimmung mit der Arbeitsgruppe Ökologie des Runden Tisches unter Berücksichtigung des zu bildenden Umweltamtes (07/020 des Protokolls) einzuleiten.

07/022 Die Vertreter des Runden Tisches sind der Auffassung, daß an ihn gerichtete Einzelanträge mit individuellen Zielstellungen nicht Beratungsgegenstand sein können. Die Gesprächsleitung wird ermächtigt, eine Auswahl der Anträge vorzunehmen und Anträge o.g. Inhalts an die zuständigen Institutionen weiterzuleiten.

07/023 Die Arbeitsgruppe Ökologie tagt jeweils dienstags, 17.00 Uhr, im Reformhaus Halle, Große Klausstraße 11.

07/024 Die nächste Beratung des Runden Tisches findet am 15.2.1990, 14.00 Uhr, Halle, Heilig Kreuz, Gütchenstraße 21, statt.

Vorschlag für die Tagesordnung:

- Fragen der Landwirtschaft
  . Frühjahrsbestellung, einschließlich Obst und Gemüse,
  . Fleischversorgung,
  . Versorgung der Tierbestände mit Futter,
- Berichterstattung des Vorsitzenden des Rates des Bezirkes über die Koalitionsverhandlungen (Vorlage)
- Maßnahmen zur organisatorischen Vorbereitung der Volkskammerwahlen (Vorlage)

- Berichterstattung der Regierungskommission Umweltfragen für das Territorium Bitterfeld

07/025 Anwesenheitsliste DS 07/025

*****

DS 07/005.3

Vorschläge für rasche Lösungsmöglichkeiten von Problemen im Gesundheitswesen

1. Personal

1.1. In Kreisen mit Personalmangel *und* Wohnungsproblemen des mediz. Personals diese vorrangig mit Wohnungen zu versorgen, betr.
- Schwestern (Zeitz, Dessau, Halle-Neustadt, Wittenberg, Naumburg)
- Allg. Mediz. (Wittenberg, Zeitz, Halle)

1.2. Andere mediz. Bereiche sofort dem Bezirksarzt unterstellen

1.3. Mediz. Personal des ehem. AfNS in Grundbetreuung eingliedern

1.4. Schwesternschülerinnen 3. Studienjahr für FAH/PH sofort mit Kenntnissen Recht, Psychol. ausstatten

1.5. Materiell stimulierter Bürgereinsatz zur Versorgung älterer Bürger[, da] z.B. keine Essensversorgung gesichert in Bernburg, Bitterfeld, Gräfenhainichen, Roßlau, Wittenberg

1.6. Prüfen von Umsetzen von Ärzten zur Grundbetreuung aus Nachbarkreisen

1.7. Gezielte Umschulung von Werktätigen

1.8. Ärzte in eigener Niederlassung unter Berücksichtigung einer Verbesserung der Grundbetreuung der Bürger

2. Bauliche Maßnahmen

2.1. Prioritätenkatalog II/S. 12-14 an Räte der Kreise als dringende Empfehlung des Runden Tisches des Bezirkes weiterleiten

2.2. mit Vorrang einzuordnen
- FAH/PH
- Med. Fachschule Halle

2.3. unter Verantwortung des Bezirksarztes und Bezirksbaudirektors gemeinsame Möglichkeiten der Kreise zur Kooperation und [zum] Austausch von Baugewerken festzulegen

2.4. Vorschlag PDS:
LPK West in Objekt des Bezirksvorstandes GST umsetzen, diesen in Gebäude des Bezirksvorstandes umsetzen

2.5. prüfen, ob Rettungsstelle im Stadtkrankenhaus noch nötig bei SMH Stützpunkt Gimritzer Damm.

*****

DS 07/011

Der Runde Tisch der Stadt Halle stellt den Antrag an den Runden Tisch des Bezirkes Halle, das ehemalige Bezirksamt für Nationale Sicherheit, Abt. Nachrichten, zu beauftragen, eine Liste der Wohndienstanschlüsse und der Anschlüsse, die aus dienstlichen Gründen als Privatanschlüsse gestellt wurden, zu erstellen und sie dem Runden Tisch der Stadt Halle am 15. 02., 12.00 Uhr, durch eine kompetente Person vorzulegen.

*****

DS 07/012

Antrag des Rates des Bezirkes an den Runden Tisch am 8.2.1990

1. Nach der Entscheidung über die Nutzung der Kfz-Werkstatt des ehemaligen Bezirksamtes durch den VEB KIW Halle wurde eine Konzeption erarbeitet mit der Zielstellung, diese Instandhaltungskapazität ab 2.4.1990 der Bevölkerung als öffentliche Kfz-Werkstatt zur Nutzung freizugeben. Dazu sind umfangreiche Umrüstungsarbeiten erforderlich. Mit dem Rechtsträger des Geländes, MLU Halle, werden die erforderlichen Schritte zur räumlichen Trennung vereinbart.
   Im Interesse einer schnellstmöglichen bevölkerungswirksamen Nutzung der Werkstatt gemäß der o.g. Konzeption wird vorgeschlagen, die Einlaßkontrolle im ehemaligen Bezirksamt so zu verändern, daß Handwerkern

und Leitungskadern des VEB KIW Halle ein möglichst unkomplizierter Zugang zum Objekt zur Erledigung notwendiger Umrüstungsarbeiten ermöglicht wird.

2. Der Runde Tisch wird gebeten, kurzfristig Vertreter für die Mitarbeit in der AG des Rates des Bezirkes zur Verteilung der Kfz-Technik des ehemaligen Bezirksamtes zu benennen.
3. Der Runde Tisch wird gebeten, im Zusammenhang mit der Verteilung der Kfz-Technik den dringendsten Bedarf an Fahrzeugen für die neuen Parteien und gesellschaftlichen Bewegungen zur Absicherung ihrer Tätigkeit dem Rat des Bezirkes bekanntzugeben. Der Verkauf dieser Technik wird nach Entscheidung der AG des Rates des Bezirkes über den VEB Maschinenbauhandel organisiert.

*****

DS 07/013

Der Runde Tisch Aschersleben beantragt beim Ministerpräsidenten der DDR, die Verschlußsachen-Verpflichtung des ehemaligen Leiters der MfS-/ANS-Kreisdienststelle, Herrn Rudolf Brauer, aufzuheben. Ziel ist eine Offenlegung aller Fakten über die ehemalige Tätigkeit der o.g. Dienststelle.

Der Runde Tisch bittet gleichzeitig darum, die Einladung und Befragung eines kompetenten Vertreters mit aufgehobener Verschlußsachenverpflichtung des ehemaligen Bezirksamtes MfS/ANS Halle in Bezug auf die Telefon- und Postüberwachung im Kreis Aschersleben zu ermöglichen. Die Arbeitsgruppe "Auflösung AfNS" des Runden Tisches Aschersleben wird beauftragt, unter Einbeziehung konkret bekannter Problemfälle einen entsprechenden Fragenkatalog zu erarbeiten und juristisch abzusichern. Dieser Beschluß wird dem Runden Tisch Halle zur Kenntnis gegeben.

Der Runde Tisch Aschersleben erbittet Auskunft darüber, inwieweit sichergestellt ist, daß Akten aus der Bespitzelung von Bürgern sicher verwahrt werden, und wann diese Akten ggf. vernichtet werden, um spätere mißbräuchliche Nutzung auszuschließen. Ein entsprechender Brief geht an den Militärstaatsanwalt des Bezirkes, außerdem [an den] Runden Tisch Halle zur Kenntnis.

*****

DS 07/025
Anwesenheitsliste Runder Tisch 8.2.1990

Partei/Organisation	Name
Kathol. Kirche	Dr. Willms; Dr. Herold
Ev.-Freik. Gemeinde	Greif, Ernst
FDJ	Messerschmidt, Olaf
VBS	Piossek, Konrad; Kittel, Peter
FDGB	Becker, Manfred; Röhrig, Norbert
DFD	Haller, Ruth; Müller, Helga
VS	Hewelt, Rita
IVL	Röver, Uwe Larsen; Dr. Zimmermann, Manfred
Christl. Ärzte/IPPNW	Dr. Büdke, Michael
SPD	Dr. Dittmann, Jörg; Dr. Hoffmann, Petra; Lübbe, Dieter
DA	Dr. Nelles, Axel; Stiasny, Bernd
GP	Jarzowski, Matthias; Neumann, Torsten
Demokratie Jetzt!	Mokosch, Thomas; Dr. Renger, Peter
VdgB	Vogel, Reinhard; Starke, Eva
CDU	Siewers, Harald; Frönicke, Dieter; Borsbach, Wolfgang
Reformhaus	Mennig, Claudia
NEUES FORUM	Jeschke, Peter; Dr. Mehlig, Johannes; Lintzel, Detlev
AKTION DIE DREI	Radziejewski, Winfried; Lippold, Manfred
Rat des Bezirkes	Dr. Süß; Vogt, Erhard
DBD	Schneider, Dieter; Baumgarth, Martin
Ev. Kirche	Dr. Turre
NDPD	Adler, Peter; Dr. Müller, Lothar
LDPD	Schubert, Hartmut; Venner, Gerhard
KB	Hentschel, Peter

PDS Claus, Roland; Dr. Schmidt, Marion
Medienvertreter: Rudnik, Karl-Heinz (Der Neue Weg); Görtz, Armin (Mitteldeutsche Neueste Nachrichten); Stein, Iris; Bartl, Matthias (Freiheit); Stavenhagen, Bernhard (LDZ); Dr. Keitel (Reformzeitung); Stemmler (Sender Halle)

*****

Beschluß des Rates des Bezirkes Halle

Beschlußgegenstand: Maßnahmen des Rates des Bezirkes zur Umsetzung der verbindlichen Empfehlungen des Runden Tisches des Bezirkes Halle

Beschluß-Nr. 1181-3/90 Beschluß-Tag (BeT) 5.2.1990

Der Rat des Bezirkes beschließt:

001 Die Maßnahmen werden bestätigt.

002 Über die Realisierung bzw. über den Stand der Abarbeitung der Maßnahmen ist der Vorsitzende zu informieren.

003 Dieser Beschluß ist zu jeder Ratssitzung bis zur Einstellung der Arbeit des Runden Tisches fortzuschreiben.

Dr. Süß Steuer
Vorsitzender amt. 1. Stellvertreter
des Vorsitzenden

Ausgehend vom Selbstverständnis des Runden Tisches des Bezirkes Halle, das auf die Sicherung des Alltagslebens und die Gewährleistung der Lebensfähigkeit des Gemeinwesens gerichtet ist, ist eine Sicherheitsgemeinschaft mit dem Rat des Bezirkes eingegangen worden. Vom Rat des Bezirkes wird in diesem Zusammenhang gefordert, rechtzeitig die Situation im Bezirk offenzulegen und Rechenschaft über durchgeführte und vorzubereitende Maßnahmen zu legen.

Der Runde Tisch übt keine parlamentarische oder Regierungsfunktion aus, erwartet aber die Berücksichtigung seiner verbindlichen Empfehlungen und Vorschläge vom Rat des Bezirkes.

Aus den bisherigen fünf Beratungen des Runden Tisches ergeben sich folgende Empfehlungen und Maßnahmen für den Rat des Bezirkes:

1. In Vorbereitung der Beratungen des Runden Tisches (jeweils donnerstags) sind für den Vorsitzenden bei Erfordernis aus den Verantwortungsbereichen <u>kurze</u> Einschätzungen über die Lage im Bezirk zu übergeben. Die Koordinierung und Zusammenfassung der Informationen erfolgt durch den Stab Zivilschutz.
   <u>V[er]A[ntwortlich].:</u> Stellv. d. Vors. u. Mitglieder des Rates; Stabschef Zivilschutz
   <u>T[ermin].:</u> mittwochs - 16.00 Uhr
   Zusammengefaßter Bericht donnerstags, 9.00 Uhr
2. Aus den Ratsbereichen sind dem Vorsitzenden Vorschläge für die Vorbereitung wichtiger Entscheidungen des Rates zu übergeben, die mit dem Runden Tisch beraten werden müssen.
   <u>VA.:</u> Stellv. d. Vors. u. Mitglieder des Rates
   <u>T.:</u> jeweils mittwochs (16.00 Uhr) für die Beratung des Runden Tisches in der folgenden Woche
3. In die Vorbereitung und Ausarbeitung der unter Punkt 2 genannten Entscheidungen sind durch die jeweiligen Stellv. des Vors. u. Mitglieder des Rates Vertreter der am Runden Tisch vertretenen Parteien und Bürgerbewegungen einzubeziehen. Es sind entsprechende Arbeitsgruppen in Abstimmung mit dem Runden Tisch zu bilden.
   <u>VA.:</u> Stellv. d. Vors. u. Mitglieder des Rates
4. In allen Kombinaten und Betrieben im Verantwortungsbereich des Rates des Bezirkes ist die verbindliche Empfehlung des Runden Tisches vom 4.1.90 zur Bildung von Beratungs- und Kontrollorganen entsprechend der allen Stellvertretern des Vorsitzenden und Mitgliedern des Rates übergebenen "Niederschrift der Beratung vom 29.12.89 zu Fragen der Wirtschaft im Bezirk Halle..." (Punkt 2.) zu prüfen und umzusetzen. Dazu ist in den Sitzungen des RdB zu berichten.
   <u>VA.:</u> Stellv. d. Vors. u. Mitglieder des Rates; Vors. d. RdK/OB Städte
   <u>T.:</u> 12.2.90
5. Auf der Grundlage der Empfehlung des Runden Tisches zum Kulturhaus Halle, "Möglichkeiten für die Fortführung des Baues zu finden", ist im Zusammenhang mit der Ausarbeitung der erforderlichen Dokumente eine nochmalige öffentliche Diskussion über die kulturell-inhaltlichen Zielstellungen des Kulturhauses zu führen. Besonders die Kulturschaffenden des Bezirkes sind in die weitere Vorbereitung der

Entscheidungsfindung einzubeziehen.
VA.: Koll. Kuhbach, Koll. Dr. Ziegler, Kolln. Kießling, OB Halle
T.: 28.2.90, 31.3.90 für Ifo

6. Alle Probleme, die mit der Auflösung und Aufteilung des Eigentums des ehemaligen Amtes für Nationale Sicherheit im Zusammenhang stehen und entsprechend zentraler Beschlüsse durch den Rat des Bezirkes vergeben werden, sind mit Vertretern der am RT vertretenen Parteien und Bürgerbewegungen zu beraten.
VA.: Koll. Steuer; Koll. Mein; Koll. Wiktor; Koll. Böhm; Vors. RdK/OB Städte
T.: laufend; Endtermin 20.6.90
7. In Vorbereitung der Berichterstattung zum Gesundheitswesen am 8.2.90 ist ein Material auf der Grundlage der Themenkomplexe, die der Runde Tisch am 18.1.90 beschlossen hat, zu erarbeiten und den Vertretern der Arbeitsgruppe Gesundheits- und Sozialwesen am 31.1.90 zu übergeben. Der Bericht wird durch o.g. Arbeitsgruppe erarbeitet. Der Bezirksarzt hat am 8.2.90 an der Beratung des Runden Tisches teilzunehmen.
VA.: Dr. Heuschkel
T.: 31.1.90; 8.2.90
8. Die wöchentliche Berichterstattung des Vorsitzenden des Rates des Bezirkes vor dem Runden Tisch zum Stand der Auflösung des ehemaligen Amtes für Nationale Sicherheit ist jeweils mittwochs (15.00 Uhr) dem Vorsitzenden vorzulegen.
VA.: Koll. Steuer in Zusammenarbeit mit den für die Auflösung verantwortlichen Mitarbeitern
T.: mittwochs, 15.00 Uhr
9. Ausgehend von der Empfehlung des Runden Tisches zur Übergabe von Sicherheitstechnik bzw. -einrichtungen aus dem Bestand des ehemaligen Amtes für Nationale Sicherheit zur Sicherstellung von Drogen und Arzneimitteln in allen Kreisen des Bezirkes für Apotheken ist die Realisierbarkeit zu prüfen und es sind entsprechende Maßnahmen einzuleiten.
VA.: Koll. Steuer in Abstimmung mit den jeweils verantwortlichen Bereichen; Vors. RdK/OB Städte
T.: 28.2.90
10. Auf der Grundlage des MR-Beschlusses vom 21.12.89 zur Unterstützung der Arbeit des Runden Tisches[48] hat die Abt. Kultur bei auftretenden Problemen beim Druck und bei [der] Bereitstellung von Papier für Presseerzeugnisse (Grundlage erteilte Lizenz) den Parteien und Bürgerbewegungen auf Anforderung erforderliche Hilfe zu geben.
VA.: Koll. Kuhbach
T.: im Bedarfsfall
11. Folgende in der Presse am 30.1.90 veröffentlichte Erklärung ist zur Grundlage aller Entscheidungen zur Aufteilung des Eigentums des ehemaligen Amtes für Nationale Sicherheit zu machen:
"Alle bisher durch das ehemalige Amt für Nationale Sicherheit genutzten Grundmittel sind in Volkseigentum zu übernehmen und ausschließlich einer *zivilen* Nutzung zuzuführen. Die Vergabe erfolgt in Zuständigkeit der jeweiligen örtlichen Staatsorgane in Abstimmung mit den örtlichen Volksvertretungen und Bürgerinitiativen."
VA.: Stellv. d. Vors. u. Mitglieder des Rates; Vors. RdK/OB Städte
T.: Endtermin 20.6.90
12. Zur Sicherung der Kenntnis im System des Archives des ehemaligen Amtes für Nationale Sicherheit (Gimritzer Damm) ist unverzüglich Verbindung mit dem Leiter des Staatsarchivs Magdeburg aufzunehmen und die Übernahme durch Mitarbeiter des Staatsarchivs bis 28.2.90 zu sichern. Eine Auslagerung des Archivs hat nicht zu erfolgen.
VA.: Kolln. Spicher
T.: 28.2.90
13. Bei Übernahme des Gebäudekomplexes Gimritzer Damm des ehemaligen Amtes für Nationale Sicherheit ist unter Berücksichtigung der SMH entsprechend dem Vorschlag des Rates des Bezirkes vom 18.1.90 zu verfahren. Die Modalitäten sind zwischen dem künftigen Rechtsträger MLU und den festgelegten Nutzern zu vereinbaren.
VA.: Koll. Steuer in Abstimmung mit dem Rektor der MLU
T.: Endtermin 20.6.90
14. Der Jahresbericht Umweltschutz 1989 ist dem Runden Tisch bis 30.4.90 zu übergeben. In die Ausarbeitung ist die aus Vertretern des Runden Tisches gebildete Arbeitsgruppe einzubeziehen.
VA.: Koll. Bill
T.: 30.4.90
15. Die im Bezirk Halle eingesetzten Regierungskommissionen Umweltschutz sind zu Berichterstattungen über den Stand der Arbeit und die ersten Ergebnisse zu den Beratungen des Runden Tisches einzuladen.

---

48 Vgl. Anm. 36.

VA.: Koll. Bill
T.: 8.2.90 Regierungskommission zu Chem. Werke Buna; 15.2.90 Regierungskomm. zum Raum Bitterfeld, 22.2.90 und 1.3.90 die beiden verbleibenden

16. Zur Berichterstattung der Regierungskommission am 15.2.90 zum Raum Bitterfeld ist der Generaldirektor des CKB zur Frage der Deponie toxischer Stoffe (Beratungsgegenstand des RT am 25.1.90) einzuladen. Es sind konkrete Maßnahmen zum Abbau der Umweltbelastungen vorzulegen, die entsprechend den Empfehlungen des Runden Tisches mit der Erteilung der Deponiegenehmigung durch den Rat des Bezirkes in Zusammenhang stehen (siehe Anlage 1).
VA.: Koll. Bill
T.: 15.2.90

17. Unverzüglich ist die Problematik der schadlosen Lagerung und Beseitigung der im Bezirk lagernden Altkondensatoren (PCB) erneut an den Vorsitzenden des Ministerrates mit der Forderung nach Lösungen heranzutragen.
VA.: Koll. Bill
T.: 1.2.90

18. Die Öffentlichkeitsarbeit zu Fragen des Umweltschutzes ist zu forcieren, insbesondere zu den sozialökonomischen Wirkungen bei Produktionsstillegungen.
VA.: Koll. Bill
T.: 28.2.90
laufend

19. Es ist eine Energiekonzeption für den Bezirk Halle
- unter Beachtung der Forderungen des Umweltschutzes,
- auf der Grundlage des von der Regierung bestätigten Energiekonzeptes der DDR (Vorlage und Beschlußfassung im April 1990)
und
- unter Einbeziehung der Expertengruppe des Runden Tisches

auszuarbeiten und dem Runden Tisch vorzulegen.
Dem Minister für Schwerindustrie ist unter Beachtung der in der Beratung des Runden Tisches am 25.1.90 gegebenen Empfehlungen ein Forderungskatalog zur erforderlichen Energieträgerstruktur in allen Territorien des Bezirkes Halle analog dem Schreiben vom 31.1.90 zur Stadt Halle zu übergeben.
VA.: Koll. Steinmann
T.: für den Forderungskatalog 28.2.90; für die Energiekonzeption 31.5.90

Anlage 1

1. Der RT verlangt vom Rat des Bezirkes Halle eine Entscheidung über die Deponiegenehmigung für das CKB auf der Grundlage der bestehenden gesetzlichen Bestimmungen.
2. Legt die Regierungskommission zum 15.02.90 keine greifbare Lösung in Zusammenarbeit CKB - Ausrüstungsindustrie - Forschungseinrichtungen vor, erwartet der Runde Tisch die Schließung und Sicherung der CKB-Deponien und [die] Stillegung der damit verbundenen Produktion.
3. Die Ursachen und Folgewirkungen dieser Produktionsstillegung müssen von der Kombinatsleitung und den sie in der Vergangenheit dirigierenden staatlichen Stellen und SED-Parteiorganen öffentlich erklärt werden.
4. Der Runde Tisch fordert die Offenlegung und nochmalige Überprüfung aller ökologisch relevanten Regelungen auf der Grundlage der 6. DVO zum Landeskulturgesetz sowie des Wassergesetzes durch die Kombinate der chemischen Industrie in Verbindung mit der Vorlage der Ergebnisse der Regierungskommissionen.

*****

8. Beratung des Runden Tisches

Vor Beginn der Beratung habe ich mit den Moderatoren gesprochen und darum gebeten, mir Gelegenheit zu èinem persönlichen Wort zu geben. Diese Verfahrensweise ist nicht üblich, aber sie ist möglich. So erhalte ich ohne weiteren Antrag das Wort, nach den ersten Informationen über den Besuch des Außenministers der Bundesrepublik in Halle[49], dem Beschluß über die endgültig abgesagten Montagsdemonstrationen und der gemeinsamen Kundgebung mit dem Ministerpräsidenten von Niedersachsen.

Statement:
Ich habe am vorigen Donnerstag einen Bericht der ad-hoc-Kommission Gesundheitswesen gegeben, der sich in besonderer Weise mit dem Thema der sozialen Arbeit des Gesundheitswesens und da wieder mit der Versorgung der älteren Bürger beschäftigt hat. Das habe ich getan in einer Weise, von der ich glaubte und noch glaube, daß sie der Würde dieses Runden Tisches und meinem eigenen Verständnis für das heikle Thema angemessen sei. Daraufhin ist mir von einem Arzt in der Pause gesagt worden, meine Rede hätte einen Literaturpreis verdient; und Herr Dr. Willms, der wie ich unmittelbar in einem Krankenhaus arbeitet und von daher die gleiche Fachkompetenz besitzt, meinte, das von mir Vorgetragene hätte auch Verständnisprobleme auf einer entsprechenden Fachtagung erzeugt. Ich habe versucht, außer der Themenabarbeitung vier Dinge zusätzlich zu sagen:
1. Eine Analyse des Bewußtseinsstandes von Gesundheits- und Sozialwesen in der Bevölkerung,
2. die Herstellung einer Kausalkette, warum es für dieses Thema kein Identifikationsmaß gibt,
3. ein Ausklammern aller Probleme außerhalb der Thematik, soweit dies möglich war, weil sie nach meiner Meinung zuerst in der Arbeitsgruppe aufgearbeitet werden müssen und
4. eine Darstellung aller bisher fehlenden Aspekte für eine zukunftspolitische Arbeit im Gesundheits- und Sozialwesen.

Es ist mir offensichtlich nicht ausreichend gelungen, diese Problematiken deutlich genug zu machen. Ich habe darum meinen Vortrag vervielfältigt und für Sie alle zum Nachlesen bereitgestellt.
Ich muß anmerken, daß das Presseecho mehr als kläglich war. Das hatte ich auch gar nicht anders erwartet, nachdem die anwesende Berichterstatterin mich nicht einmal um ein Redeexemplar gebeten hatte. Aber dieselbe Berichterstatterin hat am vorhergehenden Tag einen Artikel veröffentlicht: "Zahlen künftig die Patienten?" Und wenn so in den Medien gearbeitet wird, ist es schlimm! Ich fordere daher die Presse auf, besser zu recherchieren und sich ihrer Verantwortung bewußt zu sein.

Das *Statement* hat eine hitzige Debatte zur Folge, die in die Beschlüsse 08/003 und 08/004 (s. Protokoll vom 08.02.1990) einmünden.

Zum ersten Mal wird am Runden Tisch über Probleme der Landwirtschaft gesprochen. Das Fazit ist niederdrückend. Der seinerzeitige Beschluß des Politbüros zur Kollektivierung der Landwirtschaft und damit Gründung der LPGs hatte einen immensen Produktionsverlust als Antwort auf den Besitzstandsverlust der Landbevölkerung zur Folge. Dies wiederum hat zu immer weiter steigenden Beschäftigtenzahlen in den einzelnen landwirtschaftlichen Produktionsstätten geführt. Die Folge davon ist heute, daß es kaum eine LPG in der DDR gibt, die kostendeckend arbeitet oder gar Gewinn erwirtschaftet. Das ist durch Subventionen verdeckt worden. Ich frage an, ob die Menge der Republikflüchtigen in der Landbevölkerung zahlenmäßig denen aus den Städten gleichkommt. Die Antwort ist "ja"! Für mich wäre eine niedrigere Fluchtbewegung auf dem Lande einer Restidentifikation mit Besitzstandsbewußtsein gleichgekommen. Das ist offenbar nicht mehr der Fall. Ich frage weiter, ob bei einer Dezentralisierung der LPGs eine Vorstellung darüber besteht, ab welcher Größenordnung Bauernhöfe selbständig

[49] Hans-Dietrich Genscher, *21.3.27 in Halle, Bundesminister des Auswärtigen von 1974 - 1992.

und überlebensfähig sind. Die Antwort ist: nach EG-Normen bei ca. 160 ha. Ich frage weiter, ob eine Reprivatisierung der LPGs angedacht ist, wie es mit den Staatsgütern und den Großtierbetrieben weitergehen soll und wie Grund und Boden bei den alten Besitzverhältnissen so zurückverteilt werden könnten, daß überlebensfähige Bauernhöfe entstehen. Es gibt keine Antwort auf meine Fragen, aber der Runde Tisch greift einen von Dr. Naujok in meinem Sinne gestellten Beitrag auf, um eine Studiengruppe "Landwirtschaft" zu berufen.

Am Runden Tisch entsteht erhebliche Unruhe, als der Vorsitzende des Rates des Bezirkes über die Zusammenlegung der beiden Städte Halle und Halle-Neustadt berichtet. Ich muß zugeben, daß ich gar nicht gewußt habe, daß Halle-Neustadt eine selbständige Stadt ist mit allen administrativen Folgen; d.h., daß ein eigenständiger Stadtrat mit einer Oberbürgermeisterin besteht. Natürlich ist jedem am Runden Tisch klar, daß Halle nur dann eine Chance im Kampf um die Bewerbung als Landeshauptstadt hat, wenn es als einheitliche Stadt auftreten kann. Der jetzige Zustand gibt Magdeburg weitere Pluspunkte. Es muß zu einer Aussprache zwischen beiden Stadträten und entsprechend beiden Bürgerforen kommen mit dem Ziel, die Neustädter davon zu überzeugen, daß eine Vereinigung beider Städte keine Nachteile für Halle-Neustadt mit sich bringt.

Neben Dr. Süß sitzt ein Gast, der jetzt als Professor Dr. Steinberg, stellvertretender Minister für Schwermaschinenbau und Vorsitzender der Regierungskommission für den Chemiestandort Bitterfeld/Wolfen vorgestellt wird. Er berichtet über den augenblicklichen Stand der Analysen und Empfehlungen. Das Ganze ergibt ein so schlimmes Bild, daß ich nachfrage, ob bereits irgendwelche Untersuchungen im Blick auf gesundheitliche Folgeschäden für die Bevölkerung vorliegen. Das wird verneint, aber zugleich gesagt, daß erst in der nächsten Tagung der Regierungskommission deshalb entsprechende Befragungen an den Kreisarzt und andere kompetente Vertreter des Gesundheitswesens ergehen sollen. Ich nehme mir sofort vor, zu dieser Tagung nach Bitterfeld zu fahren. Ich will wissen, ob die vorgetragenen Probleme im Umgang mit toxischen Stoffen in dieser Region gesundheitliche Schäden in der Bevölkerung verursachen, die über den durchschnittlichen Werten der DDR-Morbiditätsrate liegen.

Wir erfahren z.B., daß im Chemiekombinat eine Fabrik steht, die seit etwa 1930 Grundprodukte zur Herstellung von Farben und Lacken herstellt. Durch Entnahme von Bodenproben an dieser Fabrik ist festgestellt worden, daß eine Bodenverseuchung durch Abfallprodukte dieses Herstellers vorliegt, die bis in eine Bodentiefe von 80 m reicht. Inwieweit in diesen Erdschichten Giftwanderungen z.B. durch Grundwasserwege in den Kieselböden entstehen, ist nicht bekannt. Und die Reihe dieser Beispiele läßt sich mit Sicherheit fortsetzen. Sie gilt ohne Frage auch Betriebsteilen der Kombinate in Leuna und Buna, Wedau usw. Das veranlaßt Herrn Naujok vom NEUEN FORUM nachzufragen, wie oft es denn für solche Betriebsteile Ausnahmegenehmigungen zum Weiterbetrieb gegeben hat. Und er stellt gleichzeitig den Antrag, alle Betriebe mit mehreren Ausnahmegenehmigungen stillzulegen. Das ist natürlich nicht möglich, denn der Bezirk Halle hat die bei weitem größte Konzentration von Chemiebetrieben in der DDR, und die Folgen eines solchen Beschlusses sind gar nicht absehbar. Was soll man tun?

Wir alle gehen mit großer Ratlosigkeit in die Pause. Nie zuvor habe ich in dieser Deutlichkeit das Gefühl der Ohnmacht gehabt. Ich weiß, ich muß dagegen angehen, sonst ist jede weitere Tätigkeit am Runden Tisch und in der Gesundheitskommission sinnlos. Aber wie soll ich in Abstimmungen entscheiden, was getan werden muß? Es wird mit Sicherheit eine große Zahl von Arbeitslosen geben, wenn Betriebe stillgelegt werden, aus welchen Gründen auch immer. Wer zahlt für die Betroffenen den Lebensunterhalt? Wer erklärt ihnen überhaupt, warum sie nicht mehr arbeiten sollen? Wie werden diese Arbeiter reagieren? Jede Umsetzung von Arbeitskräften in eine andere Region, in der sie vielleicht gebraucht würden, scheitert an der Immobilität. Es gibt keine Wohnungen!

Ich rauche eine Zigarette nach der anderen und versuche, "Bitterfeld" zu verdrängen: wenigstens heute und jetzt. In meiner Aktentasche habe ich die Bilder über den Kauf des *Gefangenenzuführungswagens*. Ich will die Bildmappe am Runden Tisch kreisen lassen, wenn wir dieses Mal wieder über die "Stasi" reden werden. Der Vorsitzende des Rates des Bezirkes informiert über einen Ministerratsbeschluß zum weiteren Vorgehen bei der Auflösung des MfS. Währenddessen lasse ich die Bilddokumentation unter Zustimmung aller von Hand zu Hand um den Runden Tisch gehen. Eine Vertreterin des Demokratischen Frauenbundes am unteren Ende des Tisches weint, während sie in der Bildmappe blättert.

Ich habe die Bilder mit Absicht heute gezeigt, weil ich weiß, daß die "autorisierte Gruppe für die Auflösung des MfS" den Antrag auf Vernichtung bestimmter Aktenteile stellen wird. Die Gruppe befürchtet, daß es bei Bekanntwerden dieser Unterlagen zu einem Zerfall der noch bestehenden Solidarität in der Bevölkerung kommen wird. Daraus ergibt sich der Schluß, daß es Akten gibt, in denen so viel über die Bespitzelung des Einzelnen gespeichert ist, wie wir uns gar nicht vorstellen können. Dennoch bin ich mit der Mehrheit der Meinung, daß die Akten aufgehoben werden müssen, um Gelegenheit zur Wiedergutmachung zu geben und auch, um zu ermöglichen, daß Geschichtsforscher, Soziologen und Psychologen die Aufarbeitung für uns alle leisten können. Der Antrag der "autorisierten Gruppe" wird abgelehnt.

Auf der Autofahrt nach Hause überlege ich mir, daß ich meinen Aufzeichnungen einen Brief an Herrn G. in Celle hinzufügen muß. Wir haben uns bei einem Treffen von Verwaltungsfachleuten in Bad Helmstedt kennengelernt, das durch das NEUE FORUM arrangiert [worden] war. Herr G. ist noch nie in der DDR gewesen, und ich hatte seinerzeit wohl vergeblich versucht, ihm klar zu machen, was die Planwirtschaft war und noch ist und warum in der Folge unsere Wirtschaftsstrukturen so zerstört sind. Anlaß für unsere Diskussion war die Übergabe der Mappe mit den Bildern des Gefangenenzuführungswagens, die Herr G. für einen Artikel in der Celler Zeitung haben wollte.

Dies ist der Brief an ihn [...]:

Sehr geehrter Herr G.! Wittenberg, den 11.02.1990

Mich quält seit unserem Gespräch bei dem Mittagessen, daß ich letztlich nicht vermocht habe, Ihnen mitzuteilen, was denn eigentlich das Besondere an dieser merkwürdigen Prozedur des Kaufes jenes gebrauchten "GZW" war. Darum will ich versuchen, es aufzuarbeiten und so kurz wie möglich zu sagen: In der DDR herrschte und herrscht eine zentralistisch gelenkte Planwirtschaft zur Deckung des akuten Mangelbedarfes

ad 1= ist man generell ein Bedarfsträger und möglichst ein hochkarätiger Wirtschaftsbedarfsträger (d.h.

kein privater Kunde, wie etwa die Kirche, privatisiert lt. Art. 39,2 unserer geltenden Verfassung[50]). Ich, bzw. das *Ev.* Krankenhaus, muß als *Krankenhaus* und nicht als evangelisch auftreten, dann bin ich gesellschaftlicher Bedarfsträger, erhalte eine Betriebsnummer und ein *Wirtschaftsleitendes Organ* (Gesundheitswesen).

ad 2= Mein Bedarf wird ermittelt im Jahre 1, mit dem Bedarf anderer, gleichgelagerter Betriebe summiert, daraus ergibt sich der *Planbedarf*, der dem Grundstoff- und Finalproduzenten mitgeteilt wird. Jene beiden Partner, die ich nie kennenlernte, haben meinen Bedarf im Jahre 2 zu produzieren und über ihre Handelsketten an mich zu vertreiben.

ad 3= Um nun zu meinem Produkt zu gelangen, das meinen angemeldeten Bedarf deckt, habe ich eine *Fondszuweisung* je Produktpalette zu beantragen, bestätigen zu lassen und diese Bestätigung ist dann eine *Bilanzierung*.

ad 4= Mit Hilfe der Bilanzierung muß ich versuchen einen Warenkaufvertrag abzuschließen und bei den vertreibenden Organen den Gegenstand im Einzelnen zu erwerben. Das gelingt in 40% bis 50% aller Fälle *nicht*, weil schon der Grundstoffproduzent sein Grundprodukt nicht in ausreichender Menge produzierte oder es in den RGW-Raum oder zu Ihnen [in den Westen] verkauft wurde, und so der Finalproduzent *mein* Endprodukt gar nicht mehr hergestellt hat.

ad 5= Um dieser Misere irgendwie ein bißchen zu begegnen, gibt es sogenannte Zwischenhandelsketten, die bereits genutztes Grundfondsmaterial aufkaufen und weitervertreiben. (Sie würden sagen: An- und Verkauf von Altwaren).

Auch diese Zwischenhandelsketten werden bilanziert, geplant, etc., aber wir sind jetzt endlich bei dem VEB Maschinenbauhandel Halle, von dem ich [mit] Hilfe des Runden Tisches des Bezirkes den Gefangenenzuführungswagen (von dem wir nicht wußten, was er ist, außer daß dieses Fahrzeug von seiner Art und Leistungsfähigkeit her dem entsprach, was wir hier brauchten) erzwungen habe. Wenn Sie bitte auf diese Erzwingung alles übertragen, was ich zum Kauf eines *Neuproduktes* geschrieben habe, sind wir genau bei dem, was ich Ihnen am Tisch bei unserem gemeinsamen Mittagessen verständlich machen wollte.

Mit allen guten Wünschen
Lintzel

*****

[Hier befinden sich im Original Ausschnitte aus der "Celler Zeitung" vom 5.3. ("Es geht seinen sozialistischen Gang. Von der Bestellung bis zum Kauf: Warten" und "Die Stasi rüstet ab/ Krankenhaus erhielt statt LKW Gefangenenfahrzeug. Druck des 'Runden Tisches' setzte 'VEB-Karusell' in Bewegung") ; aus der "Freiheit" vom 16.2. ("Gestern am Runden Tisch: Schwarz-Gelb für Halle. 8.Tagung befaßte sich u.a. mit Problemen der Landwirtschaft"), und 17.2. ("Nachbetrachtung zum 8. Runden Tisch des Bezirkes. Heiße Debatte um Arbeit und Umwelt. Fragen der Land- und Forstwirtschaft, Industrie und des Gesundheitswesens diskutiert") sowie aus der Reformzeitung vom 22.2. ("Bericht vom Runden Tisch des Bezirkes vom 15.2.")]

*****

---

[50] Art. 39, Abs. 2: "Die Kirchen und andere Religionsgemeinschaften ordnen ihre Angelegenheiten und üben ihre Tätigkeit aus in Übereinstimmung mit der Verfassung und den gesetzlichen Bestimmungen der DDR. Näheres kann durch Vereinbarungen geregelt werden."

Diesen W50 kaufte das Ev. Krankenhaus „Paul-Gerhardt-Stift" in Wittenberg am 21.12 1898 nach Vermittlung der Abt. Verkehr des Rates des Bezirkes Halle vom VEB Maschinenbauhandel Halle

Dies ist die rechte Seite: die Zellenzahl ist nummeriert!

Protokoll der 8. Beratung des Runden Tisches des Bezirkes Halle vom 15.02.1990

08/001 Tagesordnung

1. Informationen,
2. Berichterstattung des Rates des Bezirkes zu aktuellen Fragen und Problemen in der Landwirtschaft, insbesondere zur Frühjahrsbestellung und Tierproduktion,
3. Informationen zum Besuch der Delegation des Rates des Bezirkes und des Runden Tisches beim Ministerpräsidenten von Niedersachsen am 9.2.1990,
4. Berichterstattung der Regierungskommission Umweltfragen für den Raum Bitterfeld,
5. Fortschrittsbericht über den Stand der Auflösung des ehemaligen AfNS,
6. Stand der Bildung eines "Koalitionsrates",
7. Verschiedene Anträge.

08/002 Die Informationen zum Gespräch mit dem Außenminister der BRD, H.-D. Genscher, am 16.2.1990 und zum Beschluß des Reformhauses vom 13.2. 1990, daß ab sofort montags keine vom Reformhaus verantwortete und begleitete "Demo" mehr stattfindet, sowie zur Kundgebung am 19.2.1990 mit dem Ministerpräsidenten von Niedersachsen, Dr. Albrecht, nimmt der Runde Tisch zur Kenntnis. (DS 08/002 - wurde übergeben)

08/003 Der Antrag des Herrn Lintzel (DS 08/003) zur Erweiterung der Kompetenz der Arbeitsgruppe Gesundheitswesen des Runden Tisches wird im Rahmen des Selbstverständnisses des Runden Tisches bestätigt, d.h. alle beabsichtigten Maßnahmen, die als verbindliche Empfehlung für den Rat des Bezirkes ergehen sollen, sind dem Runden Tisch zur Beschlußfassung vorzulegen. Davon ausgenommen sind alle Fragen, die in direkter Abstimmung zwischen der o.g. Arbeitsgruppe und dem Bezirksarzt geklärt werden können. Die Bitte des o.g. Antragstellers an die Presse zur sorgfältigen Recherche in bestimmten Fragen wird unterstützt.

08/004 Der Antrag des Herrn Lintzel zur Vorlage einer Morbiditätsstudie für den Bezirk Halle zur nächsten Beratung der Arbeitsgruppe am 21.2.1990 durch den Bezirksarzt wird bestätigt.

08/005 Der Antrag des Herrn Dr. Miehe von der Niedersächsischen Staatskanzlei zur Bereitstellung von Büroräumen zur Einrichtung eines Büros des Landes Niedersachsen in Halle wird unterstützt. (DS 08/005 - wurde übergeben) Der Vorsitzende des Rates des Bezirkes erklärte seine Bereitschaft, in Zusammenarbeit mit dem OB der Stadt Halle, die erforderlichen Arbeiten zur Herstellung der schnellstmöglichen Nutzungsfähigkeit der angebotenen Räume am Georg-Schumann-Platz (ehemals FDJ-Stadtbezirksleitung Halle-Ost) zu unterstützen. Als Partner vom Rat des Bezirkes wird Herr Sommer - Aufbauleiter Kulturhaus Halle, Friedemann-Bach-Haus, Große Klausstr. 12 - benannt.

08/006 Die Berichterstattung des Rates des Bezirkes, Stellv. des Vorsitzenden für Land-, Forst- und Nahrungsgüterwirtschaft, zu Fragen der Frühjahrsbestellung und Tierproduktion wird zustimmend zur Kenntnis genommen und bestätigt sowie die unterbreitete Strategie zur weiteren Arbeit in der Landwirtschaft unterstützt. (DS 08/006.1) Der [in diesem] Zusammenhang durch Herrn Dr. Nelles, DA, gestellte Antrag zur Bildung einer Studiengruppe, die die marktwirtschaftlichen Auswirkungen auf die Betriebe der Landwirtschaft untersuchen soll, wird bestätigt. (DS 08/006.2)

08/007 Zur Beratung der Probleme des Umweltschutzes in der Landwirtschaft wird der Arbeitsgruppe Ökologie des Runden Tisches die Einbeziehung von Experten der Landwirtschaft empfohlen.

08/008 Die Berichterstattung des Vorsitzenden des Rates des Bezirkes zum Besuch beim Ministerpräsidenten von Niedersachsen am 9.2.1990 wird zustimmend zur Kenntnis genommen und die Vorschläge zur Gestaltung der weiteren Zusammenarbeit bestätigt.

08/009 Die Ausführungen des Vorsitzenden des Rates des Bezirkes zum Stand der Verhandlungen zur Zusammenlegung der Städte Halle und Halle-Neustadt werden zur Kenntnis genommen. Es wird davon ausgegangen, die Verhandlungen so zu gestalten, daß zu den Kommunalwahlen am 6.5.1990 ein gemeinsames Stadtparlament gewählt wird. Die in diesem Zusammenhang durch den Historiker, Dr. Schellbach, erläuterten Rechtsfragen zum Fortbestehen der Länder über die 1952 durchgeführte Verwaltungsreform hinaus und der Landeshauptstadt Halle werden zur Kenntnis genommen.

08/010 Die Berichterstattung des Leiters der Regierungskommission Umweltfragen für den Raum Bitterfeld wird zur Kenntnis genommen und entsprechend den Empfehlungen der Arbeitsgruppe Ökologie zu den Schwerpunkten der weiteren Arbeit bestätigt. Mit den Ergebnissen der weiteren Tätigkeit der Regierungskommission beschäftigt sich die Arbeitsgruppe Ökologie und informiert die Vertreter des Runden Tisches. Der Runde Tisch empfiehlt dem Rat des Bezirkes, die vorläufige Ausnahmegenehmigung für die Deponie der Abprodukte im VEB Chemiekombinat Bitterfeld bis zum 15.4.1990 zu erteilen. Zu diesem Termin erfolgt eine erneute Berichterstattung des Generaldirektors über die erreichten Ergebnisse vor der Arbeitsgruppe Ökologie des Runden Tisches. Darüber ist der Runde Tisch durch die o.g. Arbeitsgruppe zu informieren. Das übergebene Material ist als DS 08/010 ins Protokoll aufzunehmen (wurde übergeben).

08/011 Dem Antrag der SPD zur Prüfung der Weiterverarbeitung der anfallenden flüssigen Säureharze im VEB Minderalölwerk Lützkendorf im CKB wird zugestimmt. (DS 08/011)

08/012 Dem Antrag des NEUEN FORUM zur Stillegung aller Chemieanlagen im Bezirk Halle, für deren Betreibung mehrfach Ausnahmegenehmigungen erteilt wurden, wird nach umfangreicher Diskussion wie folgt zugestimmt:

- Jede Ausnahmegenehmigung ist durch die entscheidungsbefugten Organe und Institutionen gründlich unter der Maßgabe der technologischen Sicherheit zu prüfen.
- Die Erfüllung der mit der Ausnahmegenehmigung erteilten Auflagen ist in jedem Einzelfall zu prüfen.
- Die Genehmigungszeiträume für Ausnahmegenehmigungen sind zu verkürzen.
- Jede beabsichtigte Stillegung von Anlagen ist im Einzelfall gründlich auf alle möglichen Auswirkungen zu untersuchen.
- In der Arbeitsgruppe Ökologie des Runden Tisches ist die Verfahrensweise zur Beratung der Anträge der Chemiebetriebe des Bezirkes auf Ausnahmegenehmigung für bestimmte Anlagen zu diskutieren und zu klären. Gegebenenfalls sind solche Anträge in der Arbeitsgruppe Ökologie vor Erteilung der Genehmigung zu beraten.

08/013 Der Antrag der DBD (als DS 08/013 aufzunehmen - wurde übergeben) zur Neugestaltung der Forstwirtschaft wird vom Runden Tisch als Information entgegengenommen. Punkt 1 des Antrages zur Bildung einer Arbeitsgruppe mit allen interessierten Parteien/Bürgerbewegungen, die sich mit der Konzipierung künftiger Strukturen und Gesetzesentwürfe beschäftigt, wird bestätigt.

08/014 Der Bericht des Rates des Bezirkes zum Stand der Auflösung des ehemaligen AfNS (Bezirksamt Halle) wird zur Kenntnis genommen und bestätigt.

08/015 Der Antrag der NDPD auf Zuweisung des Lagers Holleben an das Versorgungsdepot für Pharmazie und Medizintechnik wird zur Klärung der Differenzen zwischen diesem Antrag und den bereits getroffenen Vereinbarungen zwischen dem Rat des Bezirkes und den künftigen Nutzern an die Arbeitsgruppe des Rates des Bezirkes zurückverwiesen.

08/016 Der Vorsitzende des Rates des Bezirkes informierte die Vertreter des Runden Tisches über den Beschluß des Ministerrates vom 8.2.90 (MRB 13/4/90)[51] über weitere Maßnahmen zur Auflösung des ehemaligen Amtes für Nationale Sicherheit.

1. Zur Bildung des Komitees zur Auflösung des ehemaligen AfNS sowie [zur] Wahrnehmung der Leitung der Auflösung durch Vertreter des Zentralen Runden Tisches und der Regierung mit Regierungsvollmacht [beschließt] der Runde Tisch: Im Bezirk Halle wird kein solches Komitee gebildet, sondern die bewährte Form der Zusammenarbeit des Rates des Bezirkes mit der "Autorisierten Gruppe" fortgesetzt.
2. Zu Grundsätzen des Umgangs mit dienstlichem Schriftgut und Archivgut unabhängig von der Art des Trägers der Information.
   Dazu wurde u.a. geregelt:
   "Im Interesse des Schutzes der persönlichen Daten der Bürger wird das Schriftgut und Archivgut bis zu einer gesetzlichen Regelung gesperrt. In dieser Zeit wird Einsicht in dieses Schriftgut nur der Staatsanwaltschaft und dem Gericht im Zusammenhang mit Ermittlungs- und Gerichtsverfahren gewährt..."
3. Zu Festlegungen zur Aufhebung der Schweigepflicht (DS 08/016)

08/017 Der Antrag der "Autorisierten Gruppe" zur Weiterleitung einer Empfehlung an den Zentralen Runden Tisch zur sofortigen Vernichtung bestimmter Akten des ehemaligen AfNS (Bezirksamt Halle) wird mehrheitlich abgelehnt. (DS 08/017 - wurde ausgegeben)

08/018 Der im Protokoll vom 8.2.1990 (Pkt. 07/010) enthaltene Punkt zur Einstellung von Lehrern in der Stadt Halle wird an den Runden Tisch der Pädagogen der Stadt Halle zur Klärung verwiesen. Zur Beratung des Runden Tisches des Bezirkes am 22.2.90 ist durch den Rat des Bezirkes die Gesamtzahl der Neueinstellungen in den Schulen des Bezirkes vorzulegen, einschließlich [der] ehemalige[n] MA des AfNS.

08/019 Der Antrag der Aktion Die Drei zur Veränderung des Einstellungsmodus in den Schulen wird auf den 22.2.90 vertagt. Der Antrag ist dann sachlich begründet erneut einzubringen.

08/020 Der Antrag des Reformhauses (DS 08/020 - wurde übergeben) wird bestätigt. Damit ist Herr Günter Rösner [...] bevollmächtigt, für alle am Runden Tisch vertretenen Parteien/Bürgerbewegungen in der Arbeitsgruppe zur Verteilung der Kfz des ehemaligen Bezirksamtes für Nationale Sicherheit zu sprechen.

08/021 Die Information zum Protokoll vom 8.2.90, Pkt. 07/016, daß die durch die Umweltbibliothek im Reformhaus zu übernehmenden Literaturbestände nicht aus Beschlagnahmen stammen, wird zur Kenntnis genommen.

08/022 Der Antrag des Leiters der Strafvollzugseinrichtung Halle zur Übernahme der ehemaligen Untersuchungshaftanstalt des AfNS, Kirchtor 20 a, b, c, wird storniert.

08/023 Der Vorschlag des Vorsitzenden des Rates des Bezirkes über die künftige Zusammensetzung des Rates des Bezirkes im Ergebnis der geführten Koalitionsgespräche

---

[51] Dieser Beschluß ist im Gbl. nicht aufgeführt. Vgl. GILL/SCHRÖTER, a.a.O. (Anm. 12), S. 225f.

wird zur Kenntnis genommen und mehrheitlich bestätigt. Die Abstimmungen in den Parteien und Organisationen sind so zu forcieren, daß gemäß Vorschlag des Ratsvorsitzenden der Koalitionsrat ab 1.3.1990 seine Tätigkeit aufnehmen kann. Bei den in der Vorlage genannten Ratsmitgliedern, die parteilos sind, ist die Aussage zu präzisieren.

08/024 Der Antrag des Reformhauses zur Zwischenfinanzierung der Kosten für den Vertrieb der "Reformzeitung" als Einlage in der LDZ und [im] Neuen Weg wird einstimmig bestätigt. (DS 08/024 - wurde übergeben). Dazu ist eine Vereinbarung zwischen Reformhaus und Rat des Bezirkes abzuschließen. CDU prüft die Übernahme eines bestimmten Kostenanteiles.

08/025 Der Antrag der LDP zum Auftreten von Herrn Hirche, Minister für Wirtschaft, Technologie und Verkehr des Landes Niedersachsen, vor dem Runden Tisch wird auf Grund des Terminplanes des Runden Tisches abgelehnt. (DS 08/025 - wurde übergeben) Statt dessen soll, auf Vorschlag des Vorsitzenden des Rates des Bezirkes, ein Auftreten vor Wirtschaftsexperten erfolgen. Zu näheren Absprachen wendet sich die LDP an den Ratsvorsitzenden.

08/026 Der Antrag der AKTION DIE DREI zur Durchsetzung der Rechtsvorschriften zum Landschaftsschutz gegen eine unkontrollierte Siedlungspolitik wird bestätigt und als Aufgabenstellung an die AG Ökologie des Runden Tisches gegeben.

08/027 Die Information des Vorsitzenden des Rates des Bezirkes zum Stand der Vorbereitung der Volkskammerwahlen am 18.3.90 wird zur Kenntnis genommen. Der dazu erforderliche Maßnahmeplan wird zur nächsten Beratung vorgelegt. Die Vertreter des Runden Tisches zur Mitarbeit im Organisationsbüro beim Rat des Bezirkes für die Vorbereitung der Wahlen werden bis 21.2.1990 dem Vorsitzenden des Rates des Bezirkes bekanntgegeben. Zu jeder Beratung des Runden Tisches wird ab sofort entsprechend den Erfordernissen ein kurzer Bericht zur Wahlvorbereitung durch den Vorsitzenden des Rates des Bezirkes gegeben.

08/028 Ausgehend vom verlesenen Brief einer Rentnerin aus Halle-Neustadt wird eine Erklärung des Runden Tisches zur Situation der Rentner (Abbau der Ängste) durch Herrn Kupke und Herrn Radziejewski zum 22.2.1990 vorbereitet.

08/029 Die nächste Beratung des Runden Tisches findet am 22.2.1990, 14.00 Uhr, Halle, Heilig Kreuz, Gütchenstraße 21, statt.

Vorschlag für die Tagesordnung - (ist keine Reihenfolge)

- Stand der Wahlvorbereitung,
- Fragen der Sicherung der Transportaufgaben im Bezirk Halle,
- Berichterstattung der Regierungskommission Umweltfragen für den Raum Zeitz/Hohenmölsen (Schwelerei Deuben),
- Beratung zur weiteren Nutzung der ehemaligen Bezirksparteischule in Ballenstedt - Teilnahme von Vertretern des Runden Tisches Ballenstedt (Einladung erfolgt über die PDS),
- Fragen der Volksbildung - Einstellungsmodus,
- Bericht über den Stand der Auflösung des ehemaligen AfNS,
- Die mit Protokoll vom 1.2.1990 vorgesehene erneute Beratung der Fragen des Bauwesens sollte auf den 1.3.1990 verlegt werden, da die Beratung o.g. Punkte den Zeitplan voll auslasten würde und der vorzulegende Bericht des Bezirksbaudirektors nach Diskussion am Runden Tisch "Bauwesen" am 19.2.1990 in hoher Qualität erarbeitet werden muß.

08/030 Anwesenheitsliste

08/031 Der Antrag des Herrn Dr. Herold zur Installation eines Telefonanschlusses für die Arbeit des Runden Tisches im Dekanat der Katholischen Kirche, Gütchenstraße 21, wird bestätigt. (DS 08/031)

*****

DS 08/006.2

Ad-hoc-Antrag Demokratischer Aufbruch

Der Runde Tisch des Bezirkes Halle empfiehlt dem Rat des Bezirkes, eine Studiengruppe mit der Anfertigung eines Gutachtens zu den voraussehbaren Folgen einer marktwirtschaftlichen Wirtschaftsreform für die Landwirtschaft des Bezirkes zu beauftragen.

Dr. A. Nelles

*****

DS 08/004

Antrag

Der Arbeitsgruppe Gesundheits- und Sozialwesen ist zum nächsten Tagungstermin (21.2.1990) durch die Mitarbeiter des Bezirksarztes eine Morbiditätsstudie vorzulegen über alle 23 Kreise des Bezirkes, gegliedert nach den Schwerpunkterkrankungen je Kreis.

*****

DS 08/003

Antrag 15.2.1990

Der Runde Tisch möge beschließen, der Arbeitsgruppe Gesundheits- und Sozialwesen eine Vollmacht zu erteilen, die adäquat der Handlungsvollmacht des "Untersuchungsausschusses zur Auflösung MfS" ist. Damit ist erreichbar, daß *diese Arbeitsgruppe* sofort- und mittelfristige Hilfen zu leiten und zu lenken vermag an die Einrichtungen und Versorgungsträger, ihnen Gewerke oder med. Hilfsgüter zuordnen kann, die verfügbar und vertretbar sind. Das gilt auch für Unterstützung von Antragstellern zur Errichtung von Privatpraxen jeder Art usw.

gez. Lintzel
NEUES FORUM

*****

DS 08/011

Antrag der SPD

Durch das Chemiekombinat Bitterfeld ist zu prüfen, inwieweit die im Mineralölwerk Lützkendorf anfallenden flüssigen Säureharze (ca. 15 000 t/a), die z.Z. zusammen mit Asche deponiert werden, mit energetischen und stoffwirtschaftlichen Effekten in der Gips-Schwefelsäure-Anlage im CKB verwertet werden können. Das Ergebnis dieser Prüfung ist der AG "Ökologie" des Runden Tisches vorzulegen. (Termin: März 1990)

*****

DS 08/016

Festlegungen zur Aufhebung der Schweigepflicht

1. Alle ehemaligen bzw. zeitweise noch mit der Auflösung beschäftigten Mitarbeiter des ehemaligen Ministeriums für Staatssicherheit bzw. des Amtes für Nationale Sicherheit werden von der ihnen durch Befehle und Wiesungen auferlegten Schweigepflicht über anvertraute Staats- und Dienstgeheimnisse im folgenden Umfang entbunden.

1.1. Gegenüber den mit der Untersuchung von Sachverhalten gemäß den Ziffern 1.2. und 1.3. beauftragten Staatsanwälten oder Angehörigen der Kriminalpolizei ohne Einschränkung im Rahmen von Ermittlungshandlungen. Die Geheimhaltung von Staatsgeheimnissen wird durch das Dienstverhältnis der Staatsanwälte gewahrt.

1.2. im Umfang des jeweiligen Untersuchungsgegenstandes, soweit es die nach innen gerichtete, die Verfassung der DDR verletzende Tätigkeit des ehemaligen Ministeriums für Staatssicherheit bzw. des Amtes für Nationale Sicherheit und Strukturen und Arbeitsweise betrifft, gegenüber

- den Regierungsbeauftragten im Rahmen der Auflösung des Amtes,

- dem Untersuchungsausschuß der Volkskammer zur Untersuchung von Amtsmißbrauch, Korruption, persönlicher Bereicherung und anderer Rechtsverletzungen,
- den entsprechenden Untersuchungsausschüssen in den Territorien,
- dem Untersuchungsausschuß zur Aufklärung der Übergriffe am 7./8.10.1989.

1.3. Soweit es die nach innen gerichtete, die Verfassung der DDR verletzende Tätigkeit des ehemaligen Ministeriums für Staatssicherheit bzw. des Amtes für Nationale Sicherheit und Strukturen und Arbeitsweise betrifft, gegenüber
- dem Zentralen Runden Tisch,
- seiner Arbeitsgruppe Sicherheit und
- den Runden Tischen der Kreise und Bezirke.

1.4. Es ist zu gewährleisten, daß bei allen Aussagen keine Verletzung von Persönlichkeitsrechten erfolgt.

2. Alle ehemaligen bzw. zeitweise mit der Auflösung beschäftigten Mitarbeiter des ehemaligen Ministeriums für Staatssicherheit bzw. des Amtes für Nationale Sicherheit sind weiterhin zur Geheimhaltung ihnen anvertraut gewesener Staatsgeheimnisse, sofern sie die mit der Verfassung der DDR in Übereinstimmung stehende frühere geheimdienstliche oder nachrichten-dienstliche Tätigkeit betreffen, verpflichtet. In Zweifelsfällen sind die Leiter der Dienststellen der Militärstaatsanwaltschaft berechtigt, zu entscheiden, ob die Notwendigkeit der weiteren Geheimhaltung besteht.

3. Diese Festlegungen berühren nicht das Aussageverweigerungsrecht gemäß der Strafprozeßordnung der DDR.

*****

DS 08/031

Antrag "Dekanat Halle" an den Runden Tisch Bezirk - im Hause - 15.2.1990

Für die sachgerechte Kommunikation der hier donnerstags tagenden Delegierten des Runden Tisches *und* vor allem der diensttuenden Journalisten beantrage ich als Haus-Rektor den sofortigen Anschluß eines Telefon-Apparates mit entsprechender Nummern-Zuteilung (an das Dekanat) an die freie Dienst-Wohnanschlußleitung (Haubold).

Ich empfehle - nach erbetener Zustimmung des Runden Tisches - über Dr. Süß als Vorsitzenden des Rates des Bezirkes direkt mit der Deutschen Post, Fernmeldeeinrichtungen, zu verhandeln, weil ich als Katholischer Amtsträger von dieser Institution (jedenfalls nicht kurzfristig) nicht vor dem Oktober 1989 und auch danach bis heute noch nicht "operativ" und "unbürokratisch" verstanden worden bin.

Dr. Herold

*****

DS 08/030

Anwesenheitsliste Runder Tisch 15.2.1990

Partei/Organisation	Name
Rat des Bezirkes	Dr. Süß; Firchau
DBD	Schneider; Baumgarth
CDU	Wünsche; Borsbach
NDPD	Adler; Müller
LDP	Held; Scholze, Dieter
GRÜNE LIGA	Bernt-Bärtl , Kupke, Wolfgang
PDS	Claus, Roland; Schmidt, Marion
KB	Schönbrodt, Robert
AKTION DIE DREI	Dr. Sprethke, Ulf; Radziejewski, Winfried; Lippold, Sigrid
NF	Lintzel, Detlev; Naujok, Werner; Mehlig, Johannes
VdgB	Starke, Eva; Vogel, Reinhard
Kath. Dekanat	Dr. Willms, Peter; Dr. Herold, Claus
Ev. Kirche	Buchenau
FDJ	Messerschmidt, Olaf
VBS	OSL Kittel, Peter
FDGB	Becker, Manfred; Gläser, Horst
DFD	Heynemann, Melanie; Müller, Helga
Vereinigte Linke	Röver, Uwe Larsen; Dr. Zimmermann, Manfred
SPD	Dr. Hoffmann, Petra

Mediziner soz. Verantwortung	Dr. Wege, Bärbel
DEMOKRATISCHER AUFBRUCH	Dr. Nelles, Axel; Stiasny, Bernd
GP	Jarzowski, Matthias; Weise, Andreas
DEMOKRATIE JETZT	Mokosch, Thomas; Dr. Renger, Peter

Medienvertreter: Freiheit; LDZ; Dr. Keitel, Klaus (Reformzeitung); Sender Halle; Neuer Weg; MNN

*****

Staatliche Zentralverwaltung für Statistik
Bezirksstelle Halle
Kurzinformation
über ausgewählte statistische Kennziffern
Abrechnungsstand: 31.1.1990

Hinweis:
Report: Länder mit Mark-Valutagegenwert-Abrechnung = bisher SW
Länder mit Valutamark-Abrechnung = bisher NSW

Industrie

Die *arbeitstägliche industrielle Warenproduktion* betrug im Bezirk insgesamt im Januar 1990 251,8 Mio M, gegenüber einem Plan von 254,6 Mio M. Sie war um 7,7% niedriger als im Januar 1989. Gegenüber der 1989 niedrigsten arbeitstäglichen Produktion im Monat Dezember sank sie um 5,5% ab und lag damit noch unter der durchschnittlich erreichten Leistung je Arbeitstag des Jahres 1985. Damit wurde der zur Erreichung des '89er Produktionsvolumens notwendige Leistungsanstieg bei weitem nicht erreicht.

Ursache für den Produktionsrückgang gegenüber Januar 1989 war neben weniger Arbeitskräften in der Industrie auch eine niedrigere Arbeitsproduktivität. Nur rd. 40% der Betriebe haben im Januar das Produktionsniveau des gleichen Vorjahresmonats erreicht.

Im Bezirk insgesamt wurden die *Betriebspläne für die industrielle Warenproduktion* im Januar 1990 nur *mit 98,9% erfüllt*. Das entspricht einer Planuntererfüllung von 72,6 Mio M bzw. einer fehlenden Produktion von 0,3 Arbeitstagen.

	Erfüllung des Planes Jan. in %	Abweichung in Mio M
Bezirk insges.	98,9	- 72,6
dar. Ind.-Min. (einschl. WdB)	98,6	- 84,0
dar. WdB	103,2	+ 8,3

Die im Vergleich zur zentralgeleiteten Industrie von den Betrieben des WdB im Januar erreichte gute Planerfüllung ist nicht überzubewerten. Obwohl die Betriebspläne für die industrielle Warenproduktion im Januar von der Lebensmittelindustrie und von der bezirksgeleiteten Industrie (ohne Lemi) überboten wurden, wurde weder das Produktionsniveau vom Januar 1989 noch eine dem anteiligen Arbeitszeitfonds des Monats Januar 1990 entsprechende Jahresplanerfüllung erreicht.

Die *arbeitstägliche Produktion* war im Bereich des WdB im Januar um 5,8% niedriger als im Januar 1989 und entspricht etwa dem Niveau vom Dezember 1989. Nur das Backwarenkombinat und nur 32 der 106 Betriebe des WdB haben im Januar das arbeitstägliche Produktionsniveau des Monats Januar 1989 erreicht.

In der Braunkohleindustrie war die Abraumbewegung um mehr als 10% geringer als im Januar 1989. Im Braunkohlenwerk Bitterfeld sind durch Geräteausfall auch erhebliche Rückstände gegenüber dem Plan eingetreten (rd. 6 Tage). Auch bereits im Januar wurden die Verträge nicht erfüllt.

Vertragsrückstände von 127,1 Mio M am 31.1.1990 und andererseits 268,5 Mio M fehlende Verträge gegenüber dem Absatzplan für den Monat Januar sind sichtbare Zeichen gestörten kooperativen Zusammenwirkens der Wirtschaftseinheiten. Besonders Vertragsrückstände der Zulieferindustrie von 72,9 Mio M beeinträchtigen die Abnehmer.

Die Versorgung der Bevölkerung wird insbesondere durch Vertragsrückstände beim Absatz von Fertigerzeugnissen für die Bevölkerung von 12,5 Mio M zum Monatsende Januar gestört. Sie betreffen fast ausnahmslos Industriewaren. In der Getränke- und Backwarenindustrie gibt es keine Vertragsrückstände. Produktionsrückstände der Industrie bei Konsumgütern bestehen vor allem bei: Fahrrädern (1320 Stück), Elektroherden (509 Stück), Möbel-

und Polsterwaren (1 Mio M), Herrenoberbekleidung (8 T Stück), Hausschuhen (4 T Paar).

Bauwesen

Im Januar 1990 wurden von den volkseigenen Betrieben des Ministeriums für Bauwesen pro Arbeitstag für 7,1 Mio M Bauleistungen durchgeführt, das sind 2,0 Mio M pro Arbeitstag bzw. 22,0% weniger als im Januar 1989. Von den Betrieben der Bauämter wurden im Januar je Arbeitstag 4056 TM Bauproduktion erbracht, das sind 742 TM pro Tag weniger als im Januar 1989. Dabei ist zu beachten, daß die arbeitstägliche Leistung im Monat Januar 1989 um rd. ein Zehntel unter dem durchschnittlichen Niveau des gesamten Jahres 1989 lag. Der Rückgang resultiert neben einem Rückgang der Arbeitskräfte auch aus einer gesunkenen Arbeitsproduktivität.
Die volkseigenen Betriebe des Ministeriums für Bauwesen und der Bauämter haben im Januar 1990 ihre Betriebspläne für die Bauproduktion mit 94,3% realisiert. Der Planrückstand betrug 9,5 Mio M. Auch die Betriebe der Bauämter haben sowohl die Pläne der Produktion des Bauwesens als auch der Bauproduktion nicht erfüllt.
Im Januar 1990 wurden fertiggestellt:

231 Neubauwohnungen
44 Rekonstruktionswohnungen
9 Um- und Ausbauwohnungen.

Dabei sind annähernd soviel Wohnungen wie im Januar 1989 neu gebaut worden. Der Plan für den Neubau wurde im Januar um 110 WE nicht erreicht (Planerfüllung 67,7%). *Das WBK Halle* hat 89 Wohnungen im Januar 1990 neu gebaut, das sind 139 WE weniger als geplant. Die Planerfüllung betrug 39,0%.
Im Januar 1990 wurden 400 Wohnungen *modernisiert*, im Januar 1989 waren es mehr als das Doppelte (876 WE).
Mit dieser Modernisierung erfolgte die Erstausstattung mit

Innentoilette	in 170 WE
Bad/Dusche	in 139 WE
modernem Heizsystem	in 247 WE

Die für den Monat Januar geplante Sporthalle in Sangerhausen wurde fertiggestellt. Des weiteren erfolgte die Fertigstellung von

1 Schulsporthalle im Kreis Hettstedt sowie
je 12 Unterrichtsräumen in den Kreisen Hettstedt und Nebra.

Hier handelt es sich um nicht planmäßig fertiggestellte Gemeinschaftseinrichtungen aus dem Jahr 1989.

Verkehrswesen

Vom öffentlichen Kraftverkehr wurden im Januar 1990 1120,4 Tt Güter transportiert, das sind 45,9 Tt bzw. 4,3% mehr als im Januar 1989. Die Gütertransportleistung stieg dabei um 2,1%.

Export

Im Januar 1990 war der Export der Betriebe des Bezirkes insgesamt in die Länder mit Mark-Valutagegenwert-Abrechnung stark rückläufig gegenüber Januar 1989. Demgegenüber ist beim Export in die Länder mit Valutamark-Abrechnung ein hoher Zuwachs zu verzeichnen. In den Betrieben des WdB stieg das Exportvolumen im Vergleich zum Januar 1989 in die UdSSR auf 126,6%, während es in die anderen Länder mit Mark-Valutagegenwert-Abrechnung auf 45,6% und in die Länder mit Valutamarkabrechnung auf 86,0% sank. Die Betriebspläne wurden jedoch von den Betrieben des Bezirkes insgesamt für den Export in beide Währungsgebiete überboten.

	Planabweichung absolut in %	Planerfüllung auf %	Entwicklung zum Vorjahr
MONAT JANUAR			
Länder mit Mark-VGW-Abr.			
insgesamt	+ 15,8 Mio M/VGW	102,9	91,4
dar. UdSSR	+ 13,5 Mio M/VGW	104,4	94,1
Länder mit VM-Abrechnung	+ 24,1 Mio VM	117,2	118,0

Gegenüber allen Währungsgebieten traten auch im Januar bereits wieder Vertragsrückstände ein, wobei sie gegenüber der UdSSR und den übrigen Ländern mit Mark-Valutagegenwert-Abrechnung fast doppelt so hoch waren wie am Ende des Monats Januar des Jahres 1989.

Arbeitskräfte

In der *Industrie* und im *Bauwesen* zeigt sich ab September 1989 eine Verringerung des Arbeitskräftepotentials, die sich in den letzten Monaten des Jahres noch verstärkte.

Arbeiter und Angestellte in VbE Durchschnitt des Monats	Industrie	Bauwesen
Januar	359 516	61 038
Oktober	357 187	60 407
November	352 727	59 608
Dezember	349 491	59 628

Damit standen in der Industrie am 1.1.1990 rd. 10000 und im Bauwesen rd. 1400 Arbeitskräfte weniger zur Verfügung als am 1.1.1989.
Den Ämtern für Arbeit waren im Bezirk Halle insgesamt Ende Januar für 16191 Personen, darunter für 1186 Personen mit Hoch- und Fachschulabschluß, freie Arbeitsplätze gemeldet. Mit Stichtag 31.1.1990 waren durch Betriebe 3 582 Personen, darunter 1 607 Personen mit Hoch- und Fachschulausbildung, freigesetzt. Bis zum gleichen Zeitpunkt wurden 1374 Personen vermittelt.

Land-, Forst- und Nahrungsgüterwirtschaft
Das geplante *staatliche Aufkommen tierischer Erzeugnisse* wurde im Januar 1990 in den Positionen Schlachtvieh insgesamt nicht erfüllt, bei Milch und Hühnereiern übererfüllt. Das staatliche Aufkommen war in den Hauptpositionen höher als im Januar 1989. Die *Viehbestände* der sozialistischen Landwirtschaftsbetriebe sind im Monat Januar bei den Rindern um 0,1% gestiegen, bei den Schweinen um 0,9% zurückgegangen. Die Kuhbestände nahmen um 0,7% ab. Der Rückgang bei den Mastschweinen im Monat Januar erfolgte bei den Gewichtsgruppen

			Bestand per 31.01.
bis 50 kg	um 7,7%	bzw. 8544 Stck.	102197 Stck.
50 - 80 kg	um 7,5%	bzw. 13681 Stck.	168687 Stck.

Der Bestand an über 80 kg schweren Schweinen stieg um 9,4% bzw. um 19944 Stck. (Bestand 209 121 Stck.).

Bevölkerung
Ende Dezember 1989 betrug die *Bevölkerungszahl* des Bezirkes Halle rd. 1748030 Personen (einschließlich der mit Hauptwohnsitz hier lebenden Ausländer). Sie ist um 28428 niedriger als am Jahresende 1988. Der Rückgang der Bevölkerung verstärkte sich zum Jahresende hin auch durch die gewachsene Zahl ständig Ausgereister (bis Ende Dezember 27319 Personen). Darüber hinaus betrug per 31.12.1989 der Binnenwanderungsverlust 6890 Personen. In den Jahren seit 1980 verringerte sich die Wohnbevölkerung im Durchschnitt je Jahr um 0,5%, im Jahre 1989 etwa dreimal so schnell.
Die Anzahl der *Lebendgeborenen* nahm im Dezember nur wenig zu. Wurden in allen Vormonaten bis Oktober über 1600 Kinder geboren, so waren es im November nur 1496 und im Dezember 1597 Kinder. Im gesamten Jahr 1989 wurden 20225 Kinder geboren, das ist die niedrigste Zahl seit 1975 und 1962 weniger als 1988.

Versorgung der Bevölkerung
Die *Nettogeldeinnahmen der Bevölkerung* betrugen im Januar 1990 im Bezirk insgesamt 1271 Mio M. Gegenüber Januar 1989 stiegen sie um 4,7%. Die vorhandenen Spareinlagen wurden im Monat Januar um 167 Mio M reduziert und für den Kauf von Waren und den Umtausch von Reisezahlungsmitteln in D-Mark ausgegeben. Der Zuwachs des *Einzelhandelsumsatzes* gegenüber Januar 1989 betrug 93 Mio M.

*****

Staatliche Zentralverwaltung für Statistik
Bezirksstalle H a l l e
Information
zur Entwicklung des Wohnungsbestandes für die Bevölkerung des Bezirkes Halle im Jahr 1989

I. Veränderung des Wohnungsbestandes
Der *Wohnungsbestand* für die Bevölkerung betrug am 31.12.1989 740.137 Wohnungen, das sind 423 Wohnungen je 1000 Einwohner. Damit war der Wohnungsbestand am Ende des Jahres 1989 um 4977 WE bzw. 0,7% niedriger als am Jahresanfang. Zum Wohnungsbestand am 1.1.1989 erfolgte im Jahr 1989 ein *Zugang* von 9018 Wohnungen, das sind 1,2% des Bestandes am Jahresbeginn, und eine *Ausgliederung* aus dem Wohnungsbestand von 3904 Wohnungen, das sind 0,5 % des Bestandes am Jahresbeginn.
Von den gesamten Ausgliederungen entfielen:

- 1 998 WE - das sind 51,2% aller Ausgliederungen - auf die *Verbesserung der Wohnstruktur* durch Erhöhung des Ausstattungsgrades bzw. Schaffung von größeren Wohnungen infolge Zusammenlegung. Dabei wird die vorhandene Wohnfläche erhalten und weitergenutzt. Die Zusammenlegungen betreffen zu rund 87% 1- und 2-Raumwohnungen.
- 826 WE - das sind 21,2% der Ausgliederungen insgesamt - auf den *Abriß* von Wohnungen.
  . Rund 82% aller Abrisse - insgesamt 678 WE - betrafen Wohnungen, die in einem schlechten Bauzustand waren.
  . Auf Grund *zentraler Entscheidungen* erfolgte der Abriß von 143 WE in der Stadt Aschersleben und von 5 WE in der Stadt Bitterfeld zur Schaffung von Baufreiheit für beschlossene städtebauliche Maßnahmen.
- 1079 WE zur *ständig anderen Nutzung als für Wohnzwecke*
- 1 WE durch Ausgliederung einer Behelfsunterkunft im Kreis Nebra

Im Ergebnis objektkonkreter Überprüfungen erfolgten im Jahr 1989 von den Vorsitzenden der Räte der Kreise bestätigte *Korrekturen des Wohnungsbestandes* in Höhe von 10091 Wohnungen. Zum großen Teil betrifft das Wohnungen, die zur Verbesserung der Wohnstruktur bereits zusammengelegt waren, aber auch Wohnungen in Gebäuden, die abgerissen waren, von den Organen der Wohnungspolitik jedoch noch im Bestand geführt wurden. Bestandskorrekturen wurden mit Ausnahme des Kreises Artern und der Stadt Halle-Neustadt in allen Kreisen durchgeführt.

Zusammengefaßt ergibt sich für das Jahr 1989 folgende Entwicklung des Wohnungsbestandes:

	Wohnungen
Bestand am 1.1.1989	745114
- Zugänge 1989	9018
./. Ausgliederungen 1989	3904
./. Bestandskorrekturen 1989	10 091
Bestand am 31.12.1989	740137

In 16 Kreisen war der Wohnungsbestand rückläufig. In den Kreisen Gräfenhainichen, Saalkreis, Querfurt, Aschersleben, Roßlau, Naumburg, Eisleben, Hohenmölsen erfolgte der höchste Rückgang und ist ausschließlich auf Bestandskorrekturen zurückzuführen. Die höchsten Zunahmen des Wohnungsbestandes erfolgten in der Bezirksstadt Halle mit 2,3% bzw. 2 476 WE.

Vom gesamten Wohnungsbestand befanden sich am 31.12.1989
57% in volkseigenem bzw. genossenschaftlichem Eigentum;
43% in privatem bzw. sonstigem Eigentum.

II. *Nutzung des Wohnungsbestandes*

1. Von den Ende des Jahres 1989 vorhandenen Wohnungen waren 6015 WE für individuelle Wohnzwecke nicht nutzbar. Davon
   1815 Wohnungen werden durch bauliche Maßnahmen individuellen Wohnzwecken wieder zugeführt,
   2146 Wohnungen standen leer wegen schwerer Vermietbarkeit,
   2054 Wohnungen waren bauaufsichtlich gesperrt.
2. Der am 31.12.1989 vorhandene Wohnungsbestand umfaßte insgesamt 2193230 Wohnräume und 47,6 Millionen m^2 Wohnfläche. In Feierabend- und Pflegeheimen bestanden 13435 Plätze mit einer Wohnfläche von 0,2 Millionen m^2. Damit war am 31.12.1989 eine *Wohnfläche für die Bevölkerung des Bezirkes Halle* von 47,8 Millionen m^2 vorhanden. Das sind 27,4 m^2 je Einwohner. Im Verlauf der achtziger Jahre haben sowohl die Wohnfläche als auch die Anzahl der Wohnräume schneller zugenommen als die Anzahl der Wohnungen. Damit setzte sich die Tendenz einer zunehmenden Wohnungsgröße weiter fort.

III. *Wohnbedingungen*

1. Im Jahr 1989 stieg der Ausstattungsgrad des Wohnungsbestandes gegenüber dem 1.1.1989 an. So erhöhte sich der Bestand mit
   - Innentoilette ausgestatteter Wohnungen um 61216 WE bzw. um 11,5%
   - Bad/Dusche ausgestatteter Wohnungen um 40877 WE bzw. um 7,1%.

   Der Bestandszugang bei Innentoilette als auch bei Bad/Dusche resultiert zu über 80% aus Korrekturen infolge objektkonkreter Überprüfungen.

   Der Ausstattungsgrad der Wohnungen betrug im Bezirk insgesamt:

   von 1000 Wohnungen hatten

	Innentoilette	Bad/Dusche
am 31.12.1981	615	674
am 31.12.1989	803	835

Die Ausstattung der Wohnungen hat sich in allen Kreisen erhöht. Dabei haben sich gegenüber 1981 die Niveauunterschiede stark verringert, da vor allem die 1981 am schlechtesten ausgestatteten Kreise überdurchschnittliche Steigerungen im Ausstattungsniveau zu verzeichnen haben.

von 1000 Wohnungen waren ausgestattet mit

	Innentoilette		Bad/Dusche	
	1981	1989	1981	1989
Kreise mit der niedrigsten Ausstattung:	405	699	532	737
	Hohenmölsen		Bernburg	
Kreise mit der höchsten Ausstattung: 1)	825	912	803	911
	Dessau		Merseburg	

1) ohne Halle-Neustadt

*****

Vorsitzender
Ratssitzung am 15.2.90
Ergänzung zum Beschluß des Rates des Bezirkes vom 5.2.90 (Nr. 1181-3/90) zu Maßnahmen des Rates des Bezirkes zur Umsetzung der verbindlichen Empfehlungen des Runden Tisches des Bezirkes Halle (Beratung vom 1.2.90 und 8.2.90)

20. In Vorbereitung der erneuten Berichterstattung und Beratung zu Fragen des Bauwesens am 22.2.90 ist ein überarbeitetes, aussagefähiges und überschaubares Material zu erarbeiten und den Vertretern am Runden Tisch in Abstimmung mit dem Büro des Vorsitzenden zu übergeben. Das Material ist vorher mit Vertretern der am Runden Tisch vertretenen Parteien/Bürgerbewegungen zu beraten.
    VA.: Koll. v. Malottky
    T.: 20.2.90 (für Abgabe Material); 22.2.90 (für Beratung am Runden Tisch)
21. Alle im Zusammenhang mit der Auflösung des ehemaligen AfNS (Bezirksamt Halle) stehenden Fragen und Probleme sind vor der Berichterstattung des Vorsitzenden des Rates des Bezirkes am Runden Tisch mit der "Autorisierten Gruppe zur Auflösung des Amtes" zu beraten und zu klären.
    VA.: Koll. Steuer
    T.: ab sofort bis 20.6.90
22. Der Antrag der NDPD zur Bereitstellung von Nutzkraftwagen aus dem Bestand des ehemaligen AfNS für private Kohlehändler ist bei der Verteilung o.g. Fahrzeuge in der Arbeitsgruppe des Stellv. d. Vors. f. V/N zu berücksichtigen.
    VA.: Koll. Mein; Koll. Füßling
    T.: Beratungstermin der Arbeitsgruppe
23. Über den Stand der Gespräche zur Bildung eines Koalitionsrates ist eine Vorlage für den Runden Tisch am 15.2.90 auf der Grundlage der Verhandlungen des Vorsitzenden des RdB mit den Parteien/Bürgerbewegungen am 14.2.90 vorzulegen.
    VA.: Dr. Süß; Koll. Aulich
    T.: 15.2.90, 10.00 Uhr
24. Auf der Grundlage der Festlegungen der Volkskammer (Schreiben Dr. Maleuda vom 7.2.90 an die Vorsitzenden der RdB), dem MR-Beschluß vom 1.2.90 (MRB 12/16/90) und dem Maßnahmeplan des RdB für die Vorbereitungen der Volkskammerwahlen ist eine Vorlage zu erarbeiten und dem Runden Tisch in Abstimmung mit dem Büro des Vorsitzenden vorzulegen. In die Arbeit des Organisationsbüros sind Vertreter des Runden Tisches einzubeziehen.
    VA.: Kolln. Spicher
    T.: 14.2.90
25. Die vom Runden Tisch bestätigten Vorschläge vom 1.2.90 und 8.2.90 zum Gesundheits- und Sozialwesen sind in die weitere Arbeit des Bezirksarztes in Abstimmung mit der Arbeitsgruppe des Runden Tisches einzubeziehen.
    V.: Bezirksarzt
26. Die Berichterstattungen der Regierungskommissionen zu Umweltfragen für die Schwelerei Deuben und das Gebiet Eisleben, Hettstedt sind mit der Arbeitsgruppe Ökologie des Runden Tisches zu beraten und den jeweiligen Leitern der Kommissionen abzustimmen.
    VA.: Koll. Bill
    T.: 22.2.90 (BE Deuben); 1.3.90 (BE Hettstedt/Eisleben)
27. Die Empfehlung zur Bildung eines Umweltamtes, in dem eine Zusammenfassung der bisherigen Kontroll-

institutionen auf dem Gebiet des Umweltschutzes unter einer Leitung erfolgen soll, ist zu prüfen und notwendige Maßnahmen einzuleiten. Die Maßnahmen sind in der Arbeitsgruppe Ökologie des Runden Tisches zu beraten. Gleichzeitig ist die Notwendigkeit einer Koordinierungsstelle für die Umweltschutztechnik produzierenden Betriebe im Bezirk Halle mit o.g. Arbeitsgruppe zu prüfen.
A.: Koll. Bill
T.: 28.2.90 (Beratung AG Ökologie)

28. Alle künftig vorzubereitenden Materialien/Vorlagen für den Runden Tisch sind in hoher Qualität und überschaubarem Umfang (max. 10 Seiten) zu erarbeiten.

gez. Dr. Süß
Vorsitzender

*****

Vorlage für den Runden Tisch

Vorschlag über die künftige Zusammensetzung des Rates des Bezirkes im Ergebnis der geführten Koalitionsgespräche mit den Parteien und Vereinigungen

Getragen von der Verantwortung für die Aufrechterhaltung und Sicherung des täglichen Lebens in allen gesellschaftlichen Bereichen des Bezirkes und zur Gewährleistung der Rechtssicherheit der Bürger sind die Koalitionspartner übereingekommen, dem Runden Tisch nachfolgenden Vorschlag über die Zusammensetzung des Rates des Bezirkes zu unterbreiten und dem Bezirkstag zur Wahl vorzuschlagen:

Vorsitzender des Rates des Bezirkes
Herr Dr. Wolfgang Süß (PDS)
Stellvertreter des Vorsitzenden für kommunale Organe
wird von der CDU besetzt. Der namentliche Vorschlag wird zu einem späteren Zeitpunkt eingereicht.
Stellvertreter des Vorsitzenden für Wirtschaft
Herr Dr. Thomas Wilke (NDPD)
Mitglied des Rates für Innere Angelegenheiten
Diese Funktion wird z. Zt. amtierend wahrgenommen durch Frau Regina Spicher (parteilos), Abteilungsleiterin Innere Angelegenheiten
Mitglied des Rates für Handel und Versorgung
Herr Hubert Füßling (PDS)
Mitglied des Rates für Energie, Verkehrs- und Nachrichtenwesen
Herr Heinz Mein (parteilos)
Mitglied des Rates für Finanzen
Herr Erhard Stollberg (CDU)
Mitglied des Rates für Bauwesen und Wohnungswirtschaft
Herr Dieter von Malottky (parteilos)
Mitglied des Rates für Kultur und Bildung
Es liegen zwei Vorschläge vor, über [die] am Runden Tisch zu entscheiden ist
Herr Dr. Renger (CDU)
Herr (NDPD) [kein Name]
Mitglied des Rates für Land-, Forst- und Nahrungsgüterwirtschaft
Herr Albert Firchau (PDS)
Mitglied des Rates für Gesundheits- und Sozialwesen
wird durch (CDU) besetzt. Der namentliche Vorschlag wird bis zum 23.2.1990 eingereicht.
Mitglied des Rates für Tourismus
Herr Wolfgang Böhm (LDPD)
Mitglied des Rates für Umweltschutz und Wasserwirtschaft
Herr Adolf Bill (DBD)
Mitglied des Rates für Arbeit und Löhne
Frau Reinhild Kloppe (PDS)
Dieser Ratsbereich wird aus dem Rat des Bezirkes herausgelöst
Mitglieder des Rates des Bezirkes ohne Geschäftsbereich
Entsprechend dem Beschluß der Volkskammer der DDR "über die Tätigkeit von Vertretern aller Parteien, gesellschaftlichen Vereinigungen und politischen Gruppierungen der Runden Tische in den örtlichen Volksvertretungen

und ihren Räten" vom 29.1.1990[52], Punkt 3, wird dem Bezirkstag vorgeschlagen, Mitglieder des Rates des Bezirkes aus Vertretern der neuen Parteien, gesellschaftlichen Vereinigungen und politischen Gruppierungen zu wählen.

SPD	Namentlicher Vorschlag wird bis 16.2. 1990 unterbreitet
NEUES FORUM	Herr Dr. Johannes Mehlig; Herr Bosse
DEMOKRATISCHER AUFBRUCH	Namentlicher Vorschlag liegt noch nicht vor und wird noch eingereicht.
GRÜNE PARTEI	Ein namentlicher Vorschlag kann z.Zt. noch nicht gemacht werden.
VEREINIGTE LINKE	Eine Entscheidung über die Mitarbeit als Ratsmitglied ohne Geschäftsbereich liegt noch nicht vor. Sie ist für die Woche vom 19. - 23.2. 1990 vorgesehen.
GRÜNE LIGA	Entscheidung über Mitarbeit wird in den nächsten Tagen getroffen. Mandat der Basis ist erforderlich.
AKTION DIE DREI	Namentlicher Vorschlag wird am Runden Tisch eingebracht.
DEMOKRATIE JETZT	Erklärt seine Bereitschaft zur Mitarbeit im Rat des Bezirkes durch Unterstützung anderer Parteien bzw. Vereinigungen, kann aber z.Zt. kein eigenes personelles Angebot machen.

Die Mitglieder des Rates des Bezirkes ohne Geschäftsbereiche werden mit den gleichen Rechten und Pflichten wie Ratsmitglieder mit feststehenden Verantwortungsbereichen ausgestattet. Sie haben die Möglichkeit zur Mitarbeit auf allen spezifischen Ressorts und Fachgebieten im Verantwortungsbereich des Rates des Bezirkes und tragen zur Wahrnehmung der kollektiven Verantwortung bei.

Zur Sicherung der Arbeitsfähigkeit des Bezirkstages wird der Vorschlag unterbreitet, gemäß Punkt 1 des Beschlusses der Volkskammer der DDR "über die Tätigkeit von Vertretern aller Parteien, gesellschaftlicher Vereinigungen und politischen Gruppierungen der Runden Tische in den örtlichen Volksvertretungen und ihren Räten vom 29.1.1990", Vertreter aus diesen Parteien, gesellschaftlichen Vereinigungen und politischen Gruppierungen als Abgeordnete mit allen gesetzlich festgelegten Rechten und Pflichten für freigewordene Mandate zu kooptieren. Das Präsidium des Bezirkstages wird dazu gebeten, einen Beschlußvorschlag vorzubereiten und dem Runden Tisch vorzulegen. Es wird empfohlen, dabei die Wahlergebnisse zur Wahl der Volkskammer der DDR am 18. März 1990 im Wahlkreis 7 (Bezirk Halle) zu beachten.

Dr. Süß
Vorsitzender des Rates des Bezirkes

*****

[52] Gbl. 1990, I, 6, S. 33.

9. Beratung des Runden Tisches

Während der letzten Sitzung der ad-hoc-Gruppe Gesundheitswesen am 21.02.1990 ist es zu einer erfreulichen und einer sehr unerfreulichen Überraschung gekommen. Zunächst einmal kam kurz nach Beginn der Sitzung der Staatssekretär aus dem Gesundheitsministerium von Niedersachsen. Ich werde darüber am Runden Tisch berichten. Am Schluß der Sitzung hat der Bezirksarzt, Dr. H., mich persönlich wegen meiner Befragung an ihn am Runden Tisch und wegen des großen Zwischenberichtes, den ich dort gegeben habe, angegriffen. Ich habe es abgelehnt, in dem rüden Ton, mit dem er mich ansprach, mit ihm zu diskutieren. Als er sich danach von den anderen Teilnehmern als ausscheidender Bezirksarzt verabschiedete, mich aber übersah, wurde mir erst klar, was passiert war. Der Rat des Bezirkes hatte ihm zum 28.02.1990 gekündigt, und daran war ich, nach seiner Einschätzung, nicht ganz schuldlos. Das mag so sein, ich weiß es nicht. Sicher ist, daß ein unkompetenter Apparatemann seinen Arbeitsplatz räumen muß: Das ist bestimmt kein Verlust.

Die Sitzung beginnt mit dem Bericht des Verantwortlichen für das Verkehrs- und Nachrichtenwesen im Bezirk. Was er uns über die zerstörte Infrastruktur berichtet, ist uns allen im wesentlichen bekannt. Jeder von uns fährt über die Straßen voller Löcher, ohne Randbegrenzungen usw., und wer ist schon mit Freuden Fahrgast der Eisenbahn gewesen? Aber es stimmt nachdenklich, wenn von dem Rat des Bezirkes berichtet wird, daß er - wie bekannt - seine Reparaturkapazitäten nach Berlin abgeben mußte und daß es gegen diese Anweisung keine Möglichkeit der Weigerung gab. Was für den Bezirk Halle galt, war ebenso gültig für alle anderen Bezirke der DDR und bedeutete in der Konsequenz, daß die gesamten Reparaturleistungen der DDR für die Straßen- und Schienenwege so gering waren, daß allein Berlin diese Kapazität aufbrauchte. Damit ist dann beantwortet, daß es keine Leistungsmöglichkeiten für Straßenbau usw. in den Bezirken gab. Wenn das stimmt, wie gering muß das für diese Zwecke bestimmte Staatsvolumen gewesen sein. Oder sind alle Mittel und Möglichkeiten woanders hingeflossen, z.B. in den Bau der Erdgas- und Erdöltrasse in der UdSSR?

Es ist schon komisch, daß der anschließend verhandelte Punkt das berühmt-berüchtigte Objekt Ballenstedt ist, eine der Parteischulen der SED/PDS. Ich füge den Antrag der PDS an den Runden Tisch im ganzen den Unterlagen hinzu, damit erhalten bleibt, um welche Größenordnung es da geht (Anlage).

Die Berichte der Betriebsdirektoren des Braunkohlenwerkes in Deuben und des Paraffinwerkes in Webau sind nur ein weiterer Stein aus dem Gebirge an Zerstörung, das nun immer sichtbarer wird. Dabei kommt es zu einem Zwischenfall, wie man ihn jetzt schon fast erwartet und der in keiner Weise unüblich ist.

Der Betriebsdirektor des Hydrierwerkes in Zeitz war ungeladen mit anwesend. Er erhebt Einspruch gegen die vom Runden Tisch beschlossene Stillegung der Kokungsdestillation des Werkes in Webau. Nach Darstellung des dortigen Direktors käme es dabei zu einem Arbeitsplatzverlust für 153 Beschäftigte, die sich in Webau umsetzen lassen. Für das Hydrierwerk in Zeitz bedeutet diese Stillegung aber, daß diesem Werk die Grundstoffe zur Herstellung seiner Endprodukte an Farben und Lacken entzogen werden. Damit steht dieses Werk mit rund 4.000 Beschäftigten vor dem Aus! Von Herrn Naujok wird nachgefragt, in welchem Zustand der

Betriebsteil in Webau mit der Kokungsanlage ist. Die Antwort des Direktors lautet, daß der Abgasschornstein dieser Anlage seit *106 Jahren* steht.

Das Ganze ist wie ein Alptraum! Bei der wiederholten Abstimmung zur Stillegung des Betriebsteiles in Webau bleibt die Mehrheit des Runden Tisches bei der ersten Entscheidung. Ich enthalte mich der Stimme. Wie soll ich entscheiden können, was da wesentlicher ist: die ökologische Vernichtung von Grund und Boden und die Verschmutzung der Umwelt durch ungefilterte Abgasmengen oder [...] als Folge [der] Stillegung eines Werkes zur Beseitigung dieser Lasten [der Verlust von 4.000 Arbeitsplätzen]! Die Berichte der Direktoren von Webau und Deuben nehme ich in meine Notizen auf (Anlagen). Wie wenig haben wir gewußt, und wie aussichtslos scheint die wirtschaftliche Lage, in der wir uns befinden!

*****

Bezirksvorstand der PDS Halle, 21. Februar 1990

A n t r a g

an den Runden Tisch des Bezirkes Halle

Weitere Nutzung der ehemaligen Bezirksparteischule "Wilhelm Liebknecht" Ballenstedt

1. Objekt Großer Ziegenberg *Eigentümer* Fundament, Organisationseigener Betrieb
2. Objekt Kinderwochenheim *Rechtsträger* Fundament
3. Objekt Otto-Kiep-Straße Ballenstedt *Rechtsträger* Fundament

1. Das Kinderwochenheim und das Objekt Otto-Kiep-Straße Ballenstedt werden in die Rechtsträgerschaft des Rates der Stadt überführt (in das Kinderheim wurden 2,27 Mio Mark in den letzten Jahren investiert).
2. Das Objekt Großer Ziegenberg wird als Weiterbildungszentrum Ballenstedt für alle gesellschaftlichen Kräfte genutzt. Dazu wurde mit dem Rat der Stadt Ballenstedt [und] Vertreter[n] des Runden Tisches Ballenstedt folgendes vereinbart.
   a) Rechtsträger und Verantwortlicher für das Weiterbildungszentrum bleibt der BV PDS. Alle technischen Mitarbeiter bleiben im Arbeitsrechtsverhältnis und werden nach einem Rechtsträgerwechsel entsprechend den gesetzlichen Bestimmungen in ein neues Arbeitsrechtsverhältnis überführt.
   b) Die Fragen des Wechsels der Rechtsträgerschaft bzw. Eigentumsfragen werden im Jahr 1990 geregelt.
   c) Ab März 1990 werden Nutzungsverträge zur Sicherung von Einnahmen abgeschlossen. Die Einnahmen sollten mindestens die anfallenden Kosten decken.
   d) Die Verträge zur Nutzung werden unter Berücksichtigung von Pkt. b) mit der "Gesellschaft für Wirtschaftsförderung in beiden deutschen Staaten" - Geschäftsführer Wolfgang Kaschin-Rahn, der MLU und weiteren Interessenten in Abstimmung mit dem Rat der Stadt und Vertretern des Runden Tisches Ballenstedt abgeschlossen. Dazu werden 288 Zimmer mit ca. 400 Betten zur Verfügung gestellt (Haus 1-2, 4 und 5). Haus 3 wird dem Rat der Stadt entgeltlich (Pacht- und Unterhaltungskosten) zur Nutzung als Hotel zur Verfügung gestellt (74 Betten).

*****

Noch vor der Pause kommt es zur Wiederholung des Antrages der "autorisierten Gruppe" zur teilweisen Vernichtung von Akten des MfS. Die Vertreter des Bürgerkomitees haben einen ehemaligen Oberst, den Chef der Bezirksabteilung des MfS, Herrn Romanowski, vor den Runden Tisch geladen, um durch seine Befragung ihren Antrag zu stützen.

Ich habe wenig später einen zweiten Brief an Herrn G. nach Celle geschrieben, den ich so, wie ich ihn geschrieben habe, hier anfüge. In ihm ist alles gesagt, was ich in jener Stunde gefühlt und gedacht habe:

Sehr geehrter Herr G., Wittenberg, d. 22.02.1990

wir haben eine "autorisierte Gruppe..." (besser Bürgerinitiative) eingesetzt, die in Zusammenarbeit mit den Militärstaatsanwälten (wir trauen unseren eigenen Staatsanwälten nicht) das ehemalige Amt für Staatssicherheit und deren traurige Hinterlassenschaft auflöst. Diese "autorisierte Gruppe" hatte an den Runden Tisch... den Antrag gestellt, bestimmte Teile des Aktenmaterials des Ministeriums für Staatssicherheit (MfS) zu vernichten, weil sie

a) den weiteren Umgang mit diesem Aktenmaterial nicht mehr zu ertragen vermochte,
b) befürchtet, daß das Material anderen Interessenten (BND usw.) in die Hände fallen könnte,
c) der Aktenberg insgesamt allein in der Bezirksstadt Halle 4,5 km lang ist und nicht weiter sicher verwahrt und verwaltet werden kann.

Dazu hatte die "autorisierte Gruppe..." den ehemaligen Mitarbeiter des Amtes, Oberst a.D. Romanowski, zur Anhörung geladen. Dieser Mann saß uns gegenüber, sportlich trainiert, vielleicht etwas zuviel gegessen, mit leichten Basedow-Augen, kalt und unberührt wie ein Fisch. Während der Befragung kam heraus, daß insgesamt Aktenmaterial über etwa 7 Millionen observierte Bürger der DDR in dem Zentralarchiv des MfS lagert.
Mein Nachbar, Herr Dr. phil. habil. Joh. Mehlig, der älteste lebende Assistent der Uni Halle (er konnte trotz aller wissenschaftlichen Qualifikation nie mehr sein als ein Assistent - aber das ist eine andere Geschichte, die wir vielleicht einmal erzählen müssen), hat diesen Herrn persönlich erkannt und ihn im Detail nach Namen befragt: 5 oder 6 ehemalige Assistenten oder Oberassistenten der Uni, von denen Herr Romanowski Fall für Fall sagte, daß sie im Range eines Oberstleutnants oder Majors usw. dem MfS angehört hätten und mit der Spezialaufgabe betraut waren, die wissenschaftlichen Mitarbeiter der Uni zu observieren. Daraufhin brach Dr. Mehlig zusammen und verließ vor Wut den Raum. Es entstand eine Totenstille, und Sie hätten eine Stecknadel zu Boden fallen hören. Wir haben dann weiter darüber diskutiert, ob denn Teile der Akten vernichtet werden sollten oder nicht.
Es kam weiter heraus, daß es Praxis des MfS war, die Observanten in den Akten nicht zu erwähnen; das [kann sich z.B. folgendermaßen in den Akten niederschlagen]: Sie kommen totmüde nach Hause, haben sich einmal mehr über den Wahnsinn der zentralisierten Bürokratie und den Parteiapparat geärgert, erzählen dies Ihrer Frau, diese erzählt es ihrer Cousine, die es ihrem Mann erzählt, der es am Stammtisch weiterberichtet. Dort hört ein Mitarbeiter des MfS mit und macht in Ihre Akte einen Bericht, der das dreimal Ausgeschmückte weiter ausschmückt - und es nicht als seinen Bericht deklariert, sondern als Angaben, *die Ihre Ehefrau über Sie gemacht hat.*
Es hat kaum jemand mehr gesprochen. Die Stille nahm immer weiter zu und in die Last, die jeden am Tisch kleiner werden ließ, habe ich dann gesagt, daß wir trotz alledem kein Recht haben, diese Akten zu vernichten; denn ich glaube daran, daß wir auf die Straße gegangen sind, um in Würde auch eine neue Jurisdiktion aufzubauen und eine Geschichtsschreibung, die es irgendwann einmal ermöglichen wird, diese Last aufzuarbeiten, zur Rehabilitation und zum Verständnis für unsere Enkel und Urenkel, damit diese wissen, was das für ein Land war, in dem wir gelebt haben - vielfach, ohne es zu ahnen oder ohne es wissen zu wollen[53].
Was soll ich noch sagen? Ich möchte Ihnen das Herz nicht schwermachen, aber darf man schweigen? Ich glaube nicht. Vielmehr glaube ich, daß Sie werden begreifen müssen, wenn wir schweigen wollen, weil wir sonst weinen würden.

In Verbundenheit
Ihr Detlev Lintzel

Zu den Ausführungen über die Arbeiten von ehemaligen Mitarbeitern des MfS oder ihnen nahestehenden Gruppen verlese ich ein offenes Schreiben der "Gesellschaft für klinische Medizin in Geringswalde", das mir als Vorsitzendem der ad-hoc-Gruppe Gesundheitswesen zugegangen ist. Über diesen Brief kann man nicht berichten; er muß als Ganzes wiedergegeben werden: Ich füge ihn den Unterlagen hinzu.

[...]

[53] Die Akten in der Außenstelle Halle der "Gauck-Behörde" belegen, daß Detlev Lintzel selbst von Ende 1967 bis November 1973 in Wurzen und von Juli 1974 bis zum April 1976 in Naumburg durch die jeweiligen Kreisdienststellen der Staatssicherheit observiert wurde.

Abschrift

GESELLSCHAFT FÜR ALLGEMEINMEDIZIN in der Gesellschaft für klinische Medizin der DDR
Sektion Arbeitsmethodik in d. Allgemeinpraxis

Herrn Ministerpräsident Modrow
Haus der Ministerien, Berlin

Herrn Prof. Dr. sc. med. Thielmann
Ministerium f. Gesundheitswesen
Rathausstr. 4
Berlin

Offener Brief

Hochverehrter Herr Ministerpräsident!
Hochverehrter Herr Minister!

Der "Freien Presse" Karl-Marx-Stadt war am Samstag, den 3.2.1990 auf Seite 3 ein "Offener Brief an Premier Modrow" (Fragen zur Finanzierung des aufzulösenden Ministeriums für Staatssicherheit) zu entnehmen. Verfasser war ein Hans-Joachim Junghoff. Es handelte sich um ein Arbeitspapier der Arbeitsgruppe 5 (Offenlegen der Finanzstruktur) des Ausschusses zur Auflösung des ehemaligen Amtes für Nationale Sicherheit im Bezirk und wurde vom Pressesprecher Armin Farbrig übergeben.
Danach wurden nach Auskunft des ehemaligen MfS

> "im Zusammenhang mit den dort bis 31.1. getätigten Entlassungen durch eine Gutachter-Kommission der Bezirksdienststelle des MfS, Vorsitzender OMR Dr. med. Geutner, Facharzt für Medizin (?), massiert ärztliche Gutachten für
> - Invalidität: 30 Personen nach stichprobenartiger Konrolle (nach Aussagen des MfS ca. 68 - 70 Personen; dabei unter anderem ein Offiziersschüler Jahrgang 51 und ein Drittel der Personen jünger als Jahrgang 45),
>
> - Körperschaden zwischen 30 und 50 Prozent
>
> ausgestellt.
> Im Zusammenhang der vorgenommenen Entlassungen sogenannte Übergangsrenten und Bergmannsrenten durch das MfS bescheinigt... usw., usw..." (Zitat)

Diese Mitteilung ist eine derart schwerwiegende Anschuldigung gegenüber allen Ärzten unseres Landes, daß sie nicht einfach im Raum bleiben kann. Wir betrachten das als eine Diskreditierung aller Ärzte, die heute noch - unabhängig von ihrer bisherigen oder derzeitigen Parteizugehörigkeit bzw. Weltanschauung - ihre ärztliche Pflicht tuen. So etwas kann und darf doch nicht wahr sein, oder es erinnert an die trübsten Zeiten deutscher Vergangenheit.

Deshalb bitten wir dringend

- um umgehende Klärung, inwieweit diese Aussagen zu Recht bestehen. Den genannten OMR finden wir nicht im Telefonbuch von Karl-Marx-Stadt, er scheint auch befragten Kollegen unbekannt zu sein.
- Sollte sich Richtigkeit ergeben, dann ist zu offenbaren, aus welchen weiteren Ärzten sich diese Gutachterkommission zusammensetzt oder -setzte.
- Weiterhin wäre zu klären, welcher Partei diese Ärzte bisher angehörten oder noch angehören, und
- schließlich wären alle durch diese Kommission gefällten Entscheidungen durch eine unabhängige Kommission von Ärzten zu überprüfen und evtl. zu revidieren.
- Ergibt sich die Notwendigkeit derartiger Revidierung unrichtiger gutachterlicher Aussagen, so sollten diese Vorfälle unbedingt strafrechtlich geahndet werden (Approbationsentzug?).
- Zugleich wäre es notwendig, in den anderen Bezirken unseres Landes nach gleichen oder ähnlichen Vergehen zu fahnden, zumal sich weitere ähnliche Handlungen vermuten lassen.
- Wir meinen sogar, daß es dann auch zweckmäßig erscheint, die in letzter Zeit mehrfach mitgeteilten Haftunfähigkeitsbescheinigungen heute strafrechtlich verfolgter Personen der ehemaligen Staats- und Parteiführung durch eine ebenfalls unbelastete Ärztekommission nachprüfen zu lassen.

Hochachtungsvoll
die CDU-Ortsgruppe Geringswalde
- der Vorsitzende -

die Ärzte des Landambulatoriums Geringswalde:
gez. Dr. S. Kleindienst (AM)
" Dipl. Med. Cl. Glanz (AM)
" Dipl. Med. Th. Damm (AM)
" Dr. Völe (Pädiatrie)
" Dr. Herberholz (NNO)

der Vorstand der Sektion Arbeitsmethodik
gez. MR Dr. med. H. Knoblauch
" SR Dr. sc. med. Brandt/Schilde
" MR Dr. Irwacher, Karl-Marx-Stadt
" Dr. Monz, Pappendorf
" Dr. Hartting, Liebstadt

Verteiler
- Redaktion "Neue Zeit"
- Zeitschrift "humanitas", Berlin
- Dr. Lothar de Maizière, Berlin
- OMR Dr. Bergwardt, Vors. d. GAM, Berlin
- Prof. Dr. Schröder, Med. Akademie "Carl Gustav Carus", Dresden
- alle Mitglieder der Sektion Arbeitsmethodik

*****

Nach der Pause lege ich dem Runden Tisch den 2. Bericht der ad-hoc-Gruppe Gesundheitswesen vor, der allgemeine Zustimmung findet. Damit bin ich als offizieller Vertreter des Runden Tisches des Bezirkes Halle in die nächste Sitzung des Regierungsausschusses für die Region Bitterfeld/Wolfen entsandt.

2. Kurzbericht der ad-hoc-Gruppe "Gesundheits- und Sozialwesen" nach der Sitzung vom 21.2.90 an den Runden Tisch des Bezirkes

1. Durch die Administration des Bezirksarztes ist als Morbiditätsdarstellung eine "Information über den Gesundheitszustand der Bevölkerung des Bezirkes Halle", wie durch den "Runden Tisch" gefordert, nachgereicht worden. Dieser Bericht ist leider 2 Jahre alt. Aber er ist analytisch sauber gearbeitet, soweit dies von dem Berichterstatter in der Kürze der zur Verfügung stehenden Zeit festgestellt werden konnte. Natürlich muß davon ausgegangen werden, daß das dem Hause des Bezirksarztes zur Verfügung stehende Ausgangsmaterial nicht immer ungeschönt eingereicht wurde und einiges an Vollständigkeit fehlt. Es muß dem Berichterstatter aber gestattet sein, darauf hinzuweisen, daß hier natürlich die bekannten Probleme der gewiß nicht schonungslosen Offenlegung von Fakten eine Rolle spielt, die der Dienststelle des Bezirksarztes *nicht* angelastet werden kann.
   Zusammenfassend ist zu sagen, daß diese Gesamtdarstellung für den Bezirk Halle bestätigt, daß unser Bezirk mit der höchsten Konzentration von Bevölkerungsdichte und Industrie in der DDR auch die höchsten Werte an gesundheitlich exponierten Bürgern im arbeitsfähigen Alter in der DDR hat. Als Vergleich zwei Zahlen:

	Exponierte Beschäftige (in %)	Produktionsarbeiter
DDR-weit	24,6	38,7
Bezirk Halle	29,0	42,4

2. Das Haus des Bezirksarztes legte einen umfassenden Bericht über "Aktuelle Maßnahmen zur medizinischen und sozialen Betreuung im Bezirk Halle" vor. Dieser Bericht vom 20.2.1990 weist aus, mit welcher Effizienz dort gearbeitet worden ist: Er umfaßt alle Bereiche, für die Sofortmaßnahmen möglich sind, und weist in seinem Anhang auf 3 Seiten sortiert nach Kreisen "Schwerpunkte zur dringenden Sanierung der materiell-technischen Basis" aus. Dieser Anhang muß Ausgang aller operativen Überlegungen im Zusammenwirken "Gesundheits- und Sozialwesen" und "Sektor Bauwesen" werden.
3. Zu einem Grundsatzgespräch war dank Vermittlung der Caritas der Staatssekretär des Gesundheitsministeriums von Niedersachsen, Herr v. Richthofen, gekommen. In einem zweistündigen Gespräch ist vor allem erfreulich deutlich gemacht worden, daß das Land Niedersachsen Hilfe zur Selbsthilfe geben will und wird. Dies soll sofort geschehen, indem Partnerschaften zwischen Krankenhäusern des Bezirkes mit Krankenhäusern in Niedersachsen eingegangen werden. Diese Partnerschaften sollen vor allem Engpässe [bei] medizinischen Geräten aller Art und Medikamenten, einschließlich Verbrauchsmaterial, abdecken. Wo dies der Partner eigenständig finanziell nicht leisten kann, wird das Land Niedersachsen auf Antrag dieses Partners Mittel bereitstellen. Damit ist die Suche nach geeigneten Partnerschaften eröffnet. Kirchliche Stellen des Caritasverbandes und des Halleschen Diakoniewerkes werden bei dieser Suche aus ihren Erfahrungen helfen mit entsprechenden Zuarbeiten.
   Insgesamt wird Niedersachsen sofort 7,3 Mio bereitstellen. Die umfassende Hilfe im [...] Bereich der Alters-, Behinderten-, Pflegeeinrichtungen usw. will das Ministerium selber koordinieren, da es an passenden Partnern in der BRD wegen dort anderer Strukturierung fehlt. Herr Staatssekretär v. Richthofen regt an, daß die Med. Fakultät Halle sich sofort und direkt an die Medizin. Fakultät der Universität Göttingen zur Aufnahme von Partnerschaftsbeziehungen auf allen Ebenen wendet.
4. Die ad-hoc-Gruppe empfiehlt dem Runden Tisch, einen Berichterstatter in die Kommission der Regierung am 2.3.1990 nach Bitterfeld zu entsenden, um von dort einen Bericht über den Morbiditätsstand zu erhalten und Fragen nach Reihenuntersuchungen f[ür] toxische Anreicherung im Blut von exponierten Bevölkerungsschichten [sowie nach] Frühgeburten, Totgeburten, Schwangerschaftsunterbrechungen usw. stellen zu können.

5. Die ad-hoc-Gruppe hat es sich zum Ziel gesetzt, vor allem über künftige föderale Strukturen des Gesundheits- und Sozialwesens im Lande Sachsen-Anhalt nachzudenken. Dazu wird sie Kontakt mit der entsprechenden Arbeitsgruppe des Bezirkes Magdeburg unter Vermittlung des Caritasverbandes herstellen und ein Treffen und gemeinsames Reden (vielleicht an neutralem Ort in Dessau) vereinbaren.

Wittenberg, 22.2.1990 gez. Lintzel

Die Beratung geht erst gegen 23.30 Uhr zu Ende, und ich bin wieder allein auf der Heimfahrt. Wie oft werde ich das noch können, so durch die Nacht nach Wittenberg zu fahren zu meiner wartenden Frau.

*****

[Hier befinden sich im Original Ausschnitte aus der "Freiheit" vom 23.2.1990 ("Aussprache am Runden Tisch zu Fragen der Wirtschaft. Weiteres Thema: Nutzung ehemaliger Bezirksparteischule") und aus der Reformzeitung vom 1.3.1990 ("Bericht vom Runden Tisch des Bezirkes vom 20.2.")]

*****

Protokoll 9. Beratung des Runden Tisches des Bezirkes Halle am 22.2.1990

09/001 *Tagesordnung*

1. Frage der Sicherung der Aufgaben im Transport im Bezirk,
2. Beratung und Diskussion zur weiteren Nutzung der ehemaligen Bezirksparteischule Ballenstedt - Teilnahme Vertreter des Runden Tisches Ballenstedt,
3. Information zur öffentlichen Sicherheit im Bezirk Halle sowie [zu] Fragen der Versorgung,
4. Berichterstattung zu Umweltfragen - Deuben/Webau,
5. Problem der Abholzung von Eichen in der Dölauer Heide,
6. Fortschrittsbericht des Standes der Auflösung des ehemaligen Amtes für Nationale Sicherheit,
7. Stand der Vorbereitung der Wahlen,
8. Verschiedenes - Anträge

09/002 Die Berichterstattung des Stellvertreters des Vorsitzenden des Rates des Bezirkes für Verkehrs- und Nachrichtenwesen wird zur Kenntnis genommen (DS 09/002 - wurde übergeben). In der weiteren Arbeit, insbesondere beim Ausbau des Verkehrsnetzes, sind die diskutierten rechtlichen und ökologischen Fragen zu beachten.

09/003 Der Antrag der PDS zur weiteren Nutzung der ehemaligen Bezirksparteischule Ballenstedt (DS 09/003 - wurde übergeben) wird bestätigt. *Punkt 2d, 1. Satz*, ist wie folgt zu ändern: Die Verträge zur Nutzung werden mit ... in Abstimmung mit dem Rat der Stadt und Vertretern des Runden Tisches Ballenstedt *unter Berücksichtigung von Punkt 2a und b* abgeschlossen. Der Antrag des Herrn Kupke, daß die "vorliegende Regelung bis zum Rechtsträgerwechsel gilt", wird mehrheitlich abgelehnt.

09/004 Die dargelegten Probleme zur Durchsetzung der öffentlichen Sicherheit werden mit zur Kenntnis genommen. Der Runde Tisch bittet den Vorsitzenden des Rates des Bezirkes, die Besorgnis zur eingetretenen Versorgungssituation, im Zusammenhang mit dem am Zentralen Runden Tisch geforderten Subventionsabbau für Grundnahrungsmittel, in der Dienstberatung des Vorsitzenden des Ministerrates am 23.2.1990 zum Ausdruck zu bringen.

09/005 Der Runde Tisch bestätigt mehrheitlich den Brief des Präsidiums des Bezirkstages Halle, des Runden Tisches des Bezirkes Halle und des Rates des Bezirkes Halle in Erwiderung des Briefes gleicher Gremien des Bezirkes Magdeburg zur Kontaktaufnahme beider Bezirke bezüglich der Verständigung zur Bildung des Landes Sachsen-Anhalt. Der Runde Tisch bittet den Vorsitzenden des Rates des Bezirkes, die terminlichen Absprachen mit Magdeburg vorzunehmen.

09/006 Die Berichterstattungen des Rates des Bezirkes und der Betriebsdirektoren des VEB BKW "Erich Weinert" Deuben, VEB Hydrierwerk Zeitz und Paraffinwerk "Vorwärts" Webau zur Umweltsituation im betreffenden Territorium werden zur Kenntnis genommen und die vorgeschlagenen Maßnahmen unter Beachtung des dazu gefaßten Ministerratsbeschlusses vom 8.2.1990 sowie der Stellungnahme der Arbeitsgruppe Ökologie des Runden Tisches bestätigt (DS 09/006 - wurde übergeben). Über die sozialen und ökonomischen Auswirkungen für den VEB Hydrierwerk Zeitz ist eine weitere Verständigung in der Arbeitsgruppe Ökologie erforderlich. Der Vertreter der eingesetzten Regierungskommission war auf Grund technischer Probleme (Pkw-Ausfall) nicht angereist.

09/007 Der Antrag des Reformhauses (DS 09/007 - wurde übergeben) zum Einsatz eines "Koordinators" der Kontakte zu Niedersachsen zur Erhöhung des Einflusses des Runden Tisches auf diese Kontakte wird mehrheitlich an das Reformhaus zur Überarbeitung, unter Berücksichtigung der geführten Diskussion, zurückverwiesen. Dabei sollte die vorgeschlagene Variante, daß der "Koordinator" Ratsmitglied ohne Geschäftsbereich werden sollte, beachtet werden, da dadurch auch die effektivste arbeitsrechtliche Sicherung erfolgen kann.

09/008 Die Erklärung des Leiters der Abteilung Forstwirtschaft zum Problem des Fällens der Eichen in der Dölauer Heide wird zur Kenntnis genommen. Die Klärung der aufgeworfenen Probleme wird an die Arbeitsgruppe Ökologie des Runden Tisches verwiesen. Es wird der o.g. Arbeitsgruppe empfohlen, gemeinsame Beratungen mit Fachleuten vor Ort durchzuführen und die diskutierten erforderlichen Entscheidungen/ Gutachten so schnell wie möglich zur Abwendung von Schäden vorzubereiten und dem Runden Tisch vorzulegen.

09/009 Der Antrag der GRÜNEN LIGA zur öffentlichen Information über vorgesehene Fäll- und Pflegemaßnahmen an Bäumen wird bestätigt (DS 09/009).

09/010 Der Fortschrittsbericht des Rates des Bezirkes und der Autorisierten Gruppe zum Stand der Auflösung des ehemaligen Amtes für Nationale Sicherheit (Bezirk Halle) wird zur Kenntnis genommen und bestätigt.

09/011 Die Information des Rates des Bezirkes zur Überprüfung der Telefonanschlüsse für ehemalige Mitarbeiter des Amtes für Nationale Sicherheit brachte folgendes Ergebnis: Von 330 überprüften Anschlüssen in Halle (entsprechend [dem] Antrag des Runden Tisches der Stadt Halle) sind 110 Anschlüsse durch Einflußnahme des ehemaligen Ministeriums für Staatssicherheit installiert woden und könnten in die beantragte Vergabe aufgenommen werden. Zur Klärung der Modalitäten sowie rechtlicher Vorbehalte (Rechtsmittel) wird dem Runden Tisch der Stadt Halle empfohlen, in direkten Kontakt mit der Deutschen Post zu treten.

09/012 Die überarbeitete erneute Antragstellung der "Autorisierten Gruppe zur Auflösung des Amtes für Nationale Sicherheit" zur Weiterleitung eines Standpunktes zur Vernichtung bestimmter Akten als Empfehlung des Runden Tisches des Bezirkes wird mehrheitlich abgelehnt (DS 09/012 - wurde übergeben). Folgender Kompromiß wurde dazu vereinbart: Der Autorisierten Gruppe wird freigestellt, ob ihr Standpunkt durch sie an den Zentralen Runden Tisch weitergeleitet wird. Bei Weiterleitung ist jedoch zu erklären, daß die Vertreter des Runden Tisches mehrheitlich dafür eintreten, daß keinerlei Akten vernichtet werden, so wie es im Ministerratsbeschluß vom 8.2.1990 festgelegt wurde. Der Antrag des Herrn Webel, internationale Kontakte zur Sicherung der Akten zu knüpfen, fand keine Mehrheit.

09/013 Dem Antrag der Autorisierten Gruppe zur Sicherung der Akten und Archive bzw. Einsichtnahme für diese, um die Verquickung des ehemaligen Ministeriums für Staatssicherheit mit anderen bezirklichen Institutionen offenzulegen, wird vom Grundsatz [her] zugestimmt (DS 09/013). Die NDPD, CDU, DBD und PDS haben ihre Bereitschaft zur Einsichtnahme erklärt. Konkrete Absprachen sind zwischen der Autorisierten Gruppe und den o.g. Partnern zu treffen. Der Autorisierten Gruppe wird empfohlen, zur Einsichtnahme entsprechend dem Antrag Kontakt mit dem Bezirksstaatsanwalt und dem Militärstaatsanwalt aufzunehmen.

09/014 Der Brief des Direktors des VEB Elektro-Wärmetechnik Halle zu Fragen der Einstellung von ehemaligen Mitarbeitern des Amtes für Nationale Sicherheit in der Wirtschaft wird von Herrn Kupke - GRÜNE LIGA - im Auftrage des Runden Tisches beantwortet.

Grundsätzlich ist sich der Runde Tisch einig, daß
- keine Ausgrenzung erfolgen darf,
- Offenheit zur Herstellung von Vertrauen erforderlich ist und
- die Konzentration bei der Einstellung in bestimmten Bereichen zu verhindern ist.

09/015 Der Brief der Martin-Luther-Universität, Sektion Pharmazie, zur Gründung einer Parkinson-Spezialklinik wird der Arbeitsgruppe Gesundheits- und Sozialwesen zur weiteren Bearbeitung übergeben (DS 09/015 - wurde übergeben).

09/016 Der 2. Bericht der Arbeitsgruppe Gesundheits- und Sozialwesen wird zur Kenntnis genommen und bestätigt (DS 09/016).

09/017 Die Bitte der Arbeitsgruppe Gesundheits- und Sozialwesen zur Besetzung der Funktion des Bezirksarztes ist im Zuge der Koalitionsverhandlungen zur Bildung des Rates des Bezirkes zu berücksichtigen.

09/018 Die Berichterstattung des Vorsitzenden des Rates des Bezirkes über die materiell-technische Vorbereitung der Wahlen zur Volkskamer wird bestätigt (DS 09/018 - wurde übergeben). Als weiterer Vertreter des Runden Tisches wird Herr Wolfgang Kupke, Kreuzvorwerk 10, Halle, 4020, benannt.

09/019 Die Vorlage zur Arbeit der Wahlkommission (DS 09/019 - wurde übergeben) wird bestätigt. Vorschläge für den Vorsitzenden der Wahlkommission und seine Stellvertreter wurden nicht unterbreitet. Die am Runden Tisch vertretenen Parteien/Bürgerbewegungen stimmen dem Antrag des Vorsitzenden des Rates des Bezirkes zu, die Vorbereitung der Wahlen, vor allem bei der Nominierung der Wahlvorstände, mit ihren Mitteln und Möglichkeiten zu unterstützen.

09/020 Der Vorschlag des Vorsitzenden des Rates des Bezirkes über die Zusammensetzung des Rates des Bezirkes (Stand 21.2.1990) wird zur Kenntnis genommen und bestätigt (DS 09/020 - wurde übergeben).

09/021 Der Vorsitzende des Rates des Bezirkes lädt alle neuen Mitglieder des Rates des Bezirkes mit und ohne Geschäftsbereich zu einer ersten informellen Beratung für den 27.2.1990, 14.00 Uhr beim Rat des Bezirkes, Arbeitszimmer des Vorsitzenden, ein.

09/022 Die Einladung des Verbandes der Berufssoldaten zum Tag der NVA, 1.3. 1990, 15.00 Uhr im Haus der Armee, Mühlweg, wird zur Kenntnis genommen.

09/023 Zur Beratung von ausgewählten Problemen der Bildung lädt der amtierende Bezirksschulrat Vertreter der am Runden Tisch vertretenen Parteien/Bürgerbewegungen sowie der Kirchen gesondert ein.

09/024 Herr Dr. Herold unterbreitete zur Erhöhung der Effektivität der Arbeit des Runden Tisches das Angebot [an] alle Parteien und Bürgerbewegungen, die über keine Vervielfältigungstechnik verfügen und andere Möglichkeiten nicht erschließen können, Anträge bzw. Erklärungen dem Dekanat Halle, Gütchenstraße 21, zur Vervielfältigung zu übergeben. Er äußerte die Bitte, das Material rechtzeitig einzureichen.

09/025 Die nächste Beratung des Runden Tisches findet am 1.3.1990, 14.00 Uhr, Halle, Heilig Kreuz, Gütchenstraße 21, statt.

Vorschlag für die Tagesordnung:
- Bildung der Arbeitsämter und Aufgaben, Arbeitskräfteprobleme,
- Beratung ausgewählter Probleme des Bauwesens,
- Stand der Wahlvorbereitung,
- Fortschrittsbericht zur Auflösungdes Amtes für Nationale Sicherheit,
- Berichterstattung der Regierungskommission Umweltfragen für das Territorium Hettstedt,
- Fragen der Militärreform,
- Verschiedenes - Anträge.

09/026 Der Antrag des NEUEN FORUM zur Hochschulpolitik (wurde übergeben) sowie die Erklärungen der AKTION DIE DREI...
- Lage der Rentner,
- Probleme der Vereinigung der DDR und BRD (Anlagen)

werden auf den 1.3.1990 vertagt.

09/027 Anwesenheitsliste

*****

AKTION DIE DREI

Erklärung

Nicht nur niedrigere Emissionswerte in der Atemluft und geringere Kontaminationen der Gewässer, noch glitzerndere Auslagen der Geschäfte, noch die Betonpisten der Autobahnen, welche die Seelen der Landschaften durchschneiden, werden allein für uns die Lebensqualität der Zukunft ergeben. Entscheidend wird das Verhältnis von Mensch zu Mensch sein über die Barriere angepaßten Verhaltens oder marktforscherischem Ausspähens hinweg. Wir sind im Oktober aufgebrochen, vormundschaftliche Machtstrukturen aufzubrechen und abzuschütteln. Kräftig wurden Türen und Fenster aufgestoßen und ein Luftzug begann zu wehen, den wir als Hauch der Freiheit deuteten, der aber immer mächtiger wurde, Licht für Licht ausblies und nun das ganze Haus zu zerstören droht. Nach über 40 Jahren Raubbau auf allen Gebieten unseres Lebens haben wir im Prozeß der Vereinigung beider deutscher Teilstaaten eine große Zahl von Sachfragen zu lösen. Da sind die Fragen einer künftigen sozialen Ausgeglichenheit, da sind die Fragen der DDR-typischen Kunst, die bislang nicht unter dem Druck kommerzieller Verwertbarkeit stand, und da sind die Fragen der Gemeinnützigkeit und Rechtssicherheit bei der Kapitalisierung von Grund und Boden. Wir wenden uns an die Kräfte des Aufbruchs vom Herbst 89: Laßt uns gemeinsam dafür sorgen, daß nicht soziale Spannungen auftreten, die zu Zerreißproben führen und extreme politische Entwicklungen begünstigen, laßt uns wieder aufeinander hören und das gegenseitige Abgrenzen im Kampf um eigenen Einfluß und Publicity einschränken. Wäre es nicht dienlicher, unsere Ideen und Kräfte dafür einzusetzen, wie wir sachgerecht die Probleme zu lösen haben, anstatt schöne Sonntagsreden in Umlauf zu bringen oder für deren Verbreitung zu wirken? Was wir DDR-ler mit unserem Schicksal und unserer Eigenart verantwortungsvoll gestaltend in ein neues Deutschland einbringen können, ist ein soziales Miteinander, ist der Humanitätsgedanke und ist der Internationalismus. Folgt aber die Einigung dem Diktat einer Übermacht, wird es für uns Deutsche keine günstigere Ausgangslage geben als für das Bismarck-Reich von 1870/71, die Friedrich Nietzsche kommentierte als "Exstirpation des Geistes zugunsten des Reiches". Welches Erscheinungsbild wir im Einigungsprozeß bieten, wird ausschlaggebend dafür sein, mit welchen Gedanken uns unsere Nachbarn begleiten.

*****

AKTION DIE DREI

Stellungnahme des Runden Tisches des Bezirkes zur Lage der Rentner

Viele Rentner unseres Landes befürchten heute, bei der Neuordnung unserer deutschen Verhältnisse wieder auf der Verliererseite zu erscheinen. Das würde um so schwerer wiegen, da ja die Rentner weitestgehend nicht mehr in der Lage sind, vermögensbildend zu wirken. Die Regierung der DDR ist im Augenblick dabei, eine Sozialcharta zu erstellen, die auch den Besitzstand der Rentner absichern soll, und diese in die Verhandlungen zur deutsch-deutschen Währungsunion einzubringen.

Die Einführung der DM als einheitlichem Zahlungsmittel würde den Kaufkraftverlust, den wir mit unserem jetzigen Geld seit Jahren erleben, aufheben. Bundesdeutsche Politiker verkündeten, es müßte das niedrigere Rentenniveau in der DDR von 40% des letzten Arbeitseinkommens auf 70% entsprechend den Bedingungen der Bundesrepublik gehoben werden. Sie empfehlen auch die dynamische Anpassung der Renten an die Einkommensentwicklung der Arbeitnehmer. Das hat zur Folge eine mehr oder weniger dynamisch angepaßte Entwicklung der Sozialversicherungsbeiträge, die nicht mehr auf dem niedrigen Niveau wie bisher bleiben können. Inwieweit die sich daraus ergebenden Differenzen im bestehenden Sozialversicherungsfonds zu den sich erhöhenden Ausgaben durch Gelder aus der Bundesrepublik ausgeglichen werden, dazu gibt es noch keine verbindlichen Zusicherungen. Zu erwarten ist, daß die höheren Sozialversicherungsbeiträge, wie sie in der BRD Usus sind, bei der Übernahme unserer Betriebe durch westdeutsche Unternehmen bzw. durch Kooperation oder Joint Ventures sofort wirksam werden und dadurch die Fondsaufstockung einsetzt.

Erkennbare Absicht der Regierung der DDR ist, abzubauende Subventionen Einkommensschwachen durch gezielte Zuschüsse zu ersetzen. Alle bisherigen politischen Erklärungen zielen darauf hin, daß die Spareinlagen der DDR-Bevölkerung bei einer Währungsunion unangetastet bleiben. Alle am Wahlkampf beteiligten Kräfte sind aufgefordert, den Bürgern offenzulegen, wie sie die Absicherung eines gleichwertigen Sozialstandes in beiden deutschen Teilen beim Einigungsprozeß bewerkstelligen wollen. Die soziale Ubiquität muß für Deutschland gesichert sein.

Winfried Radziejewski

*****

DS 09/009

GRÜNE LIGA

Jürgen Bernt-Bärtl

Antrag an den Runden Tisch des Bezirkes

Die GRÜNE LIGA stellt den Antrag der Informationspflicht an die Bevölkerung bei Fäll- und Pflegemaßnahmen an Bäumen. Das beinhaltet Arbeiten in Natur- und Landschaftsschutzgebieten, städtischem Erholungswald, Parkanlagen und bei Einzelbäumen innerhalb eines Ortes. Die Städtischen und Forstwirtschaftsbetriebe haben die Information durch Presse, Funk etc. bekanntzumachen einschließlich der Begründung. Die Information hat mindestens 14 Tage vor dem Termin zu erfolgen.

Begründung:

Auf Baumfällmaßnahmen bzw. größere Pflegearbeiten an Bäumen reagiert die Bevölkerung neuerdings außerordentlich heftig. Das reicht von einer intensiven Eingabetätigkeit bis hin zu Protestveranstaltungen wie jüngstens in Halle-Büschdorf. Sehr oft kann über den Sinn der Maßnahmen nicht mehr diskutiert werden, da das Kind bereits im Brunnen liegt. Nachgereichte Argumente erscheinen dann immer sehr zweifelhaft wie augenblicklich im Naturschutzgebiet Bischofswiese (Halle-Dölau).

*****

DS 09/013

Die Sichtung der Akten der Abteilung Sicherheitsfragen in der Bezirksleitung der SED ergab, daß eine umfangreiche Verflechtung nicht nur mit dem ehemaligen MfS bestand, sondern auch zu allen bewaffneten Organen, der VP, dem Zoll, allen ehemaligen Blockparteien, der Bezirksstaatsanwaltschaft. Da diese Unterlagen Auskunft über rechtswidrige Handlungen, Vertuschungen, Bespitzelungen im Auftrag der SED geben, beantragen wir:

1. Die Überprüfung aller Akten in der Abteilung Sicherheitsfragen *einschließlich* der Datenbank der SED.
2. Die Prüfung des restlichen Archivmaterials auf sicherheitsrelevante Akten ähnlicher Art.
3. Die Überprüfung der Archive der ehemaligen Blockparteien und gesellschaftlicher Organisationen, die nachweislich mitbeteiligt waren und der SED zugearbeitet haben.

4. Die Überprüfung der VP, insbesondere der Abteilung "K1"[54], die in engster Zusammenarbeit mit dem MfS gearbeitet hat.
5. So soll auch mit Archiven und Institutionen wie Zoll, GST, NVA, Staatsanwaltschaft (Bezirk) verfahren werden, die Partner der Abteilung Sicherheitsfragen darstellten.
6. Die von der Schiedskommission sichergestellten Akten von Herrn Achim Böhme sind unter die Aufsicht des autorisierten Bürgerkomitees zu stellen.
7. Die Akten sind an ihrem Fundort zu sichern, z.B. VS-Akten der K1 der BdVP bleiben bis auf weiteres in der Sicherheitsabteilung der SED.

Im Auftrag des autorisierten Bürgerkomitees des
Runden Tisches des Bezirkes Halle
gez. Dietmar Webel

*****

DS 09/027
Anwesenheitsliste Runder Tisch 22.2.90

Partei/Organisation	Name
Rat des Bezirkes	Dr. Süß; Mein
DBD	Rothe; Baumgarth, Martin
CDU	Wünsche; Borsbach
NDPD	Hoffmann; Müller
LDP	Vossebrecker
Kulturbund	Kormann
PDS	Claus, Roland; Dr. Schmidt, Marion
AKTION DIE DREI	Lippold, Manfred; Radziejewski, Winfried
NF	Lintzel, Detlev; Mehlig, Johannes; Dr. Wand
VdgB	Vogel, Reinhard; Starke, Eva
DEMOKRATIE JETZT!	Mokosch, Thomas
GP	Jarzowski, Matthias
DA	Dr. Nelles, Axel
SPD	Lübbe, Dieter; Dr. Dittmann, Jörg
Med. in soz. Verantwortung	Dr. Büdke, Michael
VEREINIGTE LINKE	Dr. Zimmermann, Manfred; Röver, Uwe Larsen
Kathol. Dekanat	Willms, Peter; Dr. Herold, Claus
Ev. Kirche	Buchenau
Ev.-Freik. Gemeinde	Greif, Ernst
FDJ	Messerschmidt, Olaf
VBS	OSL Kittel, Peter; OSL Piossek, Konrad
FDGB	Becker, Manfred
GRÜNE LIGA	Kupke, Wolfgang; Bernt-Bärtl, Jürgen
DFD	Müller, Helga; Deckert, Sabine

Medienvertreter von: LDZ; Neuer Weg, Bezirks- und Lokalredaktion; Reformzeitung; Freiheit; Sender Halle

*****

VEB DKW "Erich Weinert" Deuben — Deuben, den 21.2.1990

Informationsmaterial *für [den] Runden Tisch beim Rat des Bezirkes Halle am 22.2.1990*
Thema: Probleme der Umweltbelastung im Raum Deuben, verbunden mit der Stillsetzung der Schwelerei im Jahr 1990

1.) Welche Verbesserungen der Umweltbelastung treten nach Stillsetzung der Schwelerei für den Raum Deuben auf?

---

[54] Informationsabteilung, zuständig für die inländische Spionage und Geheimdiensttätigkeit.

Schadstoffe	Emission Ist 1989 (3 Altöfenbetrieb betrieb+2 Reko) (t/a)	Emission Anlagenkomplex Deuben nach Stillsetzung Schwelerei (t/a)	Verbesserung der Umwelt-Belastung um (%)
SO_2	60 870	29 900	51
Staub	16 230	15 950	2
No_x	1 560	1 560	0
CO	6 990	0	100
N_2S	1 402	0	100
NH_3	114	0	100
Mercaptane [x)]	41	0	100

[x)] Lt. Meßbericht der StuI Halle wurden keine Bindungsarten von Mercaptan unterschieden, überwiegend bestehend aus Äthylmercaptan, (C_2H_5SH) als unangenehmer penetranter Geruchsstoff.

2.) Darstellung der Altlasten abgeleitet aus dem Schwelereibetrieb

2.1. Sanierungsvorschlag für Schwelereigelände: Schädigung des Untergrundes durch intensive Wasser-Öl-Phenolkontaminierung des Erdreiches bis > 25m Tiefe.

a) Untergrundsanierung
- Erkundungsprogramm ca. 10 Bohrungen
- Einrichtung von 4 Filterbrunnen
- Sümpfung des zusitzenden Wassers
- Entgiftung des erschrotenen Wassers o. Deponie
- Kostenaufwand geschätzt:
  . Einrichtung Filterbrunnen ca. 0,5 Mio Mark
  . jährl. Betriebskosten ca. 0,4 Mio Mark

b) Oberflächensanierung
- Rückbau aller Schwelereianlagen
- Verkippungsprozeß mit Kulturboden = 3 m Mächtigkeit
- Wiederurbarmachung als Forstfläche
- Kostenaufwand geschätzt:
  . Rückbau ca. 5 Mio Mark
  . Wiederurbarmachung ca. 1 Mio Mark

2.2. Sanierungsvorschlag für Tagebaurestloch Vollert-Süd Schädigung durch eingeleitetes Phenolwasser wu-Phenolanteil ca. 200 mg/l und instabiles Böschungssystem.

a) Wasserentgiftung
- Wasserqualitätsverbesserung durch Zuleitung kommunaler Abwasser in Verbindung biologischer Reinigung mit hoher O_2-Zufuhr. Beckeninhalt ca. 1,8, 106 m³.
- Einsatz von Chemikalien und 5 Belüftungskreisel
- Kostenaufwand geschätzt:
. Investaufwand ca. 9,3 Mio M
. jährl. Betriebskosten ca. 0,5 Mio M

b) Böschungssanierung Abflachung auf 1:4 bis 15
  . Böschungssanierung gesamt ca. 8-10 Mio M

3.) *Abwasserlastentwicklung bei Stillsetzung der Schwelerei*

Schadstoffe	Belastung 1989 Vorfluter Nödlitzbach -Ist (t/a)	Belastung nach Still. der Schwelerei (t/a)	Verbesserung Abwasserbelastung um (%)	zul. Grenzwert (t/a)
abfiltrierbare und Feststoffe	3471,0	650,0	81	210
w.d. Phenole	6,2	0	100	1,8
BSB5 (org.Last)	1046,0	200,0	81	128

4.) *Darstellung des Wasserverlaufes von Einleitungsstelle Deuben bis Einmündung in die Saale*

Vorfluter	Entfernung	Einmündungsstelle
Nödlitz	3,5 km	zwischen Keutschen und Zembschen
Rippach	14,3 km	bei Dehlitz Krs. Weißenfels

5.) *Ausblick auf Reduzierung der Umweltbelastung für den Raum Deuben nach Stillsetzung der BF Deuben II im Jahr 1991*

Schadstoffe	Belastung 1989 Ist (t/a)	Belastung nach Stillsetzung für 1992 (t/a)	Senkung der Belastung um (%)
Staub	16 230	12 370	24
abfiltrierbare und Feststoffe	868	0	100

*****

Paraffinwerk "Vorwärts" Wobau, den 21.2.1990

Umweltverbessernde Maßnahmen im Paraffinwerk Wobau durch Ablösung der Karbochomie

1. *Einstellung der Blasenverkokung zur Elektrodenkokserzeugung*

Stillegung Kokungsdestillation II ab 1.1.1990 (bereits erfolgt)

Senkung der SO_2-Emission von 33,9t/a auf 0t/a um 100 %

Termin: seit Stillegung

Senkung der Phenolbelastung im Abwasser von ca. 25mg/l auf ca. 5mg/l um 80%

Reduzierung der Abwassermenge im Werk II von 91.250m³/a auf 29.500m³/a um 68%

Damit absolute Senkung der Phenolbelastung im Abwasser Werk II von 2.281 kg/a auf 147kg/a um 93%

Termin: ab April 1990

Stillegung Kokungsdestillation I ab 1.4.1991

Senkung der SO_2-Emission von 254,8t/a auf 0t/a um 100 %

Termin: ab April 1991

Senkung der Phenolbelastung im Abwasser von ca. 25mg/l auf 5mg/l um 80%

Reduzierung der Abwassermenge im Werk I von 540.200m³/a auf 328.500m³/a um 39%

Damit absolute Senkung der Phenolbelastung im Abwasser im Werk I von 23.505 kg/a auf 1.543 kg/a um 88 %

Termin: ab August 1991

2. *Umstellung der Befeuerung der Vakuumdestillation von Generatorgas auf flüssige Energieträger ab 2.4.1991*

Senkung der SO_2-Emission von 71,5t/a auf ca. 20,0t/a um 72%

Termin: ab April 1991

Zusammenfassung:

Mit der Realisierung vorstehender Maßnahmen werden im Paraffinwerk Webau folgende Umweltbelastungen erreicht:

Senkung der SO_2-Emission von 402t/a (Stand 31.12.89) auf 62t/a ab April 1991 (Verursacher: Vakuumdestillation sowie Bitumenblasanlage) um 84%

Senkung Phenolbelastung von 16.079kg/a (Stand 31.12.89) auf 1.936 kg/a ab August 1991 um 88%

Mit der Stillegung der beiden Kokungsdestillationen entfällt die Deponierung von Tankrückständen in einer Größenordnung von rund 2.000t/a gegenüber dem Basisjahr 1989. Damit entfällt zugleich die weitere Belastung dieser Deponie mit organischen bzw. chemischen Abprodukten.

10. Beratung des Runden Tisches

Der Bericht des Ratsmitgliedes für Arbeit und Löhne wird mit großer Bestürzung entgegengenommen. Aber was sollte es eigentlich Positives zu berichten geben? Unsere Ämter für Arbeit hatten bis jetzt im wesentlichen die Aufgabe der Berufsvermittlung - besser Berufslenkung - für Schulabgänger. Auf einmal haben sie es mit Arbeitslosen zu tun, denen sie Arbeitsplätze vermitteln sollen. Und in diese neue Situation hinein fordern nun auch mit besonderem Nachdruck der Frauenbund die bevorzugte Vermittlung von Alleinerziehenden und der Verband der Berufssoldaten dasselbe für bereits entlassene und noch zu entlassende langzeitdienende Soldaten. Und es gibt keine leeren Stellen!

Zusätzlich schildert die Referentin für Arbeit und Löhne, daß bei den Dienststellen der Ämter für Arbeit in den Stadt- und Landkreisen im Durchschnitt acht Mitarbeiter beschäftigt sind, die der neuen Situation hilflos gegenüberstehen, nicht geschult sind, mit Arbeitslosenproblemen umzugehen, und keinerlei Finanzmittel zur Unterstützung zur Verfügung haben.

Was bleibt, ist eine große Ratlosigkeit und ein [weiterer] Schritt auf der Erkenntnisleiter, daß die notwendigen Stillegungen von ganzen Betrieben oder Betriebsteilen Arbeitsplätze vernichten, für die es keinen Ersatz gibt. Was soll werden? Ich denke an die Abstimmung über die 106 Jahre alte Verkokungsanlage in Webau und die 4.000 Beschäftigten in Zeitz. Ich weiß nicht, wie es den anderen geht, meine Hilflosigkeit angesichts der anwachsenden Zahl von aufgedeckten Betriebsproblemen jeder Form nimmt ständig zu. Ich suche vergeblich nach Antworten, und das deprimiert mich so, daß meine Belastung ständig wächst. Es ist ganz merkwürdig: in der großen Pause in jeder Sitzung, so gegen 18.00 Uhr, wird untereinander über alles Mögliche geredet, aber die Fragen, auf die wir keine Antworten haben, werden nicht berührt. Es ist, als ob wir uns unserer Hilflosigkeit schämten.

Ähnliches wie vorher beim Bericht über die Arbeitsmarktprobleme erleben wir bei dem Vortrag des Bezirksbaudirektors. Er berichtet, daß die nach Berlin abgezogenen Baubetriebe wieder in die Bezirke zurückgekehrt sind, daß es aber nach seiner Einschätzung für die Rettung ganzer Stadtteile in den Kreis- und Bezirksstädten zu spät ist. Was jetzt noch getan werden kann, ist, objektbezogen versuchen zu retten, was noch möglich ist. Das gilt für die Wohnungssanierung genauso wie für die Sanierung an öffentlichen Gebäuden und Einrichtungen. Diesem Bericht ist nichts hinzuzufügen.

Die Stimmung der Ermüdung und des eigentlich gar nicht mehr Zuhörenwollens entsteht bei dem folgenden Bericht über die ökologischen Schäden des Mansfeld Kombinates. Das ökologisch am schwersten wiegende Problem des Mansfeld Kombinates ist der Emissionsausstoß von Schwefeldioxyd und Schwermetallstaub bei der Kupferverhüttung. Darunter leiden vor allem die Territorien Eisleben und Hettstedt. So ist der Beschluß des Runden Tisches, über die bereits vorhandenen Bodenschadstoffe in diesen Gebieten zu informieren und ein Programm zum schrittweisen Abbau der Schadstoffemission zu erarbeiten, sicher das einzige, was wir zur Zeit leisten können. Dabei bleiben die Fragen offen, wie denn der "schrittweise Abbau..." geschehen soll. Das wird doch nur gehen, wenn eine Analyse der Kupferförderung nach der Quantität und der Qualität der Kupferminen mit der damit verbundenen Trennung des Kupfers von anderen

Legierungen im Gestein und dem sogenannten tauben Gestein erarbeitet wird. Davon wird abhängen, wie die Verhüttung künftig erfolgen soll. Und es wird sich erweisen müssen, ob bei einer modernen Verhüttung mit Minderung der Emissionswerte, falls die dafür notwendigen Investitionen aufgebracht werden können, der Kupferbergbau überhaupt noch finanziell lohnend weiterbetrieben werden kann.

Auf jeden Fall kommt es im günstigsten Lösungsmodus zu einer erheblichen Verminderung der Arbeitskräfte im Verarbeitungsbereich. Sollte jedoch die Analyse ergeben, daß die Kupfergewinnung nicht mehr wettbewerbsfähig (d.h. unter Weltmarktpreis für Kupfer) erfolgen kann oder sollten gar nicht erst die nötigen Investitionsmittel aufgebracht werden können, wäre die Folge die Einstellung des Kupferbergbaus im gesamten Revier. Dort, im Mansfelder Territorium, gibt es aber keine nennenswerte andere Industrie, so daß eine nicht lösbare, also auf Dauer bestehende Arbeitslosigkeit die Folge wäre. Wie sehr das Mansfelder Gebiet darunter zu leiden hätte, in welchen Prozentzahlen dort noch Beschäftigung erhalten bleiben würde, niemand weiß es.

Da sitzen wir nun, Vertreter aller Parteien, Organisationen und Bürgerbewegungen am Runden Tisch jenes Bezirkes in der DDR, der die größte Häufung an chemischen Großbetrieben hat. Jeder ahnt, welche Folgen auf den Bezirk Halle zukommen, hört die Berichte und schweigt. Wir stimmen allen Vorschlägen dankbar zu, die Probleme, für die wir keine brauchbare Lösung sehen, mit Scheinlösungen versieht und vertagt. Ich habe den Eindruck, als ob ein Gefühl der Resignation heranwächst und wir uns zunehmend hinter diesem Schweigen verschanzen. Vielleicht geht es auch nur mir so, ich weiß nicht einmal das. Denn wir sprechen nicht über unsere Unsicherheit und Machtlosigkeit; nicht am Runden Tisch, nicht in den Pausen.

Der in jeder Sitzung vorgetragene Fortschrittsbericht zum Stand der Auflösung des AfNS (Bezirks-MfS) wird - wie immer - zur Kenntnis genommen. Für mich bleibt es unbegreiflich, daß wir alle nicht gewußt haben, welche Dimensionen nicht nur personeller, sondern auch materieller Art dieser Apparat hatte. Wir erfahren so ganz nebenbei, daß dieser "Arbeitsbereich" im Bezirk Halle insgesamt sieben große Ferienobjekte in bester Lage hatte (im Harz, im Thüringer Wald, an der Ostsee usw.) und nun niemand diese Objekte übernehmen will. Die finanzielle Last der Bewirtschaftung überfordert die jeweils zuständigen Landkreise oder Kommunen. Hinzu kommt, daß das gesamte Hauspersonal solcher Einrichtungen natürlich aus Mitarbeitern des MfS besteht: vom Hausmädchen bis zum Koch oder Heizer usw., und nun keiner diese "Fachkräfte" mitübernehmen möchte, andererseits aber entsprechendes neues Personal nicht vorhanden ist. Was kann man tun? Das Problem bleibt ungelöst!

Wie sensibel die Personaldebatte bei ehemaligen Mitarbeitern des MfS geführt wird, zeigt sich bei dem Antrag des Bezirkschefs der Volkspolizei an den Runden Tisch zur Übernahme von fünf Arbeitskräften des technischen Personals des MfS. Dem Antrag wird nur zugestimmt, weil das Bürgerkomitee zur Auflösung der Stasi ihn unterstützt. Dabei wird erneut beschlossen, daß eine Einstellung von "ehemaligen Mitarbeitern..." in Bereiche der Volksbildung, der Erziehung usw. (Kinderkrippen, Kindergärten und Schulen jeder Art) überhaupt nicht in Frage kommt.

Erstmalig berichten Mitglieder des Komitees, daß ihnen in ihren Betrieben Schwierigkeiten bei der Freistellung von der Arbeit gemacht werden. Das verstößt eindeutig gegen den dafür erlassenen Beschluß der Volkskammer[53], so daß der Runde Tisch diese Frage problemlos für jeden Einzelnen klären kann. Was dabei offen bleibt, aber doch andeutungsweise ausgesprochen wird, ist der Verdacht, ob solches Vorgehen von Betriebsleitungen nicht absichtlich geschieht. Zu beweisen ist es nicht; aber daß der Verdacht überhaupt entsteht, zeigt an, wie zersetzend sich der Umgang mit allen Fragen, die mit dem MfS zusammengebracht werden, auf jeden von uns auswirkt.

Der Bezirksbeauftragte zur Problematik MfS verliest Briefe mit Schilderungen über Eingriffe in das Leben Einzelner und ganzer Familien, die zugleich die Forderung nach Wiedergutmachung ansprechen. Diese Post können wir nur an den Zentralen Runden Tisch in Berlin weiterleiten, um von dort das Einwirken auf die Regierung zum Erlaß eines entsprechenden Gesetzes zu fordern. Wann wird es dazu kommen? Und kann irgendeine Form der Entschädigung entstandenes Unrecht und Leid beheben?

Wir alle werden erkranken, seelisch geschädigt, je mehr Wissen über die Arbeit des MfS [an die Öffentlichkeit gelangt], weil wir dann alle - gleichgültig, ob wir Nichtwissende oder Wissende waren - schuldig werden. Wir haben dieses jetzt angeklagte System mitgetragen, gewollt oder ungewollt. Ausgenommen bleiben nur die Wenigen, die offen Widerstand gewagt haben und dafür in Gefängnissen saßen. Ich denke an Verhaftungen und Zwangsverhöre aus unserem Bekannten- und Familienkreis, zum Beispiel wegen der Verbreitung heimlich abgeschriebener Biermannlieder. Ich erinnere mich an die Nacht, in der unsere Tochter nicht nach Hause kam, und wir anderen dann vor der Dienststelle des MfS in Naumburg gestanden haben. Ich denke an meine eigenen Vorführungen beim Staatsanwalt: z.B. nach der Selbstverbrennung von Pfarrer Brüsewitz in Zeitz[54], oder [weil der Chor des Proseminars vor dem Naumburger Gefängnis Adventslieder sang], oder wegen meines Briefes an die Abteilung Inneres, daß wir ab dem 7. Oktober keine Erdbestattungen mehr durchführen würden, weil uns dazu die Arbeitskräfte auf unserem Friedhof fehlten. Dabei hatte ich übersehen, daß der 7. Oktober ein Staatsfeiertag (Verkündung der 1. Verfassung der DDR) war, und daß ich das übersehen habe, ist im Verhör noch erschwerend als staatsfeindlicher Akt bewertet worden. Aber diese Verhöre und Vorführungen waren in jener Zeit ein Teil meiner Berufspraxis. Was meine Frau und die Kinder dabei gelitten haben... Ich schweige, denn da ist nichts "wiedergutzumachen"!

An den Bericht des Direktors des Schlacht- und Verarbeitungsbetriebes schließt sich der Bericht des Vorsitzenden einer Schweinezuchtstation an. Für die Probleme des ersteren gibt es noch Lösungen: Transportfragen, Verteilung der Produkte und auch Ersetzung von Maschinen lassen sich bearbeiten. Aber der zweite Bericht betrifft keines solcher Probleme; er ist einfach

---

53 Beschluß der Volkskammer über die Tätigkeit von Vertretern aller Parteien, gesellschaftlichen Vereinigungen und politischen Gruppierungen der Runden Tische in den örtlichen Volksvertretungen und ihren Räten vom 29.1.1990, Gbl. 1990, I, 6, S. 33.

54 Vgl.SCHULTZE, Harald (Hg.): Das Signal von Zeitz. Reaktionen der Kirche des Staates und der Medien auf die Selbstverbrennung von Oskar Brüsewitz 1976. Eine Dokumentation. Leipzig: 1993 und H. MÜLLER-ENBERGS u.a.: "Das Fanal". Das Opfer des Pfarrers Brüsewitz und die evangelische Kirche. Frankfurt/Berlin: 1993.

grotesk.

Ich sehe den Vorsitzenden der Schweinezuchtstation noch immer vor mir, stehend am Runden Tisch, ein breitschultriger Riese von einem Mann, der erzählt, daß er 8.000 Schweine in seinen Ställen hat, die niemand will und die immer fetter werden. Ursprünglich hat es wohl einen Vertrag gegeben, daß diese 8.000 Schweine mit einem Lebendgewicht von 1,5 bis 1,8 Zentner an die Bundesrepublik geliefert werden sollten. Dieser Vertrag ist storniert worden. Aber die Nachricht darüber hat den Zuchtbetrieb so spät erreicht, daß die Schweine inzwischen durchschnittlich mehr als 2 Zentner wiegen. Das wieder hat den benachbarten Schlachtbetrieb veranlaßt, seinerseits eine Abnahme der Schweine zu verweigern mit der Begründung, daß er so schwere und vor allem fette Schweine nicht schlachten kann. Daraufhin hat der Vorsitzende versucht, diese Schweine in Polen loszuwerden; das ist ihm auch beinahe gelungen, aber es war nicht möglich, das Transportproblem zu lösen. Die Reichsbahn fürchtete nach einem Gutachten des Bezirksveterinärs, daß die überfetteten Schweine auf dem Transport an Herzschlag eingehen würden. Inzwischen wiegen die Schweine 2,5 bis 3 Zentner, berichtet der Vorsitzende, und noch immer stehen sie in seinen Ställen. Dabei rollen ihm die Tränen über das Gesicht, er zuckt mit den Schultern und setzt sich.

Ich sehe, wie erst einer, dann andere am Runden Tisch anfangen zu lachen, möglichst unauffällig, weil niemand den Betriebsleiter der Schweinezuchtanlage verletzen will. Aber es gibt für uns alle gar kein Halten mehr, als ein Vertreter der GRÜNEN LIGA denselben Fall, diesesmal für überfütterte Gänse, hinzufügt. Dabei ist unser Lachen nicht mehr als das Eingeständnis der Hilflosigkeit, es ist eine Gegenreaktion auf jenes Weinen.

Schließlich erklären beide Oberstleutnante vom Verband der Berufssoldaten, daß sie sich des Problems mit MGs und schwerem Räumgerät annehmen wollen. Eine Detailabsprache soll nachfolgen, auf Protokollvermerke wird verzichtet, und die anwesenden Vertreter der Presse werden zum Schweigen verpflichtet.

Ich bin zurück in Wittenberg. Und in dieser Nacht noch mache ich mir Notizen über den weinenden Vorsitzenden des Schweinezuchtbetriebes, vielleicht auch, weil ich hoffe, den Vorfall besser vergessen zu können, wenn ich ihn niederschreibe.

[Hier befindet sich im Original ein Ausschnitt aus der "Freiheit" vom 2. März 1990: "Arbeitsämter noch mit Schwierigkeiten. Arbeitslosigkeit war gestern ein Thema am Runden Tisch"]

*****

Protokoll 10. Beratung des Runden Tisches des Bezirkes Halle am 1.3.1990

10/001 *Tagesordnung*

1. Bericht über den derzeitigen Stand der Erfüllung der Aufgaben der Ämter für Arbeit des Bezirkes Halle bei der Sicherung des Rechts auf Arbeit,
2. Vorstellung und Grußworte durch Frau Anke Brunn, Ministerin für Wissenschaft und Forschung des Landes Nordrhein-Westfalen,
3. Position zur Vorbereitung von Maßnahmen zur Durchführung wirtschaftsorganisatorischer Aufgaben der Wirtschaftsreform im Verantwortungsbereich des örtlich geleiteten Bauwesens im Bezirk Halle,

4. Bericht zum Stand der Wahlvorbereitung,
5. Fortschrittsbericht zum Stand der Auflösung des ehemaligen Amtes für Nationale Sicherheit im Bezirk Halle,
6. Bericht der Arbeitsgruppe Ökologie zu ausgewählten Umweltfragen in den Territorien Eisleben und Hettstedt,
7. Darlegung von Vorstellungen zur Militärreform,
8. Verschiedenes/Anträge

10/002 Der Bericht des Mitgliedes des Rates für Arbeit und Löhne, Frau Kloppe, zum Stand der Erfüllung der Aufgaben der Ämter für Arbeit wurde zur Kenntnis genommen (DS 10/002 wurde zur Beratung zugeschickt) und zu ausgewählten Problemen diskutiert. Der durch den DFD eingebrachte Antrag zur besonderen Unterstützung Alleinerziehender und Alleinstehender bei der Arbeitsplatzvermittlung ist in der Arbeit der Ämter zu berücksichtigen, ebenso die Bitte des VBS auf Hilfe bei der Einstellung ehemaliger Berufssoldaten. Zu Problemen des Einsatzes ausländischer Arbeitskräfte erfolgt auf Einladung von Frau Kloppe eine gesonderte Beratung.

10/003 Durch Frau Ministerin Anke Brunn wurde der Dank an den Runden Tisch des Bezirkes Halle ausgesprochen für die ihr gewährte Teilnahme an der Beratung. Sie informierte über Vorstellungen des Landes Nordrhein-Westfalen zur Zusammenarbeit mit der Martin-Luther-Universität und weiteren Universitäten und Hochschulen.

10/004 Die vom Bezirksbauamt eingebrachte Position (DS 10/004 wurde zur Beratung zugeschickt) wurde, einschließlich der vom Bezirksbaudirektor Herrn von Malottky mündlich vorgetragenen Ergänzung, nach kurzer Diskussion als Grundlage für die weitere Arbeit bestätigt, dabei wurde ausdrücklich ein Fortschritt in den Überlegungen des Bezirksbauamtes gegenüber früheren Vorstellungen am Runden Tisch des Bezirkes anerkannt.

10/005 Der Runde Tisch bestätigte mehrheitlich, bei 2 Gegenstimmen und einer Enthaltung, den durch Herrn Aulich im Auftrage der Wahlkommission des Bezirkes Halle vorgetragenen Bericht und unterstützt zugleich die Bitte der Wahlkommission, keinen weiteren personellen Wechsel in der Zusammensetzung der Wahlkommission durch die darin vertretenen Parteien und Organisationen zuzulassen, da sonst aussagegemäß die Wahlvorbereitung gefährdet wird. Durch den Vorsitzenden des Rates des Bezirkes, Herrn Dr. Süß, wird die Einbeziehung aller örtlichen Staatsorgane zur organisatorischen Unterstützung bei der Wahlvorbereitung auf dem Dienstweg zugesichert.

10/006 Der von der Autorisierten Gruppppe bestätigte und vom Vertreter des Runden Tisches, Herrn Dr. Pätzold, vorgetragene Fortschrittsbericht zum Stand der Auflösung des ehemaligen Amtes für Nationale Sicherheit im Bezirk Halle wurde einschließlich der aufgezeigten Probleme (Nichtnutzung der übergebenen Ferienheime, Übergabe des Lagers Holleben und anderer Objekte an neue Rechtsträger) zur Kenntnis genommen, ebenso der mehrheitlich von der Autorisierten Gruppe unterstützte Antrag des Herrn Oberst Amler, BDVP, zur Übernahme von 3 Kadern aus dem Sportbereich, 1 Kfz-Sachverständigen und einer Schreibkraft. Der im Zusammenhang mit der Einstellung ehemaliger Mitarbeiter des MfS eingebrachte Antrag vom NEUEN FORUM bezüglich der sensiblen Bereiche ist grundsätzlich zu beachten; bezüglich des Einsatzes des Bürgermeisters in der Gemeinde Hohenthurm ist am 8.3.1990 zu berichten.

Der Antrag der Autorisierten Gruppe auf Freistellung ist zu präzisieren und zur nächsten Beratung des Runden Tisches vorzulegen (Personen, Betriebe und Einrichtungen). Die mit dem TOP 10/005 [sic!] vorgelesenen Briefe wurden an die Redaktionen der Zeitungen übergeben bzw. für das Problem der Wiedergutmachung an den Zentralen Runden Tisch nach Berlin gegeben.

10/007 Der im Auftrag der Arbeitsgruppe Ökologie von Herrn Borsbach vorgetragene Bericht zur Entwicklung der Emission von Schwefeldioxid und Schwermetallstaub in den Territorien Eisleben und Hettstedt (Tabellen und Übersichten lagen vor) wurde entgegengenommen. Durch den Verursacher (Mansfeldkom-binat) sind in Abstimmung mit den örtlichen Staatsorganen, dem VKSK u.a. die Bürger in geeigneter Form über die vorhandenen Bodenschadstoffe zu informieren. Terminvorstellungen zur Vorlage eines Programmes bis zum 15.3.1990 zum schrittweisen Abbau der Schadstoffe wurden mehrheitlich (bei 2 Stimmenthaltungen) bestätigt.

10/008 Der vorgetragene Bericht wurde nach Diskussion zur Kenntnis genommen, der vorgelegte Antrag des VBS zur Bestätigung und Weiterleitung an die neue Regierung zur Überarbeitung an den Antragsteller zurückgegeben.

10/009 Verschiedenes/Anträge

10/009/1 Die Anträge 09/026 der AKTION DIE DREI werden zur Kenntnis genommen.

10/009/2 Der Antrag des Reformhauses Halle zur Einflußnahme des Runden Tisches auf die Beratungen mit der Regierung des Bundeslandes Niedersachsen wurde mit 2 Stimmenthaltungen angenommen. (DS 10/009.2 - wurde übergeben)

10/009/3 Der Bericht des Schlacht- und Verarbeitungsbetriebes wurde zur Kenntnis genommen und zur Klärung der anstehenden Sachfragen dem Vorsitzenden des Rates des Bezirkes übergeben.

10/009/4 Antrag und Erklärung des DFD zur Frauen- und Familienpolitik sowie zum 8. März 1990 wurden zur Kenntnis genommen. Der Antrag zur Bildung einer Arbeitsgruppe "Frauen und Familie" zur Vorbereitung eines Ratsbereiches in einer künftigen Landesregierung wurde bei einer Stimmenthaltung angenommen (neuformulierter Antrag - DS 10/009.4).

10/009/5 Der Antrag des Reformhauses Halle zur Auflösung der Geschäftsstellen der Bürgerinitiativen wird unterstützt (Neuformulierung des Antrages - DS 10/009.5).

10/009/6 Der Antrag des NEUEN FORUM zur ökologischen Situation im VEB Agrochemie Piesteritz wird lt. Beschluß des Runden Tisches (bei 5 Stimmenthaltungen) zur Bearbeitung an die Arbeitsgruppe Ökologie übergeben.

10/009/7 Der Antrag der Initiativgruppe "Sport" wurde entgegengenommen und [wird] in der nächsten Sitzung des Runden Tisches beraten (DS 10/009.7)

10/009/8 Der Antrag des Schülerfreizeitzentrums Halle-Neustadt wurde zur Kenntnis genommen und zuständigerweise an den Runden Tisch für Bildung des Bezirkes übergeben.

10/009/9 Der Vorsitzende des Rates des Bezirkes, Herr Dr. Süß, informierte über seinen Brief an die Oberbürgermeister der Städte Halle und Halle-Neustadt bezüglich der Vereinigung beider Städte.

10/009/10 Herrn Dr. Kormann wurde für seine aktive Mitwirkung als Vertreter des Kulturbundes am Runden Tisch des Bezirkes gedankt und zugleich Herr Dr. Kraus als sein Nachfolger vorgestellt.

10/009/11 Die nächste Beratung des Runden Tisches findet am 8.3.1990, 14.00 Uhr, Halle, Heilig Kreuz, Gütchenstraße 21, statt.

Vorschlag für die Tagesordnung

1. Informationen zur Haushalts- und Finanzsituation im Zuständigkeitsbereich des Rates des Bezirkes (mündlich),

2. Stand der Wahlvorbereitung,
3. Fortschrittsbericht zur Auflösung des Amtes für Nationale Sicherheit,
4. Informationen zu Verhandlungen Halle-Magdeburg-Niedersachsen,
5. Verschiedenes/Anträge
- Antrag auf Bildung einer Länderkommission (DA in Verbindung im ASMW)

10/010 Anwesenheitsliste DS 10/010

*****

DS 10/009.4

Antrag zur Bildung einer Arbeitsgruppe "Frauen und Familie" vom Runden Tisch zur Vorbereitung eines gleich- oder ähnlich lautenden Ratsbereiches für eine zukünftige Regierung Sachsen-Anhalt.

Initiative: DFD, SPD, PDS

*****

DS 10/009.5

Antrag des Reformhauses Halle

Angesichts der Tatsache, daß bis 31. 3. 1990 die Nationale Front aufgelöst wird und ihre Nachfolgeorganisationen eine unveränderte Aufgabenstellung beinhalten, empfiehlt der Runde Tisch des Bezirkes Halle die Selbstauflösung dieser Organisationen.

*****

DS 10/009.7

Initiativgruppe "Sport" des Bezirkes Halle — Halle, 22. 2. 1990

Der Sport, die "herrlichste Nebensache der Welt", ist in unserem Lande in Gefahr. Es herrscht neben der aktuellen Sorge um das Geld die Sorge, wie es nach den Wahlen weitergehen wird. Dazu gibt es bisher nur von wenigen Parteien und Gruppierungen klare Aussagen. Deshalb wenden wir uns als Initiativgruppe mit folgenden Fragen an Sie:

1. Wie stehen Sie zum Sport in seiner Einheit von Breiten- und Leistungssport als Bestandteil eines kulturvollen Lebens?
2. Wie stellen Sie sich die Vertretung der Interessen des Sports in der Gesellschaft insgesamt, in den Betrieben, den Schulen, Hochschulen und Universitäten vor?
3. Welche sozialen, kulturellen und wirtschaftlichen Bedingungen und Argumente der Gesellschaft müßten Ihrer Meinung nach erhalten, neu geschaffen und/oder aufgehoben werden?
4. Wie werden Sportler in den Gremien und in der Arbeit Ihrer Partei einbezogen, und wie sind sie präsent?
5. Unter welchen Bedingungen und in welchem Maße sind Sie bereit, die Interessen des Sports in den Parlamenten zu vertreten und mit demokratisch gewählten Vertretern eines Sportverbandes dort zusammenzuarbeiten?
6. Welche Lösungen zur rechtlichen Sicherung des Sportes in seiner oben beschriebenen Gesamtheit werden Sie vertreten?
7. Welche Formen der materiellen, finanziellen und ideellen Förderung des Breitensportes schlagen Sie vor?
8. Wie sehen Sie die Rolle des Leistungssportes in der Gesellschaft, insbesondere aber die soziale und materielle Sicherung der Leistungssportler?

*****

Anwesenheitsliste Runder Tisch 1.3.1990

Partei/Organisation	Name
Rat des Bezirkes	Süß
DBD	Rothe, Achim; Baumgarth
CDU	Fuchs; Dr. Renger, Peter; Borsbach
NDPD	Hoffmann; Adler
GRÜNE LIGA	Grunow; Kupke
Kulturbund	Dr. Kraus
PDS	Claus, Roland; Dr. Schmidt, Marion; Dr. Drzisga, Thomas
AKTION DIE DREI	Radziejewski; Lippold
NF	Lintzel; Mehlig; Dr. Wand
VdgB	Starke, Eva
LDP	Bernhardt; Schubert, Hartmut
DJ	Dr. Lewek, Hans-G.; Mokosch, Thomas
GRÜNE PARTEI	Jarzowski, Matthias; Andreas Schmeil
DA	Klein; Dr. A. Nelles
SPD	Dr. Dittmann, Jörg; Dr. Hoffmann, Petra
Med. soz. Ver.	Dr. Büdke, Michael
VL	Feudel, Lutz
DFD	Deckert, Sabine; Müller, Helga
FDGB	Gläser, Horst; Becker, Manfred
VBS	OSL Kittel, Peter; PSL Piossek, Konrad
Kath. Dekanat	Dr. Herold, Claus; Dr. Willms, Peter

Medienvertreter: Dr. Keitel, Klaus (Reformzeitung); Schaller, Peter (Sender Halle); Bartl, Matthias (Freiheit); Koehn (Der Neue Weg)

*****

11. Beratung des Runden Tisches

Die Gewichte der Arbeit am Runden Tisch beginnen sich zu verschieben. Das hängt vor allem damit zusammen, daß die Aufmerksamkeit der einzelnen Vertreter von Parteien, Organisationen und Bewegungen immer mehr auf die kommenden Wahlen gelenkt werden und nach Profilierungspunkten dafür gesucht wird. Das gilt sowohl für die Volkskammerwahlen am 18.03. als auch für die Kommunalwahlen im Mai. Entsprechend steigt die Berichterstattung zu diesen Punkten an und der Vortrag anderer Berichte sowie die Behandlung von Problemen daraus verliert an Niveau. Ich bedaure das ganz besonders deshalb, weil es bisher für die Arbeit am Runden Tisch immer belanglos war, welche Gruppierung einen Antrag gestellt oder einen Bericht geliefert hat. Entsprechend war die Qualität und der sachliche Inhalt, um den dann gestritten wurde.

So ist der Bericht des Rates des Bezirkes zur Haushalts- und Liquiditätsproblematik mehr oder weniger nur zur Kenntnis genommen worden. Es ist typisch, wie widerspruchslos die mögliche Streichung von Subventionen im kulturellen Bereich hingenommen wird. Dabei geht ganz unter, daß gerade dieser Bereich ohne Subventionen nicht leben kann und Theater, Orchester u.ä.m. ihre Arbeit einstellen müssen, wenn sie nicht finanziell gefördert werden. Das wäre aber ein Verlust, der nicht aufholbar ist, weil kulturelles Leben in einer Region schnell vernichtet, aber nur ganz langsam oder gar nicht wieder aufgebaut werden kann.

Die in dem Bericht angeführte Stagnation und sogar der Rückgang an Produktivität in den bezirksgeleiteten Betrieben erregt kein Erstaunen. Es ist ein Klima der Selbstverständlichkeit darüber vorhanden, daß mit der Wende auch weniger oder erfolgloser produziert wird. Natürlich können die jetzt ausgewiesenen negativen Zahlen auch einfach damit zusammenhängen, daß die Berichte ehrlicher geworden sind und keine sogenannte "Plankorrektur" mehr vorgenommen wird. Ganz gleich - Ich frage mich, ob denn niemand sieht oder sehen will, wohin diese offenbar fortschreitende Entwicklung nach unten führen wird? Wie soll eine Volkswirtschaft liquid bleiben, wenn sie nicht alles daran setzt, den vorhandenen Tiefstand zu überwinden, sondern im Gegenteil auch noch das zerstört, was erhaltenswert und damit produktiv vorhanden ist?

Es ist auch noch deutlicher geworden, warum der Verband der Berufssoldaten am Runden Tisch des Bezirkes Sitz und Stimme beantragt und erhalten hat. Dort ist offenbar viel eher und sehr viel gründlicher über die Folgen der Wende nachgedacht worden. Und in der Tat kämpfen die beiden Oberstleutnante für ihren Bereich um das Überleben. Was sollte wohl eine neutralisierte DDR mit einem stehenden Heer anfangen? Folgerichtig ist jetzt im Vorfeld einer solchen Entwicklung die Einbindung des Militärs in zivile Tätigkeiten*das* entscheidende Problem.

Ich habe wieder etwas gelernt über eine Gruppe in unserer Gesellschaft und deren Nöte, von der ich sehr wenig wußte. Ich bin erstaunt über die Denkprozesse, die dort laufen, und deprimiert, wenn ich versuche mir vorzustellen, wie diese umzusetzen sind. Nun verstehe ich auch die Anfrage der beiden Berufsoffiziere in einem Pausengespräch bei mir, mit welchen Ausbildungsmerkmalen man in Krankenhäusern tätig sein kann. Ich habe das mit einem von der Diakonie herausgegebenen Ausbildungskatalog beantwortet. Das kann für beide keine große Hilfe gewesen sein. Nur, was kann ich tun? Da ist es wieder, dieses leidige Gefühl der Ohnmacht, diese drückende Bilanz der unbewältigten Probleme. Ich weiß, daß ich gegen die

Resignation angehen muß, aber wie? Die Nachtfahrten nach Wittenberg werden immer mehr zur Qual.

*****

Bitterfeld

Am Mittwoch, den 14. März, bin ich in Bitterfeld. Mir ist durch den Schriftführer der Regierungskommission vorab Material über den Gesundheitsstand im Kreis Bitterfeld/Wolfen zugegangen. Ich übernehme es in meine Unterlagen. Mit diesen Informationen des Kreisarztes von Bitterfeld und der Abteilung Umweltmedizin des Bezirkes Halle ist keine Antwort auf die Fragen gegeben worden, die ich für die ad-hoc-Gruppe Gesundheitswesen erarbeitet habe und die ich nun in Bitterfeld stellen werde. Meine Anwesenheit dort, autorisiert durch den Runden Tisch, ist vor allem durch die ständige Unterstützung von Professor Dr. Lübbe entschieden worden, dessen Frau seit über 10 Jahren Kinderärztin in Bitterfeld ist. Von ihr muß Prof. Lübbe Berichte haben, über die er allerdings nie gesprochen hat; er hat nur angedeutet, daß mich nichts Erfreuliches erwartet.

*****

Für den Runden Tisch des Bezirkes Halle
Bestätigung
Hiermit bestätigen wir, daß der Leiter der ad-hoc-Gruppe "Gesundheits- und Sozialwesen", Detlev Lintzel aus Wittenberg, von uns beauftragt ist, als Verantwortlicher für den "Runden Tisch" mit der Regierungskommission zur Feststellung der ökologischen und ökonomischen Situation im Raum Bitterfeld/Wolfen zusammenzuarbeiten.
Halle, den 1. 3. 1990 [Unterschrift]

*****

MINISTERRAT DER DEUTSCHEN
DEMOKRATISCHEN REPUBLIK
Ministerium für Schwerindustrie
HA Luft- und Wasserreinhaltung

Berlin, 8. März 1990

Sehr geehrter Herr Lintzel!
Bezugnehmend auf Ihre Anfrage, die Sie auf Grund der Sitzung des Runden Tisches in Halle zur Arbeit der Regierungskommission für die komplexe Lösung der ökologischen und ökonomischen Probleme im Raum Bitterfeld/Wolfen an mich gerichtet haben, übermittle ich Ihnen anliegend die Informationsmaterialien über den Gesundheitszustand der Bevölkerung des Kreises Bitterfeld. Es wird für erforderlich gehalten, die Unterlagen wesentlich zu vervollkommnen, was von der Regierungskommission veranlaßt wird.

gez. Dr. Asperger
HA-Leiter und Sekretär der
Regierungskommission Bitterfeld/Wolfen

Anlage
Rat des Kreises Bitterfeld
(Bezirk Halle)
Gesundheits- und Sozialwesen

4400 Bitterfeld, 2.3.1990

Information über den Gesundheitszustand der Bevölkerung des Kreises Bitterfeld
Vorbemerkung
Um eine exakte, wissenschaftlich begründete Aussage über den Gesundheitszustand einer definierten Population -

in diesem Fall der Bevölkerung des Kreises Bitterfeld - treffen zu können, bedarf es statistisch gesicherter Angaben. Diese Daten können nur auf Grund von Langzeitstudien gewonnen werden, wozu zum jetzigen Zeitpunkt die Organe des Gesundheitswesens des Kreises Bitterfeld nicht über die notwendigen Voraussetzungen verfügten [sic!]. Deshalb basieren die hier gegebenen Informationen wesentlich auf Erfahrungen behandelnder Ärzte und anderer Einrichtungen, um eine hinlängliche beweisbare Aussage treffen zu können.
Eine Beratung mit therapeutisch tätigen Ärzten am 28.02.1990 ergab folgende - statistisch aber nicht gesicherte - Aussage über gesundheitsrelevante Fakten, die sich auf den Gesundheitszustand der Bevölkerung des Kreises Bitterfeld beziehen.

1. Aussage des ISOG
Eine gesicherte Statistik des Instituts für Sozialhygiene und Organisation des Gesundheitsschutzes (ISOG) der Fachabteilung Gesundheits- und Sozialwesen des Rates des Bezirkes Halle ergab folgende statistisch gesicherte Aussagen (Grundlage ist das stationäre dokumentationsgerechte Krankenblatt):
bezogen auf jeweils 10 000 Einwohner

		1985	1988
Bronchitiden/Asthma	Bitterfeld/Kreis	7,0	7,0
	Halle/Bezirk	13,0	12,0
Croup	Bitterfeld/Kreis	1,09	0,94
	Halle/Bezirk	2,05	1,21

In der Mortalitätsstatistik (Verstorbene) ergeben sich für jeweils 10 000 Einwohner des Kreises Bitterfeld folgende Werte:

	1985	1987	1988
Herz-Kreislauf-Erkrankungen	81,9	81,6	82,0
Bösartige Tumoren	24,1	24,3	23,4
Verätzungen/Vergiftungen	11,3	10,5	6,0
Atemwegserkrankungen	6,17	5,8	6,0
Verdauungssystem	5,86	6,59	5,2

In allen Diagnosegruppen ist im Verlauf von 3 Jahren eine sinkende Tendenz zu verzeichnen.

2. Krankenstand
Wird der Krankenstand der Sozialversicherung in die Betrachtung einbezogen, ergibt sich folgendes Bild:

	1980	1988
Krankenstand		
(insgesamt - Kreis Bitterfeld)	6,26%	6,12%
Anteilig		
(ausgewählte Diagnosegruppen):		
Kreislauferkrankungen	2,80%	0,71%
Atmungsorgane	1,78%	1,48%
Verdauungsorgane	0,65%	0,72%
Bewegungsorgane	0,80%	0,96%
Neubildung (Tumoren)	0,11%	0,15%
Nervensystem	0,26%	0,21%

Signifikant wird damit der Krankenstand des Kreises Bitterfeld durch Erkrankungen der Atmungsorgane (einschließlich akuter respiratorischer Infekte) negativ beeinflußt, ohne daß diese Gruppe eine steigende Tendenz zeigt. Dies trifft nur für die Erkrankungen der Bewegungsorgane und in geringerem Umfang für die Neubildung (Tumoren) zu, die sich aber im Gesamtdurchschnitt des Bezirkes und der DDR bewegen (Statistisches Jahrbuch des Gesundheitswesens von 1988).

3. Arzneimittelentwicklung bei Allergica/Antasthmatica
Bezieht man die Umsätze des Apothekenwesens des Kreises Bitterfeld in die Diskussion bei den oralen Antiallergica und Antasthmatica ein, zeigt sich - ohne Preisveränderungen - folgender Trend (in TM):

	1980	1989
orale Antiallergica	60,3 = 100%	110,2 = 182,0%
Antasthmatica	209,3 = 100%	271,7 = 129,9%

Es gab keine wesentlichen Sortimentsveränderungen. Die Verordnungspraxis hat sich aber zwischen 1980 und 1989 dahingehend verändert, daß mehr schnell wirksame Sprays ordiniert werden, die teurer sind als die Medikamente in flüssiger oder Tabletten-Form. Trotzdem ist der steigende Trend der Ordination derartiger Präparate nicht zu übersehen, was sich mit den empirischen Aussagen der behandelnden Ärzte deckt.

4. BK-Geschehen

Wesentliche Hinweise für die Morbidität ergeben sich aus dem Berufskrankheitsgeschehen der Werktätigen, die den Toxen unmittelbar ausgesetzt sind. Eine Korrelation zur Bevölkerung kann daraus aber nicht abgeleitet werden, da es sich um Schädigungen am Arbeitsplatz handelt. Die BK-Häufigkeit zeigt seit 1976 eine abnehmende Tendenz. Die hohen Zahlen der Jahre 1974 bis 1978 sind der exakten Diagnostizierung der BK Lärmschwerhörigkeit begründet, da ab 1974 die Werktätigen siebaudiometrisch untersucht werden konnten und ein hoher Nachholbedarf bei den Anerkennungsverfahren dieser Berufskrankheit bestand. Ab 1980 zeigt sich ein generell abnehmender Trend an anerkannten Berufskrankheiten im Kreis Bitterfeld:

1980 = 80 Fälle anerkannter BK
1985 = 55 Fälle anerkannter BK
1989 = 45 Fälle anerkannter BK

Hauptanteile lagen jeweils bei (1989)	Fälle:
BK Nr. 17 (Schwefelkohlenstoff FCK)	12
BK Nr. 80 (Hautkrankheiten - aller Betriebe)	6
BK Nr. 93 (Asbestose)	5
BK Nr. 62 (Tropenkrankheiten)	4
BK Nr. 81 (Luftwegserkrankungen)	4
BK Nr. 50 (Lärm)	3

Weitere BK wurden in Einzelfällen anerkannt.
Die Flurose (im Alu-Werk CKB) trat ebenfalls nur in Einzelfällen als anerkannte BK auf.

5. Aussagen einzelner Fachdisziplinen

Aussagen behandelnder Kinderärzte:

Die Erfahrungen der behandelnden Ärzte des Kreises Bitterfeld zum Patientengut ergeben folgende Fakten: Die Kinderärzte verzeichnen ein überhöhtes Behandlungsbedürfnis bei chronischer Bronchitis und Erkrankungen des asthmatischen Formenkreises, das im Kreis Bitterfeld sehr hoch ist. Der Croup spielt (als Infektionskrankheit - Virusinfekt) im Kreis Bitterfeld keine besondere Rolle. Gleiches trifft zu für die dermatischen Allergien, deren Trend, wie in ganz Mitteleuropa, steigend ist. Hierbei macht der Kreis Bitterfeld keine Ausnahme. Augenärztlicherseits wird auf die hohe Anzahl von allergischen Erkrankungen des Auges und der Augenanhangsgebilde (Lider) hingewiesen. In gleicher Weise besteht eine erhöhte Morbidität an Fremdkörpern (Asche) im Bereich der Augen im Kreis Bitterfeld.

Lungenärztlich zeigen die bösartigen Tumoren (Bronchialkarzinom) keine Abweichung vom DDR-Durchschnitt. Tuberkulose ist im Kreis Bitterfeld sehr gering im Auftreten und kann wegen geringer Fallzahl vernachlässigt werden. Deutlich gegenüber dem allgemeinen Niveau erhöht sind unspezifische Erkrankungen der Atemwege (chronische Bronchitiden und asthmatische Erkrankungen). Diese Aussage korreliert mit den Feststellungen der Kinderärzte. Der Trend der Erhöhung der Morbidität an unspezifischen Atmungserkrankungen läßt sich also auch bis in das höhere Lebensalter nachweisen.

6. Studie an Bitterfelder Kindern

Eine Langzeitstudie von 1968/1978/1989 von THIELEBELLE/PELECH/SCHMIDT über die Immunitätssituation und das Knochenwachstum bei Kindern des Kreises Bitterfeld im Vergleich zu Kindern des Kreises Rostock ergab eine temporöse Retardierung von etwa 8 Monaten gegenüber dem biologischen Alter. Diese Retardierung wurde durch einen zeitweiligen Aufenthalt in Reinluftgebieten kompensiert und gleicht sich auch mit zunehmendem Lebensalter aus.

Schlußfolgerungen:

1. Kinder aus dem Kreis Bitterfeld sollten mehr als bisher in Reinluftgebiete verschickt werden, die vornehmlich die Morbidität der unspezifischen Erkrankungen der oberen Luftwege reduzieren (See- bzw. Solekurorte).
2. Der Anteil von Erwachsenen-Kuren an der See oder in Luftkurorten sollte für Werktätige des Kreises Bitterfeld erhöht werden.
3. Eine exakte Analyse der Einwirkungen von geringsten Dosen toxischer Stoffe in langen Zeiträumen auf eine Wohnbevölkerung bedarf dringend der wissenschaftlichen Bearbeitung.
4. Der Einfluß der Umweltbelastungen von Luft und Wasser auf die allgemeinen Lebensbedingungen - unmittelbar auf die im Kreis Bitterfeld erzeugten Nahrungsmittel bezogen - bedarf ebenfalls einer wissenschaftlichen Analytik. In gleicher Weise trifft dies für die Atemluft zu.

gez. OMR Dr. Fügener
Kreisarzt

*****

Abt. Umweltmedizin des BHI Halle

Aussagen über den Gesundheitszustand der Bevölkerung im Raum Bitterfeld/Wolfen

In Kenntnis vielfältiger Überschreitung der Grenzwerte und der allgemeinen Gefährdungssituation durch reale Bedingungen einer Schadstoffbelastung sind epidemiologische Untersuchungen an Bevölkerungsgruppen notwendig. Dazu müssen flächendeckende Erhebungen über alle für die Immissionswirkung in Frage kommenden Parameter und die Kenntnis der für die Wirkungsauslösung zeitlich repräsentativen Immissionsbelastung durchgeführt werden.

Als geeignete Zielpopulation haben sich Schulkinder der unteren Klassen erwiesen, da sie besonders sensibel auf Umwelteinflüsse reagieren, ihr Lebensraum auf Elternhaus und Schule begrenzt ist und der Einfluß der Geschlechtsreife und zivilisatorischer Faktoren des Erwachsenenalters noch nicht vorhanden ist.

Im Jahre 1980 wurde durch das BHI Rostock im Rahmen des Forschungsprojektes "Medizinische Aspekte des Umweltschutzes" eine solche epidemiologische Studie begonnen. Untersucht wurden Bitterfelder Kinder der 1. Schulklassen über einen Zeitraum von 4 Jahren, also bis zur 4. Klasse. Um Aussagen über die Einwirkung von Umweltbelastungen auf den kindlichen Organismus treffen zu können, wurden gruppendiagnostische Untersuchungen mit Hilfe geeigneter klinisch-epidemiologischer, labormedizinischer, anthropologischer sowie statistischer Methoden durchgeführt. Fragebögen zur Familien- und Eigenanamnese des Kindes sowie zum sozialökonomischen Status wurden mit einbezogen.

Bemerkenswert häufig wurden im Fragebogen Angaben zur Belästigung durch Fremdkörper im Auge und über eine hohe Zahl von Bindehautentzündungen des Auges (Konjunktivitiden) gemacht als Folge der Staubexposition. Ebenso wurden in einem hohen Prozentsatz Fragen nach gehäuft auftretenden Schnupfen (Rhinitiden), Halsentzündungen (Anginen), Husten und Bronchitiden bejaht und gelten als Zeichen der Irritation des Atemtraktes.

Ausgehend von der Erkenntnis, daß Staub- und SO_2-Belastungen zu Wachstumsverzögerungen führen können, wurden bei diesen Kindern Handwurzelknochen im 1. und 4. Untersuchungsjahr geröntgt und das Knochenalter mit dem chronologischen Alter verglichen. Auch in der Bitterfelder Studie wurde die positive Korrelation zwischen Staubbelastung und Verzögerung der Knochenreife deutlich und läßt die Bedeutung der UV-Strahlung als wichtige Einflußgröße erkennen.

In Übereinstimmung mit der internationalen Literatur wurde im Untersuchungsgebiet ein signifikant geringerer Prozentsatz an Normalbefunden klinischer Parameter ermittelt, die Ausdruck einer höheren Frequenz Erkrankungen der oberen Luftwege (vergrößerte Tonsillen und Halslymphknoten, verschärftes Atemgeräusch) sowie einer größeren Staubexposition (häufiger Konjunktivitis) in den Belastungsregionen sind. Ebenso gibt es eindeutige Hinweise auf die negative Beeinflussung der Lungenfunktion durch Luftverunreinigungen. Besondere Beachtung muß man aus diesem Blickwinkel den Risikogruppen (Kleinkinder, Asthmatiker, Allergiker, Personen mit Atemwegs- und Herz-Kreislauferkrankungen) schenken.

Die Untersuchungsgruppe konnte im Belastungsgebiet signifikant erniedrigte Erythrocythen-, Haemoglobin- und Haematokritwerte mit Tendenz zu einer normochromen Anämie nachweisen. Änderungen der Zellzahlen im Sinne einer Leukocytose konnten ebenfalls bewiesen werden. Neben der Bestimmung der Gesamtleukocytenzahl wurde auch eine Differenzierung der Zellformen vorgenommen, um aus dem Verteilungsmuster Rückschlüsse auf Veränderungen bestimmter Reaktionsabläufe im Organismus ziehen zu können. Dabei wurde bei den exponierten Kindern eine Tendenz zur Eosinophilie als Ausdruck einer erhöhten Allergisierung deutlich sowie eine Vermehrung segmentkerniger Granulozyten als Zeichen einer verstärkten bakteriellen Abwehrbereitschaft. Ebenso konnten Lymphopenien bestätigt werden.

Untersuchungen über die RNS-Aktivität in Nukleolen peripherer Lymphocyten wurden durchgeführt, und es konnte eine Zunahme RNS-aktiver Nukleolen als Ausdruck der permanenten Stimulation des Immunsystems nachgewiesen werden. Weiterhin konnten konstant höhere Phagocytoseraten als Zeichen einer Stimulierung unspezifischer Resistenzmechanismen ermittelt werden. Auch wurde unter Umweltbelastungen die biologische Aktivität des Komplementsystems überprüft, wobei die C_3-Komponente deutlich höhere Werte zeigte. Dabei spiegelt die Komplementaktivität die Häufigkeit und Stärke von Immunreaktionen wider, die sich im Organismus z.B. als Folge unspezifischer Atemwegserkrankungen abgespielt haben können. Die beobachteten erhöhten Immunglobulin (IG)-Spiegel sprechen für den stimulierten Effekt auf den immunologischen Mechanismus der kindlichen Population.

Mit der Bestimmung des Tetanus-Antitoxin-Titers im Serum lufthygienisch belasteter und unbelasteter Kinder sollten Aussagen über spezifische humorale Abwehrmechanismen getroffen werden. Die gefundene negative Beeinträchtigung der Antitoxinkonzentration zu Ungunsten der belasteten Kinder weist auf erste Anzeichen einer negativen Beeinflussung der spezifischen Immunfunktion hin.

Die komplexe Bewertung der Studie macht deutlich, daß mit den durchgeführten Untersuchungsmethoden reproduzierbare Unterschiede empfindlicher Parameter bei Kindern aus lufthygienisch belasteten und nicht belasteten Kontrollgebieten erbracht werden können. Alle erhobenen Befunde weisen auf die Beanspruchung der Adaptationsleistung des Organismus durch Umwelttoxen hin, die sich als Toleranz, Resistenz, Desensibilisierung oder Stimulierung biologischer Prozesse äußern. In Abhängigkeit von Art, Dauer und Intensität der Belastungen sowie der Stabilität des Organismus sind Veränderungen der gemessenen Parameter, die als "nondisease-effects" zwar

noch innerhalb der physiologischen Schwankungsbreite liegen, jedoch auf spezielle Belastungen im Sinne einer Dispositionsänderung hinweisen. Bei dauernder Einwirkung von belastenden Umweltfaktoren können die Regulationsmechanismen des Organismus pathologisch entgleisen.
Da bis heute weitgehend unbekannt ist, in welchem Ausmaß die Schutz- und Anpassungsreaktionen des kindlichen Organismus ohne bleibende Schäden beansprucht werden können, müssen die beobachteten Veränderungen als Antwort des Organismus gegenüber einer vom Optimum abweichenden Umwelt und somit als negativ gewertet werden. Zu ähnlichen Ergebnissen, aus denen aber gleiche Schlußfolgerungen resultierten, kamen andere internationale Studiengruppen, die Kinderpopulationen in umweltbelasteten Gebieten untersuchten.
Nach Abschluß dieser Studie wurden die untersuchten Kinder in sogenannte Reinluftgebiete zu einem vierwöchigen kombinierten Schul-Erholungs-Urlaub geschickt mit viel Freiluftaufenthalt, gesunder Ernährung sowie ausreichend Schlaf und anschließend nachuntersucht. Sämtliche Nachuntersuchungsergebnisse zeigten einen deutlichen Erholungseffekt der hämatologischen und immunologischen Werte und vor allem auch des psychischen Zustandes sowie der körperlichen Verfassung der Kinder, die mindestens bis zu 9 Monaten nachweisbar blieben. Diese "Normalisierungen" weisen auf die Dringlichkeit der Durchführung solcher dispositionsprophylaktischer Maßnahmen hin.
Der wachsende kindliche Organismus ist, wie bereits erwähnt, ein besonders sensibler Indikator für die Erfassung schädigender Umwelteinflüsse, jedoch muß man derart schädigende Wirkungen auch auf den erwachsenen Organismus annehmen. Auf Ergebnisse epidemiologischer Studien an der erwachsenen Bevölkerung im Kreis Bitterfeld kann leider nicht zurückgegriffen werden. Jedoch müßten für die werktätige Bevölkerung seitens der Arbeitsmedizin die Ergebnisse der regelmäßig durchzuführenden Tauglichkeits- und Überwachungsuntersuchungen vorliegen, die Rückschlüsse für das gehäufte Auftreten bestimmter Erkrankungen in bestimmten belasteten Betrieben, Berufsgruppen und Territorien erlauben müßten.
Entsprechend der uns zur Verfügung stehenden statistischen Materialien des ISOG liegt die kreisliche Mortalität pro 10 000 der Bevölkerung 1985, 87 und 88 bei den einzelnen Krankheitsgruppen innerhalb des Bezirksdurchschnittes, wobei leider ein Bezug auf die Altersstruktur der Kreise nicht zugrunde gelegt wurde. Insgesamt gesehen existieren nur geringe prozentuale Unterschiede, die Aussagen bezüglich einer Gefährdung durch Umweltbelastung nicht zulassen. Aus unserer Sicht waren die uns zur Verfügung gestellten statistischen Daten nicht weiter interpretierbar, da u.a. kreisliche Vergleiche nicht möglich waren. Morbiditätsstatistiken existieren nicht. Der Krankenstand des Kreises 1989 betrug durchschnittlich 6,09%. Damit nimmt der Kreis den viertschlechtesten Platz im Bezirk ein.
Die Beschäftigtenzahl der Ärzte insgesamt (ohne Zahnärzte) ist seit 1985 (195) bis 1989 (190) annähernd gleich geblieben, zeigt aber insgesamt trotz Absolventenzuführungen eine negative Bilanz.

gez. Dr. Winkler
Abteilungsleiter

*****

Bitterfeld: das ist ein Synonym geworden für das Schlimmste, was eine Regierung dem Volk antun kann an Zerstörung der Umwelt und Schädigung der Gesundheit. Mir fällt dazu ein, daß am Runden Tisch lautes Gelächter ausbrach, als der Generaldirektor des Chemiekombinates in seinem Bericht am 15.02. als persönliche Beigabe erzählte, daß er einen Kleingarten in einer Gartenkolonie bei Bitterfeld habe, von wo er Obst und Gemüse beziehe. Dies habe ihm noch nie geschadet.

Bitterfeld: Wenn man wie ich von Wittenberg die F 100 nach Halle fährt, kommt man ca. 20km vor der Kreisstadt in eine Mondlandschaft: Krater vom Braunkohleabbau und eine Wüste voller Abfallhalden und vergitterten Deponien.

Bitterfeld: Während der Sitzung habe ich ein Erlebnis, daß ich getrennt von allen anderen nachts aufschreibe. Hier ist es:

Das Volk von Bitterfeld

Am Mittwoch, den 14. März 1990 war ich Teilnehmer der Sitzung der Regierungskommission zur Bewältigung ökologischer und ökonomischer Probleme des Großraumes Bitterfeld/Wolfen und zur Feststellung der vorhandenen toxischen Lasten durch die dortigen Chemischen Kombinate. [...]
An jenem Vormittag, etwa nach einer halben Stunde Sitzungszeit, hat sich etwas ereignet, was ich in dieser Einmaligkeit nie vorher erlebt hatte.
Der Minister unterbrach die Sitzung und bat um Anhörung von den etwa 50 Mitarbeitern aus den Versorgungsbe-

reichen der beiden Kreise, die gehört werden wollten, um einer Entscheidung des Generaldirektors des Chemiekombinates entgegenzutreten. Diese Entscheidung betraf eine Erhöhung der Gehälter um 200,-M netto für sogenannte "exponierte" Mitarbeiter des Chemiekombinates, die in besonderer Weise durch den Umgang mit toxischen Stoffen betroffen sind.
Die Tür wird geöffnet, und in den großen Saal, vor die offene Seite der in Hufeisenordnung stehenden Tischen, hinter denen wir in bequemen Sesseln sitzen, treten die ca. 50 Arbeiter, LKW-Fahrer, Verkäuferinnen, Be- und Entladeträger usw., in ihrer Arbeitskleidung. Sie treten ein, ordnen sich in einem geschlossenen Halbrund, ängstlich, verbissen, trotzig mit verzweifeltem Mut - das alles deutlich für jeden spürbar - im Saal ist es still!
Dann kommt aus der Mitte dieser Gruppe eine Frau hervor, sie geht den langen Weg an der Schmalseite der Tische entlang nach vorn zu dem Präsidium - und während sie geht: Meter für Meter und mit allem Mut den sie hat, sitze ich in meinem Sessel, und ich schäme mich, weil ich nicht aufstehen und mich unter diese 50 stellen kann, und weil ich nicht jene einsame Frau nach vorne begleite. Ich weiß: dort steht das Volk, das seinerzeit auf den Straßen war und das nun Gerechtigkeit fordern wird... Und ich sitze, als etwas, was ich *nicht* sein will, als ein Vertreter der neuen Macht im Sessel!
Jene Frau beginnt zu sprechen: ungeübt, unsicher. Sie forderte die 200,-M Sonderzulage für alle Bitterfelder, weil sie derselben Gefahr ausgesetzt sind wie jene "exponierten" Arbeiter im Chemiekombinat, dieselbe Luft atmen müssen, für sich und ihre Kinder dasselbe Wasser zum Trinken und Kochen haben. Sie forderte als zweite Möglichkeit, daß diese Gelder (jährlich rund 4,0 Mio Mark) ausgegeben worden, um die Arbeitsplätze der besonders Betroffenen gesundheitlich verträglicher zu gestalten. Sie kündigte im Falle der Verweigerung ihrer Forderungen einen Streik von 8.000 Mitarbeitern der Versorgungsbetriebe an, für Freitag, den 16. März 1990, der den Großraum Bitterfeld/Wolfen lahmlegen würde.
Die schmale, kleine Frau endet - und es ist wieder still, gemischt mit Ratlosigkeit. Betroffenheit macht sich breit. Die 50 Delegierten bleiben still, ebenso ratlos, betroffen und verlegen wie wir, in den Sesseln... Irgendwie komme ich an eines der Tischmikrofone und fordere: Sitz und Stimme für die Sprecherin, aber sie findet zum zweiten Mal den Mut, gegen den aufkommenden Beifall zu sagen: Sie wird sich zurückziehen mit ihren Begleitern und beraten - und sie geht.
Nach vielleicht zehn Minuten kommt sie wieder, nimmt Platz und zu einem späteren Zeitpunkt der Beratung fällt ein deutliches Votum für die zweite Forderung, also zugunsten der Verbesserung der Arbeitsplätze. Der stellvertretende Minister hat mit unwahrscheinlicher Härte gesagt, daß für 200,-M netto mtl. Einkommenssteigerung Gesundheit (vielleicht bessere Arbeits- und Lebensqualität) nicht zu kaufen ist.
Diese kleine Frau - ich weiß nur ihren Vornamen: "Anne" - geht strahlend, und ich hatte etwas gelernt: Ich weiß endgültig, das war ich nicht: jemand mit Befugnissen, mit Macht in einem Sessel, das will ich nicht sein. Mein Platz ist auf der anderen Seite, bei denen, die fordern, mit dem scheinbar erbärmlichen, ungedeckten Scheck derer, die immer verlieren! Warum eigentlich sollten sie verlieren: Sie waren das Volk, sie hatten nichts zu verlieren, sie mußten nur wieder lernen, daß sie ihr Recht haben... - und daß es durchsetzbar ist, in Bitterfeld, in der DDR, überall!

Bitterfeld: das ist auch ein Moment der persönlichen Lächerlichkeit. Ich bin den verkehrten Seitenaufgang zum Sitzungssaal hochgegangen, so daß ich den Raum über ein Bühnenpodest betrete. Der Vorhang, der Podest und Saal voneinander trennt, ist lichtundurchlässig; - ich stehe im Dunkeln. Ich kann den Absatz in den Saal nicht finden und falle so, die Aktentasche voran in das Licht, die surrenden Kameras auf mich gerichtet und sicher sehr zum Erstaunen der bereits Anwesenden.

Bitterfeld: das sind ebenso zwei Zeitungsausschnitte, die ich diesen Zeilen kommentarlos hinzufüge.

*****

Protokoll 11. Beratung des Runden Tisches des Bezirkes Halle am 8.3.1990

11/001 Zum Protokoll des Runden Tisches vom 1.3.1990 ist zu ergänzen:
Pkt. 10/011:
Der vom NEUEN FORUM - Lutherstadt Wittenberg und der Ad-hoc-Gruppe Gesundheits- und Sozialwesen zum offenen Brief der Gesellschaft für Allgemeinmedizin Geringswalde eingebrachte Antrag wurde zur Kenntnis genommen (DS 10/011 wurde übergeben).

11/002 *Tagesordnung*
1. Information des Vorsitzenden des Rates des Bezirkes über die Beratung mit Vertretern des Bezirkes Magdeburg zur Vorbereitung der Bildung des Landes Sachsen/Anhalt,
2. Bericht des Rates des Bezirkes zur Haushalts- und Finanzwirtschaft,
3. Berichterstattung zum Stand der Vorbereitung der Volkskammerwahlen,
4. Fortschrittsbericht zum Stand der Auflösung des ehemaligen AfNS,
5. Verschiedenes/Anträge.

11/003 Der Bericht des Vorsitzenden des Rates des Bezirkes und des Herrn Dr. Herold zu Ergebnissen der ersten Beratung mit Vertretern des Bezirkes Magdeburg über die Vorbereitung der Bildung des künftigen Landes Sachsen/ Anhalt wird zur Kenntnis genommen. Dem Antrag, einen gemeinsamen Runden Tisch für die Bildung des Landes Sachsen/Anhalt zu bilden, wird vom Grundsatz zugestimmt. Ein schriftlicher Vorschlag zur Zusammensetzung und [zu] Verfahrensfragen wird durch den Rat des Bezirkes am 15.3.1990 eingebracht. Die Vertreter der Presse/des Rundfunks werden gebeten, über die Bildung des Runden Tisches Sachsen/Anhalt nicht vor dem 15.3.1990 zu berichten. Die Parteien/Bürgerbewegungen, die sich an den Wahlen beteiligen, wurden gebeten, jeweils ein Mitglied für o.g. Runden Tisch sowie dessen ständigen Vertreter zur 13. Beratung des Runden Tisches des Bezirkes Halle (22.3. oder 29.3.) zu benennen.

11/004 Die Berichterstattung des Rates des Bezirkes zur Haushalts- und Finanzwirtschaft wird zur Kenntnis genommen (DS 11/004 - wurde übergeben) und die erläuterte Arbeitsrichtung bestätigt. Dem Rat des Bezirkes wird empfohlen, bis zur Beschlußfassung des Bezirkstages über den Bezirkshaushalt die Arbeit auf die weitere Dekkung des Finanzbedarfs zu konzentrieren. Falls die Streichung von Subventionen, u.a. im kulturellen Bereich, erforderlich werden sollte, sind Extreme zu vermeiden. In allen Bereichen des Bezirkes sind Reserven für die Erhöhung der Leistungen zu erschließen. Durch den Rat des Bezirkes ist in Zusammenarbeit mit den zentralen Dienststellen zu prüfen, inwieweit die finanziellen Auswirkungen aus der Übernahme von Einrichtungen des ehemaligen AfNS durch ursprünglich für die Tätigkeit des AfNS geplante Mittel zentral ausgeglichen werden können.

11/005 Der Antrag des Runden Tisches der Stadt Halle zur Verletzung geltender arbeitsrechtlicher Bestimmungen und der damit verbundenen sozialen Unsicherheit wurde zur Kenntnis genommen. (DS 11/005.1 - wurde übergeben) Der Runde Tisch des Bezirkes folgt diesem Antrag in der überarbeiteten Fassung (DS 11/005.2). Die Presse wird gebeten, in entsprechender Form diese Empfehlung zu popularisieren. Gleichzeitig bringt der Runde Tisch sein Befremden darüber zum Ausdruck, daß die Empfehlung vom 4.1.1990 zur Bildung von gesellschaftlichen Kontroll- und Beratungsorganen in den Betrieben nur ungenügend berücksichtigt wurde.

11/006 Zur nächsten Beratung des Runden Tisches ist durch den Rat des Bezirkes zu informieren, ob und wenn ja, welche rechtlichen Regelungen zur Veränderung von Kaderakten bestehen.

11/007 Der Antrag der Moderatoren des Runden Tisches, Auskunft vom Bezirksstaatsanwalt über den Stand der Ermittlungen wegen Amtsmißbrauch und Korruption gegen Mitarbeiter staatlicher Organe und Parteien am 15.3.1990 zu erbitten, wird bei 3 Stimmenthaltungen bestätigt (DS 11/007). Der Vorsitzende des Rates des Bezirkes wird gebeten, den Bezirksstaatsanwalt entsprechend zu informieren.

11/008 Der Bericht über den Stand der Auflösung des ehemaligen AfNS wird zur Kenntnis genommen und mit den gegebenen Hinweisen bestätigt.

11/009 Die Untersuchungen zum Antrag des NEUEN FORUM vom 1.3.1990, den Bürgermeister von Hohenthurm betreffend, führten zur Gegendarstellung der SPD (DS 11/009 - wurde übergeben) und des Rates des Saalkreises. Der Bürgermeister wurde erneut am 6.3.1990 in Hohenthurm mit großer Mehrheit im Amt bestätigt. In diesem Zusammenhang wird an alle Vertreter des Runden Tisches nochmals appelliert, bei solch sensiblen Problemen sorgfältiger zu recherchieren.

11/010 Der Antrag zur Behandlung der Probleme bei der Einstellung von ehemaligen Mitarbeitern des AfNS sowie aus anderen Organen und Institutionen im Bereich der Volksbildung/Bildung wird bestätigt (siehe auch Pkt. 08/018 des Protokolls vom 15.2.1990). Dazu ist für den 15.3.1990 ein Vertreter des Runden Tisches Pädagogik Halle zu Problemen in der Stadt Halle einzuladen. Zur 13. Beratung des Runden Tisches des Bezirkes (22.3. oder 29.3.90) sind die Probleme auf Bezirksebene durch den Rat des Bezirkes zu erläutern.

11/011 Die Berichterstattung des Sekretärs der Wahlkommission des Wahlkreises 7 (Frau Spicher) wurde zur Kenntnis genommen und dem Antrag zur Unterstützung der Mitglieder der Wahlkommission bei der Schulung der Wahlvorstände durch Mitarbeiter der Wahlstützpunkte zugestimmt. Es wurde nochmals an die Parteien/Bewegungen die Bitte gerichtet, keine personellen Veränderungen der Mitglieder der Wahlkommission mehr vorzunehmen, sowie darüber hinaus an die Bürger appelliert, sich für die Arbeit in den Wahlvorständen bereitzuerklären. Die Schulung der Wahlvorstände in der Stadt Halle findet am 12.3.1990, 17.00 Uhr, im Klubhaus der Gewerkschaften statt. Dies ist auch die letzte Möglichkeit für die Nachmeldung für Mitglieder der Wahlvorstände in der Stadt Halle.

11/012 Der Antrag der PDS zur Einladung des Generaldirektors und Vertretern der Werktätigen des Mansfeldkombinates wurde nach erfolgter Diskussion und unter Hinweis auf Pkt. 11/005 zurückgezogen.

11/013 Der Antrag des Runden Tisches der Stadt Halle (Kommission zur Erfassung freiwerdender Räumlichkeiten) (DS 11/013) wird bestätigt. Die erforderlichen Maßnahmen sind durch den Rat des Bezirkes zu veranlassen.

11/014 Der Antrag des DA zu den durch die LDP versandten Materialien des Nationalen Bürgerkomitees Berlin wurde unter Erläuterung des §2 des Vereinigungsgesetzes[57] zur Kenntnis genommen. Die LDP sollte am 15.3.1990 eine Erläuterung zu Beweggründen des Versandes der Materialien geben.

11/015 Der Antrag des Reformhauses Halle zur Herstellung des Rechtsstatus von Halle/Halle-Neustadt wurde an das Reformhaus zur Überarbeitung zurückverwiesen (DS 11/015.1 - wurde übergeben). Eine Darstellung der Rechtslage wird mit diesem

---

[57] Zum Text des Vereinigungsvertrages und den übrigen Vereinbarungen und Gesetzen in dem Zusammenhang s. BGBl. Teil II518, 885, 1239 und 1317.

Protokoll durch den Rat des Bezirkes übergeben (DS 11/015.2).

11/016 Der überarbeitete Antrag des Verbandes der Berufssoldaten (Pkt. 2 des Antrages) zur Zusammenarbeit des Rates des Bezirkes mit dem Kaderorgan der 11. Mot-Schützendivision wurde bei einer Stimmenthaltung bestätigt. Der überarbeitete Antrag zur Unkündbarkeit des Arbeitsplatzes für Wehrpflichtige, Zeitsoldaten und Zivildienstleistende sowie zur Garantie sozialer Rechte für Berufskader nach der Dienstzeit wird mehrheitlich bei 5 Gegenstimmen und 8 Enthaltungen bestätigt. (DS 11/016 - wurde übergeben)

11/017 Der überarbeitete Antrag des DA auf Bildung einer Kommission beim Rat des Bezirkes zur Schaffung der Voraussetzungen für ein künftiges Landeseichamt des zu bildenden Landes Sachsen/Anhalt wird entsprechend der vorgelegten Bedingung mehrheitlich bestätigt (DS 11/017 - wurde übergeben).

11/018 Der Antrag des NEUEN FORUM zum MR-Beschluß 13/10/90 - Beschluß zur Verwendung des Projektfonds, der aus dem Verkauf von Valutamitteln des Reisedevisenfonds an Bürger der DDR im Jahre 1990 gebildet wird[58] - vom 8.2./12.2.1990 wird auf den 15.3.1990 vertagt.

11/019 Zur Erhöhung der Wirksamkeit bei der Umsetzung der verbindlichen Empfehlungen des Runden Tisches wurde die Presse gebeten, diese stärker zu propagieren. Der Runde Tisch vertritt die Meinung, daß nur so gewährleistet werden kann, daß er seinem Selbstverständnis zur Bildung einer Sicherheitspartnerschaft mit dem Rat des Bezirkes zur Aufrechterhaltung des Alltagslebens gerecht werden kann sowie die Empfehlungen im gesamten Territorium bekannt werden. Aus diesem Grunde wird den Medien nach der Beratung des Runden Tisches, jeweils freitags, eine zusammengefaßte Erklärung mit dem vollen Wortlaut der wichtigsten verbindlichen Empfehlungen durch den Rat des Bezirkes übergeben.

11/020 Der Antrag der GRÜNEN LIGA, daß der Rat des Bezirkes prüfen soll, wie und unter welchen materiellen, finanziellen und personellen Voraussetzungen eine eigene Publikationsmöglichkeit (Mitteilungsblatt etc.) geschaffen werden kann, wird bei einer Stimmenthaltung bestätigt. (Termin: 13. Beratung des Runden Tisches)

11/021 Der gemeinsame Antrag der GRÜNEN LIGA, GRÜNEN PARTEI, des NEUEN FORUM, der SPD und VL zur kostenlosen Überlassung der aus dem Bestand des ehemaligen AfNS übergebenen Fahrzeuge wird auf den 15.3.1990 vertagt (DS 11/021 - wurde übergeben.)

11/022 Die Entscheidung zum Antrag, den Runden Tisch nach den Volkskammer-wahlen nur noch 14-tägig durchzuführen, wird auf den 15.3.1990 vertagt.

11/023 *Informationen*

a) Herr Dr. Willms informierte über die Arbeit der Arbeitsgruppe Gesundheitswesen. Am 30.4.1990 soll ein "Krankenhaustag" durchgeführt werden.
b) Die Arbeitsgruppe Ökologie appelliert an alle Parteien/Bewegungen, weiterhin aktiv mitzuwirken. Die nächste Beratung findet am 13.3.1990, 17.00 Uhr, bei der Staatlichen Umweltschutzinspektion Halle, Mansfelder Straße 1, statt.
c) Herr Dr. Wand kritisierte die mangelnde Beteiligung in der Arbeitsgruppe Wirtschaftsreform. Die nächste Tagung findet am 14.3.1990, 13.00 Uhr, beim Wirtschaftsrat, Maxim-Gorki-Straße, statt. Es wurde ein Info-Material übergeben (DS 11/023).

11/024 Die nächste Beratung des Runden Tisches findet am 15.3.1990, 14.00 Uhr, in Halle, Heilig Kreuz, Gütchenstraße 21, statt.

---

[58] Dieser Beschluß ist im Gbl. nicht aufgeführt.

Vorschläge für die Tagesordnung:
- Berichterstattung des Runden Tisches Pädagogik der Stadt Halle zu Fragen der Einstellung von Lehrern,
- Bericht des Bezirksstaatsanwaltes zum Stand der Ermittlungsverfahren wegen Amtsmißbrauch und Korruption,
- Stand der Wahlvorbereitung,
- Stand der Auflösung des ehemaligen AfNS,
- Informationen/Anträge

11/025 Anwesenheitsliste DS 11/025

*****

DS 11/007

Antrag

Der Bezirksstaatsanwalt wird gebeten, dem Runden Tisch am 15.3.1990 Bericht über den Stand der auf bezirklicher Ebene wegen Amtsmißbrauch und Korruption gegen Mitarbeiter der staatlichen Organe und Parteien eingeleiteten Ermittlungen zu geben. Dabei soll auch über die Notwendigkeit informiert werden, die Untersuchungshaft aufrechtzuerhalten, sowie über Voraussetzungen für eine vorzeitige Entlassung aus ihr.
Die strafrechtliche Verantwortung wird durch diesen Antrag nicht berührt.

*****

DS 11/013

Antrag an den Runden Tisch des Bezirkes Halle

Auf Grund der Arbeit der vom Runden Tisch der Stadt Halle eingesetzten Kommission zur Erfassung freiwerdender Räumlichkeiten, die bisher von Parteien und gesellschaftlichen Organisationen genutzt wurden, stellen wir den Antrag, die Bezirksvorstände und Saalkreisvorstände nachfolgender Parteien und politischen Organisationen zu verpflichten, *umgehend* (entsprechend Anlage) die von ihnen *im Stadtgebiet genutzten Räumlichkeiten* zu erfassen und dem Runden Tisch der Stadt zuzuleiten.

Anlage

PDS, CDU, LDP, NDPD, DFD, FDGB (auch Angabe zu den Räumlichkeiten Böllberger Weg 26), GDSF, GST, DTSB, Nationale Front, Kulturbund, VKSK, Urania, FDJ, Jugendweiheausschuß, Volkssolidarität
1. Standort
2. Rechtsträger des Objektes
3. Art der Nutzung
4. Anzahl der Räume und m²-Größe
5. vorgesehene weitere Nutzungskonzeption
   (bei Freisetzung - Termin der Freisetzung)

*****

Antrag an den Runden Tisch des Bezirkes Halle

In jüngster Zeit werden zahlreiche Bürger des Bezirkes Halle durch Auflösen von Arbeitsverträgen beunruhigt, die von den Betriebsleitungen mit Umstrukturierungsmaßnahmen bzw. Betriebsauflösungen begründet werden. Der Runde Tisch Halle des Bezirkes verpflichtet deshalb alle Betriebe im Territorium, bei betrieblichen Veränderungen folgendes zu beachten:
1. Entsprechend der Empfehlung des Runden Tisches des Bezirkes Halle vom 4.1.1990 sind in allen Betrieben und Einrichtungen Kontrollausschüsse zu bilden.
2. Durch den Betriebsleiter ist eine Konzeption zur Entwicklung des Betriebes, die alle beabsichtigten Veränderungen enthält (wie Änderung der Eigentumsverhältnisse, der Betriebsstruktur, der Anzahl der Beschäftigten etc.) vorzulegen und vom Kontrollausschuß bestätigen zu lassen. (siehe Anlage) [nicht gefunden]
3. Für die Reduzierung der Anzahl der Beschäftigten sind die Verpflichtungen des Betriebes gemäß AGB betreffs Überleitung und Umschulung zur Anwendung zu bringen.

4. Alle bereits vorgenommenen bzw. beabsichtigten Entlassungen sind auf ihre Gesetzmäßigkeit zu überprüfen.
5. Vorgenannte Festlegungen betreffen selbstverständlich auch die zeitweilig in der DDR eingesetzten ausländischen Werktätigen, vorbehaltlich geltender bzw. zu verändernder Regierungsabkommen.

Halle, 8.3.1990 Die Teilnehmer des Runden
Tisches des Bezirkes Halle

*****

DS 11/025
Anwesenheitsliste Runder Tisch am 8.3.1990

Partei/Organisation	Name
Rat des Bezirkes	Süß; Klein, Undine
DBD	Baumgarth
NDPD	Hoffmann; Adler
GRÜNE LIGA	Bernt-Bärtl; Kupke
Kulturbund	Dr. Kraus
PDS	Dr. Drzisga; Dr. Schmidt
AKTION DIE DREI	Radziejewski
NF	Joh. Mehlig; Naujok; Dr. K. Wand
VdgB	Vogel, R.
DJ	Dr. Lewek, Hans-Georg; Mokosch, Thomas
GP	Neumann, Torsten
DA	Dr. Nelles, Axel; Klein, Walter
SPD	Dr. Hoffmann, Petra; Dr. Dittmann, Jörg
Med. soz. Verantwortung	Dr. Büdke, Michael
VL	Dr. Zimmermann, M.; Karl Röver
Kath. Dekanat	Dr. Herold, Claus; Dr. Willms, Peter
Ev. Kirchengemeinde	Buchenau
FDJ	Bosse, Michael
VBS	OSL Kittel, Peter; OSL Piossek, Konrad
FDGB	Becker, Manfred; Dr. Reisener, Gert; Gläser, Horst
DFD	Müller, Helga
CDU	Frönicke, Dieter

Medienvertreter: Makosch, Sabine (Sender Halle); Stavenhagen, Bernhard (LDZ); Leithäuser, Johannes (F.A.Z.); Dr. Keitel, Klaus (Reformzeitung)

*****

12. Beratung des Runden Tisches

Es beginnt der Bezirksstaatsanwalt mit seinem Bericht über den Stand der Ermittlungen wegen Amtsmißbrauch und Korruption. Erstaunlich ist das Auftreten der beiden Herren der Bezirksstaatsanwaltschaft, die sich innerhalb kürzester Frist vom Parkett der Weisungsankläger wegbegeben haben und zum Vertreter rechtsstaatlicher Normen geworden sind.

Wieder trifft mich das Gefühl der Ohnmacht, wenn ich zuhören muß, was an Amtsmißbrauch vorgelegt wird: privat genutzte Dienstwagen, Zuweisung von Jagdrevieren, Bau von luxuriösen Wochenendheimen. Die Frage der Verantwortlichkeit von Macht, wenn sie ausgeübt wird zur Unterdrückung von Meinungsfreiheit, zur Verhinderung der Versammlungsfreiheit, der Reisefreiheit usw. wird nicht einmal gestreift. Ich frage nach diesen Tatbeständen und erhalte als Antwort, daß ja nur Weisungen durchgeführt worden seien, die von höheren Dienststellen kamen, und damit eine persönliche Verantwortung und strafrechtliche Verfolgung ausscheidet. Eigentlich habe ich nichts anderes erwartet, aber ich denke an die Zeit vor 1945 und fange an, Parallelen zu sehen. Ist das möglich? Verrenne ich mich da? Ich will auf keinen Fall Rache oder Vergeltung; aber ich will Gerechtigkeit und dafür scheint es - so wie ich das Einstehen für Verantwortlichkeit gegenüber ausgeübter Macht verstehe - kein Podium zu geben.

Erfreulich da[gegen] ist das Auftreten des Vertreters des Händelhauses in der Kulturdiskussion. Von ihm wird einsichtig dargestellt, wie sehr kulturelle Aufgaben das geistige Niveau einer Gesellschaft bestimmen. Damit läßt es sich kämpfen gegen den geplanten Subventionsabbau, wie ihn der Finanzberichterstatter des Rates des Bezirkes vorgeschlagen hatte. Sicher wird es nicht ohne Verluste in diesem Bereich abgehen, aber es ist ein Ansatz getan, als der Runde Tisch fordert, daß eine Auflistung der kulturellen Einrichtungen, ihrer Kosten und der Vorschlag eines Prioritätenkataloges zu erfolgen hat.

Ganz schlimm gestaltet sich der Bericht der drei Vertreter der Arbeitsgemeinschaft Bildung des Runden Tisches der Stadt Halle. Offensichtlich berufen sich viele Mitarbeiter der Bezirksstelle des MfS auf irgendwann einmal erworbene Qualifikationen für Pädagogik und werden dann durch die Bezirksschulräte auch eingestellt. Das gleiche gilt für ehemalige hauptamtliche Mitarbeiter des Parteiapparates, die sich in den Lehrerberuf flüchten. Das Problem ist deshalb so brisant, weil mit solchen Einstellungen entschieden wird, wie unsere Kinder künftig schulisch erzogen werden. Alle Anwesenden am Runden Tisch sind da einer Meinung und verlangen die Überprüfung von Neueinstellungen und gegebenenfalls die Entlassung von "Altkadern".

Schließlich ist es soweit, daß ich meinen Bericht über Bitterfeld gebe, den ich verlese und teilweise durch mündliche Einschübe erweitere. Zu dem Bericht gehört auch der Fragenkatalog zur Ermittlung des Gesundheitszustandes in der Region. Eigentlich habe ich erwartet, daß es Gelächter gibt über meinen Sturzauftritt in dem Verhandlungssaal, aber es lacht niemand. Sicher kann einem auch das Lachen im Halse stecken bleiben, wenn über die in Bitterfeld vorgenommene Auflistung der Schäden an Mensch und Umwelt berichtet wird. Und ganz und gar vergeht dem Vorsitzenden des Rates des Bezirkes der Spaß bei dem Berichtsteil über die Streikdrohung, wegen des Zuschlages von 200,-Mark an toxikologisch besonders gefährdete

Mitarbeiter des Chemiekombinates. Darüber will er selbst in der nächsten Beratung nachreferieren. Ich nehme den schriftlichen Bericht und den Fragenkatalog zu meinen Unterlagen.

Bericht des Leiters der ad-hoc-Gruppe Gesundheits- und Sozialwesen des Runden Tisches des Bezirkes Halle

Anlaß: Autorisiertes Mitwirken in der Regierungskommission zu den ökologischen und ökonomischen Problemen des Raumes Bitterfeld/Wolfen

Vorbemerkung: Der Bericht bezieht sich eingeschränkt auf die Probleme, zu denen der Berichterstatter autorisiert war.

Gesamtbild: Den Vorsitz für die o.g. Arbeitsgruppe führt der stellvertr. Minister für Schwermaschinenbau, Prof. Dr. Steinberg. Die Koordinierung und Protokollierung wird von Dr. Asberger, Leipzig, übernommen.

Vorsitzend wirken mit: der amtierende Vorsitzende des Rates des Kreises, Herr Kirsch, der Bürgermeister der Stadt Bitterfeld, die Generaldirektoren des CKB und der Filmfabrik Wolfen.

Vertreten waren Mitarbeiter der VEB WAB des Kreises, verschiedene Gruppierungen, vor allem Mitglieder von Öko-Gruppen,

für den Rat des Bezirkes: Herr Bill und Herr Dr. Neudert.

Geladen war ein Vertreter des Ministeriums für Gesundheitswesen und aus der Abteilung Umweltmedizin des Bezirkes Halle Dr. Winkler als dortiger Abteilungsleiter.

[...] besonders hervorhebenswert [bleibt] der Auftritt der ca. 50 Mitarbeiter aus "Handel und Versorgung" des Kreises Bitterfeld mit ihrer Streikandrohung für Freitag, 16.03.1990, falls der 200,-M Nettozuschlag für sogenannte "exponierte Mitarbeiter" des CKB und der Filmfabrik Wolfen nicht zurückgenommen werden sollte. Auch darüber hat der Berichterstatter vor dem Runden Tisch... berichtet.

Die Gesamtdiskussion ist teilweise mit erheblicher Schärfe geführt worden, in deren Verlauf es zu einer persönlichen Auseinandersetzung zwischen Prof. Steinberg und dem Unterzeichnenden kam, für die sich letzterer am Ende entschuldigt hat.

Herr Dr. Neudert hat durchgesetzt, daß sein Amt wegen der die Kreisgrenzen bei weitem überschreitenden Probleme (Abwasser, Kläranlagenbau etc.) beteiligt ist und bleibt.

Der amtierende Ratsvorsitzende hat gegen Ende der Diskussion und besonders bei der Protokollverlesung durch Dr. Asberger mit bewundernswertem Durchsetzungsvermögen erreicht, daß konkrete Sachverhalte auch konkret benannt und verwaschene Termini in präzise Terminierung umformuliert wurden.

Zu den Fragen Gesundheitsstand im Raum Bitterfeld/Wolfen

Der vorgelegte Bericht von Dr. Winkler ist von dem Vorsitzenden der Regierungskommission zurückgewiesen worden. Er hielt ihn für "unwürdig und seinem Inhalt nach ohne Aussagen", so daß er sich weigerte, ihn als Anlage in den Bericht der Regierungskommission aufzunehmen. Zusatzbemerkung: "Die daraus zu ziehenden Konsequenzen seien nicht Aufgabe der Regierungskommission, sondern der dafür zuständigen Dienststellen."

Anlage 1 - (dieser Bericht wird abgelichtet als Anlage beigefügt)

Anlage 2 - Ein wesentlich detaillierterer Bericht des Kreisarztes lag zusätzlich vor, der akzeptiert wurde (der Bericht ist als Anlage beigefügt).

Anlage 3 - Der Berichterstatter hat seinen Fragenkatalog verlesen (bei einiger Unruhe im Saal), Antworten auf die darin enthaltenen Fragen gab es nicht. Das war vom Berichterstatter auch nicht erwartet worden; er hat seinerseits seine Fragen als Anklage verstanden (s. besonders Frage 17). Ob das so übernommen worden ist, muß offenbleiben (der Fragenkatalog ist als Anlage beigefügt).

In der Konsequenz hat die Regierungskommission akzeptiert:

1. ein Angebot der KMU - Institut f. Allgemeine Hygiene -"Medizinisches Umweltprogramm Bitterfeld",
2. ein Angebot des Institutes für klinische Immunologie der KMU "Projektvorschlag zu Untersuchungen der Umweltsituation im Raum Bitterfeld/Wolfen unter Einbeziehung automatisierter biologischer Kurzzeit-Teste",
3. ein Angebot der Technischen Hochschule Köthen zur allgemeinen Unterstützung mit Meßwertdatenermittlung.

Dem Antrag, die finanziellen Lasten dafür nach dem Verursacherprinzip dafür Verantwortlichen zuzumessen, wurde zugestimmt.

Fazit: Es ist festzustellen, daß alle drei akzeptierten Programme zur Ermittlung des Gesundheitsbildes im Raum Bitterfeld/Wolfen, wenn sie wissenschaftlich fundierte Ergebnisse ausweisen werden, Langzeitprogramme mit

Datenerfassung mehrerer Jahre sein werden. Die daraus resultierenden Erkenntnisse werden vielleicht den dortigen Kindern, eher noch jenen folgenden Generation nutzen können. Das ist bitter! Aber es ist ein Teil jener Last an Schuld und Versagen, an der wir alle zu tragen haben.

Wittenberg, den 17.03.1990 Für die ad hoc-Gruppe
Gesundheits- und Sozialwesen
gez. Lintzel

*****

Fragen zur Ermittlung des allgemeinen Gesundheitsstandes im Kreisgebiet Bitterfeld/Wolfen: im Auftrag der ad hoc-Gruppe Gesundheits- und Sozialwesen des Runden Tisches des Bezirkes Halle (= Anlage 3)

1. Wie hoch ist die durchschnittliche Lebenserwartung im Kreisgebiet, und wie verhält sie sich zu den entsprechenden Werten DDR-weit und im Bezirk Halle
   a) bei Männern,
   b) bei Frauen?
2. Wie differenziert verteilt ist die durchschnittliche Lebenserwartung bei besonders "exponierten Gruppen" von Beschäftigten (z.B. bei Umgang innerhalb von Teilbereichen der Betriebe mit toxischen Stoffen etc.)
   a) bei Männern,
   b) bei Frauen?
3. Wie hoch liegt die Invalidisierungsrate (Frührentnerschaft) im Kreisgebiet?
   Gibt es sie bei besonderen Beschäftigungsarten mit höheren Quoten als im Durchschnitt des Kreisgebietes
   a) bei Männern,
   b) bei Frauen?
4. Welche besonderen Häufigkeitsgrade gibt es für Krankheitsbilder, z.B.
   Nierenerkrankungen
   Lebererkrankungen
   Magen-Darmerkrankungen
   Herz-Kreislauferkrankungen
   Lungenerkrankungen
   Erkrankung der Atmungswege
   darunter besonders: Krebserkrankungen
   a) bei Männern,
   b) bei Frauen?
5. Welche Frühschäden, ggf. Mißbildungen, sind gehäuft anzutreffen in welchen Altersgruppen
   a) Säuglinge,
   b) Kleinkinder,
   c) Schulkinder,
   d) Pubertäre Altersgruppen,
   e) Erwachsene bis 45 Jahre,
   f) Ältere Beschäftigte ab 45 Jahre?
6. Wie hoch ist die Säuglings- und Frühkindssterblichkeit? (1-3 Jahre)
7. Ist bei einer erhöhten Morbiditätsrate für Säuglinge den Ursachen nachgegangen worden:
   a) d.h. sind weitere medizinische Untersuchungen werdender Mütter auf etwaige gesundheitliche Schädigungen der *Mütter* erfolgt?
   b) Liegen überhaupt Erkenntnisse über Krankheitsbilder werdender Mütter vor?
8. Wie hoch ist der Prozentsatz an Risikoschwangerschaften,
   a) sind diese an subspezialisierte Kliniken überwiesen worden, und liegen Erkenntnisse über Geburtsfolgeschäden vor?
   b) sind Risikoschwangerschaften im Kreisgebiet entbunden worden und wenn, mit welchen Ergebnissen?
9. Sind Reihenuntersuchungen für ganze Bevölkerungsschichten oder wenigstens in erkenntnisfähiger repräsentativer Breite vorgenommen worden
   a) welcher Art,
   b) mit welchen Ergebnissen,
   c) in welchen Altersstrukturen?
10. Sind entsprechende hämatologische Untersuchungen erfolgt
    a) in welcher Spezifik,

b) in welchen Altersstrukturen?
c) in welcher Differenzierung zum jeweils ausgeübten Beruf
11. Welche Betriebsteile des CKB arbeiten mit toxischen und hochtoxischen Stoffen, und werden die dort Beschäftigten besonders ärztlich betreut
a) wenn ja, in welcher Weise,
b) wenn ja, wie oft im Jahr?
12. Wie hoch ist die Alkoholikerquote im Kreisgebiet? Liegt sie über dem DDR-Durchschnitt? Gibt es Beratungs- und Betreuungsstellen?
13. Wieviel psychisch gestörte Mitbürger sind im Kreisgebiet, und wie liegt das Verhältnis zu entsprechenden DDR-Werten?
Gibt es für diese Bürger besondere Betreuung oder erfolgt die obligatorische Überweisung nach Bernburg oder Brandenburg[59]?
14. Welche arbeitsmedizinischen und allgemein hygienischen Untersuchungen bzw. Kontrollkonzeptionen sind von den Arbeitsschutzinspektionen, dem Bezirkshygieneinstitut oder anderen Verantwortungsträgern entwickelt worden?
15. Wie sind die Betriebspolikliniken ausgestattet:
a) Was können sie diagnostisch und therapeutisch leisten?
b) Wie betreiben sie Vorsorge- und Dispensairebetreuung?
16. Welche Betreuung gibt es für ältere Bürger?
a) Wie hoch ist deren Anteil in Prozenten zur Gesamtbevölkerung des Kreisgebietes?
b) Mit welchen Altersstufen, männlich - weiblich?
c) Wieviel Pflegeheimplätze gibt es?
d) Wieviel Altersheimplätze gibt es?
e) In welchem Umfang wird sonst altersgerechte Hilfe geleistet (etwa durch die Volkssolidarität)?
17. Inwieweit sind *nicht* durchgeführte Untersuchungen und Kontrollen und damit *nicht* erreichbare Antworten auf die o.g. Fragen eine Verletzung ärztlicher Sorgfaltspflicht und damit strafrechtlich relevant?

f.d. ad hoc-Gruppe Gesundheits-
und Sozialwesen
gez. Vors. Lintzel

*****

Von Dr. Mehlig ist beantragt worden, daß der Rektor der Martin-Luther-Universität in die nächste Beratung geladen wird. Dieser Antrag wird bestätigt. Damit beginnen sich meine Aufzeichnungen zu schließen.

Die Breite der Berichte über die kommenden Wahlen, die Zusammenlegung der Runden Tische Halle und Magdeburg, das alles verändert das Profil der Beratungen, die ihren Charakter verlieren, zu analysieren und zu helfen, wo immer das möglich ist. Ich bin angetreten, um mitzuarbeiten an den Stellen, an denen ich gebraucht werde und etwas leisten kann. Ich wollte und will mich nicht in der Praxis der Politik profilieren. Und ein zweiter Grund: Ich kann nicht mehr selber Auto fahren; nicht nach diesen Sitzungen in die Nacht und die Stille der Straßen hinein. Schon seit zwei Wochen lasse ich mich durch einen Fahrer bringen und wieder abholen. Ich weiß, daß ich fast am Rande meiner körperlichen Möglichkeiten und nicht länger einer dreifachen Belastung durch Beruf, Runden Tisch und ad-hoc-Kommission Gesundheitswesen gewachsen bin. Es muß ein Ende geben. Ich werde die Begegnung mit dem Rektor der Martin-Luther-Universität noch haben; und dann beende ich meine Mitarbeit am Runden Tisch.

Ich muß aufhören zu träumen, weil ich diese Träume immer dichter als Realität weiterlebe. Das ist auf Dauer nicht auszuhalten: Ich weiß, ich muß aufhören, ehe es zu spät ist.

---

59 Psychiatrische Krankenhäuser.

*****

Protokoll 12. Beratung des Runden Tisches des Bezirkes Halle am 15.3.1990

12/001 *Tagesordnung*

1. Bericht des Staatsanwaltes des Bezirkes Halle zum Stand der Ermittlungen auf bezirklicher Ebene wegen Amtsmißbrauch und Korruption,
2. Bericht über den Stand der Auflösung des ehemaligen AfNS,
3. Fragen zur Erhaltung und Entwicklung des Händelhauses,
4. Bericht der AG Bildung des Runden Tisches der Stadt Halle,
5. Stand der Vorbereitung der Wahlen zur Volkskammer am 18.3.1990,
6. Bildung einer paritätischen Kommission zur Vorbereitung der Bildung des Landes Sachsen-Anhalt,
7. Anträge/Informationen

12/002 Der Bericht des Staatsanwaltes des Bezirkes zum Stand der Ermittlungen wegen Amtsmißbrauch und Korruption sowie die [Erklärungen, die] im Zusammenhang mit aufgeworfenen Fragen zur Wahlfälschung und Zusammenarbeit mit dem ehemaligen MfS abgegeben [wurden], werden zur Kenntnis genommen.

12/003 Der Bericht zum Stand der Auflösung des ehemaligen AfNS wird zur Kenntnis genommen und bestätigt. Dem Antrag der Bezirksbehörde der Deutschen Volkspolizei, Herrn Werner Sauer, der als Spezialist für "Sprengstoffverdächtige Gegenstände" im ehemaligen AfNS tätig war, in die Volkspolizei mit Arbeitsvertrag zu übernehmen, wird mehrheitlich zugestimmt.

12/004 Die Informationen

- zur Weisung 1/90 des Komitees zur Auflösung des ehemaligen Amtes für Nationale Sicherheit (Umgang mit konspirativen Wohnungen und Objekten),
- zur Anweisung, daß auch weiterhin im Interesse des Personen- und Datenschutzes keine Einsichtnahme in Akten des ehemaligen AfNS gestattet ist und
- [daß] eine kostenlose Übergabe von Kfz entsprechend Antrag DS 11/021 vom 8.3.1990 nicht möglich ist, jedoch erneut geprüft wird,

werden zur Kenntnis genommen.

12/005 Zur Klärung der Probleme, die Mitglieder der Autorisierten Gruppe zur Auflösung des AfNS mit der Freistellung von der Arbeit darlegten (Verweigerung der Freistellung), wird der Vorsitzende des Rates des Bezirkes sich schriftlich an die jeweiligen Betriebsleiter wenden und auf die rechtlichen Regelungen verweisen.

12/006 Auf Antrag der PDS zum Abstimmungsrecht der am Runden Tisch vertretenen neuen Mitglieder des Rates des Bezirkes wurde mehrheitlich beschlossen: Nehmen Mitglieder des Rates des Bezirkes als Vertreter ihrer Parteien/politischen Organisationen an den Beratungen des Runden Tisches teil, so haben sie das Recht, an der Abstimmung im Rahmen der Anzahl der Stimmen ihrer Partei/politischen Organisation teilzunehmen.

12/007 Zur Arbeit mit den Personalunterlagen (Punkt 11/006 des Protokolls vom 8.3.1990) verwies Herr Dr. Willms auf die Verordnung zur Arbeit mit Personalunterlagen vom 22.2.1990, Gbl. I Nr. 11, S. 84.

12/008 Die Anträge der GRÜNEN LIGA zur Verfahrensweise beim Umgang mit persönlichen Jagdwaffen werden durch den Vorsitzenden des Rates des Bezirkes bis 22.3.1990 geklärt.

12/009 Der Antrag des NEUEN THEATER zur Übernahme der Räumlichkeiten des Möbelgeschäftes in der Schulstraße (bisheriger Nutzer SHB Möbel) wird einstimmig bestätigt. (DS 12/009 - wurde übergeben). Dazu ist am 22.3.1990 durch den Vorsitzenden des Rates des Bezirkes eine Information zu geben.

12/010 Die Berichterstattung des Mitgliedes des Rates des Bezirkes für Kultur und Bildung zur weiteren Perspektive des Händelhauses und die sich aus der anschließenden Diskussion ergebenden Darlegungen zu weiteren Problemen der Erhaltung und Entwicklung kultureller Einrichtungen im Bezirk Halle werden bestätigt. In der 14. Beratung des Runden Tisches (5.4.1990) wird sich der Runde Tisch mit weiteren kulturellen Problemen beschäftigen. Dazu ist eine Prioritätenliste durch den Rat des Bezirkes vorzulegen. In diesem Zusammenhang ist der übergebene Antrag des Rundfunks der DDR, Hauptabt. Musik, Bereich Leipzig, zu berücksichtigen. In Vorbereitung dieser Beratung wird das durch den Zentralen Runden Tisch erarbeitete Material zur Kulturpolitik durch den Rat des Bezirkes allen am Runden Tisch vertretenen Parteien/politischen Organisationen zugestellt.

12/011 Der Antrag des NEUEN FORUM (DS 12/011), den Rektor der MLU zur nächsten Beratung des Runden Tisches am 22.3.1990 einzuladen, um seine Vorstellungen über die Zukunft der Universität darzulegen, wird mehrheitlich bestätigt. Der Antrag, auch die aufgestellten Kandidaten für die bevorstehende Rektorwahl einzuladen, wurde mehrheitlich abgelehnt.

12/012 Die Berichte der Vertreter der AG Bildung des Runden Tisches der Stadt zur Einstellung von Lehrern und Erziehern in den Stadtbezirken von Halle werden zur Kenntnis genommen. Der Runde Tisch des Bezirkes Halle teilt die Besorgnis über die Art und Weise der vorgenommenen Einstellungen ehemaliger Mitarbeiter des MfS/AfNS, [von] Parteien und Institutionen. Unter Berücksichtigung der geführten Diskussion und der gegebenen Hinweise wird dem Rat des Bezirkes einstimmig empfohlen, die arbeitsrechtliche Prüfung der strittigen Einstellungen der letzten 5 Monate im gesamten Bezirk zu überprüfen (DS 12/012). In die Überprüfung sind in jedem Einzelfall die Pädagogenkollektive, die betroffenen Schüler und deren Eltern einzubeziehen. Die dazu erarbeitete Verfahrensweise ist der Presse zur Veröffentlichung zu übergeben.

12/013 Im Zusammenhang mit der Berichterstattung entsprechend Punkt 12/012 sind die aufgezeigten Probleme der weiteren Existenz des Instituts für Lehrerbildung Halle durch den Rat des Bezirkes zu klären.

12/014 Der Bericht des Herrn Lintzel zur Beratung der Regierungskommission Umweltfragen für das Territorium Wolfen/Bitterfeld wird zur Kenntnis genommen. Eine detaillierte Auswertung erfolgt in der Arbeitsgruppe Gesundheitswesen des Runden Tisches. Zur kritisierten Berichterstattung des Bezirkshygienearztes erfolgt eine gesonderte Information an den Vorsitzenden des Rates des Bezirkes durch o.g. Arbeitsgruppe. Zum dargelegten Problem der beabsichtigten Zahlung eines "Umweltzuschlages" in Höhe von 200,-- Mark für die Werktätigen des CKB und daraus resultierender Forderungen weiterer Betriebe informiert der Vorsitzende des Rates des Bezirkes den Runden Tisch am 22.3.1990.

12/015 Der Antrag der Arbeitsgruppe Ökologie des Runden Tisches zur Ordnung und Sauberkeit in der Stadt Halle wird als Appell zur Kenntnis genommen und bestätigt. (DS 12/015 - wurde übergeben)

12/016 Der Antrag der Arbeitsgruppe Ökologie zum Thema Mülldeponie (DS 12/016.1 - wurde übergeben) und der Antrag der GRÜNEN PARTEI zur Errichtung einer Müllverbrennungsanlage in Halle (DS 12/016.2) wurde mehrheitlich in Fassung der DS 12/016.3 beschlossen.

12/017 Der Bericht des Vorsitzenden des Rates des Bezirkes zum Stand der Vorbereitung der Volkskammerwahl am 18.3.1990 wird zur Kenntnis genommen und bestätigt. Alle Wahlvorstände sind gebildet, jedoch ist die personelle Besetzung noch nicht überall gesichert. Das betrifft vor allem 63 Wahlvorstände in Halle und 94 in dem Kreis Zeitz. Die materiell-technischen und organisatorischen Voraussetzungen zur Durchführung der Wahl sind gesichert. Dr. Süß informierte, daß die Volkskammer der DDR am 6.3.90 beschloß, daß die am 20.2.90 bestätigte Wahlkommission der DDR und ihr Präsidium zur Vorbereitung der Kommunalwahl am 6.5.1990 bestehen bleiben. Auch die bestehenden Wahlkommissionen der Wahlkreise bleiben bestehen und sind in Bezirkswahlkommissionen umzuwandeln zur Vorbereitung der Wahl am 6.5.1990. Es wurde der dringende Appell an alle in der Wahlkommission des Wahlkreises 7 (Bezirk Halle) vertretenen Parteien und politischen Organisationen gerichtet, keine personellen Veränderungen in der Wahlkommission vorzunehmen.

12/018 Die Verfahrensweise des Vorschlages des Rates des Bezirkes zur Bildung eines Runden Tisches Sachsen/Anhalt der Bezirke Halle und Magdeburg unter Einbeziehung der Stadt Dessau wird inhaltlich bestätigt. Auf Vorschlag des Runden Tisches Magdeburg wird eine paritätische Kommission entsprechend beigefügter DS 12/018 gebildet. Über die Zusammensetzung o.g. Kommission berichtet der Vorsitzende des Rates des Bezirkes am 22.3.1990. Bei den Verhandlungen zur paritätischen Besetzung ist zu berücksichtigen:
- 3 Moderatoren des Runden Tisches des Bezirkes Halle,
- beantragte Teilnahme des Bauernverbandes e.V, Kulturbund, Gewerkschaft, GRÜNE LIGA.

12/019 Der Antrag des Rates des Bezirkes zur Besetzung der freien Mandate im Bezirkstag Halle wird durch den Rat des Bezirkes bis 22.3.1990 präzisiert und erneut vorgelegt.

12/020 Der entsprechend Punkt 11/018 vom 8.3.1990 überarbeitete Antrag des NEUEN FORUM zur Verwendung des Projektfonds ... - MR-Beschluß vom 8.2./12.2.1990 ist durch den Rat des Bezirkes an die Regierung der DDR zu übermitteln (DS 12/020 - wurde übergeben).

12/021 Der Antrag des DFD zur Erhaltung der betrieblichen und kommunalen Kindereinrichtungen wird bestätigt. (DS 12/021 - wurde übergeben)

12/022 Die nächste Beratung des Runden Tisches findet am 22.3.1990, 14.00 Uhr, in Halle, Heilig Kreuz, Gütchenstraße 21, statt.
Vorschlag für die Tagesordnung
- Bericht zur Abstimmung über die Zusammensetzung der paritätischen Kommission zur Bildung des Landes Sachsen/Anhalt,
- Bericht zum Stand der Auflösung des AfNS,
- Berichterstattung des Rektors der MLU Halle,
- Informationen/Anträge

12/023 Anwesenheitsliste DS 12/023

*****

DS 12/011
NEUES FORUM — Halle, 15.3.1990

Antrag
an den Runden Tisch des Bezirkes Halle

Im Hinblick auf die bevorstehende und nunmehr vorzubereitende Kultur- und Bildungshoheit der Länder, im speziellen Falle des Landes Sachsen-Anhalt, fordert das NEUE FORUM den Runden Tisch auf, den derzeitigen Rektor der Martin-Luther-Universität, Herrn Prof. Dr. Horst Zaschke, in seiner Eigenschaft als Leiter der größten

Bildungseinrichtung des Bezirkes und des späteren Landes, zu einer Berichterstattung über den gegenwärtigen Stand der hochschulpolitischen, personalpolitischen und finanziellen Gegebenheiten an der Martin-Luther-Universität und zu einer Darlegung seiner Vorstellungen über die Zukunft der Universität einzuladen.
Der Anlaß zu unserem Antrag ist hochaktuell, da für den 11.4. die Wahl eines neuen Rektors geplant ist, die hierzu erforderlichen dringlichen, sachlichen Vorhaben nach unseren Erkenntnissen jedoch in keiner Weise geklärt sind. Im Zusammenhang mit seiner Anhörung sollten auch die inzwischen aufgestellten anderen Kandidaten für das Amt des Rektors zu ihren Ansichten über die bevorstehenden Probleme und Aufgaben angehört werden.

NEUES FORUM
gez. Dr. phil. J. Mehlig

*****

DS 12/012

Der Runde Tisch des Bezirkes Halle beschließt, daß durch das Fachorgan des Rates die arbeitsrechtlichen Voraussetzungen geprüft werden, um

1. alle strittigen Einstellungen im Bereich der Volksbildung (Nichteignung, fehlende Berufserfahrung) der letzten 5 Monate,
2. die Arbeitsrechtsverhältnisse aller politisch-moralisch schwer diskreditierten Beschäftigten im Bereich Volksbildung (Funktionsträger, Pädagogen)

zum frühestmöglichen Zeitpunkt rückgängig zu machen bzw. zu beenden. Die erarbeitete Verfahrensweise ist dem Runden Tisch zur Beschlußfassung vorzulegen. Sie muß eine arbeitsrechtlich korrekte und sozial gerechte Lösung darstellen.

*****

DS 12/016.3

Antrag an den Runden Tisch des Bezirkes

Ausgehend von einer ausgedehnten Debatte der Arbeitsgruppe "Ökologie" zum Thema Mülldeponie im Bezirk empfiehlt die Arbeitsgruppe dem Runden Tisch:

1. Die künftige Landesregierung möge im Interesse einer erhaltenswerten Umwelt und der Beschränkung der Altlasten entschiedene Schritte gegen die weitere Vermüllung der Landschaft einleiten.
2. Sofort sollte eine Arbeitsgruppe im zuständigen Ratsbereich berufen werden, die ein flächendeckendes Müllkonzept ausarbeitet. Gegenüber augenblicklich 358 Mülldeponien und etwa der doppelten Zahl wilder Deponien - von denen nur 8 als sicher anzusehen sind und den Normen entsprechen - ist im Bezirk auf eine maximale Zahl von 20 Deponien zu orientieren.
3. Im großen und ganzen sollte die Bewirtschaftung und Kontrolle [von den] Kommunen [abge]geben werden. Vor allen Dingen mittelständische Unternehmen sind für die Müllbeseitigung zu interessieren. Die Umweltkonditionen für die Müllbeseitigung sind von den Kommunen zu bestimmen unter folgenden Schwerpunkten.
   1. Einsatz von Müllverbrennungsanlagen, die dem höchsten internationalen Standard entsprechen,
   2. Variantenvergleiche verschiedener Angebote aus unterschiedlichen Ländern mit Erfahrung auf diesem Fachgebiet (Schweden, Japan, Frankreich) im Ausschreibungsverfahren.
4. Es ist ein langfristiges Sanierungsprogramm für die Deponie Lochau auszuarbeiten. Die Deponie sollte vor allen Dingen technisch besser ausgestattet werden.
5. Die Altlastenerfassung im Bezirk ist konsequent fortzuführen.
6. Dringend sind die Siedlungsmülldeponien stärker zu kontrollieren, da sie teils auch von Betrieben genutzt werden. Das ist vorrangig Aufgabe der Kommunen in Zusammenarbeit mit dem künftigen Umweltamt.
7. Die Kosten der Müllbeseitigung sind prinzipiell so zu gestalten, daß Recycling vor Verkipping [sic!] geht.

Arbeitsgruppe "Ökologie"

*****

DS 12/018

Gemeinsame Erklärung der Runden Tische der Bezirke Magdeburg und Halle

Auch in den Bezirken Halle und Magdeburg werden gegenwärtig viele Vorstellungen zur Herausbildung von Ländern in der DDR diskutiert. Ausgehend vom offensichtlichen Wunsch der Bürger sind die Runden Tische der beiden Bezirke und die Präsidien der Bezirkstage übereingekommen, eine gemeinsame paritätische Kommission für ein Land Sachsen/Anhalt zu bilden.

Es ist vorgeschlagen, daß die Oberbürgermeister aus Dessau, Halle und Magdeburg sowie ein Vertreter der Evangelischen Landkirche Anhalt an den Tagungen teilnehmen. Die konstituierende Sitzung ist für den 28.3.1990 vorgesehen.
Im Auftrag dieses Gremiums sollen die entsprechenden Organe der Räte der Bezirke unter Einbeziehung vieler gesellschaftlicher Kräfte die erforderlichen Vorschläge und Lösungswege erarbeiten. Es ist vorgesehen, über die Tagungen der gemeinsamen Paritätischen Kommission, die im Wechsel in Dessau, Halle und Magdeburg stattfinden, die Öffentlichkeit zu informieren.

*****

DS 12/023
Anwesenheitsliste Runder Tisch am 15.3.1990

Partei/Organisation	Name
Rat des Bezirkes	Süß; Vogt, Erhard
DBD	Rothe, Achim; Baumgarth, Martin
CDU	Borsbach
NDPD	Müller, Lothar; Adler, Peter
LDPD	Venner, Gerhard
PDS	Claus, Roland; Dr. Drzisga, Thomas
AKTION DIE DREI	Radziejewski; Richter, Gerd
NF	Mehlig, Joh.; Dr. Wand; Naujok, Werner
GS Bauernverband	Vogel, Reinhard
DJ	Dr. Lewek, H.-G.; Mokosch, Thomas
DA	Klein, Undine; Weißenborn, Ronald
GRÜNE PARTEI	Schmeil, Andreas
SPD	Dr. Hoffmann, Petra
Med. soz. Verantwortung	Dr. Büdke, Michael
VL/Nelken	Dr. Zimmermann, M.; Röver, Uwe Larsen
DFD	Deckert, Sabine; Müller, Helga
FDGB	Dr. Reisener, Gert; Becker, Manfred
VBS	OSL Kittel, Peter; OSL Wende, Klaus
FDJ	Noack, Andre; Bosse, Michael
Ev. Kirchenkreis	Buchenau
Kath. Dekanat	Dr. Willms, Peter; Dr. Herold, Claus
Kulturbund	Dr. Kraus, Günter
GL	Kupke, Wolfgang; Bernt-Bärtl, J.

Medienvertreter: Stavenhagen, Bernhard (LDZ); Rößler, Torsten (Sender Halle); Leithäuser, Johannes (F.A.Z.); Dr. Keitel, Klaus (Reformzeitung)
Bezirksstaatsanwaltschaft Dr. Unger; Dr. Fichtler

*****

Rat des Bezirkes Halle
Der Vorsitzende
Ratssitzung am 15. 3. 1990

Ergänzung zum Beschluß des Rates des Bezirkes vom 5.2.1990 (Beschluß-Nr. 1181-3/90) zu Maßnahmen des Rates des Bezirkes zur Umsetzung der verbindlichen Empfehlungen des Runden Tisches des Bezirkes Halle (Beratungen vom 15.2. - 8.3.1990)

29. Zur Beratung der Arbeitsgruppe Gesundheitswesen des Runden Tisches am 21.2.1990 ist eine Morbiditätsanalyse für den Bezirk Halle vorzulegen.
    VA: Bezirksarzt
    T.: 21.2.1990
30. Zur Einrichtung eines Büros des Landes Niedersachsen in Halle gibt der Rat des Bezirkes in Zusammenarbeit mit dem Oberbürgermeister der Stadt Halle die erforderliche Unterstützung. Seitens des Vorsitzenden des Rates des Bezirkes wird Herr K.-H. Sommer, Leiter des Aufbaustabes Kulturhaus, als Verantwortlicher benannt.

VA: Vorsitzender des Rates des Bezirkes; Oberbürgermeister der Stadt Halle
T.: 15.3.1990

31. Im Bereich Land-, Forst- und Nahrungsgüterwirtschaft ist eine Studiengruppe zu bilden, die sich mit marktwirtschaftlichen Auswirkungen auf die Betriebe der Landwirtschaft beschäftigt.
VA: Mitglied des Rates für LFN
T.: 01.3.1990

32. Die Abteilung LFN hat auf Anforderung in der AG Ökologie des Runden Tisches mitzuarbeiten, um die Tätigkeit dieser Arbeitsgruppe zu unterstützen und die Aufgaben der Ökologie im Zusammenhang mit der land- und forstwirtschaftlichen Nutzung zu beraten.
VA: Mitglied des Rates für LFN

33. Der Runde Tisch des Bezirkes empfiehlt dem Rat des Bezirkes, die Ausnahmegenehmigung zur Deponie von Abprodukten des Chemiekombinates Bitterfeld bis zum 15.4.1990 zu erteilen. Zu diesem Zeitpunkt ist eine erneute Berichterstattung des Generaldirektors des CKB vor der Arbeitsgruppe Ökologie des Runden Tisches zum Stand der erreichten Fortschritte beim Abbau der Abprodukte zu organisieren.
VA: Mitglied des Rates für Naturschutz, Umweltschutz und Wasserwirtschaft
T.: 15.4.1990

34. Ausgehend von den am Runden Tisch diskutierten Problemen zur mehrfachen Erteilung von Ausnahmegenehmigungen zum Betreiben von Chemieanlagen sind durch den Rat des Bezirkes und ihm nachgeordnete Institutionen nachfolgende verbindliche Empfehlungen umzusetzen:
- Jede beantragte Ausnahmegenehmigung ist durch die entscheidungsbefugten Organe gründlich unter der Maßgabe der technologischen Sicherheit zu überprüfen.
- Die Erfüllung der mit Ausnahmegenehmigungen erteilten Auflagen ist in jedem Fall zu prüfen.
- Die Zeiträume für die mit Ausnahmegenehmigungen erteilten Auflagen sind zu verkürzen.
- Jede beabsichtigte Stillegung von Anlagen ist im Einzelfall gründlich auf alle möglichen Auswirkungen zu untersuchen.
- Mit der Arbeitsgruppe Ökologie des Runden Tisches ist die Verfahrensweise zur Beratung der Anträge der Chemiebetriebe des Bezirkes auf Ausnahmegenehmigung für bestimmte Anlagen zu diskutieren und zu klären.

VA: Mitglied des Rates für Naturschutz, Umweltschutz und Wasserwirtschaft und zuständige Ratsmitglieder produzierender Bereiche
T.: 20.3.1990

35. Durch den Rat des Bezirkes ist dem Runden Tisch die Gesamtzahl der Neueinstellungen in den Schulen des Bezirkes seit November 1989 vorzulegen, einschließlich der eingestellten ehemaligen Mitarbeiter des Amtes für Nationale Sicherheit. Weiterhin ist über die Verfahrensweise bei der Einstellung der Pädagogen zu berichten.
VA: Mitglied des Rates für Kultur und Bildung
T.: 13. Beratung des Runden Tisches (22.3. oder 29.3.1990)

36. Die Fragen der Zwischenfinanzierung der Kosten für den Vertrieb der "Reformzeitung" als Einlage in der "LDZ" und im "Neuen Weg" sind zu klären. Zur Rückzahlung der verauslagten Gelder ist zwischen dem Rat des Bezirkes und dem Reformhaus Halle eine Vereinbarung abzuschließen.
VA: Mitglied des Rates für Finanzen und Preise; Büro des Vorsitzenden
T.: 20.2.1990 (Klärung Zwischenfinanzierung); 20.3.1990 (Abschluß Vereinbarung)

37. Zur Vorbereitung der Bildung eines künftigen Landes Sachsen-Anhalt sind durch den Vorsitzenden des Rates des Bezirkes auf der Grundlage der ausgetauschten Briefe beider Räte der Bezirke, Präsidien der Bezirkstage und Runden Tische terminliche Absprachen über erste Kontakte aufzunehmen.
VA: Vorsitzender des Rates des Bezirkes
T.: 09.3.1990

38. Die im Zusammenhang mit der Berichterstattung zum Stand der Erfüllung der Aufgaben der Ämter für Arbeit diskutierten Fragen, insbesondere Probleme des Einsatzes ausländischer Arbeitskräfte, sind gesondert durch das Amt für Arbeit zu beraten.
VA: Direktor des Amtes für Arbeit
T.: 01.4.1990

39. Zur Beratung des Runden Tisches am 15.3.1990 ist ein schriftlicher Vorschlag zur Zusammensetzung und zu Verfahrensfragen eines zu bildenden Runden Tisches für die Vorbereitung der Bildung eines künftigen Landes Sachsen-Anhalt vorzubereiten.
VA: Kollege Steuer
T.: 15.3.1990, 12.00 Uhr

40. Auf der Grundlage der Berichterstattung am 8.3.1990 zur Haushalts- und Finanzwirtschaft wurde die vorgeschlagene Arbeitsrichtung bestätigt. Dem Rat des Bezirkes wurde empfohlen, bei der weiteren Arbeit an der Vorbereitung des Bezirkstagsbeschlusses zum Haushalt weitere Möglichkeiten zur Deckung des noch offenen

Finanzbedarfs von ca. 10% zu erschließen. Falls Streichungen von Subventionen erforderlich werden sollten, sind Extreme, auch im kulturellen Bereich, zu vermeiden.
VA: Mitglied des Rates für Finanzen und Preise

41. Im Zusammenwirken mit zentralen Dienststellen ist zu prüfen, inwieweit die finanziellen Auswirkungen aus der Übernahme von Einrichtungen des ehemaligen AfNS durch ursprünglich für die Tätigkeit des AfNS geplante Mittel zentral ausgeglichen werden können.
VA: Mitglied des Rates für Finanzen und Preise
T.: 01.4.1990
42. Die in diesem Beschluß enthaltene Festlegung vom 1.2.1990, Punkt 4, zur Bildung von Beratungs- und Kontrollorganen in den Betrieben ist im Verantwortungsbereich des Rates des Bezirkes umzusetzen.
VA: Stellvertreter des Vorsitzenden; Mitglieder des Rates
T.: 25.3.1990
43. Durch den Rat des Bezirkes ist für die Beratung des Runden Tisches am 15.3.1990 die Rechtslage zur Gründung von Halle-Neustadt darzulegen.
VA: Stellvertreter des Vorsitzenden für kommunale Organe
T.: 15.3.1990, 12.00 Uhr
44. Auf der Grundlage der Empfehlung des Runden Tisches sind durch den Rat des Bezirkes in Zusammenarbeit mit dem Kaderorgan der 11. Mot-Schützendivision durch die Bildungseinrichtungen des Bezirkes Halle, entsprechend den gegebenen Möglichkeiten und Voraussetzungen, schnellstens Bedingungen in Form von Umschulungen, Qualifizierungslehrgängen etc. zu schaffen, um Berufskader der NVA auf einen Zivilberuf vorzubereiten. Dazu werden bis 10.4.1990 entsprechende Bedarfs- und Angebotskataloge erarbeitet.
VA: Direktor des Amtes für Arbeit
T.: 01.4.1990 (Kontaktaufnahme)
45. Zur Umsetzung der Empfehlung des Runden Tisches vom 8.3.1990, Voraussetzungen zur Bildung eines zukünftigen Landeseichamtes für das Land Sachsen-Anhalt zu schaffen, ist Verbindung mit dem ASMW aufzunehmen.
VA: Kollege Steuer
T.: 23.3.1990
46. Ab sofort sind zur Erhöhung der Öffentlichkeitswirksamkeit bei der Umsetzung der verbindlichen Empfehlungen des Runden Tisches, jeweils freitags nach den Beratungen des Runden Tisches, Erklärungen an die Medien mit dem vollen Wortlaut der verbindlichen Empfehlungen zu geben.
VA: Büro des Vorsitzenden
T.: freitags, 13.00 Uhr
47. Durch den Rat des Bezirkes ist zu prüfen, wie und unter welchen materiellen, finanziellen und personellen Bedingungen eine eigene Publikationsmöglichkeit (Mitteilungsblatt etc.) geschaffen werden kann.
VA: Pressesprecher
T.: 22.3.1990

Es wurden zur Übersichtlichkeit alle verbindlichen Empfehlungen in diesem Beschluß aufgenommen, die Aktivitäten des Rates des Bezirkes fordern, auch wenn sie bereits realisiert wurden.

Dr. Süß

*****

Entwurf

Geschäftsordnung der gemeinsam paritätischen Kommission für das Land Sachsen-Anhalt

Vertreter der Parteien und politischen Organisationen der Bezirke Magdeburg und Halle, je 2 Moderatoren der Runden Tische, die Präsidenten beider Bezirkstage sowie die Vorsitzenden der Räte der Bezirke bilden eine paritätische Kommission für ein Land Sachsen-Anhalt.

. Jede Partei und politische Organisation bestimmt einen ständigen Teilnehmer mit beschließender Stimme und ihren ständigen Vertreter bei seiner Abwesenheit.
. Die Oberbürgermeister aus Magdeburg, Halle und Dessau, ein Vertreter der Evangelischen Landeskirche Anhalt sowie die Leiter der Koordinierungsgruppe nehmen an den Tagungen mit beratender Stimme teil

Im Auftrag dieses Gremiums erarbeiten die entsprechenden Organe der Räte der Bezirke unter Einbeziehung gesellschaftlicher Kräfte die erforderlichen Vorschläge und Lösungswege für das Land Sachsen-Anhalt. Die Tagungen der gemeinsamen paritätischen Kommission finden im Wechsel in Dessau, Halle und Magdeburg statt. Über die Tätigkeit der paritätischen Kommission wird die Öffentlichkeit informiert.

1. Arbeitsweise der paritätischen Kommission für das Land Sachsen-Anhalt

1.1. Allgemeine Grundsätze

- Das Gremium verhandelt und berät in geschlossener Sitzung. Ein Öffentlichkeitsgebot kann durch einheitlichen Beschluß erreicht werden. Die Sekretäre der Kommission - je ein Vertreter aus Magdeburg und Halle - informieren dann die Öffentlichkeit in Form eines Pressegespräches.
- Die Beratungen werden im Rhythmus von 3 Wochen durchgeführt.
- Die Leitung der Beratungen erfolgt durch die Moderatoren der Katholischen bzw. Evangelischen Kirche im Wechsel.
- Zu Beginn jeder Beratung stellt der Moderator die Beschlußfähigkeit fest. Sie ist gewährleistet, wenn 2/3 aller Mitglieder anwesend sind.

1.2. Anträge

- Geschäftsanträge werden vor Sachanträgen behandelt. Geschäftsanträge in diesem Sinne sind:
  - Bestätigung der Tagesordnung,
  - Begrenzung der Redezeit,
  - Ende der Rednerliste,
  - Schluß der Beratung,
  - Anträge über die Art der Abstimmung.

  Geschäftsanträge bedürfen einer 2/3-Mehrheit.
- Sachanträge erfordern die einfache Mehrheit.
- Minderheitsvoten sind zulässig.

2. Koordinierungsgruppe

Im Auftrag der Kommission Sachsen-Anhalt wirkt eine Koordinierungsgruppe mit einem für die ständige Arbeit verantwortlichen Arbeitssekretariat. Die Koordinierungsgruppe ist verantwortlich für die Erarbeitung und die Herausbildung übereinstimmender Standpunkte und zur Vorbereitung von Entscheidungsvorschlägen für die paritätische Kommission für das Land Sachsen-Anhalt. Die *Koordinierungsgruppe* ist paritätisch zusammengesetzt. Sie gliedert sich in folgende Struktur:

Leitung: Stellvertreter des Vorsitzenden des Rates des Bezirkes Halle für kommunale Organe
Erster Stzellvertreter des Vorsitzenden des Rates des Bezirkes Magdeburg

Mitglieder: je ein Vertreter des Runden Tisches der Bezirke Magdeburg und Halle
je ein Vertreter der Runden Tische der Stadt Magdeburg, der Stadt Halle und der Stadt Dessau mit beratender Stimme
die Sekretäre der paritätischen Kommission
die Leiter der Arbeitsgruppen
die Sekretäre der Koordinierungsgruppe

3. Arbeitsgruppen

Im Auftrage der Koordinierungsgruppe arbeiten 3 Arbeitsgruppen und weitere Kommissionen (AG Landtag; AG Landesregierung/Regierungsbezirke; AG Landesstruktur)

4. Sekretariat der paritätischen Kommission für das Land Sachsen-Anhalt

Das Gremium bildet jeweils in Magdeburg und Halle ein Sekretariat, das alle organisatorisch-technischen Arbeiten gewährleistet. Das heißt:

- Anfertigung des Beschlußprotokolls innerhalb von 2 Tagen, das der paritätischen Kommission für das Land Sachsen-Anhalt vom Moderator zu Beginn einer jeden Sitzung zur Bestätigung vorgelegt wird,
- daß Sachanträge und Vorlagen, die durch die Koordinierungsgruppe eingereicht werden sollen, dem Sekretariat der paritätischen Kommission Sachsen-Anhalt zur Weiterleitung an die Mitglieder des Gremiums eine Woche vor dem Beratungstermin als Original in Druckqualität übergeben werden,
- das Sekretariat gewährleistet in Vorbereitung der Sitzungen der Kommission, daß Sachanträge, Vorlagen, Informationen und Standpunkte der Parteien und politischen Organisationen, wenn der Wunsch besteht, an die Kommissionsmitglieder bzw. an die zuständigen Arbeitsgruppen übergeben werden.

5. Tagesordnung

Am Ende einer jeden Tagung der paritätischen Kommission unterbreitet der Moderator die Tagesordnung auf der Grundlage des Arbeitsplanes für die nächste Sitzung.

*****

Karl-Marx-Universität
Bereich Medizin der Universität
Inst. f. Allg. u. Kommunale Hygiene
Liebigstr. 24
7010 Leipzig

DISKUSSIONSGRUNDLAGE

Medizinisches Umweltprogramm Bitterfeld

1. Allgemeine Voraussetzungen (chemische Umweltbelastung)

- Offenlegung der betrieblichen Emissionen (Menge und chemische Beschaffenheit)
- Art der Emission (gasförmig, flüssig, fest)
- Offenlegung der Deponieplätze, Abwassereinleitungen usw.
- Abschätzung (soweit möglich) des Verhaltens der emittierten Substanzen in der Umwelt (chemische Umsetzung, biologische Metabolisierung)
- Festlegung der notwendigen Meßtechnik (chemische Analytik); Atomabsorptionsspektrograph, Gaschromatograph mit Massenspektrograph, Hochdruckflüssigchromatograph (HPFC), Dünnschicht-chromatographie, Methoden zur Anreicherung der Proben usw.
- Probennahme-Planung:
  - Luft: kontinuierliche Probennahme entsprechend Meßnetz; Abstimmung des Meßprogrammes auf die tatsächlichen Immissionen
  - Boden: Schadstoffgehalt in gärtnerisch und landwirtschaftlich genutzten Flächen; tiefere Bodenschichten mit einbeziehen
  - Trinkwasser: Bestimmung der tatsächlich vorhandenen Wasserinhaltsstoffe; evtl. summarische Bestimmung der Toxizität;
  - Lebensmittel: gärtnerische und landwirtschaftliche Produkte aus dem belasteten Gebiet. Speicherung von Schadstoffen in Nutzpflanzen?

Kommentar zum Punkt 1: Die chemische Umwelt-Analyse muß die "reale Exposition" der in dem Raum Bitterfeld lebenden Menschen erfassen. Sie muß deshalb auf die chemischen Substanzen ausgeweitet werden, die tatsächlich vorkommen. Die üblichen Umweltdaten werden dieser Anforderung nicht gerecht (Luftüberwachungsprogramme beschränken sich auf SO_2, Staub, CO; die Trinkwasseranalyse beruht auf Parametern, die für diesen Zweck völlig unbrauchbar sind). Die notwendigen Messungen sind weder von der Zahl noch von der Qualität her durch "Dienstleistungen" zu realisieren.

2. Bestimmung des "Gesundheitszustandes" der Bevölkerung.

Methoden: Epidemiologische, genetische, klinisch-chemische, chemische, evtl. auch psychophysiologische Methoden.

2.1. Epidemiologische Untersuchungen. Voraussetzungen: genaue Kenntnis der Bevölkerungsstruktur (Alter, Geschlecht), Vergleichsgruppe aus einem weniger "belasteten Gebiet".

- Todesursachenstatistik: wenig aussagekräftig, da häufig mehrere Ursachen (Grundleiden) zum Tode führen.
- Morbiditäts-(krankheitsbezogene) Statistik: Aussagekraft hängt von der Diagnose ab. Wenig brauchbar sind Statistiken über Erkrankungen der oberen Atemwege; besser geeignet scheint die Krebsstatistik (bei Lungenkrebs sind Rauchgewohnheiten zu berücksichtigen).

Die Erfahrungen der letzten Jahrzehnte haben - auch im internationalen Maßstab - deutlich werden lassen, daß die Auswertung vorhandener Daten (retrospektive Untersuchungen) auf der Basis von Totenscheinen und Krankschreibungen (auch bei Berücksichtigung der Alters- und Geschlechts-Standardisierung) in bezug auf die Erforschung von Ursache-Wirkungs-Beziehungen kaum brauchbare Ergebnisse brachte. Besser ist die Arbeit mit definierten Gruppen, die nach Exposition (Belastung mit Schadstoffen) und "biologischer Lebenserfahrung" (Alter und Dauer des Aufenthaltes im belasteten Gebiet) randomisiert (nach dem Zufallsprinzip) zusammengestellt wurden. Dabei können auch die Exposition am Arbeitsplatz, die Rauchgewohnheiten und andere Parameter mit berücksichtigt werden. Weiterhin ist es möglich, die Untersuchungsprogramme genau festzulegen und vergleichbar - zu einer wenig belasteten randomisierten Gruppe - zu gestalten. Solche "prospektiven Studien" sind aussagekräftiger, aber sehr zeitaufwendig. Erste Ergebnisse sind erst nach 3 bis 5 Jahren zu erwarten.

Beziehungen zwischen definierten Krankheitsbildern und ausgewählten Schadstoffen: Hier gibt es eine Fülle von Informationen aus den arbeitsmedizinisch-hygienischen Bereich (Berufskrankheiten). Beispiele für den umweltmedizinischen Bereich ist die Cadmium-Vergiftung (Itai-Krankheit), die Methylquecksilber-Vergiftung (Minamata-Krankheit), die larvierte Bleivergiftung und die kanzerogene (krebserregende) und teratogene (Mißbildungen verursachende) Wirkung bestimmter Dioxine. Solche Studien sind nur möglich, wenn man die genaue Schadstoffbelastung (nach Exposition) kennt.

Es gibt eine Vielzahl von epidemiologischen Methoden, Zusammenhänge zwischen Umwelteinflüssen und Krankheiten zu erkennen. Alle erfordern
- eine tragfähige Arbeitshypothese (ich muß wissen, welcher Zusammenhang untersucht werden soll)
- eine definierte Personengruppe, die der Exposition unterliegt
- eine Kontrollgruppe, für die die Exposition nicht zutrifft (oder deutlich geringer ist)
- eine Planung der Studie, die eine statistische Auswertung ermöglicht
- die Ausschaltung von "Störgrößen" (z.B. Rauchen).

2.2. Genetisch-epidemiologische Untersuchungen
- Vergleich der Häufigkeit von Mißbildungen bei Neugeborenen in einem belasteten zu einem unbelasteten Gebiet.

2.3. Klinisch-chemische und chemische Untersuchungen.
Bestimmt wird der Gehalt an Schadstoffen im Blut, im Urin, in der Muttermilch; bei Verstorbenen auch im Körperfett und in Organen. Der Gehalt an Schadstoffen - bezogen auf das Lebensalter bzw. die Expositionszeit - erlaubt unter Berücksichtigung der Abbauverhältnisse dieser Stoffe im Organismus und ihrer Ausscheidungsverhältnisse Rückschau auf die reale Exposition.

2.4. Psychophysiologische Untersuchungen.
Erfassung von Störungen des ZNS; z.B. durch Reaktionszeitmessungen usw.

3. Bestimmung der Toxizität und Mutagenität ausgewählter Substanzen.
Bei der Herstellung von über 4000 Finalprodukten entstehen zahlreiche Zwischenprodukte und Kontaminanten (so enthalten z.B. Phenoxyessigsäureester stets Spuren von Dioxinen, denen die krebserregende Wirkung zuzuordnen ist), die auf gesundheitsgefährdende Wirkungen bzw. auf Umweltverträglichkeit zu überprüfen sind.

Organisation und Finanzierung.
Das Programm "Bestimmung des Gesundheitszustandes der Bevölkerung im Raum Bitterfeld" ist nur dann durchzuführen, wenn
- die notwendigen Aktivitäten sinnvoll koordiniert werden,
- Prioritäten gesetzt werden und
- eine sorgfältige Auswahl der Mitarbeiter unter dem Gesichtspunkt fachlicher Kompetenz erfolgt.

Das beste ist, nach einem Stufenplan vorzugehen:
1. Eine Arbeitstagung, auf der die Zielstellung der Untersuchung präzisiert wird, die Kosten abgeschätzt und thematisch orientierte Arbeitsgruppen gebildet werden.
2. Die Arbeitsgruppen erarbeiten detaillierte Programme für die Durchführung der Untersuchungen
3. Nach erneuter Diskussion auf einer Arbeitstagung wird das Programm der Bitterfelder Bevölkerung vorgestellt und um Mitarbeit gebeten (ohne diese Mitarbeit läuft nichts)
4. Jährliche Arbeitstagungen aller Beteiligten - Berichterstattung - und Rechenschaftslegung
5. Bis 1994 sollte das Programm zu einem vorläufigen Abschluß gebracht werden. Danach Entscheidung über Weiterführung.
Die Geräte- und Materialkosten dürften sich auf etwa 4 Millionen DM belaufen, 2 Millionen würden sofort (1990/91) benötigt, da entsprechende Geräte nicht zur Verfügung stehen. Der Rest verteilt sich auf die folgenden 2 Jahre. Zwei Drittel der Kosten sollten die Verursacher übernehmen, ein Drittel der Staatshaushalt.

Prof. Dr. sc. med. W. Wildführ

*****

Projektvorschlag zu Untersuchungen der Umweltsituation im Raum Bitterfeld/Wolfen unter Einbeziehung automatisierter biologischer Kurzzeit-Teste

F. Raabe, Institut für Klinische Immunologie, KMU, Karl-Tauchnitz-Str. 11, 7010 Leipzig

Grundkonzeption:
Es besteht weitgehende Unklarheit über die im "Umwelt-Katastrophengebiet Bitterfeld, DDR" (vgl. "DER SPIEGEL 2/1990") bestehende Umweltsituation. Das betrifft einerseits die chemische Analytik, andererseits die in diesem Zusammenhang bedeutungsvolle Aussage über mögliche biologische Wirkungen der in die Umwelt gelangenden toxischen komplexen Gemische.
Unter Berücksichtigung des breiten Spektrums möglicher Einzelkomponenten sind Aussagen zur akuten Toxizität selbst bei genauer Kenntnis der chemisch-analytischen Daten problematisch. Einschätzungen des chemo-

genetischen Risikos für die Bevölkerung sind auch unter Berücksichtigung bisher existierender Datenbanken derzeit nicht möglich (vgl. u.a. U.H. EHLING, Naturwissenschaften 76, 194-9 (1989)).
Biologische Kurzzeit-Teste, wie beispielsweise der Salmonella/ Mikrosomen-Test, werden häufig zur Beurteilung der Mutagenität von unbekannten chemischen Verbindungen oder vergleichbaren komplexen Umweltproben herangezogen. Der Test ist einfach in der Handhabung und ermöglicht nach wenigen Tagen erste Aussagen. Weitgehend übereinstimmende Ergebnisse werden mit einem bakteriellen Kurzzeit-Test, dem SOS-Chromotest (s. QUILLARDET, P., DE BELLECOMBE, C., HOFNUNG, M., Mutat. Res. 147 (1985, 79) erhalten, dessen Validität auch durch Publikationen anderer Autoren nachgewiesen und durch eigene Untersuchungen an komplexen Gemischen bestätigt wurde. Die Weiterentwicklung dieses Testes führte zu einer automatisierten Version auf der Basis des Bioscreen Analyzer System (Labsystem, OY, Helsinki, Finnland), die vollständig durch ein interaktives Computerprogramm (BIOSOS) gesteuert wird. Damit sind erste Ergebnisse (8 Proben) zur Beurteilung der Genotoxizität bereits nach 6 Stunden verfügbar.
Zur Absicherung einzelner Ergebnisse ist entsprechend Vorabsprache mit dem Direktor des "Instituts für Kommunalhygiene", Prof. Dr. Wildführ, die Einbeziehung weiterer "in vitro"-Mutagenitätstests (Schwesterchromatidenaustausch, Chromosomen-Abberations-Tests) durch sein Institut möglich. Damit ließen sich Zellkulturen von Säuger- oder menschlichen Zellen in die Betrachtung einbeziehen. Ferner sind in begrenztem Umfang cytogenetische Untersuchungen an besonders exponierten Arbeitskollektiven möglich, die für die Probanden eine zumutbare Belastung (Entnahme von Armvenenblut) darstellen würden und bereits eingetretene Schädigungen signalisieren könnten. Damit bestünde die einmalige Möglichkeit, Korrelationen zwischen einzelnen biologischen Untersuchungsverfahren, die durch eine leistungsfähige chemische Analytik sowie durch klinische Daten (örtliches Gesundheitswesen) ergänzt werden sollte, zu erstellen. Eine Validisierung der Kurzzeit-Testergebnisse, die als einzige bei vertretbarem Aufwand flächendeckend verfügbar gemacht werden könnten, wäre damit möglich.
Eine Abschätzung der Toxizität gegenüber dem verwendeten E.coli-Teststamm kann durch die während des SOS-Chromotests gleichzeitig durchgeführte Messung der alkalischen Phosphatase, die ein Maß der aktuellen Proteinsynthese der Bakterien darstellt, erfolgen. Auf der Basis des "Bioscreen Analyzer System" lassen sich außerdem Wachstumskurven von Mikroorganismen ermitteln (Trübungsmessungen: 200 Einzelproben werden über ein interaktives Computerprogramm (BIOSCREEN, BIORTN) verfolgt), über die Aussagen zu Toxizität sowie möglicher Abbaubarkeit komplexer Proben denkbar sind. Eine Adaption des Gerätesystems für derartige Fragestellungen steht noch aus, erste Ergebnisse zu verschiedenen Phenol-Derivaten liegen vor.
Auf der Basis der Gerätetechnik des "Bioscreen Analyzer System" bestehen damit bei Gewährleistung systematischer Probenahmen folgende Möglichkeiten:

- Flächendeckendes Probescreening zur Fragestellung Genotoxizität (Hilfe zur Beurteilung des kanzerogenen Potentials, genetische Schädigungen, Erbkrankheiten),
- Flächendeckendes Probescreening bei Fragestellungen der Entsorgung unter Berücksichtigung von Toxizität (gegenüber Mikroorganismen) und Genotoxizität (gegenüber definierten Testerstämmen von E.coli) nach Entsorgungsprozessen,
- Bearbeitung von Fragestellungen zur mikrobiellen Entsorgung mit dem Schwerpunkt der Untersuchung der Verwertbarkeit von C-Quellen.

Erarbeitung einer Forschungsstrategie

Voraussetzungen:

- Erstellung eines eindeutigen Beprobungsplanes mit Angaben zur minimal erforderlichen und maximal wünschenswerten Probeanzahl,
- Zusammenstellung einer möglichst vollständigen Produktenpalette einschließlich Zwischen- und Nebenprodukten sowie bisher bekannten Daten zu Toxizität, Genotoxizität (Mutagenität) bzw. Kanzerogenität,
- Zusammenstellung einer Produktensammlung für Probetestungen,
- Absprachen über Möglichkeiten der Zusammenstellung geeigneter Kollektive von Probanden für cytogenetische Untersuchungen,
- Absprachen zur Koordinierung mit anderen geplanten Untersuchungen.

Zeitplan:

- Probetestungen entsprechend vorhandener Produktensammlung unter Berücksichtigung der Problematik der Probeaufbereitung (Bioverfügbarkeit und Sensitivität der Testsubstanzen gegenüber den verwendeten Testerstämmen unter Berücksichtigung vorhandener Ergebnisse von Halogen-Kohlenwasserstoffen und Standardgenotoxinen), der Probematrix und der gegenseitigen Wechselwirkung
  T.: quartalsweise Berichterstattung; jährliche Abschlußberichte
- Testung von Probematerialien entsprechend einem abzusprechenden Beprobungsplan, erste Untersuchungen könnten nach Abschluß eines entsprechenden Vertrages erfolgen. Bei der Festlegung der Probedurchlauf-Kapazität ist während des ersten Quartals mindestens 50% der Arbeitskapazität für Entwicklungsarbeiten einzusetzen. Zur Durchführung des SOS Chromotests, der Bewertung und Konzipierung der Entwicklungsarbeiten ist bei einschichtiger Auslastung des "Bioscreen Analyzer System" 1

Wissenschaftler und 1 Technische Kraft (z.B. MTA, evt. Laborantin mit chemischen und mikrobiologischen Vorkenntnissen), bei zweischichtiger Auslastung eine zweite Technische Kraft erforderlich.
Zur Absicherung der Ergebnisse sind wenigstens je zwei Teste mit unterschiedlichen Testerstämmen mit und ohne metabolischer Aktivierung notwendig. In dieser Form wären für ein Gerätesystem 200 Proben jährlich als Maximum (1 Technische Kraft) anzusehen. Die Abarbeitung von ca. 400 vergleichbaren Routineproben könnte (s.o.) in einer zweiten Schicht erfolgen, nachdem ein allgemeiner Testalgorithmus erstellt wurde. Für spezielle Fragestellungen (beispielsweise bestimmte Prozeßkontrollen, die nur ein bereits nachgewiesenes genotoxisches Spektrum erwarten lassen) ist eine Reduzierung auf Doppelbestimmungen denkbar (4 Proben/Tag/Technische Kraft). Eine Kapazitätserweiterung über ein zweites Meßgerät könnte bei ausschließlicher Abarbeitung von Routineproben mit gleicher Anzahl Technischer Kräfte erfolgen.
T.: Ergebnisberichte entspr. Probeeingang und Bearbeitungsvariante mit vorläufigen Ergebnissen am Eingangstag

- Zur Ermittlung von Toxizitätswerten unter Verwendung der Wachstumskurven von Mikroorganismen (beispielsweise Pseudomonas putida-Stämme) als Testerzellen und dem Bioscreen-Gerätesystem ist mit einer vergleichsweise 5fach höheren Testkapazität zu rechnen.
  T.: s. vorstehender Pkt.
- Zur Bestimmung von Mutagenitätswerten mit dem Salmonella-Mikrosomen-Test ist ein vergleichsweise 3- bis 4fach höherer Aufwand an Technischen Kräften erforderlich. Vorläufige Ergebnisse sind zeitigstens nach 3 Tagen verfügbar.
- Tests zum Nachweis von Schwesterchromatidenaustausch und Chromosomenabberationen sind nochmals erheblich aufwendiger. Vorläufige Ergebnisse sind allgemein nicht vor Ablauf einer Woche zu erwarten. Medizinisches Personal zur Blutabnahme ist einzuplanen. Zugewinn an Arbeitskapazität ist über Promotions-Arbeiten denkbar.
- Zur wissenschaftlichen Aufarbeitung der Testergebnisse, insbesondere zu abschließenden Bewertungen, Betrachtungen und Korrelationen der Einzelergebnisse u.a. ist weitere Arbeitskapazität einzuplanen.

Materielle Voraussetzungen:
Zur Zeit steht über einen Vertrag mit der Fa. Labsystem, OY, Helsinki, Finland, ein Bioscreen Gerätesystem (Zeitwert ca. 50000 DM) leihweise zur Verfügung, mit dem bestimmte Aufgabenstellungen für diesen Vertragspartner sowie für einen Industrievertrag (Mikroelektronik) zu bearbeiten sind. Ebenso werden auf dieser Basis begrenzte Mengen an Verbrauchsmaterialien bereitgestellt, die gegebenenfalls zu einer begrenzten Anarbeitung neuer Aufgabenstellungen eingesetzt werden können.
Die Bearbeitung des vorgenannten Projektes erfordert eine entsprechende Eigenfinanzierung, die Verbrauchsmaterialien, Arbeitskräftepotential und benötigten Gerätepark einschließt. Ein komplettes Gerätesystem kostet ca. 120000 DM, die Durchführung eines SOS-Chromotestes (Einzeltest mit 8 Proben), der 4fach unter obigen Bedingungen zur Absicherung des Ergebnisses zu wiederholen ist, etwa 30 DM, wenn das Verbrauchsmaterial teilweise regeneriert werden kann. Ist das nicht möglich (Aggressivität der Testsubstanzen gegenüber dem Testmaterial, Verhältnismäßigkeit Arbeitskraft/Testmaterial), erhöhen sich die Verbrauchsmaterial-Kosten um ca. 50%. Hinzu kommen Nebenkosten, die sich aus Hilfsarbeiten (Medienherstellung, Glaswäsche, Sterilisation) sowie Chemikalienkosten ergeben (ca. 30% der Verbrauchsmaterial-Kosten). Die Kosten für den Salmonellen/Mikrosomen-Test berechnen sich überwiegend aus Arbeitszeit und daraus abgeleiteten Nebenkosten. Material- und Geräteaufwand sind vergleichsweise gering (Brutschrank, Glasgerätschaften, Mikroliter-Pipetten, Chemikalien und Hilfsarbeiten entsprechend dem SOS-Chromotest). Die Arbeitskosten für Technische Kräfte betragen etwa das 3fache im Vergleich zum SOS-Chromotest und liegen für den Schwesterchromatidenaustausch und den Chromosomenaberrations-Test noch höher.

*****

[Hier befinden sich im Original ein Ausschnitte aus der "Freiheit" vom 19.4.: "Sterben Bürger im Bezirk früher als anderswo? Alarmierende Befunde schon seit langem bekannt" und "Kinder krank - Dokumente geheim. Vorwurf im BRD-Fernsehen: Die Mediziner schwiegen"]

*****

13. Beratung des Runden Tisches: AUSSTIEG!

Es ist Zeit, mich zu wiederholen, dann ist der Kreis geschlossen. Der Rektor der Martin-Luther-Universität hat gesprochen. Er begründet die für den 14. April angesetzte Neuwahl seines Amtes mit der Notwendigkeit, in diesen Umbruchzeiten Stabilität in den verantwortlichen Stellen haben zu müssen. Ich weiß durch Dr. Mehlig, daß das nur ein vorgegebener Grund ist, noch ist der Senat der Universität besetzt mit Professoren der alten Garde, die ihn wiederwählen werden. Und das bedeutet, daß eine interne Machtstruktur so erhalten bleibt, wie sie in den letzten 40 Jahren bestanden hat[58].

Ich habe mich mit Dr. Mehlig beraten und werde mit persönlichen und sehr emotionalen Ausführungen die Diskussion beginnen. Ich werde von meinem Onkel erzählen und damit ein Familienschicksal gegen diese Wiederwahl setzen. Ich werde das Meine tun, so persönlich es auch sein mag, um zu helfen, daß hier und heute ein Schlußpunkt gesetzt wird unter eine Zeit, die uns als Individuen vernichten wollte. Also melde ich mich. Ich werde als erster Redner zugelassen, und ich verlese das Manuskript, das ich geschrieben habe:

D. Lintzel   Wittenberg, den 20.03.1990

Heute, da wir "Ihre Magnifizenz", den Rektor der Martin-Luther-Universität Halle-Wittenberg unter uns haben, hat mich die Geschichte eingeholt, auf eine schreckliche und unwiderrufliche Weise.
Im Spätherbst 1944 wurden in Breslau die Schulen geschlossen und von dort zogen zuerst mein Bruder und ich, später meine zwei Schwestern und meine Eltern auf der Flucht in die Wohnung in der Händelstr. 29 in Halle, in der mein Onkel, Professor Dr. Martin Lintzel[59], vorübergehend Platz hatte, um uns aufzunehmen. Ich selbst war in Abständen, als sein Patenkind, bis 1955 immer wieder bei ihm, auch als unsere Familie längst nach Görlitz übergesiedelt war.
Nur noch wenige werden wissen, daß mein Onkel eine der zentralen Figuren des berühmt gewordenen Trierer Historikerstreites[60] war, dort gegen Alfred Rosenberg, den Hitlerideologen und Vertreter der Rassentheorie[61], antrat und sagte (was heute in gleicher Weise noch Geltung hat):

> "Selbstverständlich werden wir uns im klaren darüber sein, daß eine voraussetzungslose Wissenschaft unmöglich ist, daß es eine absolute Objektivität in der Geschichtsschreibung sowenig gibt wie im menschlichen Leben überhaupt. Jedes Geschichtsbild beruht auf Auslese und Wertung und ist insofern subjektiv bedingt. Aber diese Tatsache gibt uns keinen Freibrief, nun nach unserem Belieben Geschichte zu modeln. Wenn der

---

[58] Die Wahl eines neuen Universiätsdirektors im Frühjahr 1990 fand zwar erstmals wieder frei von politischen Einflüssen statt, doch war der Lehrkörper "noch von der Personalpolitik der SED dominiert" (Universitätsführer der MLU Halle-Wittenberg. Halle: Fliegenkopf-Verlag, 1994).

[59] Prof. Dr. Martin Lintzel, 1901 - 1955, 1927 Habilitation, danach Privatdozent für mittelalterliche und neuere Geschichte in Halle, Oktober 1934 in Trier im Rahmen des 38. Philologentages Vortrag über "Karl de[n] Großen und Widukind", im Jan. 1935 (zur Strafe) von Halle nach Kiel versetzt, 1936 wieder nach Halle versetzt, Ende 1942 Ordinarius.

[60] In seinem Vortrag in Trier bezog Lintzel als Historiker - und nicht, wie viele andere, als Ideologe oder Nationalist - Stellung in der damals von den Nationalsozialisten entfachten Diskussion über die Bedeutung Karls des Großen und Widukinds für die deutsche Geschichte. Vgl. hierzu ZÖLLNER, Walter: Karl oder Widukind? Beiträge zur Universitätsgeschichte [der Martin-Luther-Universität Halle-Wittenberg] 9/1975.

[61] 1893 - 1946. 1919 Beitritt zur NSDAP, ab 1.4.1925 Chefredakteur des "Völkischen Beobachters", 1930 Veröffentlichung von "Der Mythos des zwanzigsten Jahrhunderts", ab 1933 Leiter des außenpolitischen Amtes der NSDAP, 1934 Ernennung zum "Beauftragten des Führers für die Überwachung der gesamten geistigen und weltanschaulichen Schulung und Erziehung der NSDAP", ab 17.7.1941 Reichsminister für die besetzten Ostgebiete, im Oktober 1946 in Nürnberg gehängt.

Historiker das Ziel zu wissen, 'wie es eigentlich gewesen ist', die Bereitschaft, sein Geschichtsbild von den Tatsachen bestimmen und korrigieren zu lassen, d.h. die Arbeitshypothesen der Objektivität aufgibt, *so wird er 'zum Romanschriftsteller.*"

Diese Darstellung in Trier im Jahre 1935 hat ihn seinen Lehrstuhl gekostet, und mein Onkel wurde als außerordntlicher Professor nach Kiel befördert. Dort den gleichen Angriffen wie in Halle ausgesetzt, mußte er auf seine Lehrtätigkeit verzichten und durfte als Extraordinarius nach Halle zurückkehren. Noch bis 1943 [hielt] er an der Martin-Luther-Universität Vorlesungen und Seminare, bis ihn erneut Fachfragen aus der Politik der Ottonischen Reiche und deren Romprimate letztlich zum Verstummen verdammten, weil sie der Italienpolitik des 3. Reiches widersprachen.

Nach 1945 wieder Ordinarius, geriet er sehr schnell in dieselbe kontroverse Situation, zumal, als er aus einer für ihn ganz deutlich werdenden Nachfolgeverdichtung des Stalinismus von jenen nicht geehrt werden wollte als ein Verfolgter des Naziregimes[62]. Und so trieb es ihn immer weiter in die innere Emigration, in die Einsamkeit und die Verzweiflung, die ihn depressiv werden ließ. Er konnte an einen Neuanfang nicht mehr glauben, und er ertrug nicht die Folgen des Londoner Vertrages (Umschuldung der BRD und Natobündnis und damit die endgültige Trennung Deutschlands)[63], so daß er sich am 15. Juli 1955 mit einer Kapsel Zyankali das Leben nahm.

Das hat meinen Vater an sich zweifeln lassen, weil er immer wieder vergeblich versucht hatte, von seinem Bruder dieses Ende abzuwenden. Mein Vater hat 17 Jahre an dieser vermeintlichen Schuld getragen, bis sie auch ihn zerbrochen hat. Aber aus der ehemaligen Wohnung in der Händelstraße in Halle steht unter anderem nun in meiner Wohnung ein Sessel, in dem ich sitze, und vielleicht bin ich der Letzte, der von diesen Dingen etwas weiß und daran trägt. Das gibt mir das Recht, heute zu fragen, warum die Kandidatur für das Rektorat der M.-L.-U. Halle nicht in Zeit und Geduld und Würde einem Prüfungsverfahren unterworfen werden soll, das am Ende eine Persönlichkeit in dieses Amt berufen läßt, deren wissenschaftliche Autorität und menschliche Qualität für diese neue Zeit, in die wir hineinwachsen wollen, unantastbar vorhanden ist.

gez. Lintzel

Es ist zu Ende: Ich stehe auf, ich gehe aus dem Saal in das Nebenzimmer, ich weine. Als der Rektor der Martin-Luther-Universität gegangen ist, kommt Dr. Herold zu mir, drückt mir die Hand und sagt, daß ich mit meiner Darstellung dem Runden Tisch sehr geholfen habe. Merkwürdig: nun, wo auch dies vorbei ist, kann ich keine Freude oder gar Triumph empfinden. Ich gehe in den Saal zurück und höre, fast im Unterbewußtsein, was noch verhandelt wird.

Da ist als erstes der Bericht des Koordinierungsausschusses zur Bildung des Landes Sachsen-Anhalt. Was sich einprägt, ist der wachsende Streit um künftige Standorte, in den sich die Stadt Dessau kräftig eingemischt hat. So kommt es dazu, daß sich der Koordinierungsausschuß erweitert, weil er auch Vertreter des Runden Tisches der Stadt Dessau mit in die Vorbereitungsarbeit aufnimmt und nun als Tagungsorte im Wechsel die Städte Magdeburg, Halle und Dessau festgelegt werden. Das wird ein zähes Ringen um Einflußnahme im Vorfeld der Bildung eines künftigen Landes. Ich halte das Ganze für höchst unsinnig, weil ohnehin erst die im Oktober zu wählenden Vertreter des Landtages entscheiden werden, welche der drei konkurrierenden Städte die Hauptstadt sein wird und welche Ersatzaufgaben die beiden nicht gewählten Städte erhalten werden.

---

62 Ein Verfolgter des Naziregimes (VdN) zu sein wurde als Auszeichnung verstanden (obwohl man gewissermaßen einen Anspruch darauf hatte) und war mit Privilegien verbunden: Die Opfer des Faschismus (OdF, so die frühere Bezeichnung) erhielten Soforthilfe zur Wiedereingliederung nach dem Krieg, bessere Lebensmittelversorgung, bevorzugte Versorgung mit Wohnraum und Heizstoffen, Arbeitsvermittlung, Steuervergünstigungen, höhere Renten.

63 Die "Pariser Verträge" (23.20.1954) sicherten, nachdem die Pläne für eine Europäische Verteidigungsgemeinschaft (EVG) durch das Veto der franz. Nationalversammlung gescheitert waren, doch noch die Einbeziehung der Bundesrepublik in die westliche Verteidigungsgemeinschaft. "Umschuldung der BRD" bezieht sich wohl auf das Londonder Schuldenabkommen vom Juli 1953, in dem die Begleichung der Auslandsschulden und Verbindlichkeiten aus Anleihen des Deutschen Reiches aus der Zeit vor 1933 sowie der Wiederaufbaukredite nach 1945 geregelt wurde.

Der Bericht zum Stand der Auflösung des Bezirks-MfS ist dünn geworden. Aber wie sollte es anders sein: Hier geht es nicht mehr um Tagespolitik, sondern um zähe Weiterarbeit von Personal- und Sachfragen, Verwaltung und Auflösung von materiellem Nachlaß des ehemaligen Amtes, Umgang und Schützung der Aktenbestände, Nachfragen zum Verbleib ehemaliger Mitarbeiter.

Bestürzend ist der Bericht zur Arbeitssituation in den Betrieben. Dort wird entlassen, wer unbequem ist und es wagt, Rechtfertigung von den alten, immer weiter bestehenden Betriebsleitungen zu fordern. Hier zeigt sich deutlich die Machtlosigkeit des Runden Tisches und der Machtverfall des Rates des Bezirkes. Da wird als Entgegnung zu solchen Praktiken empfohlen, die Medien möchten doch zur Bildung von Betriebsräten oder anderen betrieblichen Organen aufrufen, welche die Rechte der Arbeitnehmer gegenüber der Betriebsleitung vertreten. Das ist geradezu lächerlich, weil es keine Gesetze gibt, die die Rechte solcher innerbetrieblichen Organe bestätigen. Alle Rechte der "Werktätigen" wurden durch den "Freien Deutschen Gewerkschaftsbund" wahrgenommen und der war Sprachrohr der Betriebsparteileitung. Da sich diese weitestgehend aufgelöst hat, sind auch die früheren Gewerkschaftsvertreter mit aufgelöst worden oder sie sind ohne jeden Einfluß.

Was übrig bleibt, ist der Rat an jeden Gekündigten, sich an das Arbeitsgericht zu wenden. Und dann folgt eine Lawine von Prozessen vor Richtern, die alle ehemalige SED-Genossen sind. So wird die Arbeitsgerechtigkeit aufgehoben, und es wird ein wahrhaft makabrer Zustand entstehen. Wie lange wird es dauern, bis auch in der Justiz aufgeräumt wird und eine neue unabhängige Jurisdiktion entsteht!

Das Angebot des Bezirkstages zur Besetzung freier Mandate, die sich nach dem Ergebnis der Wahlen zur Volkskammer adäquat neu verteilen, ist nett gemeint, aber ohne jede Bedeutung. Eine eigenständige, nun plötzlich durch Wahlfolgeleistung legitimierte gesetzgebende Vertretung in den Bezirken aufzubauen, die bis zur Wahl von Landtagsabgeordneten in den Bezirken regieren sollen, ist völlig sinnlos. Die Bezirke sind längst zerfallen. [Weder eine] kreisfreie Stadt [noch] ein Landkreis lassen sich mehr von einem Bezirkstag etwas sagen. Es ist ohnehin mehr als erstaunlich, daß bisher keine Anarchie im Lande ausgebrochen ist und daß offenbar die neugewählte Volkskammer einen Vertrauensbonus hat, der die DDR zusammenhält.

Ich nehme das alles zur Kenntnis, ich habe kein Interesse mehr an einer sich selbst überholenden Reform, die ich einen Weg gehen sehe, der nicht mein Weg ist. Ich bin müde, ich bin leer, ich werde aussteigen. Ich hatte mir vor dieser Beratung vorgenommen, daß ich zum letzten Mal nach Halle fahren würde. So habe ich auch in der Pause die Moderatoren gebeten, mir Gelegenheit zu einem Schlußwort zu geben, damit ich mich verabschieden kann. Das ist es:

Ich möchte mich heute von Ihnen verabschieden, weil ich meine Freunde vom NEUEN FORUM gebeten habe, mich nicht für den gemeinsamen Runden Tisch eines zukünftigen Landes Sachsen-Anhalt vorzuschlagen. Aber ich hatte darum gebeten, dort weiter arbeiten zu dürfen, wo ich bisher zusätzlich tätig war, in der ad hoc-Gruppe Gesundheits- und Sozialwesen, weil ich von deren Arbeit etwas verstehe und vielleicht mit ein wenig Professionalität auch ein wenig weiterbewegen kann. Vielleicht kann ich dort etwas tun, was mir mein Leben lang wichtiger war, als Macht zu haben, der ich nicht gewachsen bin, weil diese und jede Macht sich in mir selbst immer wieder in Frage stellt, und ich deshalb daran krank werde: in mir selber!
Ich bin hier angetreten, weil ich helfen wollte - auf meine Art, manchmal zornig, oft traurig. Und Sie alle haben mir

viele Male geduldig, manchmal auch ungeduldig, zugehört. Darf ich noch einmal bitten, nur für eine kurze Weile, zuzuhören für eines der Gedichte, dieses, weil ich es besonders liebe und es für uns alle einen heutigen tiefen Hintersinn hat: Es ist von Rainer Maria Rilke und heißt *Herbsttag*[64]

Herr, es ist Zeit. Der Sommer war sehr groß.
Leg Deinen Schatten auf die Sonnenuhren
und auf den Fluren laß die Winde los.

Befiehl den Früchten voll zu sein;
gib ihnen noch zwei südlichere Tage
dränge sie zur Vollendung hin und jage
die letzte Süße in den schweren Wein.

Wer jetzt kein Haus hat, baut sich keines mehr.
Wer jetzt allein ist, wird es lange bleiben,
wird wachen, lesen, lange Briefe schreiben
und wird in den Alleen hin und her
unruhig wandern, wenn die Blätter treiben.

Ich wünsche Ihnen allen, daß Sie unruhig wandern, bis Sie das Haus gebaut haben, für uns alle, das Rilke nicht mehr bauen konnte; jenes Haus, um dessentwillen wir so oft zusammengesessen haben. Ich danke, daß ich eine Zeit dabei sein durfte.

20.03.1990

Ich werde abgeholt von meinem Fahrer vom Paul-Gerhardt-Stift. Zu Hause wartet wie immer meine Frau. Wir reden kaum miteinander. Sie weiß, daß ich das letzte Mal in Halle am Runden Tisch gewesen bin.

*****

[Hier befindet sich im Original ein Ausschnitt aus der "Mitteldeutschen Zeitung"[65] vom 12.4.1990: "Erstmals wieder Wahl eines Rektors der Universität Halle. Votum mit großer Mehrheit für Prof. Dr. Günther Schilling"]

*****

Protokoll 13. Beratung des Runden Tisches des Bezirkes Halle am 22.3.1990

13/001 *Tagesordnung*
1. Bericht des Rektors der MLU Halle-Wittenberg
2. Bericht des Rates des Bezirkes zur Beratung der Koordinierungsgruppe für die Bildung des Landes Sachsen-Anhalt
3. Bericht zum Stand der Auflösung des AfNS - Bezirk Halle
4. Informationen/Anträge

13/002 Der Antrag des Unabhängigen Frauenverbandes Halle (DS 13/002) wird einstimmig bestätigt. Der Verband hat Rede-, Antrags- und Stimmrecht.

13/003 Der Bericht des Rektors der Martin-Luther-Universität Halle-Wittenberg, Prof. Dr. Zaschke, wird zur Kenntnis genommen. In z.T. kontrovers geführter Diskussion äu-

64 RILKE,Rainer Maria: Sämtliche Werke, Bd. 1: Gedichte. Frankfurt: 1987, S. 398.

65 Die "Mitteldeutsche Zeitung" erschien zum ersten Mal am 17.3.1990 als Nachfolgerin der "Freiheit" (letztes Erscheinungsdatum 15.3.).

ßerten die Vertreter des Runden Tisches, daß ein glaubwürdiges Konzept zur Erneuerung der Universität erforderlich ist, und empfehlen den zuständigen Gremien, bei allem Respekt vor der Selbständigkeit der MLU, die Vergangenheit aufzuarbeiten und den Demokratisierungsprozeß voranzutreiben. (DS 13/003)

13/004 Der Bericht des Rates des Bezirkes zur Beratung der Koordinierungsgruppe zur Vorbereitung der Bildung der paritätischen Kommission für das Land Sachsen-Anhalt am 22.3.1990 sowie der Entwurf einer Geschäftsordnung für die Arbeit der Kommission (DS 13/004 - wurde übergeben) wurde zur Kenntnis genommen. Die konstituierende Sitzung für o.g. Kommission findet am 28.3.1990, 9.00 Uhr, in Dessau, Rathaus, Ratssitzungssaal, statt (Abfahrt mit Bus: 7.15 Uhr, Halle, Willy-Lohmann-Str. 7, Haupteingang). Dazu ist vorgesehen, daß je ein Vertreter aller am Runden Tisch des Bezirkes vertretenen Parteien/politischen Vereinigungen, die Moderatoren sowie der darüber hinaus im Entwurf der Geschäftsordnung vorgeschlagene Personenkreis teilnehmen.

13/005 Entsprechend dem Antrag der o.g. Koordinierungsgruppe zur Benennung eines Vertreters des Runden Tisches zur Mitarbeit in dieser Gruppe wird einer der Moderatoren (Einigung erfolgt intern) diese Aufgaben wahrnehmen.

13/006 Der Bericht des Leiters des bezirklichen Arbeitsstabes zur Auflösung des ehemaligen AfNS, Dr. Pätzold, wird zur Kenntnis genommen und bestätigt. Es wurde weiterhin über das Fernschreiben des Regierungsbevollmächtigten zur Auflösung des ehemaligen Amtes an die in der Volkskammer vertretenen Parteien und politischen Vereinigungen hinsichtlich der Überprüfung der gewählten Abgeordneten zu Verdachtsmomenten der Zusammenarbeit mit Geheimdiensten informiert.

13/007 Auf Grund des häufigen Wechsels der Mitglieder der Autorisierten Gruppe richtete der Leiter des Arbeitsstabes zur Auflösung des ehemaligen AfNS die Bitte an alle Parteien/Organisationen, ihm die Namen ihrer Vertreter in der Autorisierten Gruppe sowie deren Arbeitsstellen zu übergeben, um die Festlegung 12/005 vom 15.3.1990 realisieren zu können.

13/008 Über den Stand der Klärung des Antrages des NEUEN THEATERS zum Erhalt der Gewerberäume Schulstraße (DS 12/009 vom 15.3.1990) informiert der Vorsitzende des Rates des Bezirkes am 5.4.1990 erneut.

13/009 Zur Anfrage der GRÜNEN LIGA vom 15.3.1990 (Pkt. 12/008) hinsichtlich der persönlichen Jagdwaffen informierte der Rat des Bezirkes, daß der Minister für Land-, Forst- und Nahrungsgüterwirtschaft die Verfahrensweise geregelt hat. Danach haben die Jagdgesellschaften, in denen damalige leitende Angehörige des ehemaligen AfNS Mitglied sind und persönliche Jagdwaffen besitzen, in der Mitgliederversammlung über das Weiterbestehen bzw. die Beendigung der Mitgliedschaft zu beraten und zu beschließen. Bei Beendigung der Mitgliedschaft sind durch die Kreisjagdbehörde die Jagderlaubnisse einzuziehen und die Volkspolizei-Kreisämter zu informieren, damit die Einbeziehung der Waffenscheine erfolgen kann. Ebenso ist mit Personen zu verfahren, denen Amtsmißbrauch und Korruption*nachgewiesen* wurde.

13/010 Zum Antrag des VEB Produktionsversorgung Metall Halle, Schlüsseldienst (DS 13/010), zur Übernahme der Ausrüstungen zur Nachschlüsselfertigung aus dem Bestand des ehemaligen AfNS wurde durch den Leiter der Arbeitsgruppe zur Auflösung des Amtes informiert, daß die BDVP kein Interesse an der Übernahme hat und so der o.g. Betrieb die Ausrüstungen erhält.

13/011 Der Antrag des Runden Tisches Weißenfels zu Problemen der Landwirtschaft (Verteilung Fördermittel) wurde dem Rat des Bezirkes zur eigenständigen Klärung übergeben.

13/012 Der Antrag der Arbeitsgruppe "Ökologie" des Runden Tisches zur Einforderung zusätzlicher Mittel (Sonderregelungen) gegenüber der Regierung für die Sanierung der Umwelt im Bezirk Halle wird nach umfangreicher Diskussion zur Überarbeitung zurückverwiesen. (DS 13/012 - wurde übergeben). Der Runde Tisch ist sich einig, daß das Anliegen des Antrages unbedingt zu unterstützen und ständig auf Veränderungen der Umweltsituation im Bezirk Halle gegenüber der Regierung zu dringen ist. Probleme zeigen sich jedoch, wie die Forderungen des Antrages in die Praxis umzusetzen sind.

13/013 Herr Dr. Willms informierte über eine Reise von Vertretern der Arbeitsgruppe Gesundheitswesen nach Niedersachsen. Es wurde vereinbart, daß am 30.4.1990 in Abstimmung mit der Niedersächsischen Krankenhausgesellschaft ein "Krankenhaustag" im Bezirk Halle stattfindet.

13/014 Der Runde Tisch äußert erneut die dringende Bitte an die Vertreter der Presse, stärker als bisher die verbindliche Empfehlung vom 4.1.1990, wiederholt beraten am 8.3.1990 (Material am 9.3.1990 der Presse übergeben), zur Bildung von Beratungs- und Kontrollausschüssen in den Betrieben zu propagieren. Fast täglich erreichen den Runden Tisch Briefe und Telefonanrufe von Mitarbeitern in Betrieben des Bezirkes, die getragen sind von der Sorge um die Erhaltung der Arbeitsplätze. Betriebsleitungen sprechen selbstherrlich unter Verletzung bestehender arbeitsrechtlicher Bestimmungen Kündigungen aus, ohne mit den Werktätigen oder von ihnen legitimierten Vertretern beraten zu haben. Die durch den Runden Tisch empfohlene Bildung von Beratungs- und Kontrollausschüssen wird in vielen Betrieben ignoriert.

13/015 Die Bildung der Kommission Zivildienst beim Rat des Bezirkes berät am 27.3.1990, 9.30 Uhr, Halle, Willy-Lohmann-Straße 7, Ratssitzungssaal. Alle interessierten Parteien/politischen Gruppierungen und sonstige Vertreter am Runden Tisch sind dazu eingeladen.

13/016 Der Rat des Bezirkes informierte über das Angebot des Bezirkstages Halle zur Besetzung der freien Mandate. Gegenwärtig sind 39 Mandate nicht besetzt. Es wurde beantragt, diese freien Mandate entsprechend dem anteiligen Bezirksergebnis zur Volkskammerwahl vom 18.3.1990 zu besetzen. Dem Antrag wird mehrheitlich zugestimmt. Das Angebot lautet:

- CDU	16 Mandate
- VEREINIGTE LINKE	1 Mandat
- BÜNDNIS 90	3 Mandate
- DA	1 Mandat
- DSU	3 Mandate
- GRÜNE PARTEI	2 Mandate
- SPD	13 Mandate

Ziel ist die Sicherung der weiteren Arbeitsfähigkeit des Bezirkstages bis zu Landtagswahlen. Die betreffenden Parteien/Vereinigungen werden gebeten, bis 29.3.1990 ihre Vorschläge mit Name, Vorname, Geburtsdatum, Anschrift, Partei/pol. Organisation dem Präsidium des Bezirkstages, Halle, Leninallee 70, schriftlich oder telefonisch unter 24574 bzw. 8363157 oder 8363160 zu übergeben. Die CDU unterbreitete den Vorschlag, auf Mandate zu verzichten, wenn ein Mehrbedarf bei anderen Parteien/pol. Organisationen besteht. In Ausnahmefällen wird die Möglichkeit eingeräumt, bis zum 3.4.1990 die namentliche Benennung vorzunehmen. Es ist zu sichern, daß die benannten Vertreter am 4.4.1990, 9.30 Uhr, Halle, Klubhaus der Gewerkschaften, am Bezirkstag teilnehmen, damit die Kooptierung als Abgeordneter erfolgen kann.

Darüber hinaus besteht die Möglichkeit, daß sachinteressierte Vertreter der Parteien/Vereinigungen als berufene Bürger in den ständigen Kommissionen des Bezirkstages mitarbeiten.

13/017 Der Runde Tisch verabschiedete Herrn Lintzel und dankte ihm für seine bisherige aktive Mitarbeit. Er erklärte sich bereit, weiterhin in der Arbeitsgruppe Gesundheitswesen tätig zu sein.

13/018 Die nächste Beratung des Runden Tisches findet am 5.4.1990, 14.00 Uhr, Halle, Heilig Kreuz, Gütchenstraße 21, statt.

Vorschlag für die Tagesordnung

- ausgewählte Fragen der Kulturpolitik - Prioritätenliste zur Lösung der dringendsten Probleme,
- Stand der Auflösung des ehemaligen AfNS,
- Bericht zur Verfahrensweise bei der Einstellung von Lehrern/Erziehern auf der Grundlage der verbindlichen Empfehlung des Runden Tisches vom 15.3.1990 (DS 12/012),
- Stand der Vorbereitung der Wahlen am 6.5.1990,
- Kurzbericht zur Konstituierung der paritätischen Kommission zur Bildung des Landes Sachsen-Anhalt,
- Anträge/Informationen

13/019 Anwesenheitsliste

*****

DS 13/002

Betrifft Antrag auf ständige Teilnahme am Runden Tisch des Bezirkes Halle

Die hallesche Gruppe im Unabhängigen Frauenverband stellt den Antrag auf ständige Teilnahme am Runden Tisch des Bezirkes Halle, mit Rede-, Antrags- und Stimmrecht.

Wir sehen in den Runden Tischen der Stadt und des Bezirkes Halle die einzige Möglichkeit, unsere Interessen zu vertreten und politischen Einfluß auf die komplizierten Veränderungen in unserer Gesellschaft zu nehmen. Frauen sind wie alle anderen von diesen Veränderungen betroffen und nach wie vor bei politischen Entscheidungen unterrepräsentiert. Ein Blick in die Kandidatinnenlisten der Parteien und Vereinigungen zur Volkskammerwahl zeigt in dieser Hinsicht nur zögerliche Veränderungen. Jetzt werden Entscheidungen getroffen, welche die Kommunalpolitik in den nächsten Monaten, vielleicht Jahren, nachhaltig beeinflussen. Davon darf der Unabhängige Frauenverband in Halle nicht ausgeschlossen bleiben.

gez. Angela Gerlang gez. Edelgard Mähl
UFV-Halle

Halle, den 22. 3. 1990

*****

DS 13/003

Beschluß

Der Runde Tisch des Bezirkes Halle bittet die zuständigen Gremien der Martin-Luther-Universität Halle-Wittenberg bei allem Respekt vor deren Selbständigkeit eindringlich, doch besorgt zu sein, Unrecht aus der Vergangenheit zu benennen und nach Möglichkeit wiedergutzumachen und dann sicherzustellen, daß bei anstehenden wichtigen personellen Entscheidungen Persönlichkeiten gewählt bzw. berufen werden, die im Hinblick auf die vergangene Zeit unbelastet sind und deshalb eher gewährleisten können, daß der notwendige Demokratisierungsprozeß an der MLU mit der entsprechenden Herstellung von Öffentlichkeit ohne weitere Behinderungen und Verzögerungen durchgesetzt werden [kann].

Halle, 22. 2. 1990

*****

DS 13/010
VEB Produktionsversorgung Metall
Schlüsseldienst
Antrag

Hiermit stellen wir an die Teilnehmer des Runden Tisches den Antrag auf Klärung des nachfolgend aufgeführten Sachverhaltes. Unser Betrieb, der VEB PV-Metall Halle, hat an den Rat des Bezirkes Halle den Antrag auf Übernahme der aus dem Bestand des ehemaligen Amtes für Nationale Sicherheit bestehenden Ausrüstung sowie Schlüsselkopiermaschinen zur Nachschlüsselfertigung gestellt.
Nun ist uns bekannt geworden, daß die VP ebenfalls an einer Übernahme interessiert ist. Das ist uns unverständlich, da nur autorisierte Schlüsseldienste Schlüsselrohlinge nachfertigen dürfen. Seit Jahren fertigen wir für die VPKA im Bezirk Halle Schlüssel bei Bestellung nach. Es stellt sich somit die Frage, für was die VP diese Maschinen und Ausrüstungen einsetzen möchte. Für einen Bescheid von Ihnen wären wir Ihnen sehr verbunden.

Mangold
Leiter Schlüsseldienst

*****

DS 13/019
Anwesenheitsliste Runder Tisch 22.3.1990

Partei/pol. Organisation	Name
Rektor der MLU	Dr. Zaschke
Rat des Bezirkes	Dr. Süß; Dr. Pätzold, Manfred
DBD	Rothe, Achim; Schneider, Dieter
CDU	Wünsche, Gerd; Frönicke, Dieter
NDPD	Adler, Peter; Brünnel, Roland
LDP	Venner, Gerhard; Vossebrecker, Günther
Kulturbund	Dr. Kraus, Günter
PDS	Dr. Drzisga, Thomas; Dr. Schmidt, Marion
NF	Lintzel, Detlev; Mehlig, Johannes; Dr. Wand, Klaus
Bauernverband e.V.	Vogel, Reinhard
DJ	Dr. Lewek, Hans-Georg; Mokosch, Thomas
GP	Jarzowski, Matthias; Schmeil, Andreas
DA	Dr. Nelles, Axel; Reuter, Christian
SPD	Dr. Dittmann, Jörg; Dr. Hoffmann, Petra
Med. in soz. Verantw.	Dr. Büdke, Michael
VL	Röver, Karl
DFD	Müller, Helga
UFV	Gerlang, Angela; Mühl, Edelgard
FDGB	Gläser, Horst; Dr. Reisener, Gert
FDJ	Hempel, Karl-Heinz; Kamenka, Jorg
VBS	Piossek, Konrad; Teitge, Burkhardt
Kathol. Dekanat	Dr. Herold, Claus; Dr. Willms, Peter
Ev. Kirche	Buchenau

*****

Protokoll 14. Beratung des Runden Tisches des Bezirkes Halle am 5.4.1990

14/001 *Tagesordnung*

1. Ausgewählte Fragen der Kulturpolitik,
2. Beratung zu Problemen der Einstellung ehemaliger Mitarbeiter des MfS/AfNS, des Partei- und Staatsapparates in der Volksbildung,
3. Stand der Auflösung des AfNS, Bezirksamt Halle,
4. Information zum Stand der Vorbereitung der Kommunalwahlen am 6.5.1990,
5. Informationen/Anträge

14/002 Der Antrag der DSU auf Erlangung des Rede-, Antrags- und Stimmrechtes am Runden Tisch des Bezirkes wird mehrheitlich bestätigt (9 dafür, 4 dagegen, 8 Enthaltungen).

14/003 Herr G. Böhrenz, Vertreter des Büros des Landes Niedersachsen in Halle, informierte, daß das Büro am Georg-Schumann-Platz 9 am Montag, dem 9.4.1990, seine Tätigkeit aufnimmt. Es ist vorerst mit 3 Mitarbeitern besetzt. Die offizielle Eröffnung wird durch ein Mitglied der Landesregierung Niedersachsens zu einem noch festzulegenden Termin vorgenommen. Herr Böhrenz äußerte erste Vorstellungen über die Aufgaben des Büros, die vornehmlich in der Koordinierung von Kontakten und der Vermittlung von Informationen bestehen.

14/004 Die Berichterstattung des Rates des Bezirkes zu ausgewählten Fragen der Entwicklung und Förderung von Kultur und Kunst im Bezirk wird zur Kenntnis genommen (DS 14/004 - wurde übergeben). Das übergebene Material vom 2.4.1990 "Orientierungen und Maßnahmen..." ist wie folgt zu ändern:

Seite 1, Punkt 1, 8. Zeile

"... freie Entfaltung der Künste *und des künstlerischen Erbes* auszuprägen."

Seite 2, Punkt 2, 2. Anstrich

ist zu streichen und zu ersetzen durch:

"Vom Verfall bedrohte Denkmale und historische Stadtkerne sind rasch und wirksam zu sichern und zu sanieren. Die Einhaltung des Denkmalpflegegesetzes ist durch die zuständigen Räte streng zu kontrollieren; Abbrüche von Denkmalen sind nicht mehr zuzulassen. Bürgerinitiativen zur Erhaltung von Denkmalen sind besonders zu fördern und zu unterstützen.

Bei allen Vorhaben, die Denkmale und Denkmalbereiche betreffen, ist die rechtzeitige fachliche Beratung vom Institut für Denkmalpflege, Landesamt für Sachsen-Anhalt, einzuholen."

Die "Erklärung... zur Förderung und Entwicklung von Kultur und Kunst im Bezirk Halle" ist wie folgt zu ändern:

Seite 1, Punkt 2, 7. Zeile

nach "... und ihre Förderung" ist zu ergänzen: "sowie die Pflege des kulturellen Erbes die ihnen gebührende Aufmerksamkeit gewidmet wird.

- daß langfristig in unserem Land musische Bildung (Kreativität und Emotionalität) aus ihrer Nachordnung hinter die naturwissenschaftliche herausgeführt wird."

Seite 3, oben

Satz 1 "Das betrifft besonders... Kulturkreis und andere" ist zu streichen.

Seite 3, 4. Anstrich

nach "Kirchenmusikschule" ist "Halle" zu streichen.

Seite 4, 2. Anstrich

ist zu ersetzen durch:

"Förderung aller kulturellen und künstlerischen Initiativen in den ländlichen Regionen, wobei deren spezifische Interessen zu berücksichtigen sind."
Seite 4, 3. Anstrich
ist wie folgt zu ändern:
"... Anträge bei den staatlichen Organen, wie z.B. für die Stadt Halle, das NEUE THEATER, das Konservatorium 'Georg-Friedrich-Händel', die Stadt- und Bezirksbibliothek".
Die Erklärung der bevollmächtigten Vertreter ... zur Förderung und Entwicklung von Kultur und Kunst im Bezirk Halle wurde einstimmig mit den o.g. Änderungen angenommen. Dem Rat des Bezirkes wurde einstimmig empfohlen, in eigener Verantwortung eine Kommission aus kompetenten Vertretern des Kunst- und Kulturlebens sowie der Bezirksverbände zu schaffen, die ein konkretes Konzept erarbeitet, um die dringlichsten Probleme entsprechend einer zu erarbeitenden Prioritätenliste zu beraten und zu entscheiden. Über die Bildung und Zusammensetzung der o.g. Kommission ist der Runde Tisch bis 3.5.1990 zu informieren.

14/005 Der Antrag des FDGB auf Unterbrechung der Beratung des Runden Tisches in der Zeit von 16.45 Uhr bis 18.00 Uhr, um allen die Möglichkeit zu geben, an der Protestdemonstration um 17.00 Uhr am Fahnenmonument teilzunehmen, wurde mehrheitlich abgelehnt (DS 14/005). Zur Abstimmung waren auf Beschluß des Runden Tisches auch diejenigen berechtigt, die ansonsten nur Rede- und Antragsrecht haben.

14/006 Die vom Rat des Bezirkes erarbeitete Vorlage zur Einstellung von Pädagogen an Bildungseinrichtungen ab Oktober 1989 wird bestätigt. Dem Beschluß wird in der überarbeiteten Fassung (DS 14/006) einstimmig zugestimmt. Grundsatz der Vertreter des Runden Tisches bleibt, wie bereits am 25.1.1990 (Pkt. 05/017 des Protokolls) eindeutig erklärt und am 8.2.1990 sowie 15.2.1990 unterstrichen, daß der in der Vorlage genannte Personenkreis nicht als Lehrer/ Erzieher einzusetzen ist. Zu den dennoch vorgenommenen Einstellungen ist der unter DS 14/006 vorgeschlagene Verfahrensweg durchzusetzen.

14/007 Auf der Grundlage der Information durch das NEUE FORUM zu erneut aufgetretenen Problemen, die den Demokratisierungsprozeß an der MLU behindern, beschloß der Runde Tisch, Protest gegen die bekanntgegebene Verfahrensweise einzulegen und Herrn Dr. Mehlig zu bevollmächtigen, den Protest dem Staatsanwalt des Bezirkes zu übergeben. Darüber hinaus wurde beschlossen, die Verantwortlichen für die restriktiven Verfahrensweisen zur nächsten Beratung des Runden Tisches am 19.4.1990 einzuladen, um auch die darüber hinaus durch Dr. Mehlig dargelegten Fragen zu diskutieren.

14/008 Der Runde Tisch beschloß, daß Herr Dr. Keitel, bisher Vertreter für das Reformhaus Halle und die Reformzeitung, ab sofort als Mitglied des Rates des Bezirkes und verantwortlich für die Koordinierung der Zusammenarbeit mit Niedersachsen, an den Beratungen des Runden Tisches mit Rede- und Antragsrecht teilnimmt.

14/009 Die Berichterstattung des Leiters der bezirklichen Arbeitsgruppe zum Stand der Auflösung des AfNS, Bezirk Halle, wird zur Kenntnis genommen und bestätigt. Es wurde informiert, daß die Einsichtnahme in Personalakten, entgegen anderen Darstellungen in der Presse, nach wie vor nicht gestattet ist. Alle Anträge von Bürgern auf Einsichtnahme in die Akten des ehemaligen MfS/AfNS sind an den Leiter der Bezirksarbeitsgruppe zu richten. Diese werden registriert und Einzelentscheidungen in begründeten Ausnahmefällen zu gegebener Zeit getroffen.

14/010 In Vorbereitung der Kommunalwahlen wendet sich die Autorisierte Gruppe zur Auflösung des AfNS mit dem unter DS 14/010 formulierten Appell an die Öffentlichkeit. Die Vertreter des Runden Tisches unterstrichen, daß alle Bürger, die wissentlich für das MfS/AfNS tätig waren, in hoher moralischer Verantwortung auf eine Kandidatur zu den Kommunalwahlen verzichten sollten.

14/011 Die mit Protokoll vom 1.3.1990 festgelegte Beratung (Pkt. 10/002) des Amtes für Arbeit (Arbeitsamt Bezirk Halle) zum Problem der Tätigkeit ausländischer Arbeitskräfte wird auf den 25.4.1990 verschoben. (ursprünglicher Termin 11.4.1990)

14/012 Das Schreiben des Elternbeirates der Glauchaschule Halle, Taubenstr. 13 (Protest in einem Fall gegen die Entscheidung des Stadtschulrates Halle zur Beurlaubung der Lehrer, die ehemals Mitarbeiter AfNS waren); das Schreiben der MLU, Sektion Philosophie, Große Steinstraße 73, zum Konzept der Ausbildung von Lehrern für die 11./12. Klassen im Fach Philosophie sowie der Beschluß des Runden Tisches Dessau zu Fragen der Bildungspolitik werden über das Mitglied des Rates des Bezirkes für K/B der Ständigen Kommission Bildungswesen des Bezirkstages zur Beratung übergeben.

14/013 Der erneute Antrag der GRÜNEN LIGA, der GRÜNEN PARTEI, des NEUEN FORUM, der SPD und VL (DS 14/013 - wurde übergeben) auf *kostenlose* Überlassung der bereits zur Nutzung übergebenen Fahrzeuge aus dem Bestand des ehemaligen AfNS wurde dem Leiter des Bezirksarbeitsstabes zur Auflösung des AfNS zur Klärung mit dem Komitee zur Auflösung... übergeben. Über das Ergebnis ist am 19.4.1990 zu berichten. Die auf der Grundlage der Rechtsvorschriften am 6.4.1990 auslaufende Zahlungsfrist für den jeweiligen Kaufpreis gegenüber dem VEB Maschinenbauhandel wird um 4 Wochen (4.5.1990) verlängert.

14/014 Der Bericht des Vorsitzenden des Rates des Bezirkes zum Stand der Vorbereitung der Kommunalwahlen am 6.5.1990 wird zur Kenntnis genommen. Von gegenwärtig 21 Mitgliedern der Bezirkswahlkommission sind 10 durch die Parteien und politischen Organisationen gegenüber der Volkskammerwahl neu benannt worden. Bisher keine neuen Vertreter benannten die DSU, der DA und die VL. Die GRÜNE PARTEI und DJ sehen sich gegenwärtig außerstande, einen Vertreter zu benennen. Die Bezirkswahlkommission hat 3 Arbeitsgruppen (Öffentlichkeitsarbeit; Eingaben und Anfragen; Schulungen) gebildet. Zur materiell-technischen und organisatorischen Unterstützung der Wahlvorbereitung durch die örtlichen Räte hat der Rat des Bezirkes in Umsetzung eines entsprechenden Ministerratsbeschlusses Maßnahmen folgenden Inhalts beschlossen:

- die personelle Unterstützung bei der Bildung der Wahlbüros in den Kreisen,
- Sicherung der erforderlichen Arbeits- und Wirkensbedingungen der Wahlkommissionen und Wahlbüros,
- die rechtzeitigen Vorbereitungen durch die örtlichen Räte zur Bildung der Stimmbezirke und Einrichtungen der Wahllokale,
- verantwortungsbewußte und qualitätsgerechte rechnergestützte Herstellung der Wählerverzeichnisse,
- materiell-technische Unterstützung des Stimmzetteldrucks,
- die Sicherung der Finanzierung der Aufgaben,
- die rechtzeitige Herstellung der Fernsprechverbindungen zu den Wahllokalen.

14/015 Der Einspruch der Werktätigen der Vereinigten Mühlenwerke Saalemühlen Bernburg zur Gründung von GmbH und ihre Forderung auf Einbeziehung in den Prozeß der Umwandlung der Betriebe wird dem Rat des Bezirkes zur eigenständigen Klärung übergeben.

14/016 Der Antrag der VEREINIGTEN LINKEN (DS 14/016), der Bezirksgeschäftsstelle des FDGB und dem Rat des Bezirkes die Empfehlung zu geben, gemeinsam nach Lösungen zu suchen, um das Arbeitsamt für den Ballungsraum Halle im jetzigen Gebäude des FDGB, Marx-Engels-Platz 14/15, unterzubringen und gleichzeitig die erforderlichen Räumlichkeiten für die Gewerkschaften bereitzustellen, wird bei einer Gegenstimme bestätigt. Über das Ergebnis ist in der 16. Beratung des Runden Tisches (3.5.1990) zu berichten.

14/017 Die SPD informierte, daß am 10.4.1990, 20.00 Uhr, die Interessengemeinschaft Frauen/Familie in der ev. Stadtmission Halle, Weidenplan 4, gegründet wird. Alle interessierten Bürger sind dazu eingeladen.

14/018 Die nächste Beratung des Runden Tisches findet am 19.4.1990, 14.00 Uhr, in Halle, Heilig Kreuz, Gütchenstraße 21, statt.

Voraussichtliche Tagesordnung

1. Beratung des Runden Tisches mit Vertretern der Medien zur weiteren Gestaltung der Zusammenarbeit - 14.00 Uhr (Einladung erfolgt durch den Vorsitzenden des Rates des Bezirkes Halle),
2. Beratung mit Vertretern der MLU auf der Grundlage Punkt 14/007 dieses Protokolls - 15.00 Uhr (Einladung erfolgt durch den Vorsitzenden des Rates des Bezirkes),
3. Beratung zu Fragen der Denkmalpflege und architekturbezogenen Kunst - 16.00 Uhr (Vorbereitung durch Rat des Bezirkes Halle, Institut für Denkmalpflege, Büro für architekturbezogene Kunst),
4. Stand der Auflösung des AfNS,
5. Informationen/Anträge
   - Stand der Vorbereitung der Kommunalwahlen (bei Erfordernis),
   - Informationen zu materiell-technischen, personellen und finanziellen Fragen der Herausgabe eines eigenen Mitteilungsblattes des Rates des Bezirkes in Ergänzung der Globalinformation vom 5.4.1990

14/019 Anwesenheitsliste

*****

DS 14/006

Der Runde Tisch des Bezirkes beschließt:

1. Die Kreisschulräte werden beauftragt, die ab Oktober 1989 abgeschlossenen Arbeitsverträge mit ehemaligen Mitarbeitern des Amtes für Nationale Sicherheit unter Mitwirkung von durch die Runden Tische des Bezirkes und der Kreise autorisierten Bürgerinnen und Bürgern (2) auf ihre Rechtswirksamkeit zu prüfen. Sind die Verträge mit Mängeln nach §§ 44 und 45 des Arbeitsgesetzbuches behaftet, hat ihre Lösung nach den §§ 51 bis 55 zu erfolgen.
2. Ist die Rechtsgültigkeit festgestellt, stellen die eingestellten Mitarbeiter die Vertrauensfrage. Durch die Elternversammlung (entsprechend schriftlicher Einladung), die Schüler bzw. den Schulrat (als Vertretung für die Klassen 1 - 6) und das Pädagogenkollektiv ist in gleicher Wichtung in geheimer Abstimmung (kontrollfähig, nachweisbar) das Vertrauensvotum für den eingestellten Bürger erforderlich. (Ist der eingestellte Bürger durch fachliche Qualifikation, berufliche Erfahrung und moralisch-charakterliche Befähigung für die vereinbarte Arbeitsaufgabe geeignet?) Wird die Mehrheit nicht erreicht, ist der Arbeitsvertrag auf gesetzlicher Grundlage durch Aufhebungs- oder Überleitungsvertrag bzw. fristgemäße Kündigung zu lösen (§§ 51 bis 55 Arbeitsgesetzbuch). Die Ergebnisse der Prüfung sind protokollarisch zu er fassen. Bis zum 15.5.1990 ist dem Mitglied des Rates des Bezirkes für Kultur und Bildung das Protokoll zu übersenden.
3. Für pädagogische Mitarbeiter, die aus anderen Bereichen (Staatsapparat, Parteiapparat, gesellschaftliche Organisationen) eingestellt wurden, gelten die Festlegungen nach Punkt 1 und 2, wenn ihre Eignung bezweifelt wird.

gez. Dr. Renger

*****

DS 14/010

Die "Autorisierte Gruppe" des Runden Tisches des Bezirkes Halle empfiehlt allen inoffiziellen und offiziellen Mitarbeitern des ehemaligen MfS/AfNS, nicht zu den Kommunalwahlen 1990 zu kandidieren.

Des weiteren bitten wir alle Kandidaten der Parteien und Gruppierungen und alle unabhängigen Kandidaten, ihren einzureichenden persönlichen Wahlunterlagen eine Erklärung beizufügen, die den Satz enthält: "Ich erkläre, daß ich niemals wissentlich Mitarbeiter des MfS/ANS gewesen bin."

Beschluß einstimmig 3.4.1990

*****

DS 14/016

Der Runde Tisch empfiehlt dem Vorsitzenden des Rates des Bezirkes, mit der Bezirksgeschäftsstelle des FDGB Verbindung aufzunehmen mit der Zielstellung, daß der FDGB eingedenk seiner Mitverantwortung für die Lösung dringender sozialpolitischer Probleme das Gebäude am Marx-Engels-Platz für die Unterbringung des Arbeitsamtes für das Territorium Halle Stadt und Saalkreis zur Verfügung stellt.

Dem FDGB sollten dafür andere geeignete Gebäude bzw. Räume angeboten werden.

*****

DS 14/019

Anwesenheitsliste Runder Tisch am 5.4.1990

Partei/Organisation	Name
Rat des Bezirkes	Süß; Vogt, Erhard; Dr. Keitel, Klaus
DBD	Baumgarth; Schneider
CDU	Wünsche; Dr. Renger (RdB)
Bund freier Demokraten	Adler; Gaffert
GRÜNE LIGA	Bernt-Bärtl; Kupke
Kulturbund e.V.	Dr. Kraus
PDS	Dr. Drzisga; Dr. Schmidt
AKTION DIE DREI	Radziejewski
NF	Naujok; Mehlig, Joh.; Dr. Hipke, Andreas
Bauernverband e.V.	Starke, Eva
DJ	Dr. Lewek, H.-G.; Mokosch, Thomas; Seidel-Zaprasis (VBK-DDR)
GRÜNE PARTEI	Jarzowski; Schmeil, Andreas
DA	Engelmann, Gerd
DSU	Streich, Peter
Ärzte/IPPNW	Dr. Bohley, Eckart
SPD	Dr. Dittmann, Jörg; Dr. Hoffmann; Prof. Saaltrow
VL	Karl Röver
UFV	Gerlang, Angela
DFD	Helga Müller
FDGB	Dertel, Manuela; Dr. Reisener, Gert
VBS	OSL Kittel, Peter; OSL Piossek, Konrad
FDJ	Kamenka, Jörg; Bosse, Michael
Ev. Kirche	Buchenau
Kathol. Kirche	Dr. Herold, Claus; Dr. Willms, Peter
B. Niedersachsen	Böhrenz, Gunter

Medienvertreter: Gringer, Hans-Erdmann (Mitteldeutsche Tageszeitung); Saitz, Judith (Der Neue Weg)

*****

Protokoll 15. Beratung des Runden Tisches des Bezirkes Halle am 19.4.1990

15/001 *Tagesordnung*

1. Beratung des Runden Tisches mit Vertretern der Medien zur Gestaltung der weiteren Zusammenarbeit,
2. Diskussion zu aufgeworfenen Problemen im Umgestaltungsprozeß der MLU,
3. Beratung zu Fragen der Denkmalpflege und architekturbezogenen Kunst,
4. Stand der Auflösung des AfNS Bezirk Halle,
5. Anträge/Informationen

15/002 Zu Beginn der Beratung beantragten Vertreter des Autorisierten Bürgerkomitees und der Leiter des Bezirksarbeitsstabes zur Auflösung des AfNS, eine Erklärung "Für einen menschlichen und demokratischen Neuanfang" der Presse zu übergeben. Nach erfolgter Diskussion wurde die Erklärung überarbeitet, und der Runde Tisch machte sich diese überarbeitete Fassung mehrheitlich zu eigen (DS 15/002). Die Verfasser äußerten gegenüber der Presse die Bitte, den Appell nur in seiner Gesamtheit zu veröffentlichen, keine Auszüge.

15/003 Nach umfangreicher Diskussion der Verfasser des Runden Tisches und der Medien wurde Übereinstimmung erzielt, daß die Presse, Funk und auch das Fernsehen die Arbeit des Runden Tisches des Bezirkes Halle und des Runden Tisches für das Land Sachsen-Anhalt entsprechend ihren Möglichkeiten weiterhin unterstützen werden. Der Runde Tisch forderte, daß der Prozeß der Meinungsbildung, des Umdenkens, die qualitativen Seiten der Arbeit sowie der fortschreitende Demokratisierungsprozeß stärker dargestellt werden sollten.

Folgende Möglichkeiten zur Erweiterung der Berichterstattung über die Arbeit des Runden Tisches, aber auch zur Darstellung der Parteien und politischen Organisationen wurden durch die Medienvertreter u.a. angeboten:

- Besuche in Redaktionen, z. B. Neuer Weg 8.00 - 17.00 Uhr,
- Darstellung der Arbeit in Form von Interviews,
- Berichterstattung im Fernsehen über die Länderprogramme,
- Stärkere Wahrnehmung der angebotenen Gesprächsmöglichkeiten über den Sender Halle,
- Nutzung der Möglichkeit für Gastkommentare in den Zeitungen,
- Nutzung des Vorschlages einer Medienberatung mit den Parteien und Organisationen,
- Durchführung von Pressekonferenzen der Parteien/Vereinigungen,
- Angebot des Vorsitzenden des Journalistenverbandes, ab Mai 1990 samstags/sonntags Pressegespräche im "Klub der Journalisten", Halle, Gustav-Anlauf-Straße, zu organisieren.

Darüber hinaus werden die bisherigen Formen der Pressearbeit des Runden Tisches fortgeführt, wie

- Teilnahme der Pressevertreter an den Beratungen,
- Übergabe einer Pressemitteilung über den Verlauf der Beratung sowie des vollständigen Textes der wichtigsten verbindlichen Empfehlungen und Beschlüsse des Runden Tisches jeweils freitags nach der Beratung, bis spätestens 13.00 Uhr,
- Übergabe der vollständigen Protokolle an die Medien,
- Übergabe der Ergänzungen des Beschlusses des Rates des Bezirkes vom 5.2.1990 (Beschluß-Nr. 1181-3/90).

Abschließend wurden die Vertreter der Medien zur Beratung des Runden Tisches für Sachsen-Anhalt am 24.4.1990, 9.00 Uhr, nach Halle ins Haus des Lehrers, 7. Etage, eingeladen.

15/004 Die vorgesehene Beratung mit Vertretern der Leitung der MLU (Rektor, 1. Prorektor) zu Problemen im Demokratisierungsprozeß konnte aufgrund langfristiger anderer Termine der Geladenen nicht erfolgen. Im Beisein mehrerer Vertreter der Initiativgruppe zur Erneuerung der MLU brachten die Vertreter des Runden Tisches ihr Unverständnis zum Ausdruck, daß die aufgeworfenen Probleme bisher nicht an der Universität selbst geklärt wurden. Der Runde Tisch wies den gegen Herrn Dr. Mehlig schriftlich erhobenen Vorwurf einer "recht erheblichen Täuschung" durch den Rektor im Zusammenhang mit dem gefertigten und der Universitätsleitung übergebenen Auszug des MR-Beschlusses vom 15.3.1990 (Nr. 18/1a/90)[68] entschieden zurück und bittet den Vorsitzenden des Rates des Bezirkes, einen entsprechenden Brief als Standpunkt des Runden Tisches an den Rektor zu übergeben. Es ist die dringende Bitte auszusprechen, keine Entscheidungen, insbesondere in Personalangelegenheiten, entsprechend den in der 16. Sitzung des Zentralen Runden Tisches gegebenen Empfehlungen zu treffen, die zu erwartende künftige Regelungen behindern könnten. Der Initiativgruppe zur Erneuerung der MLU wurde empfohlen, in enger Zusammenarbeit mit dem neugewählten Rektor die bisherigen kontrotroversen Standpunkte auszuräumen und konstruktiv den Prozeß der Demokratisierung an der MLU zu unterstützen. Es wurde akzeptiert, daß der für den 23.4.1990 geplante Beratungstermin zwischen der Universitätsleitung und der Initiativgruppe nicht wahrgenommen wird. Abschließend wurde Herr Dr. Mehlig gebeten, den neugewählten Rektor[69] zur Beratung des Runden Tisches am 3.5.1990, 14.00 Uhr, einzuladen, um sein Konzept zur weiteren Entwicklung der MLU kennenzulernen.

15/005 Die Berichterstattung des Leiters des Instituts für Denkmalpflege, Prof. Dr. Stelzer, zu Problemen und Aufgaben für den Denkmalschutz und die Denkmalpflege im Bezirk Halle sowie die vorgeschlagenen Maßnahmen werden bestätigt (DS 15/005.1 - wurde übergeben). Es wurde die Bitte von Prof. Stelzer unterstützt, daß alle Parteien und politischen Organisationen auch weiterhin aktiv die Positionen der Denkmalpflege sichern. Bei der Schaffung künftiger Verwaltungsstrukturen (z.B. Landesbauämter) sind Fragen des Denkmalschutzes und der Denkmalpflege zu integrieren. Dem Rat des Bezirkes wurde empfohlen, das Institut für Denkmalpflege in die Arbeitsgruppe zur Herausbildung von künftigen Landesstrukturen und der inhaltlichen Ausgestaltung der Tätigkeit von Raum- und Territorialplanungsorganen einzubeziehen. Zur Schaffung der Voraussetzungen für die künftige Entwicklung der Kommunen verabschiedet der Runde Tisch die als DS 15/005.2 angefügte Empfehlung. Der Rat des Bezirkes erarbeitet dazu ~~lang~~ [hand-schriftlich: ~~kurz~~ - ebenfalls durchgestrichen]fristig entsprechende Empfehlungen und übergibt diese den örtlichen Räten.

15/006 Zur Aufrechterhaltung der öffentlichen Ordnung und der Wahrung des Erscheinungsbildes der Kommunen erging an alle Territorialorgane folgende einstimmig gefaßte verbindliche Empfehlung, die unverzüglich umgesetzt werden sollte:
Alle Maßnahmen, die das öffentliche Erscheinungsbild der Städte und Gemeinden verändern, sind genehmigungspflichtig. Werbung an denkmalgeschützten Gebäuden und an Einzeldenkmalen ist zu verbieten. In Denkmalschutzbereichen ist Werbung genehmigungspflichtig.

---

68 Dieser Beschluß ist im Gbl. nicht aufgeführt.

69 Am 11.4.90 wurde der Agrarwissenschaftler Prof. Dr. agr. habil. Günther Schilling zum neuen Rektor gewählt.

15/007 Die Berichterstattung der Leiterin des Büros für architekturbezogene Kunst (DS 15/007 - wurde übergeben) wird bestätigt. Die im vorliegenden Papier [gemachten] und mündlich ergänzten Vorschläge sind durch den Rat des Bezirkes zu prüfen und in die Arbeit einzubeziehen.

15/008 Die durch den Leiter des Institutes für Denkmalpflege unterbreiteten Vorschläge zur Bereitstellung von geeigneten Gebäuden für das Institut sind durch den Rat des Bezirkes in Zusammenarbeit mit der Stadt Halle zu prüfen (Schleiermacherhaus; Gebäude in Halle, Märkerstraße).

15/009 Der Bericht des Leiters des Arbeitsstabes zum Stand der Auflösung des ehemaligen AfNS wird zur Kenntnis genommen und bestätigt. Nach Prüfung des Antrages 14/013 vom 5.4.1990 zur kostenlosen Übergabe der beantragten Pkw wird sich der Leiter des Bezirksarbeitsstabes zur Auflösung des AfNS mit den bisherigen Nutzern zur Klärung der Modalitäten in Verbindung setzen. Zum dargelegten Problem, daß die Zahl der arbeitslosen ehemaligen Mitarbeiter des AfNS/MfS in den letzten Tagen erheblich angestiegen ist, wird am 3.5.1990 eine detaillierte Darstellung, insbesondere zur Berufsstruktur, gegeben.

15/010 Der Brief des Herrn Brandau zur Einstellung seines Sohnes bei der Volkspolizei nach Abschluß eines Kriminalistenstudiums wird dem Leiter des Bezirksarbeitsstabes zur Auflösung des AfNS zwecks Klärung und Beantwortung übergeben.

15/011 Der Bericht der durch den Runden Tisch benannten Beobachter über die Vorbereitung und Durchführung der Volkskammerwahlen am 18.3.1990 wird zur Kenntnis genommen (DS 15/011).

15/012 Die Informationen des Vorsitzenden des Rates des Bezirkes, daß z.Z. keine Möglichkeit besteht, einen eigenen Pressedienst beim Rat des Bezirkes herauszugeben, wird zur Kenntnis genommen. Der Rat des Bezirkes sollte in Zusammenarbeit mit dem Vorsitzenden des Journalistenverbandes prüfen, wie regelmäßige Pressekonferenzen organisiert werden können. Dem Rat des Bezirkes wurde die verbindliche Empfehlung gegeben, einen Pressedienst für die zu bildende Landesregierung vorzubereiten. Bis zu diesem Zeitpunkt übergibt der Rat des Bezirkes den am Runden Tisch vertretenen Parteien und Organisationen je 2 Exemplare der Ratsbeschlüsse, ebenfalls den Moderatoren je 1 Exemplar.

15/013 Der erneute Brief der Werktätigen der Vereinigten Mühlenwerke Saalemühlen wird dem Rat des Bezirkes zur Klärung des Gesamtsachverhaltes übergeben. Zum Stand der Klärung vor Ort ist durch den Vorsitzenden des Rates des Bezirkes am 3.5.1990 eine Information zu geben.

15/014 Der Antrag der GRÜNEN LIGA (DS 15/014 - wurde übergeben) zur Unterstützung der Einrichtung eines Informations- und Kommunikationszentrums für Umwelt- und Naturschutz wurde an die Arbeitsgruppe Ökologie zurückverwiesen. Das Mitglied des Rates des Bezirkes für Naturschutz, Umweltschutz und Wasserwirtschaft erhält vom Vorsitzenden des Rates des Bezirkes den Auftrag, an der Ausarbeitung und Umsetzung des Antrages mitzuwirken, da das Anliegen des Antrages Bestandteil der staatlichen Öffentlichkeitsarbeit auf dem Gebiet ist.

15/015 Der Antrag des Studentenrates der MLU (DS 15/015 - wurde übergeben) zur Situation der Wohnbedingungen der Studenten in Halle wird zur Kenntnis genommen. Dem Rat des Bezirkes wurde empfohlen, das Anliegen der Studenten dem Ministerrat der DDR zur Schaffung der rechtlichen Voraussetzungen (Änderung der Wohnraumlenkungsverordnung) zu übergeben. Der Antrag ist erneut am Runden Tisch der Stadt Halle gemeinsam mit dem Rat der Stadt Halle zu diskutieren, um Lösungswege im Interesse der Studenten (Ausbauwohnungen bereitstellen) zu finden.

15/016 Der Vorsitzende des Rates des Bezirkes wird gebeten, am 3.5.1990 über den Stand der Aufklärung zu aufgetretenen Diskrepanzen in den Aussagen des Bezirkshygienearztes, Dr. Giesecke, am Runden Tisch des Bezirkes, der Stadt Halle und in der Regierungskommission Umweltfragen für den Raum Bitterfeld sowie seinen Aussagen in der ARD-Sendung "Kontraste" zu berichten.

15/017 Der Runde Tisch unterstützt den Standpunkt des Rates des Bezirkes zu in der Regierungserklärung gegebenen Empfehlungen an das Präsidium der Volkskammer, die Auflösung der Bezirkstage zu empfehlen[70]. Der Vorsitzende wird gebeten, in der Dienstberatung beim Vorsitzenden des Ministerrates am 23.4.1990 den Standpunkt zu vertreten, daß im Bezirk Halle durch die Arbeit des Runden Tisches die Autorität des Bezirkstages Halle wieder hergestellt und ein handlungsfähiger Koalitionsrat gebildet wurde. Es wird der Standpunkt vertreten, daß im Interesse der Demokratisierung in solch entscheidenden Fragen auch die Runden Tische um Meinungen gefragt werden müßten.

15/018 Die Information des Rates des Bezirkes zum Marktgeschehen in Halle wurde zur Kenntnis genommen.
Dem Oberbürgermeister der Stadt Halle wird empfohlen,
- täglich im Zusammenwirken mit der BdVP und dem VPKA Halle alle Zugangsstraßen zum Markt für den Kfz-Verkehr zu sperren und die Zufahrt erst nach Vorlage einer Standortgenehmigung mit Nachweis der entrichteten Standgebühr zu gestatten,
- Standorte auf dem Markt so festzulegen (evtl. Numerierung), daß eine Kontrolle [der] Einhaltung über den gesamten Tag ermöglicht wird,
- durch die VP das Abstellen der Fahrzeuge auf dem Markt selbst einschränken zu lassen,
- die zugesagten 3 Marktmeister zum Einsatz zu bringen,
- für die erforderliche Ordnung und Sauberkeit während und nach der Marktzeit zu sorgen.

15/019 Die nächste Beratung des Runden Tisches findet am 3.5.1990, 14.00 Uhr in Halle, Heilig Kreuz, Gütchenstraße 21, statt.
Vorgesehene Tagesordnung:
- Darlegung des Konzepts des neugewählten Rektors zur Entwicklung der MLU - 14.00 Uhr (Einladung über Herrn Dr. Mehlig),
- Mündliche Berichterstattung des Direktors des Arbeitsamtes über die aktuelle Lage, Stand der Umschulungsmöglichkeiten; dazu sind je 1 - 2 Betriebsdirektoren und Vertreter der Belegschaft einzuladen. Weiterhin berichtet ein kompetenter Vertreter des Bezirksgerichtes über die aktuelle Lage arbeitsrechtlicher Streitigkeiten - 16.00 Uhr.
- Bericht zum Stand der Auflösung des ehemaligen AfNS
- Informationen/Verschiedenes

*****

---

70 Regierungserklärung de Maizières vom 19.4.1990 in DA, H. 5/1990, S. 795 - 809. Vgl. auch Gesetz über die Wahlen zu Kreistagen, Stadtverordnetenversammlungen, Stadtbezirksversammlungen und Gemeindevertretungen am 6.Mai 1990, vom 6.3.90, Gbl. '90; I, 13; S. 99; Beschluß des Staatsrates über die Durchführung der Wahlen zu den Kreistagen, Stadtverordnetenversammlungen etc., vom 6.3., Gbl. '90, I, ..., und Beschluß des Staatsrates der Deutschen Demokratischen Republik über die Ordnung zur Durchführung der Wahlen zu Kreistagen, Stadtverordnetenversammlungen etc., vom 9.3.90, Gbl. '90, I, 16, S. 127.

DS 15/002

Für einen menschlichen und demokratischen Neuanfang!

An alle unsere Mitmenschen

Anträge über Anträge, Hilfsgesuche und Angstbriefe, Selbstmordäußerungen erreichten das Autorisierte Bürgerkomitee und den Bezirksarbeitsstab zur Auflösung des ehemaligen MfS/AfNS in den letzten Wochen.

Immer bedrückender werden die Informationen, die uns erreichen. Beweislose Diffamierungen lassen Familien zerbrechen, ganze Kollektive wollen sich im Block überprüfen lassen, vermeintliche Spitzellisten werden heimlich in Dörfern verteilt, bei der Abstimmung zur Vertrauensfrage und in den Schulen nehmen Behauptungen ohne Beweise für eventuelle Spitzeldienste zu. Bürger schrecken selbst vor Drohungen gegen Mitmenschen mit schon geknüpften Stricken nicht zurück. Dies treibt womöglich völlig unschuldige Menschen in den psychischen und physischen Zusammenbruch.

Bis zu einer generellen gesetzlichen Regelung können und wollen wir Akten nicht offenlegen. Schuldbeweise sind aber in der Regel erst nach Kenntnisnahme aller vorhandenen Unterlagen möglich. Und selbst danach kann eine differenzierte Bewertung des Personenkreises der "inoffiziellen Mitarbeiter" im Einzelfall sehr schwierig sein, da in manchen Situationen die inoffizielle Mitarbeit durch Druck und Erpressung erreicht wurde und außerdem eine Reihe von Mitbürgern als IM registriert sind, die diese Funktion nie wissentlich ausgeübt haben. Erst wenn eindeutige Schuldbeweise vorliegen, können und müssen verdächtige Bürger nach rechtsstaatlichen Gesichtspunkten zur Rechenschaft gezogen werden. Bis dahin hat jedermann Anspruch darauf, als unschuldig zu gelten.

Wir bitten Sie deshalb alle, hören Sie auf mit der Verfolgung von möglicherweise unschuldigen Mitmenschen. Was hier passiert, ist mit Menschenwürde, Recht und Moral unvereinbar.

Wir sind und bleiben der Meinung, daß insbesondere durch eine Offenlegung der Strukturen und Arbeitsweisen des MfS, die diesen Schmerz und Haß für unser Land ermöglicht haben, unsere Vergangenheit zu bewältigen ist. Wir treten dafür ein, daß alle als unschuldig geltenden Mitbürger Anspruch auf einen menschlichen und demokratischen Neuanfang haben

Alle, die Rat und Hilfe in dieser Angelegenheit brauchen, können sich vertrauensvoll mündlich und schriftlich an die Unterzeichner dieses Aufrufes wenden und auch einen Termin zur persönlichen Rücksprache, jeweils für Dienstag, zwischen 14.00 und 18.00 Uhr, im Rat des Bezirkes Halle, Tel. 347 420, vereinbaren.

Für das Autorisierte Bürgerkomitee
M. Waschitschka
D. Webel

Leiter des Bezirksarbeitsstabes
Dr. M. Pätzold

*****

DS 15/005.2

Alle Städte und Gemeinden auf dem Territorium des gegenwärtigen Bezirkes Halle werden beauftragt, *umgehend* Stadt- bzw. Gemeindeentwicklungskonzeptionen nach kulturhistorischen, wirtschaftlichen, touristischen und spezifisch regionalen Gesichtspunkten zu erarbeiten und nach den Kommunalwahlen in den neuen Volksvertretungen zu beschließen. Durch diese Konzeptionen soll die kulturelle Identität der Städte und Gemeinden bewahrt und gefördert werden.

Die Gestaltungssatzungen müssen für ortsansässige und auswärtige Investoren bindend sein. Durch fachkompetente bezirkliche bzw. Landeseinrichtungen wird den kommunalen Organen aktive Hilfe und Unterstützung gegeben.

*****

Protokoll 16. Beratung des Runden Tisches des Bezirkes Halle am 3.5. 1990

16/001 *Tagesordnung*

1. Informationen des Vorsitzenden des Rates des Bezikes
2. Bericht zum Stand der Auflösung des ehemaligen AfNS
3. Berichterstattung der Direktorin des Arbeitsamtes zur aktuellen Arbeitsmarktlage im Bezirk Halle
4. Darlegung des Konzeptes des Rektors zur Entwicklung der MLU
5. Anträge/Verschiedenes

16/002 Der Vorsitzende des Rates des Bezirkes informierte über den Stand der Vorbereitung der Kommunalwahlen. Er appellierte an alle Bürger des Bezirkes, die Parteien und Organisationen, sich für die Mitarbeit in den Wahlvorständen bereit zu erklären. Insbesondere in den Neubaugebieten von Halle ist die Arbeitsfähigkeit der Wahlvorstände nicht gesichert. Weiterhin wurde informiert, daß entsprechend einem Auftrag des Ministerpräsidenten Mitarbeiter aller staatlichen Organe in den Wahlvorständen tätig werden, falls die Arbeitsfähigkeit nicht gesichert wird. Die Medien wurden gebeten, den Appell in geeigneter Weise zu unterstützen.

16/003 Der Bericht des Ratsvorsitzenden zum Besuch des Ministerpräsidenten der DDR am 2.5. 1990 in Bitterfeld wurde zur Kenntnis genommen. Der Runde Tisch begrüßt es, daß die gebildeten Regierungskommissionen Umweltschutz im Bezirk Halle weiterarbeiten. In Vorbereitung des Ministerratsbeschlusses (Komplexprogramm) zur Sanierung und Entwicklung des Raumes Bitterfeld am 15.5. 1990 wurde dem Ratsvorsitzenden empfohlen, die Arbeitsgruppe Ökologie des Runden Tisches und weitere Experten in die Erarbeitung der Positionen des Bezirkes Halle zum MR-Beschluß einzubeziehen. Im Zusammenhang mit der Diskussion zu dieser Problematik berichtete Dr. Süß, daß am 3.5. 1990 im Auftrage des Bundesumweltministeriums ein Fahrzeug zur Messung von Umweltdaten an den Bezirk übergeben wurde.

16/004 Zum Protokoll vom 19.4. 1990, Pkt. 15/016, informierte Dr. Süß, daß die Position des RdB zum Auftreten des Bezirkshygienearztes in der ARD-Sendung "Kontraste" dem Minister für Gesundheitswesen übergeben wurde. In der Beratung der AG Gesundheits- und Sozialwesen des Runden Tisches erfolgt am 11.5. 1990 eine Diskussion und Klärung zur Problematik. Diese Arbeitsgruppe informiert die Vertreter des Runden Tisches über den Sachstand am 17.5.1990 und unterbreitet Vorschläge zur weiteren Verfahrensweise. Wie vorgeschlagen, wird die AG Ökologie zur Klärung der Problematik einbezogen. Ein kompetenter Vertreter der GRÜNEN PARTEI wird ebenfalls in Abstimmung mit beiden o.g. AG einbezogen.

16/005 Der Ratsvorsitzende berichtete über den aktuellen Erkenntnisstand zum Vorschlag der Regierung der DDR an das Präsidium der Volkskammer, den Bezirkstagen die Auflösung nach dem 6.5.1990 zu empfehlen. Der Runde Tisch gab mehrheitlich die Empfehlung, diese Auflösung für den Bezirk Halle nicht zu beschließen und auch die Arbeit des Runden Tisches des Bezirkes Halle fortzuführen. Der von Vertretern der PDS eingebrachte Antrag wurde als Beschluß des RT angenommen (DS 16/005). Weiterhin wurde beschlossen, daß alle am Runden Tisch vertretenen Parteien und politischen Organisationen ihren Volkskammerabgeordneten aus dem Bezirk Halle empfehlen sollten, diesen vom Runden Tisch geäußerten Standpunkt bei der zu erwartenen Diskussion in der Volkskammer zu unterstützen.

16/006 Der Bericht des Leiters des Bezirksarbeitsstabes zur Auflösung des ehemaligen MfS/AfNS wurde zur Kenntnis genommen und bestätigt. Dr. Pätzold informierte, daß alle Vertreter des RT die Möglichkeit haben, am 10.5.1990, ab 10.00 Uhr, die im Gebäude am Gimritzer Damm selektierten Akten, die vernichtet werden sollen, zu besichtigen.Entsprechend Pkt. 15/009 des Protokolls vom 19.4.1990 wurde informiert, daß per 27.4.1990 103 ehemalige Mitarbeiter des AfNS arbeitslos waren, davon 57 mit Hoch- bzw. Fachschulbildung und 37 mit Facharbeiterabschluß. Nicht enthalten in der Anzahl sind jene, die bereits ein anderes Arbeitsverhältnis hatten und danach arbeitslos wurden. Territoriale Schwerpunkte bildeten Halle und Halle-Neustadt.

16/007 Zum Problem des Herrn Brandau; Pkt. 15/010 des Protokolls vom 19.4.1990 befürwortete der Runde Tisch mehrheitlich die Übernahme durch die Volkspolizei.

16/008 Dem Antrag des Rates des Bezirkes zur Auslagerung von Staatsgeheimnisakten in das Archiv des Rates des Bezirkes zur Einsichtnahme durch Mitarbeiter des Staatsarchives Magdeburg wurde zugestimmt. Vertreter der Autorisierten Gruppe zur Auflösung des AfNS erklärten sich bereit, den Transport zu begleiten.

16/009 Der Bericht der Direktorin des Arbeitsamtes des Bezirkes Halle (DS 16/009 - wurde übergeben) wird zur Kenntnis genommen. Mit Betroffenheit nahm der Runde Tisch die Berichte der Vertreter der Schuhfabrik Weißenfels und der Filmfabrik Wolfen über die zu erwartenden sozialen Auswirkungen entgegen. Zur Klärung des aufgeworfenen Problems, daß der Groß- und Einzelhandel die DDR-Produkte nicht abnimmt und bereits geschlossene Verträge storniert, erfolgt am 9.5.1990 eine Beratung der Bezirksversorgungskommission unter Teilnahme des Ratsvorsitzenden. Es geht vor allem darum, nach Wegen zur Erhaltung der Arbeitsplätze zu suchen, und um die Unterstützung des Aufbaus eigener effektiver Vertriebsformen. Dazu ist der Direktor der Schuhfabrik Weißenfels einzuladen. Darüber hinaus wird sich der Runde Tisch am 17.5.90 u.a. mit den Fragen der Kooperationsbeziehungen zwischen Produktion und Handel beschäftigen.

Der amt. Direktor des Bezirksgerichtes Halle berichtete, daß seit Beginn des Jahres 1990 zum Vergleichszeitraum des Jahres 1989 die anhängigen Verfahren zu Arbeitsrechtsstreitigkeiten auf 127% gestiegen sind. 50% aller Streitfälle haben Einsprüche von Werktätigen gegen ausgesprochene fristlose bzw. fristgemäße Kündigungen unter Verletzung des AGB zum Inhalt.

16/010 Mit Zustimmung nahm der Runde Tisch die Darlegungen des neu gewählten Rektors der MLU, Prof. Dr. Schilling, zum Konzept für die weitere Entwicklung der Universität entgegen. Ziel des Konzeptes ist die geistige, personelle und schrittweise materiell-technische Erneuerung der MLU sowie die internationale Öffnung. Die MLU will die Rahmenbedingungen schaffen, um die Initiative jedes Universitätsangehörigen zu fordern und fördern. Großen Wert legt die neue Universitätsleitung auf eine wesentliche Verbesserung des Zusammenwirkens mit den Territorien. Zur Schaffung besserer materieller Voraussetzungen, insbesondere auch der Wohnverhältnisse der Universitätsangehörigen, wurde dem Rektor empfohlen, unmittelbar nach Konstituierung des neuen Stadtparlamentes Verbindung mit dem neuen Oberbürgermeister aufzunehmen, um zu effektiveren Vereinbarungen zu kommen. Der Vorsitzende des Rates des Bezirkes wird diese Bemühungen unterstützen.

16/011 Der Brief von Patienten der Poliklinik "J. Christian Reil" in Halle, in dem Besorgnis über die Auflösung wegen finanzieller Probleme geäußert wird, wird dem amt. Bezirksarzt zur Klärung übergeben. Über die Antwort ist der Runde Tisch durchschriftlich am 31.5.1990 zu informieren.

16/012 Der Brief des Ökologischen Kreises Leipzig zur Erhaltung und Sanierung des Elsterauengebietes wird der AG Ökologie zur Bearbeitung übergeben.

16/013 Der Brief von Frau H. L. aus Z. über Probleme bei der Einstellung im Militärkartographischen Dienst Halle wird dem Leiter des Bezirksarbeitsstabes zur Auflösung des ehemaligen AfNS zur Bearbeitung übergeben.

16/014 Die nächste Beratung des Runden Tisches findet am 17.5.1990, 14.00 Uhr, in Halle, Heilig Kreuz, Gütchenstraße 21, statt. Der Vorschlag der Moderatoren des Runden Tisches zur Änderung der Beratungszeit auf 8.00 Uhr sollte nochmals beraten werden.

Vorschlag für die Tagesordnung

- 14.00 Uhr - Bericht des Rates des Bezirkes zur aktuellen Situation in der Land- und Nahrungsgüterwirtschaft

Gäste: Direktor der Milchvereinigung, der Fleischwirtschaft und des Kombinates OGS
- 16.00 Uhr - Bericht der Situation in der Versorgung der Bevölkerung und aktuelle Probleme in der Kooperation Handel-Produktion
  Gäste: Bezirksdirektor HO; Vorstandsvorsitzender des Bezirksverbandes der Konsumgenossenschaften
- Stand der Auflösung des ehemaligen AfNS
- Anträge/Verschiedenes

16/015 Anwesenheitsliste

*****

DS 16/005

Beschluß des Runden Tisches

Mit der Regierungserklärung von Lothar de Maizière wurde der Vorschlag unterbreitet, den Bezirkstagen zu empfehlen, nach den Kommunalwahlen ihre Legislaturperiode zu beenden.

Angesichts der unter den gegebenen Bedingungen möglichen demokratischen Neuformierung des Rates des Bezirkes und des Bezirkstages Halle wurde durch den Vorsitzenden des Rates des Bezirkes mit einem unterstützenden Votum des Runden Tisches des Bezirkes die Ablehnung dieses Vorschlages bekundet. Die im Vorschlag des Ministerpräsidenten enthaltene Reduzierung der Befugnisse der Räte der Bezirke auf eine Auftragsverwaltung berührt auch das Selbstverständnis des Runden Tisches des Bezirkes Halle. Deshalb sollte sich der Runde Tisch unabhängig von eventuell möglichen Standpunkten der Regierung für eine Fortführung seiner Tätigkeit bis zu den Landtagswahlen aussprechen.

Dieses Votum gründet sich auf das bisherige Wirken des Runden Tisches, für die Interessen der Bürger des Bezirkes Halle im Interesse der Regierbarkeit und der Aufrechterhaltung des Alltagslebens im Bezirk Halle einzutreten. Der Runde Tisch des Bezirkes Halle wendet sich an die Regierung der Deutschen Demokratischen Republik mit der Erwartung, diese Entscheidung zu respektieren und zu unterstützen.

Halle, 3.5.1990 Der Runde Tisch
des Bezirkes Halle

*****

DS 16/015

Anwesenheitsliste Runder Tisch Halle am 3.5. 1990

Partei/Organisation	Name
Rat des Bezirkes	Süß; Dr. Keitel, K.
BFD- Die Liberalen	Adler
GL	Bernt-Bärtl; Kupke
PDS	Drzisga; R. Claus; Schmidt
CDU	Nieber; Demke
NF	Mehlig
Bauernverband e.V.	Vogel
DJ	Dr. Lewek; Mokosch, Th.
GRÜNE PARTEI	A.Schmeil
DSU	D. Benger
SPD	P. Hoffmann
Med. in soz. Verantw.	Büdke
VL	Röver, Karl
UFV	Gerlang, Angela
DFD	Spickermann, I.
Dachverb.IG/Gew.	Oertel, M.; Dr. Reisener, G.
VBS	OSL Kittel, P.; OSL Piossek, K.
FDJ	Noack, Andre
Kathol. Kirche	Dr. Herold; Dr. Willms

Ev. Kirche	Buchenau
Büro des Landes Niedersachsen	Böhrenz

Medienvertreter: Maertins (Mitteldeutsche Zeitung); Schaller (Sender Halle); Stavenhagen (LDZ); Saitz, Judith (Der Neue Weg)

*****

Beschluß

Rat des Bezirkes

Beschlußgegenstand:

Überleitung der Wohnungsbaustandorte des komplexen Wohnungsbaues mit Weiterführung nach 1990 aus der Verantwortung des Rates des Bezirkes in die Verantwortung der Räte der Kreise/Städte

Beschluß-Nr.: 1232-9/90 Beschluß-Tag: 26.4.1990

Der Rat des Bezirkes beschließt:

001 Die Herauslösung der Verantwortung des Rates des Bezirkes für die Planung, Vorbereitung, Durchführung und Finanzierung der Wohnungsbaustandorte mit Investitionsleistungen nach 1990 wird bestätigt.

002 Der Maßnahmeplan wird bestätigt.

gez. Dr. Süß	gez. v. Malottky
Vorsitzender	Mitglied des Rates für Bauwesen und Wohnungswirtschaft

Die Hauptstandorte des bisherigen komplexen Wohnungsbaues wurden mit Ausnahme von Vorhaben der Städte Dessau und Halle (außer Heide-Nord) in Verantwortung des Rates des Bezirkes auf der Grundlage der Investitionsverordnung geplant, vorbereitet, durchgeführt und finanziert. Durch den Bereich für Bauwesen und Wohnungswirtschaft als Planträger wurde der VEB Hauptauftraggeber Komplexer Wohnungsbau und Gesellschaftsbau im Bezirk Halle dazu mit der Funktion des Investauftraggebers beauftragt.

Im Zuge des Überganges zur kommunalen Selbstverwaltung wird es erforderlich, den zuständigen Räten der Kreise/Städte und Gemeinden die Verantwortung für die nach 1990 weiterzuführenden Wohnungsbaustandorte zu übertragen (siehe Anlage). Damit wird die bisherige Zuständigkeit des Rates des Bezirkes aufgehoben. Im Februar/März 1990 wurden durch den Bereich für Bauwesen und Wohnungswirtschaft mit den zuständigen Fachorganen der betreffenden Kreise und Städte unter Einbeziehung der bisherigen Bezirksplankommission, des Büros für Städtebau und Architektur des Bezirkes Halle, des VEB Wasserversorgung und Abwasserbehandlung Halle, des VEB Wohnungsbaukombinat Halle und des VEB Hauptauftraggeber Bezirks standortkonkrete Abstimmungen zur vorgesehenen Überleitung geführt. Im Ergebnis dieser Abstimmungen wurde Übereinstimmung mit den Räten der Kreise/Städte zur Überleitung der Wohnungsbaustandorte erzielt für

- Standorte, an denen nach 1990 noch Leistungen zu realisieren sind;
- Standorte, an denen die Investitionsvorbereitung 1990 in Verantwortung des Bereiches für Bauwesen und Wohnungswirtschaft, als Voraussetzung für den Baubeginn nach 1990, abgeschlossen wird;
- Standorte, an denen die Investitionsvorbereitung 1990 begonnen, aber nicht abgeschlossen wird.

Maßnahmeplan

001 Der VEB Hauptauftraggeber Komplexer Wohnungsbau und Gesellschaftsbau im Bezirk ist mit der standortkonkreten Vorbereitung für die Überleitung der in der Anlage ausgewiesenen Standorte an die Räte der Kreise/Städte zu beauftragen.
Verantwortlich: Mitglied des Rates für Bauwesen und Wohnungswirtschaft
Termin: sofort

002 Die standortkonkrete Überleitung an die Räte der Kreise/Städte ist bis 31.08.1990 abzuschließen und zu protokollieren.
Verantwortlich: Mitglied des Rates für Bauwesen und Wohnungswirtschaft

003 Die Vorsitzenden der Räte der Kreise werden beauftragt, die Überleitung der in der Anlage ausgewiesenen Standorte mit den entsprechenden Räten der Städte/Gemeinden abzustimmen.

004 Die im Zusammenhang mit der Abarbeitung des Maßnahmepunktes 002 sich ergebenden Auswirkungen sind dem Rat des Bezirkes vorzulegen.
Verantwortlich: Mitglied des Rates für Bauwesen und Wohnungswirtschaft

Termin: 30.11.1990

Durch die Stadt Roßlau wird die Übernahme der Leistungen nach 1990 für den Standort Roßlau, Nordstraße, von der Fertigstellung der nicht gesicherten Begrünung im Jahre 1990 abhängig gemacht. Eine Aussage des Rates der Stadt Coswig zur Übernahme für den Standort Coswig, Stadthufen, 1./2. BA, liegt noch nicht vor. Durch den Bereich für Bauwesen und Wohnungswirtschaft ist zu veranlassen, daß durch den VEB Hauptauftraggeber Bezirk alle erforderlichen Maßnahmen zur Gewährleistung der standortkonkreten Überleitung im IV. Quartal vorbereitet werden.
Damit eine durchgängige Kompetenz gewährleistet ist, wird es für zweckmäßig angesehen, den VEB Hauptauftraggeber Bezirk bzw. seinen Rechtsnachfolger weiterhin als Investitionsauftraggeber einzusetzen.
Zu diesem Organisationsmodell gibt es grundsätzlich Zustimmung durch die Räte der Kreise/Städte.

Anlage

Standorte	Fortführg. vorhaben	Baubeginn	Abschl. Vorbereitung 1990 Bauwesen und Wohnungswirtschaft	Vorbereitungsbeginn 1990 durch Bereich Bauwesen und Wohnungswirtschaft Fortführung durch Räte d. Kreise/Städte	Eingeschätzter Investitionsauswand für für Spalte 2 und 3 nach 1990 (in Mio M)
1	2	3	4	5	6
Artern, Königsstuhl	X				26,9
Aschersleben					
Dr.-K.-Fischer-Str.	X				3,2
Magdeburger Str.	X				0,1
Gatersleben, Schwabenpl.	X				7,7
Bernburg					
Zepziger Weg, 1. BA	X				11,3
Zepziger Weg, 2. BA				X	
Talstadt				X	
Bitterfeld					
Wolfen-Nord IV	X				82,5
Str. d. Republik			X		
Wolfen-N., W.-Pieck-Allee			X		
Eisleben					
Gerbstedter Str.	X				18,3
Ambulatorium					9,5
[Kopie nicht zu lesen]					
Halle					
Heide-Nord, WK I	X				40,0
Heide-Nord, WK II	X				53,9
Hettstedt					
Am Kirschweg,					
1. BA	X				40,7
2. BA		X			25,0
Hohenmölsen					
Hirtenberg		X			87,0
Nord	X				1,0
Köthen					
Lelitzer Str.	X				15,3
Rüsternbr.,Zentr.	X				0,2
Brauhausplatz			X		
Akten	X				4,8
Merseburg					
Bad Dürrenberg					
K.-Marx-Str.	X				2,0
Merseb.Innenstadt					

1	2	3	4	5	6
1. BA	X				30,0
Merseb.Innenstadt					
2. BA				X	
Naumburg					
Bad Kösen	X				24,5
Nebra					
Freyburg, Nordstr.	X				0,8
Quedlinburg					
Lazarettgarten	X				0,6
Neuendorf, 1.BA	X				39,1
Ballenstedt, 1.BA		X			4,0
Ballenstedt, 2.BA				X	
Querfurt					
Nemsdorfer Weg,2.BA		X			78,0
Roßlau					
Nordstraße	X				0,5
Coswig, Stadthufen,					
1./2. BA	X				1,0
Saalkreis					
Landsberg,Gütz				X	
Sangerhausen					
Othaler Weg,1.BA	X				27,8
2.BA				X	
E.-Weinert-Str.	X				1,0
Weißenfels					
Neumarkt	X				0,5
Weißenf.-West	X				0,5
Weißenf.-Süd	X				1,0
Wittenberg					
WK IV	X				24,8
Erweiterung WK IV	X				10,7
Apollensdorf		X			55,0
Zeitz					
Volksplatz	X				2,0
Kaltefeld		X			50,0
Halle-Neustadt					
WK VI	X				0,2
Südpark	X				3,4
FAH WK VI			X		
- SZ, 2. AST					
Erschließung	X				10,0
- WK I-VIII					0,5

Quellennachweise:
Spalten 2-5: Ergebnis d.Abstimmungsberatungen des Bereiches Bauwesen und Wohnungswirt. mit d. Räten d. Kreise und Städte
Spalte 6: Durch den VEB HAG eingeschätzter Aufwand, der mit den Oberleitungsvereinbarungen konkretisiert wird.

*****

Rat des Bezirkes Halle Halle, 10.5.1990

Dienstsache

Protokoll

des Ablaufs und der Festlegungen der 10./90 Sitzung des Rates des Bezirkes am 10.5.1990

Beginn: 8.00 Uhr

Ende: 13.15 Uhr

Anwesenheit:

Vorsitzender des Rates, Herr Dr. Süß

Stellvertreter des Vorsitzenden: Herr Kaczmarek, Herr Dr. Wilke

Mitglieder des Rates:	Herr v. Malottky, Herr Füßling, Herr Firchau, Herr Stollberg, Frau Kloppe, Herr Dr. Renger, Herr Bill, Herr Böhm, Herr Schmidt, Herr Dr. Mehlig, Herr Röver, Frau Dr. Hoffmann, Frau Klein, Herr Dr. Keitel
in Vertretung:	Herr Dr. Schürmann f. Herrn MR Cerych
entschuldigt waren:	Herr Frönicke, Herr John
weitere Teilnehmer:	Herr Wagner, Herr Plage, Herr Nonn, Herr Lippold, Herr Opitz
entschuldigt war:	Herr Meier
Gast:	Herr Weinrich (Büro Niedersachsen)

1. Informationen des Vorsitzenden des Rates an den Rat

Von der Tagesordnung wurden abgesetzt:

TOP 6 Bestätigung des Leiters des Gewerbeamtes beim Rat des Bezirkes Halle
Verantwortlich: Herr Dr. Wilke - Stellv. d. Vors. f. Wirtschaft

TOP 7 Grundkonzept zur inhaltlichen und strukturellen Organisation der Verwaltung des Rates des Bezirkes Halle mit dem Blick auf die Verwaltungsstrukturen des Landes Sachsen-Anhalt
Verantwortlich: Herr Frönicke - Stellv. d. Vors. f. Kommunale Organe

Informationen des Vorsitzenden:

a) Der Vorsitzende des Rates, Herr Dr. Süß, informierte über einen Antrag der DSU, der beinhaltet, der DSU 2 weitere Abgeordnetenmandate im Bezirkstag und ein Ratsmitglied zu gewähren.
Zur Diskussion sprachen: Herr Dr. Wilke, Herr v. Malottky, Herr Dr. Renger
Der Vorsitzende des Rates wurde ermächtigt, die Verhandlungen mit der DSU in dieser Form zu führen. Das Mitglied des Rates sollte im Ratsbereich Kultur und Bildung für die Aufgaben Jugend und Sport vorgesehen werden.

b) Der Vorsitzende des Rates informierte über am Tage der Ratssitzung stattfindende Streikaktionen der Pädagogen und Demonstrationen der Lederarbeiter in Weißenfels und Demonstrationen in der Schuhindustrie sowie Straßenblockierungen durch die landwirtschaftlichen Betriebe.
Zur Diskussion sprachen: Herr v. Malottky

c) Das Mitglied des Rates für Land-, Forst- und Nahrungsgüterwirtschaft, Herr Firchau, informierte über die auf der Grundlage des Ministerratsbeschlusses vom 2.5.1990 veranlaßten Maßnahmen, die beinhalten:
   - die Abnahme der Produkte der Landwirtschaft der DDR,
   - die getroffenen Absprachen über die Lieferung und Verarbeitung und Rücklieferung von Schlachtvieh und Rohmilch in der BRD,
   - die Einfuhr von Fleisch- und Wurstwaren aus der BRD auf der Grundlage von zentralen staatlichen Lizenzen (keine Genehmigungen mehr durch den Rat des Bezirkes),
   - Einrichtung einer Anstalt für landwirtschaftliche Marktordnung beim Ministerium für LFN in Berlin,
   - Kontrolle durch die Zollorgane mit Sanktionen bei Verstößen.
   - Vom Rat des Bezirkes wurde orientiert, die Erzeugnisse der Landwirtschaft der DDR durch eine gute Produktion in hoher Qualität auf den Markt zu bringen.

   Zur Diskussion sprachen: Herr Dr. Süß, Herr Schmidt
   Festlegung:
   Zu prüfen ist die Erfassung und Verwertung der Futterabfälle aus Haushalten und Betrieben nach Wegfall der Subventionen.

d) Der Vorsitzende des Rates informierte über die hohen Bestände in der Serowirtschaft.
Zur Diskussion sprachen: Herr Schmidt, Herr Bill, Herr Dr. Wilke
Festlegung:
Der Rat beauftragt den Stellvertreter des Vorsitzenden für Wirtschaft, Herrn Dr. Wilke, in Gemeinsamkeit mit dem Mitglied des Rates, Herrn Schmidt, in einer der nächsten Sitzungen des Rates Vorschläge für die weitere Arbeit auf diesem Gebiet der Sekundärrohstoffwirtschaft zu unterbreiten.

e) Das Mitglied des Rates für Handel und Versorgung, Herr Füßling, ergänzte die dem Rat vorliegende Marktinformation. Bei bestimmten Produkten wie z.B. Schuhen und Lederwaren sind nicht nur hohe Bestände in der Produktion, sondern auch im Großhandel zu verzeichnen, während in den Einzelhandelsgeschäften die eigene Produktion nicht angeboten wird. Es wurde in der Versorgungskommission am 9.5.1990 festgelegt, die eigene Produktion im Einzelhandel anzubieten.
Zum Absatz der eigenen Produktion sind zentrale Entscheidungen bezüglich der Preise für Waren in einer Größe zwischen 9 und 15 Milliarden zu entscheiden.
Zur Diskussion sprachen: Frau Kloppe, Herr Schmidt, Herr Stollberg, Herr Röver

f) Das Mitglied des Rates für Kultur und Bildung, Herr Dr. Renger, informierte über am 10.5.1990 vorgesehene Warnstreiks im Bildungswesen. Die Hauptforderung der Gewerkschaft Unterricht und Erziehung sind 70 % des Gehaltes der Lehrer in der BRD, was gegenwärtig auf Grund der Lage nicht realisierbar ist. Derartige Maßnahmen sind gerichtet gegen die Verantwortung, die die Pädagogen für die heranwachsende Generation haben.
Zur Diskussion sprachen: Herr Dr. Wilke, Herr Dr. Süß, Herr Dr. Keitel, Herr Röver, Herr Kaczmarek, Herr v. Malottky, Frau Klein.
Es wurde festgelegt, durch Überzeugung zu erreichen, daß im Sinne eines funktionierenden Alltagslebens die Ordnung im Bildungswesen durchzusetzen ist. Herr Dr. Renger begab sich nach dieser Information vor Ort. Nach seiner Rückkehr berichtete er, daß er in Halle-Neustadt 3 Schulen besucht hat, an denen nicht gestreikt wurde. Nach seinen Informationen wurden Warnstreiks durchgeführt in der 16. POS in Halle-Neustadt, in 4 Schulen in Heide-Nord sowie in Roßlau und Weißenfels.

g) Das Mitglied des Rates für Naturschutz, Umweltschutz und Wasserwirtschaft, Kollege Bill, berichtete dem Rat über die Lage auf dem Gebiet der ehemaligen Orgacid-Fabrik Ammendorf und die veranlaßten Maßnahmen. Da die Maßnahmen Mittel erfordern, die die Möglichkeit des Bezirkes übersteigen, richtete der Vorsitzende des Rates einen Brief an den Ministerpräsidenten der DDR mit der Bitte der Bereitstellung der notwendigen Mittel und des Einsatzes des Chemischen Dienstes der NVA zur vollständigen Entgiftung und Sanierung des Komplexes. Vom Rat wurde eine Arbeitsgruppe unter der Leitung von Herrn Bill eingesetzt Es sind alle Personen zu befragen, die Kenntnis über die ehemalige Orgacid haben.
Zur Diskussion sprachen: Herr Dr. Süß, Herr Wagner, Herr Kaczmarek, Frau Klein

h) Das Mitglied des Rates für Erholungswesen und Tourismus, Herr Böhm, informierte in Auswertung des von ihm geleisteten Chefdienstes über die am 10.5.1990 beabsichtigte Demonstration von 5000 Beschäftigten der Schuhindustrie in Weißenfels sowie die Blockierung der Saale-Brücke in Weißenfels in der Zeit von 10.00 - 12.00 Uhr. Weitere Straßenblockierungen waren in Bernburg in der Zeit von 13.00 - 14.00 Uhr und zwischen Sangerhausen und Wallhausen (F 80) in der Zeit von 11.00 - 12.00 Uhr.
Festlegung: Das Mitglied des Rates für LFN, Herr Firchau, wurde beauftragt, den Vorsitzenden über die Lage zu informieren.
Im Verlaufe der Ratssitzung informierte der Vorsitzende des Rates, Herr Dr. Süß, darüber, daß die Demonstration von 4000 - 5000 Werktätigen in Weißenfels stattgefunden hat und die Saale-Brücke blockiert wurde.

i) Das Mitglied des Rates, Herr Dr. Keitel, informierte über seine Absprachen mit Herrn Dr. Gräfe vom Rat des Bezirkes Magdeburg bezüglich der weiteren Arbeit des Regionalausschusses mit Niedersachsen. Er bat die Mitglieder des Rates, für die Vorbereitung der nächsten Beratung des Regionalausschusses Schwerpunkte bis Montag, den 14.5.1990, an ihn zu geben. Weiter verwies er unter Bezugnahme auf ein Schreiben des Vorsitzenden an die Management Akademie in Celle, das alle Mitglieder des Rates durchschriftlich erhalten haben, auf die zu unterbreitenden Vorschläge für Schulungen an der Management Akademie am 22.5.1990 in Harzgerode sowie 2 vierzehntägige Lehrgänge zu je 18 Personen im September. Dazu ist in kurzer schriftlicher Form bis 14.5.1990 Herrn Dr. Keitel eine Information zu übergeben.
Zur Diskussion sprachen: Herr Dr. Süß, Herr Dr. Wilke, Herr v. Malottky

j) Das Mitglied des Rates für Finanzen und Preise, Herr Stollberg, bat um Zustimmung des von ihm vorgelegten Materials zur Nutzung von Privat-Pkw durch Mitarbeiter des Staatsapparates. Die Zustimmung wurde erteilt. Weiter wies er darauf hin, daß Reisekostenabrechnungen für Dienstreisen in die BRD unverzüglich abzurechnen sind und eine Bezahlung nach 5 bis 6 Wochen nicht mehr möglich ist.
Es gelten die Festlegungen des Rates, zu denen unter Verantwortung von Herrn Böhm am 11.5.1990 eine nochmalige Einweisung stattfindet.

k) Das Mitglied des Rates für Bauwesen und Wohnungswirtschaft, Herr v. Malottky, bat unter Hinweis auf ein von ihm herausgegebenes Material um Vorschläge bezüglich der Umwandlung des VEB HAG in eine Kapitalgesellschaft.

l) Vom Rat des Bezirkes wurde festgelegt, dem Vorsitzenden schnellstmöglich unter der Verantwortung von Herrn v. Malottky einen Vorschlag für die Einordnung und Anbindung des Amtes für Raumordnung zu unterbreiten, einschließlich der zu lösenden Aufgaben und eines Arbeitsplanes für dieses Aufgabengebiet. Dazu wird nochmals eine Verständigung zwischen Herrn Dr. Süß und Herrn v. Malottky stattfinden.

m) Der Stellvertreter des Vorsitzenden für Innere Angelegenheiten, Herr Kaczmarek, informierte, daß die Wahlen zu den Kommunalvertretungen im Bezirk Halle ohne Störungen durchgeführt wurden. Zur Absicherung der

Arbeit der Wahlvorstände hatten sich 100 Mitarbeiter des Rates des Bezirkes bereiterklärt. Das Endergebnis steht noch nicht fest, da einige kleine Rechenfehler zu bereinigen sind. In 12 Gemeinden findet eine Nachwahl statt. Von Herrn Dr. Keitel wurde die mangelnde Öffentlichkeitsarbeit über die Wahlen im Bezirk Halle kritisiert. Es wurde festgelegt, den Vorsitzenden der Wahlkommission des Bezirkes Halle zu einer Berichterstattung über den Ablauf der Wahlen vor den Rat zu bitten.
Zur Diskussion sprachen: Frau Dr. Hoffmann, Frau Klein
In diesem Zusammenhang wurde auf die Verstärkung der Arbeit, daß Halle Landeshauptstadt wird, hingewiesen. Dazu sind auch die Potentiale der MLU, der Hochschule für Industrielle Formgestaltung, der Deutschen Akademie der Naturforscher und anderer mit einzubinden. Mit den Rektoren ist eine entsprechende Beratung zu führen.

Vorlage
Vorschlag zur Besetzung der Funktion Mitglied des Rates für Gleichstellungsfragen
Verantwortlich: Herr Dr. Süß - Vorsitzender des Rates

Die Vorlage wurde bestätigt. *Beschluß-Nr. 1239-10/90*
Die vorgelegte Information zur Aufgabenstellung wurde zur Kenntnis genommen.

zu 1. Ergänzung zum Beschluß des Rates des Bezirkes vom 5.2.1990 (Beschluß-Nr. 1181-3/90) zu Maßnahmen des Rates des Bezirkes zur Umsetzung der verbindlichen Empfehlungen des Runden Tisches des Bezirkes Halle (Beratung am 3.5.1990)
Verantwortlich: Herr Dr. Süß - Vorsitzender des Rates
Die Vorlage wurde bestätigt.
Es wurde festgelegt, daß über die Realisierung des Punktes 62 der Vorlage eine Information an den Vorsitzenden des Rates zu erfolgen hat.
Zur Diskussion sprachen: Herr Dr. Süß, Herr Dr. Schürmann

zu 2. Aufhebung der Nomenklatur und Kontrollnomenklatur des Rates des Bezirkes Halle
Verantwortlich: Herr Dr. Süß - Vorsitzender des Rates
Festlegung: die Vorlage wurde bestätigt. *Beschluß-Nr. 1237-10/90*

zu 3. Informations- und Ausstellungsveranstaltung über Umweltschutz des Bezirkes und der Stadt Halle unter Beteiligung des Landes Niedersachsen und Umweltfirmen der BRD anläßlich des Weltumwelttages am 5.6.1990 auf dem Marktplatz in Halle
Verantwortlich: Herr Bill - Mitglied des Rates für Naturschutz, Umweltschutz und Wasserwirtschaft
Zur Diskussion sprachen: Herr Bill, Herr Böhm, Herr Hoffmann, Herr Stollberg, Herr Dr. Süß
Festlegung: Die Vorlage wurde mit Hinweisen bestätigt. In die Arbeit ist der Ratsbereich Inneres aufzunehmen. Rechtzeitig sind die Maßnahmen zur Sicherung des Marktplatzes als Veranstaltungsplatz mit dem Rat der Stadt zu planen. Den Medien ist durch den Pressesprecher des Rates der Ablauf zu übergeben. Bei der Gestaltung des Tages sind die Schwerpunkte der Umweltpolitik der Regierung der DDR darzustellen.
Beschluß-Nr. 1240-10/90

zu 4. Beschluß zur Verleihung des Kunstpreises des Rates des Bezirkes Halle - Händelpreis 1990
Verantwortlich: Herr Dr. Renger - Mitglied des Rates für Kultur und Bildung
Zur Diskussion sprachen: Herr Firchau, Herr Dr. Renger, Frau Dr. Hoffmann
Festlegung: Die Vorlage wurde bestätigt. Es ist zu prüfen, ob einem ausländischen Preisträger anstelle der Geldsumme ein würdiges Geschenk überreicht werden sollte.
Beschluß-Nr. 1238-10/90

Zusätzlich zur Tagesordnung wurde behandelt:
1a) Informationsvorlage
Analyse der Arbeitsmarktsituation und Schlußfolgerungen für die Arbeitsämter und Fachorgane des Rates des Bezirkes
1b) Information über die Aufgaben der Arbeitsämter im Zuge der sozialen Martkwirtschaft ausgehend von der Situation auf dem Arbeitsmarkt
Verantwortlich: Frau Kloppe - Mitglied des Rates und Direktorin des Arbeitsamtes
Die Informationsvorlage wurde zum Beschluß erhoben.
Zur Diskussion sprachen: Frau Kloppe, Herr Dr. Renger, Herr Dr. Süß, Herr v. Malottky, Herr Dr. Wilke, Herr Füßling, Herr Schmidt, Herr Röver, Herr Kaczmarek, Frau Klein

Festlegung: Die Vorlage wurde mit Hinweisen bestätigt (Bildungskonferenz, Hauptrichtung der Fachorgane, Hinweise von Frau Klein). Durchzuführen ist eine erneute Beratung mit dem Direktor der Schuhfabrik Weißenfels (Schreiben durch Herrn Füßling), dem Handel und der Bank. Die Überarbeitung und Herausgabe erfolgt durch Frau Kloppe bis zum 16.5.1990 an die Mitglieder des Rates und die Räte der Kreise. Zu diesem Tagesordnungspunkt wurde die Unterbringung des Arbeitsamtes Halle sowie die Lage auf dem Gebiet der Gewerberäume beraten. Es wurde eine Kommission unter Leitung von Herrn Röver gebildet, in der die Abteilung Wohnungspolitik und das Komitee für Volkskontrolle mitwirkt. Vorschläge dazu sind in der Ratsdienstberatung am 14.5.1990 zu unterbreiten. *Beschluß-Nr. 1241-10/90*

1c) *Festlegung*:
Auf Vorschlag des Vorsitzenden, Herrn Dr. Süß, wurde vom Rat Herr Dr. Renger als Stellvertreter des Vorsitzenden für Kultur und Bildung und damit als ständiger Vertreter des Vorsitzenden bestätigt.

1d) Ergänzung und Konkretisierung des Beschlusses des Rates 1219/7/90 vom 2.4.1990 zur Bildung der Finanzämter
Verantwortlich: Herr Stollberg - Mitglied des Rates für Finanzen und Preise
Zur Diskussion sprachen: Herr Stollberg, Frau Klein, Herr Röver, Herr Böhm, Herr Firchau
Festlegung: Die Vorlage ist zur nächsten Ratsdienstberatung erneut vorzulegen. Die Ratsdienstberatung findet am 14.5.1990, um 7.30 Uhr statt.

Dr. Süß	Dr. Renger
Vorsitzender	Stellvertreter des Vorsitzenden für Kultur und Bildung

*****

Rat des Bezirkes Halle
Der Vorsitzende
Ratssitzung am 10. 5. 1990

Ergänzung zum Beschluß des Rates des Bezirkes vom 5.2.1990 (Beschluß-Nr. 1181-3/90) zu Maßnahmen des Rates des Bezirkes zur Umsetzung der verbindlichen Empfehlungen des Runden Tisches des Bezirkes Halle (Beratung vom 3.5.1990)

61. In Vorbereitung der Sitzung des Ministerrates der DDR am 15.5.1990, in der die Konzeption zur Entwicklung des Raumes Bitterfeld beraten werden soll, ist mit der Regierungskommission für Bitterfeld, der AG Ökologie des Runden Tisches und weiteren Experten der Standpunkt des Bezirkes Halle zur Problematik zu erarbeiten und zu beraten. Das Ergebnis der Beratung ist dem Vorsitzenden des Rates des Bezirkes zu übergeben, der voraussichtlich an der Sitzung des Ministerrates teilnehmen wird.
VA: Mitglied des Rates für Naturschutz, Umweltschutz und Wasserwirtschaft
T.: 14.5.1990

62. In der Beratung der AG Gesundheits- und Sozialwesen des Runden Tisches am 11.5.1990 ist der Standpunkt des Rates des Bezirkes zu den aufgetretenen Differenzen in den Aussagen des Bezirkshygienearztes am Runden Tisch der Stadt Halle bzw. in der Regierungskommission Umweltfragen für den Raum Bitterfeld und den Aussagen in der ARD-Sendung "Kontraste" hinsichtlich des Erkenntnisstandes über gesundheitsschädigende Umweltbelastungen darzulegen. Nach erfolgter Klärung sind in Abstimmung mit dem Ministerium für Gesundheitswesen erforderliche Maßnahmen einzuleiten.
VA: Mitglied des Rates für Gesundheits- und Sozialwesen
T.: 11.5.1990 und 30.5.1990

gez. Dr. Süß

*****

Protokoll 17. Beratung des Runden Tisches des Bezirkes Halle am 17.5.1990

17/001 *Tagesordnung*

1. Bericht zum Stand der Auflösung des ehemaligen AfNS,
2. Bericht des Rates des Bezirkes zur aktuellen Situation in der Land- und Nahrungsgüterwirtschaft,
3. Bericht zur Situation der Versorgung der Bevölkerung und aktuelle Probleme in der Kooperation Produktion - Handel,
4. Anträge/Informationen

17/002 Der Bericht des Leiters des Bezirksarbeitsstabes zur Auflösung des AfNS wurde zur Kenntnis genommen und bestätigt. Er informierte, daß die Vorsortierung des Schriftgutes zügig durchgeführt wird. Aus den Mitgliedern des Autorisierten Bürgerkomitees wurde eine Arbeitsgruppe gebildet, die nichtpersonenbezogenes Material (Weisungen, Lageeinschätzungen) aus dem Jahr 1989 sichtet und einer Analyse unterzieht. Dr. Pätzold verwies weiterhin darauf, daß 109 ehemalige Mitarbeitergegenwärtig arbeitslos sind. Schrittweise werden Gespräche mit diesen in der nächsten Zeit geführt, um die Gründe der Arbeitslosigkeit festzustellen.

17/003 Herr Dr. Pätzold informierte über das Ergebnis der Untersuchung zum Brief der Frau H. L. (Pkt. 16/013 des Protokolls vom 3.5.1990). Nach Aussagen des Leiters des Militärkartographischen Dienstes Halle handelt es sich bei der Arbeitsstelle als Bibliothekar um eine Spezialbibliothek für militärkartographisches Material. Der eingesetzte Mitarbeiter (ehemals Parteisekretär) hat einen Ingenieurabschluß auf diesem Gebiet. Nach umfangreicher Diskussion zu Fragen von Personalentscheidungen in noch vorhandenen veralteten Strukturen wurde vom Vertreter des Verbandes der Berufssoldaten vorgeschlagen, daß der Verband der Sektion zum Militärkartographischen Dienst Halle Verbindung aufnimmt, um den möglichen Einfluß des Verbandes bei Personalentscheidungen auszuüben. Der Runde Tisch bestätigte diese Verfahrensweise. Der Brief an Frau L. ist durch Herrn Dr. Pätzold zu beantworten.

17/003 Der Vertreter des Sprecherrates der Industriegewerkschaften und Gewerkschaften, Herr Jeschke, informierte den Runden Tisch über die Situation im Zusammenhang mit der beabsichtigten Auflösung des FDGB als Dachverband. Der Sprecherrat legt Wert darauf, die bisherigen 2 Plätze am Runden Tisch mit neuen Gewerkschaftsvertretern zu besetzen. Dem stimmte der Runde Tisch zu.

17/004 Die Berichterstattung des Rates des Bezirkes zur aktuellen Lage in der Land- und Nahrungsgüterwirtschaft des Bezirkes (DS 17/004 - wurde übergeben) sowie die mündlichen Ergänzungen der Vertreter des Fleischkombinates, der Milchvereinigung und des Kombinates OGS wurden zur Kenntnis genommen und bestätigt. Schwerpunkt bildeten die gestörten Kooperationsbeziehungen zwischen den landwirtschaftlichen Betrieben der Nahrungsgüterindustrie sowie dem Handel. Der Runde Tisch verwies insbesondere darauf, daß die genannten Kooperationspartner die über Jahre gewachsenen Beziehungen nutzen müssen, um zu marktfähigen Konzeptionen zu kommen. Als beispielhaft wurde das dargelegte Konzept und der Stand der Umsetzung in den Betrieben der Milchvereinigung des Bezirkes Halle empfunden, wo schon jetzt wesentliche Fortschritte zur Verbesserung der Qualität der Erzeugnisse, als Voraussetzung für die Konkurrenzfähigkeit, sichtbar werden. Kritisch wurden die relativ gering entwickelten Aktivitäten der OGIS-Industrie gewertet. Dem Rat des Bezirkes wurde empfohlen, seine Einflußmöglichkeiten zu nutzen, um die diskutierten Probleme in der Kooperationskette Landwirtschaft - Nahrungsgüterindustrie - Handel zu ordnen.

17/005 Die Erklärung des Bauernverbandes e.V. der DDR, Geschäftsstelle Halle (DS 17/005 - wurde übergeben) wurde bei kritischer Wertung zur Kenntnis genommen.

17/006 Im Zusammenhang mit der Umstellung der Produktion in der Verarbeitungsindustrie und dem zu erwartenden Angebot anderer Produzenten bestätigte der Runde Tisch mehrheitlich den Beschluß, daß Waren mit ökologisch vertretbaren Verpackungen der Vorrang zu geben ist. (DS 17/006)

17/007 Die Berichterstattung des Rates des Bezirkes zur Situation in der Versorgung der Bevölkerung und aktuellen Problemen in der Produktion - Handel sowie die mündlichen Ergänzungen des Bezirksdirektors der Handelsorganisation (HO) und des Vorstandsvorsitzenden des Bezirksverbandes der Konsumgenossenschaften wurden zur Kenntnis genommen und bestätigt. Die Vertreter des Handels nahmen zu häufig geäußerten Kritiken Stellung, unkontrollierte Importe zu tätigen sowie DDR-Produkte zu boykottieren, und legten dar, daß sowohl die HO als auch der Konsum keine ungenehmigten Importe aus der BRD und anderen Ländern vorgenommen haben. Kurzzeitige Lücken im Angebot bei DDR-Produkten waren auf das nicht einschätzbare Abkaufverhalten der Bevölkerung und auf Ängste des Handels im Zusammenhang mit der Währungsunion (Effektivitätskriterien; Angst, daß viele DDR-Produkte nicht mehr absetzbar sind) zurückzuführen. Durch regulierende Maßnahmen der Regierung, des Rates des Bezirkes und der Handelsbetriebe selbst konnte eine gewisse Normalisierung im Angebot in den letzten Tagen erreicht werden.

Der Runde Tisch sprach im Interesse der Sicherung von Arbeitsplätzen die dringende Bitte aus, vor allem den DDR-Produkten durch die Präsentation im Einzelhandel eine Chance zum Konkurrieren mit anderen Waren zu geben. Zum vieldiskutierten Problem der RENO-Schuhläden legte der Vorstandsvorsitzende des Bezirksverbandes der Konsumgenossenschaften dar, daß Ausgangspunkt der Zusammenarbeit die Verbesserung des Angebotes mit Schuhen für die Bevölkerung ist. Vertreter des Runden Tisches legten dazu eindeutig ihren Standpunkt zum Unternehmen RENO dar, welches auf Grund seiner Produktionsstätten in Billiglohnländern unter Ausnutzung sozialer Not ein Niedrigpreisniveau bietet. Abschließend legten HO und Konsum ihre Konzepte dar, die eine weitere Existenz beider Handelsunternehmen unter marktwirtschaftlichen Bedingungen sichern sollen.

17/008 Der Antrag des Rehabilitationszentrums der Stadt Halle (Direktor MR Dr. med. Sobek) ist durch den Rat des Bezirkes mit der verbindlichen Empfehlung des Runden Tisches des Bezirkes zur Klärung der aufgeworfenen Probleme an den Rat der Stadt Halle zu übergeben. (DS 17/008 wurde übergeben)

17/009 Der Antrag der Onkologischen Betreuungsstelle Halle, Schillerstraße 11 (DS 17/009) - Konzept zur Krebsepidemiologie auf Landesebene und zur Gestaltung der onkologischen Nachsorge - wird der AG Gesundheits- und Sozialwesen des Runden Tisches zur Prüfung der erforderlichen Schritte übergeben.

17/010 Zum Antrag der Vertreterin des Mitteldeutschen Verlages auf Zuweisung der Nutzung des Gebäudes in Halle, Große Brauhausstr. 17 a, und den bekanntgewordenen Tatsachen über Verhandlungen der MLU mit anderen Interessenten wird Herr Dr. Mehlig am 21.5.1990 sein geplantes Gespräch mit dem Rektor nutzen, um den Sachverhalt vorzutragen. Die Vertreterin des Mitteldeutschen Verlages wurde darauf hingewiesen, daß der Antrag erneut mit Nachdruck an den Rat der Stadt, als entscheidungsbefugtem Organ, zu richten ist.

17/011 Entsprechend dem Beschluß des Runden Tisches und des Rates des Bezirkes zur künftigen Nutzung des Gebäudekomplexes des ehemaligen AfNS vom 18.1.1990 (DS 05/016) ist die Festlegung auf S. 4 Punkt 2 der Vorlage des Rates des Bezirkes zur

Erarbeitung einer komplexen Übersicht aller freiwerdenden Wohnungen und Gebäude bis 15.6.1990 durch die MLU vorzulegen.

17/012 Die nächste Beratung des Runden Tisches findet am 31.5.1990, 9.00 Uhr, in Halle, Heilig Kreuz, Gütchenstraße 21, statt. Da es voraussichtlich die letzte Beratung sein wird, erfolgt eine gesonderte Einladung.

17/013 Anwesenheitsliste - DS 17/013

*****

DS 17/006

Antrag

Der Runde Tisch des Bezirkes bittet den Rat des Bezirkes, an alle Handelseinrichtungen des Bezirkes eine Empfehlung zu richten, daß Produkten, die in ökologisch vertretbaren Verpackungen angeboten werden, der Vorrang zu geben ist.

Halle, 17.5.1990 GRÜNE PARTEI

*****

DS 17/013
Anwesenheitsliste Runder Tisch 17.5.1990

Partei/Organisation	Name
Rat des Bezirkes	Süß; Arendt; Dr. Keitel, Klaus
DBD	Schneider; Baumgarth
CDU	Domke
B.F.D.	Dr. Müller
GL	Bernt-Bärtl
Kulturbund	Dr. Kraus
PDS	Dr. Drzisga
DA	Dr. Bahn
NF	Dr. Mehlig
Bauernverband	Starke, E.; Herwig, L.; Vogel, R.
[DJ]	Dr. Lewek
DEMOKRATIE JETZT	Mokosch, Th.
[GP]	Jarzowski
DSU	Streich, P.
SPD	Hoffmann, P.
Med. in soz. Verantwtg.	Büdke
VL	Röver
DFD	Müller, Helga; Spickermann, I.
Gewerkschaften	Oertel, Manuela
IG	Jeschke, Paul
VBS	OSL Kittel, Peter
FDJ	Noack, Andre; Bosse, Michael
Kathol. Dekanat	Dr. Herold, Claus

*****

Rat des Bezirkes Halle Halle, 14.5.1990

Dienstsache

Protokoll

der Ratsdienstberatung am 14.5.1990

Beginn: 7.30 Uhr

Ende: 9.30 Uhr

Anwesenheit

Vorsitzender des Rates, Herr Dr, Süß

Stellvertreter des Vorsitzenden: Herr Kaczmarek, Herr Dr. Wilke

Mitglieder des Rates:	Herr Füßling, Herr Stollberg, Herr MR Cerych, Herr Schmidt, Herr Dr. Mehlig, Herr Röver, Herr Dr. Keitel
in Vertretung:	Herr Dr. Ohme f. Herrn v. Malottky; Herr Arendt f. Herrn Firchau; Herr Kamuff f. Herrn Dr. Renger; Herr Reppe f. Herrn Bill; Herr Heinemann f. Herrn Böhm
entschuldigt waren:	Herr Frönicke, Frau Klein, Frau Dr. Hoffmann, Frau Kloppe
weitere Teilnehmer:	Herr Wagner, Herr Plage, Herr Nonn, Herr Lippold, Herr Opitz, Herr Mehlig

1. Der Vorsitzende des Rates, Herr Dr. Süß, informierte darüber, daß der Volkskammer ein Beschluß vorliegt, der die Beendigung der Legislaturperiode der Bezirkstage zum 31.5.1990 vorsieht. Über die Arbeit danach liegen trotz Rückfragen keine Angaben vor. Gleichfalls liegt keine Reaktion auf die vom Bezirk Halle vorgesehene Regelung der weiteren Tätigkeit des Bezirkstages und des Rates vor.
   Es ist vorgesehen, nach Absprache mit dem Präsidium des Bezirkstages den Bezirkstag zum 30.5.1990, 9.30 Uhr, zu seiner letzten Tagung einzuberufen. Die Mitglieder des Rates werden ihre Arbeit bis zur Neuregelung weiterführen. Durchzusetzen sind die von der Regierung beschlossenen Aufgaben und die Beschlüsse des Bezirkstages.
2. Vom Sprecher der BGL, Herrn Mehlig, wurden eine Reihe die Belegschaft interessierender Fragen dargelegt. Auch die Mitarbeiter möchten wissen, wie sich die weitere Arbeit gestaltet, wie das Kinderferienlager durchgeführt wird und wie es mit dem BKV, insbesondere nach der Währungsunion weitergeht. Die nächste Sitzung der BGL, an der ggf. der Vorsitzende des Rates teilnimmt, findet am 22.5.1990, 16.15 Uhr, statt. Weitere Aufgaben des Rates des Bezirkes werden in der Sitzung des Rates am 24. Mai 1990 beraten.
3. Vom Vorsitzenden des Rates, Herrn Dr. Süß, wurde die Bildung einer Personalkommission beim Rat des Bezirkes vorgeschlagen. Diese Personalkommission kann alle seit dem 23.1.1990 getroffenen Personalentscheidungen überprüfen und soll bei Entscheidungsvorschlägen mitwirken. Herauszuarbeiten sind die Kriterien für die Besetzung von Funktionen und die Arbeit im Rat des Bezirkes. Für die Personalkommission wurden vorgeschlagen:
   Herr Dr. Renger als Vorsitzender, Herr Böhm, Herr Firchau, Herr Kaczmarek, Herr Dr. Keitel, Frau Klein, Herr Dr. Mehlig, Herr Schmidt.
   Der Rat stimmte der vorgeschlagenen Personalkommission als beratendem Gremium zu. Ergänzt wird noch ein vorgeschlagener Vertreter der Gewerkschaft.
   Zur Diskussion sprachen: die Herren Dr. Mehlig, Dr. Wilke, Dr. Keitel, Röver, Dr. Süß.
4. Vertreter des Schwerhörigen- und Gehörlosenverbandes des Bezirkes Halle sprachen beim Vorsitzenden des Rates vor und informierten über die vorgesehene Bildung eines Landesverbandes und baten für ihre ca. 2000 Mitglieder um eine finanzielle Unterstützung und die Bereitstellung eines Pkw und eine bessere Betreuung der gehörgeschädigten Bürger. Weiter baten sie, für ihren zu räumenden Kulturraum in der Geiststraße um die Bereitstellung eines neuen Kulturraumes in den Räumen des ehemaligen Postamtes am Thälmannplatz. Ein Büro haben sie erhalten im Haus der PDS, Leninallee, wo es noch keinen Mietvertrag gibt.
   Herr MR Cerych wurde beauftragt, mit dem Verband Kontakt aufzunehmen und alle anstehenden Fragen zu klären. In diese Arbeit ist Herr Stollberg mit einzubeziehen. Weiter wurde er beauftragt, eine Grundsatzinformation über die Lage und die Organisation der Geschädigten in der nächsten Ratsdienstberatung oder Ratssitzung zu geben. Herr Dr. Wilke wurde beauftragt zu prüfen, ob die Räume des ehemaligen Postamtes für den Verband bereitgestellt werden können.
   Zur Diskussion sprach: Herr Dr. Keitel
5. Das Mitglied des Rates für Handel und Versorgung, Herr Füßling, berichtete über den Besuch der Ministerin für Handel und Tourismus, Frau Reider, im Bezirk Halle. Besichtigt wurden der Schlachtbetrieb Weißenfels und der Großhandelsbetrieb WtB in Weißenfels sowie die Schuhfabrik in Weißenfels. Frau Minister Reider sprach sich auf der Grundlage der Beschlüsse der Regierung für ein volles Sortimentsangebot der in der DDR erzeugten Waren aus.
   Zur Diskussion sprachen: Herr Dr. Wilke, Herr Dr. Süß, Herr Dr. Keitel, Herr Röver, Herr Schmidt.
   Dabei wurde auf die Lösung nachstehender Probleme aufmerksam gemacht: Fertigung orthopädischer Schuhe, Schuhreparaturen, Entwicklung der Gewerbetätigkeit in Halle.

Dazu ist auch die Beratung der Arbeitsgruppe zum Zusammenschluß von Halle und Halle-Neustadt am Donnerstag, den 17.5.1990, 8.00 Uhr, zu nutzen. Bezüglich der Bereitstellung von Gewerberäumen bzw. zur Gewerbeentwicklung werden Herr Dr. Wilke und Herr Schmidt eine Prüfung durchführen.

6. Aufbau eines Baumarktes
   Dazu wurde das Mitglied des Rates für Bauwesen und Wohnungswirtschaft, Herr v. Malottky, beauftragt, in der nächsten Ratsdienstberatung zu informieren, ab wann ein Baumarkt eröffnet wird.
7. Das Mitglied des Rates für Finanzen und Preise, Herr Stollberg, informierte, daß die Finanzämter ab 1. Juni 1990 einzurichten sind und dazu in den nächsten Tagen ein gefaßter Beschluß des Ministerrates erwartet wird.
8. Das Mitglied des Rates, Herr Dr. Keitel, bat nochmals um die Einreichung von Schwerpunkten für die nächste Tagung des Regionalausschusses mit Niedersachsen. Am 15.5.1990 früh soll der Vorsitzende informiert werden, welche Bereiche diesen Termin nicht erfüllt haben.
9. Der Vorsitzende des Rates bat um Eintragung der Ratsmitglieder, die über Telefon verfügen, in die Liste des Chefdienstes.

Dr. Süß Vorsitzender	Dr. Renger Stellvertreter des Vorsitzenden für Kultur und Bildung

Halle, den 6.6.1990

*****

Protokoll der 18. Beratung des Runden Tisches des Bezirkes Halle am 31.5.1990

18/001 *Tagesordnung*

1. Bericht der Kommission zur Untersuchung von Willkür und Gewalt im Zusammenhang mit dem Demokratisierungsprozeß in Halle
2. Bericht über den Stand der Auflösung des ehemaligen AfNS
3. Anträge/Informationen/Verschiedenes

18/002 Zu Beginn der Beratung beschäftigte sich der Runde Tisch mit dem Bericht der Kommission zur Untersuchung von Willkür und Gewalt im Zusammenhang mit dem Demokratisierungsprozeß in Halle, um an den Ursprung zur Bildung der Runden Tische zu erinnern. Dazu wurde zu Beginn durch Pfarrer Hanewinckel dargelegt, daß [die] Motivation [zur] Bildung dieser Kommission die Wahrung der Würde des Menschen war, die vor allem mit den Reaktionen der verantwortlichen Partei- und Staatsorgane auf die Ereignisse (friedlicher Protest gegen die politischen Zustände im Lande) am 7. und 9. Oktober in Halle durch Willkür erheblich verletzt wurde.

Herr Völlger (Mitglied der Kommission) legte den Bericht über [die] Ergebnisse der Untersuchung dar, und Frau Dr. Grunow (Mitglied der Kommission) nahm eine erste juristische Bewertung vor. Eindeutig wurde herausgearbeitet, daß das geltende Recht der DDR und von der DDR ratifizierte internationale Konventionen mit dem Vorgehen der Schutz- und Sicherheitsorgane in erheblichem Umfang verletzt wurden. Die Vertreter der o.g. Kommission erklärten, daß sie Strafanzeige gegen die Mitglieder der ehemaligen Bezirkseinsatzleitung erstatten werden.

Übereinstimmend sprach sich der Runde Tisch dafür aus, daß angestrebt werden sollte, diesen Bericht sowohl über die Medien als auch in geeigneter gedruckter Form zu veröffentlichen. Über die Art und Weise der Bearbeitung und Veröffentlichung wird der zu bildende Magistrat von Halle entscheiden, wurde durch Herrn Dr. Renger erklärt. Einstimmig faßte der Runde Tisch den Beschluß, einen Brief an den Minister für Justiz zu richten, in dem gefordert wird, internationale Rechtsgutachten zum Problem der politischen und strafrechtlichen Verantwortlichkeit und ihrer Wahrnehmung für den Zeitraum 7.10.1949 bis 18.4.1990 erstellen zu lassen (DS 18/002).

18/003 Im Zusammenhang mit dem Bericht über den Stand der Auflösung des ehemaligen AfNS wurden durch das autorisierte Bürgerkomitee in einem Antrag einzelne Punkte des Ministerratsbeschlusses vom 16.5.1990 zur weiteren Verfahrensweise bei der Auflösung des ehemaligen MfS/AfNS kritisiert (DS 18/003.1). Der Runde Tisch unterstützte den Antrag des Bürgerkomitees und faßte dazu einen eigenen Beschluß, der an die Präsidentin der Volkskammer durch den Vorsitzenden des Rates des Bezirkes weiterzuleiten ist (DS 18/003.2).

18/004 Der Vorsitzende des Rates des Bezirkes informierte über den Beschluß der Volkskammer der DDR vom 17.5.1990 über die Beendigung der Legislaturperiode der Bezirkstage zum 31.5.1990[71] und den Einsatz von Regierungsbevollmächtigten sowie den darauf basierenden Ministerratsbeschluß vom 2.5.1990/21.5.1990[72].

Ausgehend von diesen Beschlüssen kamen die Vertreter der am Runden Tisch vertretenen Parteien und Gruppierungen überein, die Arbeit des Runden Tisches des Bezirkes Halle zu beenden. Es wurde die Bereitschaft erklärt, jederzeit die Arbeit erneut aufzunehmen, wenn das Erfordernis besteht. Kritisch wurde angemerkt, daß die Regierung vor Beschlußfassung auf die Runden Tische der Bezirke hätte zugehen müssen, um eine solche Entscheidung abzustimmen. Die Runden Tische haben wesentlich dazu beigetragen, daß die eingeleiteten gesellschaftlichen Veränderungen einen friedlichen Verlauf genommen haben und das Alltagsleben in Zusammenarbeit mit den Räten der Bezirke im wesentlichen gesichert wurde. Der Runde Tisch kam einstimmig überein, daß die gebildeten Arbeitsgruppen (u.a. Bürgerkomitee zur Auflösung des AfNS, Ad-hoc-Arbeitsgruppe Gesundheits- und Sozialwesen, Arbeitsgruppe Ökologie) weiterarbeiten.

18/005 Das Mitglied des Rates des Bezirkes für Kultur und Bildung. Herr Dr. Renger, informierte über das Ergebnis der in der Volksbildung durchgeführten Überprüfungen zu den strittigen Einstellungen gemäß Beschluß des Runden Tisches vom 15.3. 1990 und 5.4. 1990 (Punkte 12/012 und 14/006 der Protokolle vom 15.3.1990 und 5.4. 1990). Alle Kreise, außer Gräfenhainichen, Halle-Neustadt und Merseburg, hatten bis 15.5.1990 die Abschlußprotokolle übergeben. In 6 Kreisen gab es keine strittigen Einstellungen. Die Mehrzahl der abgeschlossenen Arbeitsverträge ist rechtswidrig geworden. In Halle wurden in einem Fall und in Weißenfels in zwei Fällen die abgeschlossenen Arbeitsverträge aufgehoben. In Naumburg war ein Fall noch nicht zu Ende geklärt. Herr Dr. Renger informierte weiterhin, daß zunehmend Anträge auf Rehabilitation an den Bezirksschulrat gestellt werden.

Zur Klärung aller Anträge wird ein Beratungsgremium berufen, in dem Mitglieder arbeiten, die bisher auf diesem Gebiet nicht tätig waren. Auf Hinweis des NEUEN FORUM, daß Tendenzen zur Kündigung von Lehrern, die sich in den Abstimmungsrunden gegen die Einstellungen ausgesprochen haben, bekannt wurden, erklärte Dr. Renger, daß nachweisbare Fälle konsequent bearbeitet werden.

18/006 Der Antrag zur Freistellung von Bürgern, die im Zusammenhang mit der Hilfe für Rumänien tätig werden, um Hilfsgüter zu übergeben, wurde einstimmig angenommen. Der Rat des Bezirkes wird die dazu erforderlichen Modalitäten klären.

18/007 Herr Dr. Keitel informierte über einen Ministerratsbeschluß zur Ausländerbetreuung. Im Bezirk Halle sind ca. 1000 Plätze zur Unterbringung und Betreuung von Ausländern zu schaffen. An die Vertreter der Parteien und Gruppierungen am Runden Tisch erging die Bitte, im Rahmen ihrer Möglichkeiten entsprechende Kapazitäten zu prüfen und bei Vorliegen der Voraussetzungen die Bereitschaft zur Aufnahme von Ausländern gegenüber dem Rat des Bezirkes zu signalisieren.

---

[71] Gbl. '90, I, 28, S. 269.

[72] Dieser Beschluß ist im Gbl. nicht aufgeführt.

18/008 Frau Dr. Hoffmann (SPD), Mitglied des Rates des Bezirkes für Gleichstellungsfragen, informierte, daß am 16.6.1990 auf dem Marktplatz in Halle in der Zeit von 14.00 bis 15.00 Uhr ein Treffen mit Frauen geplant ist.

18/009 Die GRÜNE LIGA informierte, daß am 5.6.1990, 17.00 Uhr, im Stadthaus Halle eine öffentliche Sitzung der Arbeitsgruppe Ökologie stattfindet.

18/010 Zum Abschluß der Beratung wurde durch die Moderatoren des Runden Tisches, die Vertreter der Parteien und Gruppierungen und den Vorsitzenden des Rates des Bezirkes die Arbeit des Runden Tisches eingeschätzt und seine Bedeutung für den Demokratisierungsprozeß gewürdigt. Die Vertreter der Kirchen erklärten ihre Bereitschaft zur weiteren Zusammenarbeit. Herr Böhrenz, Vertreter des Büros des Landes Niedersachsen, dankte für die Gastfreundschaft und konstruktive Zusammenarbeit.

18/011 Anwesenheitsliste (DS 18/011)

*****

DS 18/002
An das
Ministerium für Justiz

Der Runde Tisch des Bezirkes Halle beantragt die Erstellung internationaler Rechtsgutachten zum Problem der politischen und strafrechtlichen Verantwortlichkeit und ihrer Wahrnehmung für den Zeitraum 7.10.49 bis 18.4.1990 unter Berücksichtigung des IMT-Statuts. Personen aus der DDR und der BRD sollten daran nicht mitarbeiten.

*****

DS 18/003.1
Bürgerkomitee zur Auflösung des ehemaligen MfS/AfNS Halle — Halle, 31.5.1990

Antrag

Das Bürgerkomitee zur Auflösung des ehemaligen MfS/AfNS Halle protestiert gegen den Ministerratsbeschluß [vom 16.5.1990] über weitere Aufgaben und Maßnahmen, die sich aus der Auflösung des ehemaligen MfS/AfNS ergeben[73]. Insbesondere richtet sich unser Protest gegen die Punkte 10 - 12 des Ministerratsbeschlusses, gegen die Punkte 14 - 17, 20 und 22.

Das Bürgerkomitee ist von dem Ministerratsbeschluß überrascht worden und war an seiner inhaltlichen Gestaltung nicht beteiligt. Wir meinen, daß es einer Regierung, die sich im Zuge einer demokratischen Erneuerung hat bilden können, besser anstehen würde, derart sensible Probleme im Gespräch mit den an der Basis gleichfalls Engagierten einer Lösung zuzuführen.

Die angewandte Praxis eines Beschlusses *einer* Regierungsstelle setzt vergangen geglaubte Verfahrensweisen fort und ruft damit unnötige Spannungen zwischen Ministern und engagierten Bürgern hervor. Nach mehr als einem halben Jahr intensiver Arbeit bei der Auflösung des ehemaligen MfS/AfNS hat das Bürgerkomitee Sach- und Fachkenntnis erworben, um bei der Aufarbeitung von Aktenmaterial beteiligt zu werden.

Es kann nicht sein, daß die staatliche Archivverwaltung allein für die Bewertung, Erschließung und Auswertung verantwortlich ist, da sie dem MdI unterstellt und auf vielfältige Weise mit dem ehemaligen MfS/AfNS verbunden war. Es ist nicht hinnehmbar, daß Schriftmaterial (Pkt. 15) dem MdI übergeben wird, da "Terrorismus" und "Extremismus" jetzt inhaltlich neu zu definieren sind.

Wir bitten den Runden Tisch des Bezirkes Halle, sich unserem Protest anzuschließen. Der Runde Tisch des Bezirkes Halle möge beschließen, daß "parlamentarische Kontrolle" des Bürgerkomitees Halle nach der Vereinbarung vom 4.4.1990 zwischen Regierungsbevollmächtigten und Bürgerkomitees[74] präzisiert wird. Der Runde Tisch des Bezirkes Halle möge die vorläufige Aussetzung des Ministerratsbeschlusses bei der Volkskammer beantragen.

---

[73] Gbl. '90, I, 27, S. 250.

[74] Vgl. GILL/SCHRÖTER, a.a.O., S. 183ff und S. 253.

*****

DS 18/003.2

Die Vertreter der Parteien und Gruppierungen am Runden Tisch Halle nehmen mit Bestürzung den Ministerratsbeschluß vom 16.5.1990 über weitere Aufgaben und Maßnahmen, die sich aus der Auflösung des ehemaligen Ministeriums für Staatssicherheit/Amtes für Nationale Sicherheit (MfS/AfNS) ergeben, zur Kenntnis. Besonders betroffen sind wir über die Entstehungsweise dieses Ministerratsbeschlusses, der nicht mit dem Bürgerkomitees abgestimmt wurde. Diese Verfahrensweise erzeugt neues Mißtrauen.

Unsere Kritik richtet sich vor allem auf die

- alleinige Verfügung des Innenministeriums bzw. in speziellen Fällen der Justizorgane. Das kann Mißbrauch des Schriftgutes ermöglichen und begünstigen.
- Wir fordern die weitere Beteiligung der Bürgerkomitees bei der politischen Bewertung, Aufarbeitung der Arbeitsweise und Strukturen des ehemaligen MfS/AfNS;
- wir lehnen ferner die beabsichtigte Gleichstellung ehemaliger MfS/AfNS-Mitarbeiter hinsichtlich der materiellen und finanziellen Sicherstellung mit Berufssoldaten ab.

Die Vertreter der Parteien und Gruppierungen am Runden Tisch Halle fordern die weitere Aufnahme von Vertretern der Bürgerkomitees in die Regierungskommission zur Auflösung des ehemaligen MfS/AfNS.

Halle, 31.5.1990 Der Runde Tisch des
Bezirkes HALLE

*****

DS 18/011
Anwesenhcitsliste Runder Tisch 31.05.1990

Organisation/Partei	Name
Rat des Bezirkes	Dr. Süß, Wolfgang; Dr. Pätzold, Manfred; Dr. Keitel, Klaus; Vogt
DBD	Baumgarth
CDU	Domke; Dr. Renger (RdB)
B.F.D.	Dr. L. Müller; Schubert
GL	Bernt-Bärtl; Kupke
Kulturbund e.V.	Dr. Kraus
PDS	Dr. Drzisga
AKTION DIE DREI	Radziejewski
NF	Naujok; Dr. Mehlig
Bauernverband e.V.	Vogel
UFV	Schuber
DA	Dr. A. Nelles
SPD	Dr P. Hoffmann; Dr. Dittmann
VL	Röver
DFD	H. Müller; Spickermann
Sprecherrat der IG/Gew	Dr. Gert Reisener
VBS	OSL Peter Kittel; OSL Konrad Piossek
FDJ	Noack, André; Bosse, Michael
Ev. Kirche	Buchenau
Kath. Kirche	Dr. Herold, Claus; Dr. Willms, Peter
Büro Niedersachsen	Böhrenz

Medienvertreter: Makosch (Sender Halle); Greye (Mitteldeutsche Zeitung); [nicht zu lesen] (DNW); Stavenhagen (LDZ); Saitz (DNW); Furchert (ADN)

*****

[Einladung zur Erinnerungssitzung des Runden Tisches am 31.Mai 1990]

Das Ausmaß der politischen, wirtschaftlichen und moralisch-ethischen Krise unseres Landes - dementsprechend auch in unserem Bezirk - und ihr Charakter treten in diesen Tagen in so bisher nicht vorhandener Deutlichkeit hervor.
Wir sind überzeugt, daß sie nur bewältigt werden kann, wenn die sich - zum Beispiel in Demonstrationen - ausdrückenden Willensbekundungen der Bürger kreativ in gesamtgesellschaftliche und kommunale Zielentscheidungen umgesetzt werden. Dazu ist es erforderlich, daß die Vertreter der Parteien, politischen Gruppen und Bewegungen zusammenkommen.
Wir laden daher jeweils 2 Vertreter zum Gespräch am

RUNDEN TISCH

im Bezirk Halle am Dienstag, dem 12.12.1989 um 16.00 Uhr im Gemeindesaal von Heilig Kreuz, Gütchenstraße 21 ein. Dabei bitten wir Sie, im Bezirk selbst abzustimmen, wen Sie als kompetente Vertreter entsenden.
Wir möchten mit dieser Einladung zunächst den Startschuß geben und den Raum für dieses Gespräch zur Verfügung stellen.
Wir gehen davon aus, daß nach einer Konstituierung des runden Tisches [sic!] die Fortsetzung der Gespräche durch die Gesamtheit der Teilnehmer organisiert wird.

gez. Abel, Propst gez. Dr. Herold, Dechant gez. Buchenau, Suptd.

Sehr geehrte Damen und Herren vom Runden Tisch des Bezirkes Halle !

Unter der Voraussetzung, daß wir unsere gemeinsame Sache vom Winter 1989/90 und damit auch uns nicht aus den Augen verloren haben und sehr Vieles uns weiterhin bewegt, kam bei Begegnungen der letzten Zeit immer wieder der Wunsch auf: Wir sollten einander - wer immer von den Damaligen daran interessiert geblieben ist - zum Treffen und Wiedersehen einladen und über Altes, mehr aber über "das Neue" miteinander reden.
Weil es den "historischen" Gemeindesaal in der Gütchenstraße so nicht mehr gibt, unser neues Gemeindezentrum am gleichen Ort vor Weihnachten nicht mehr bezugsfertig geworden ist, konnte ich Sie leider nicht zum 12.12.91, dem 2. Jahrestag unserer konstituierenden Sitzung, einladen. Jetzt wurde ein möglicher neuer Termin vorgeschlagen: im Blick auf unsere 18. und letzte Zusammenkunft am 31. Mai 1990.
Hoffentlich ist dieser Sonntagabend in ihrem Kalender noch frei:

Sonntag, 31. Mai 1992, 17.00 Uhr Halle, Gütchenstraße 21

Ich grüße Sie im Namen der Unterzeichner der Einladung zum ersten Runden Tisch für den Bezirk Halle und bitte sehr herzlich um Ihr Erscheinen. Mit guten Wünschen zum Osterfest bitte ich um einen kurzen Bescheid Ihrer Teilnahme und halte es für angebracht, daß Sie selbst auch unsere Einladung an die "Tisch-Nachbarn" von einst weitergeben, zumal nicht alle persönlichen Anschriften aus den Protokollen herausgefunden werden können...
Ich verabschiede mich bis zum Wiedersehen, hoffentlich für alle bei guter Gesundheit und in Gelassenheit

Ihr
[i.A. Dr. ...]
Runder Tisch, Bezirk Halle

ABKÜRZUNGSVERZEICHNIS

Abgeordn.	Abgeordneter
ABI	Arbeiter-und-Bauern-Inspektion
Abt.	Abteilung
ADN	Allgemeiner Deutscher Nachrichtendienst
AdW	Akademie der Wissenschaften
ANS/AfNS	Amt für Nationale Sicherheit
AG	Arbeitsgemeinschaft
AG	Aktiengesellschaft
AGB	Arbeitsgesetzbuch der DDR
Agit.	Agitation
AK	Arbeitskreis
AK	Arbeitskrafteinheit
AM	Allgemeinmedizin
amt.	amtierende/r
ASK	Armeesportklub der NVA
ASMW	Amt für Standardisierung, Meßwesen und Warenprüfung
BA	Bodenanteil
BdVP/BDVP	Bezirksbehörde der Deutschen Volkspolizei
BE	Berichterstattung
Bez.	Bezirk
BF	Brigadeführer
BFD/B.F.D.	Bund freier Demokraten
BGL	Betriebsgewerkschaftsleitung
BHG	Bäuerliche Handelsgenossenschaft
BHI	Bezirkshygieneinstitut
BK	Berufskrankheit
BKH	Bezirkskrankenhaus
BKK	Braunkohlenkombinat
BKV	Betriebskollektivvertrag
BKW	Braunkohlewerk
BL	Bezirksleitung
BPO	Betriebsparteiorganisation
BSG	Betriebssportgemeinschaft
BV	Bezirksverband, -vorstand, -verwaltung
CDU	Christlich Demokratische Union
CKB	Chemiekombinat/Chemisches Kombinat Bitterfeld
DA	Demokratischer Aufbruch
DBD	Demokratische Bauernpartei Deutschlands
DFD	Demokratischer Frauenbund Deutschlands
DFF	Deutscher Fernsehfunk
Dipl.Ing.	Diplomingenieur
Dir.	Direktor/in
DJ	Demokratie Jetzt, im September 1989 gegründet
DLK	Dienstleistungskombinat
Doz.	Dozent/in, Dozentur
DR	Deutsche Reichsbahn
Dr.	Doktor
DRK	Deutsches Rotes Kreuz
DS	Drucksache
DSF	Gesellschaft für Deutsch-Sowjetische Freundschaft
DSU	Deutsche Soziale Union
DTSB	Deutscher Turn- und Sportbund
DVO	Durchführungsverordnung
DVP	Deutsche Volkspolizei
EOS	Erweiterte Oberschule
FAZ	Frankfurter Allgemeine Zeitung
FCK	Fotochemiekombinat Wolfen

FDGB	Freier Deutscher Gewerkschaftsbund
FDJ	Freie Deutsche Jugend
Gbl.	Gesetzblatt
Ges.	Gesellschaft
Ges.Wiss.	Gesellschaftswissenschaften
GD	Generaldirektor
GL	Grüne Liga
GmbH	Gesellschaft mit beschränkter Haftung
GO	Grundorganisation
GP	Grüne Partei
GST	Gesellschaft für Sport und Technik
GZW	Gefangenenzuführungswagen
HA	Hauptabteilung
HAL	Hauptabteilungsleiter
HO	Handelsorganisation
HS-	Hochschul-
HV	Hauptverwaltung
IG	Industriegewerkschaft
IM	Informeller Mitarbeiter
internat.	international
IPPNW	Internationale Vereinigung der Ärzte zur Verhinderung eines Atomkrieges (International Physicians for the Prevention of Nuclear War)
ISOG	Institut für Sozialhygiene und Organisation des Gesundheitsschutzes
IVL	Initiative Vereinigte Linke
IWP	Industrielle Warenproduktion
KB	Kulturbund
KDF	Kraft-durch-Freude
Kdo.	Kommando
Kdr.	Kommandeur
KIM	Kombinat Industrielle Mast
KIM	Klinik für Innere Medizin
KL	Kreisleitung
KMU	Karl-Marx-Universität Leipzig
Koll.	Kollege
Kolln.	Kollegin
Kr.	Kreis
kt	Kilotonne
LBK	Landbaukombinat
LDPD	Liberal-Demokratische Partei Deutschlands
LDZ	Liberal-Demokratische Zeitung, Bezirkszeitung der LDP
Lemi	Lebensmittel
LFN	Land-, Forst- und Nahrungsgüterwirtschaft
LPG	Landwirtschaftliche Produktionsgenossenschaft
Ltg.	Leitung
Ltr.	Leiter/in
LVO	Landesverteidigungsorganisation
MA	Mitarbeiter
MdI	Ministerium des Innern
ME	Ministererlaß
MfAA	Ministerium für Auswärtige Angelegenheiten
MfG	Ministerium für Gesundheitswesen
MfIA	Ministerium für Innere Angelegenheiten
MfS	Ministerium für Staatssicherheit
MG	Maschinengewehr
MGW	Markgegenwert
Min.	Minister, Ministerium
Min.präs.	Ministerpräsident
Min.rat	Ministerrat
Mio	Millionen
Mitgl.	Mitglied

MLU	Martin-Luther-Universität Halle-Wittenberg
MMM	Messe der Meister von morgen
MNN	Mitteldeutsche Neueste Nachrichten, Bezirkszeitung der NDPD
MR	Ministerrat, Medizinalrat
MRB	Ministerratsbeschluß
MZ	Mitteldeutsche Zeitung
nat.	national
NDPD	National-Demokratische Partei Deutschlands
NF	Neues Forum
NF	Nationale Front
NRW	Nordrhein-Westfalen
NSW	Nichtsozialistisches Wirtschaftsgebiet
NVA	Nationale Volksarmee
NW	Neuer Weg, Bezirkszeitung der CDU
OB	Oberbürgermeister
OdF	Opfer des Faschismus
OibE	Offizier im besonderen Einsatz
OM	Offizieller Mitarbeiter
OMR	Obermedizinalrat
OS	Oberschule
OSL	Oberstleutnant
PB	Politbüro
PDS	Partei des Demokratischen Sozialismus (seit 1990 Nachfolgepartei der SED)
PGH	Produktionsgenossenschaft des Handwerks
PH	Pädagogische Hochschule
PO	Parteiorganisation
POS	Polytechnische Oberschule
Prof.	Professor
PV	Parteivorstand
Reg.	Regierung
Rep.	Republik
RGW	Rat für gegenseitige Wirtschaftshilfe
R.T./RT	Runder Tisch
RFT	Volkseigene Betriebe für Radio, Rundfunk- und Fernmeldetechnik
RdB	Rat des Bezirkes
RdK	Rat des Kreises
SC	Sportclub
SDP	Sozialdemokratische Partei der DDR, gegründet September 1989
SED	Sozialistische Einheitspartei Deutschlands
SGA	Staatliche Gewässeraufsicht
SMH	Schnelle Medizinische Hilfe
SPD	Sozialdemokratische Partei Deutschlands
SPK	Staatliche Plankommission
STAL	Statistisches Landesamt
stellv.	stellvertretende/r
Stellv.	Stellvertreter/in
STUI	Staatliche Umweltinspektion
SV	Schriftstellerverband der DDR
SV	Sozialversicherung
SW	Sozialistisches Wirtschaftsgebiet
t	Tonnen
T	Tausend
TOP	Tagesordnungspunkt
U-Haft	Untersuchungshaft
UFV	Unabhängiger Frauenverband (im Dezember 1989 gegründet)
VbE	Vollbeschäftigungseinheit
VBK	Verband Bildender Künstler der DDR
VBS	Verband der Berufssoldaten
VdgB	Vereinigung der gegenseitigen Bauernhilfe
VDJ	Verband der Journalisten der DDR

BHG	Bäuerliche Handelsgenossenschaft
VEB	Volkseigener Betrieb
VEG	Volkseigenes Gut
VdN	Verfolgte des Naziregimes
VGW	Valutagegenwert
VK	Volkskammer
VKSK	Verband der Kleingärtner, Siedler und Kleintierzüchter
VL	Vereinigte Linke
VM	Valuta-Mark, Wärungseinheit für den Außenhandel der DDR
Vors.	Vorsitzende/r
VP	Volkspolizei
VPKA	Volkspolizei-Kreisamt
VS	Volkssolidarität
VVN	Vereinigung der Verfolgten des Naziregimes
VW-Plan	Volkswirtschaftsplan
WAO	Wissenschaftliche Arbeitsorganisation
WBA	Wohnbezirksausschuß
WBK	Wehrbezirkskommando
WBK	Wohnungsbaukombinat
WdB	Wirtschaftsrat des Bezirkes
WE	Wohnungseinheit
WK	Wehrkreiskommando
ZA	Zentralausschuss
ZK	Zentralkomitee
ZL	Zentralleitung
Ztg.	Zeitung
ZV	Zentralverwaltung
ZV	Zentralvorstand
ZV	Zivilverteidigung

Bahrmann, Hannes u. Christoph Links: Chronik der Wende 1. Die DDR zwischen 7. Oktober und 18. Dezember 1989. Berlin: 1994.

Diess., Chronik der Wende 2. Stationen der Einheit: Die letzten Monate der DDR. Berlin: 1995.

Bohn, Rainer u.a. (Hg.): Mauer-Show: das Ende der DDR, die deutsche Einheit und die Medien. Berlin: Ed. Sigma Bohn, 1992.

Claus, Werner (Hg.): Medien-Wende - Wende-Medien: Dokumentation des Wandels im DDR-Journalismus Oktober 1989 - Oktober 1990. Mit Beitr. von Hans Bentzien u.a. Berlin: Vistas, 1991.

Dähn, Horst (Hg.): Die Rolle der Kirchen in der DDR: eine erste Bilanz. -München: Olzog; München: mvg, 1993.

Das Volk schreibt Geschichte: Tage, die wir nie vergessen; Revolution in der DDR. Berlin u. Hamburg: Springer, 1989.

Die letzten Tage der DDR: Bürger berichten vom Ende ihrer Republik. -Berlin: Ed. Fischerinsel, 1990.

Dowe, Dieter u. Rainer Eckert (Hg.): Von der Bürgerbewegung zur Partei: die Gründung der Sozialdemokratie in der DDR; Diskussionsforum im Berliner Reichstag am 7. Oktober 1992 (Forschungsinstitut der Friedrich-Ebert-Stiftung, Historisches Forschungszentrum). Bonn: Historisches Forschungszentrum, 1993.

Eberwein, Wolf-Dieter u.a.: Vom Aufstand der Massen zum Ende der DDR (Wissenschaftszentrum Berlin für Sozialforschung-Forschungsgruppe Internationale Beziehungen). Berlin: WZB-FIB, 1991.

Fischer, Alexander u. Maria Haendcke (Hg.): Auf dem Weg zur Realisierung der Einheit Deutschlands (Schriftenreihe der Gesellschaft für Deutschland-Forschung, 53, Jb. 1991). Berlin: Duncker & Humblodt, 1992.

Glaeßner, Gert-Joachim: Der schwierige Weg zur Demokratie. Vom Ende der DDR zur deutschen Einheit. Opladen: Westdeutscher Verlag, 1992.

Grabner, Wolf-Jürgen (Hg.): Leipzig im Oktober: Kirchen und alternative Gruppen im Umbruch der DDR; Analysen zur Wende. Mit einem Vorw. von Friedrich Magirius. Berlin: Wichern, 1990.

Haufe, Gerda u. Karl Bruckmeier (Hg.): Die Bürgerbewegungen in der DDR und in den ostdeutschen Bundesländern. Opladen: Westdeutscher Verlag, 1993.

Helwig, Gisela (Hg.): Die letzten Jahre der DDR: Texte zum Alltagsleben. Köln: Wiss. u. Politik, 1990.

Hildebrandt, Jörg u. Gerhard Thomas (Hg.): Unser Glaube mischt sich ein...: Evangelische Kirche in der DDR 1989; Berichte, Fragen, Verdeutlichungen. Berlin: Evang. Verl.-Anst., 1990.

Huelshoff, Michael/Andrei S. Markovitz/S. Reich (Hg.): From Bundesrepublik to Deutschland. German Politics after Unification. Ann Arbor: Michigan UP, 1993.

Jarausch, Konrad H.; Die unverhoffte Einheit, 1989 - 1990, Frankfurt: Suhrkamp 1995.

Joas, Hans u. Martin Kohli (Hg.): Der Zusammenbruch der DDR: soziologische Analysen. Frankfurt am Main: Suhrkamp, 1993.

Kallabis, Heinz: Ade, DDR!: Tagebuchblätter vom 7. Oktober 1989 bis 8. Mai 1990. Berlin: Treptower Verl.-Haus, 1990.

Kaufmann, Robert: Bundesstaat und deutsche Einheit: die historischen, politischen und rechtlichen Voraussetzungen der Föderalisierung der ehemaligen DDR und die Auswirkungen ihres Beitritts auf den Bundesstaat unter dem Grundgesetz. Heidelberg: Decker, 1992. (Diss 91/92).

"Keine Überraschung zulassen": Berichte und Praktiken der Staatssicherheit in Halle bis Ende November 1989/hrsg. von Mitgliedern der Redaktion Das andere Blatt. -2. Aufl. Halle/Saale: Das andere Blatt, 1991.

Klein, Ansgar (Red.): Von der DDR zu den FNL: Soziale Bewegungen vor und nach der Wende/hrsg. von der Forschungsgruppe Neue Soziale Bewegungen. Marburg: Schüren, 1992.

Klessmann, Christoph (Hg.): Kinder der Opposition: Berichte aus Pfarrhäusern in der DDR. Gütersloh: Gütersloher Verl.-Haus, 1993.

Kloepfer, Michael: Das Stasi-Unterlagen-Gesetz und die Pressefreiheit: Verfassungsfragen des Gesetzes über die Unterlagen des Staatssicherheitsdientes der ehemaligen DDR (Stasi-Unterlagen-Gesetz). Unter Mitarb. von Gerhard Michael. Berlin: Duncker & Humblodt, 1993.

Königsdorf, Helga: Adieu DDR: Protokolle eines Abschieds. Reinbek bei Hamburg: Rowohlt, 1990.

Korte, Karl-Rudolf: Die Chance genutzt?: Die Politik zur Einheit Deutschlands. Frankfurt: Campus, 1994.

Lemke, Christiane: Die Ursachen des Umbruchs 1989: politische Sozialisation in der ehemaligen DDR. Opladen: Westdt. Verl., 1991.

Löhn, Hans-Peter, "Unsere Nerven lagen allmählich blank". MfS und SED im Bezirk Halle, BF informiert Nr. 13, Berlin: Der Bundesbeauftragte für die Unterlagen des Staatssicherheitsdienstes der ehemaligen Deutschen Demokratischen Republik, 1996.

Manz, Günter: Armut in der "DDR"-Bevölkerung: Lebensstandard und Konsumtionsniveau vor und nach der Wende. Mit einem Vorw. von Wolfgang Voges. Augsburg: Maro-Verl., 1992.

Marcuse, Peter: A German way of revolution: DDR-Tagebuch eines Amerikaners; September 1989 bis Juli 1990. Übers. aus dem Amerikan. von Karin Fickler. Berlin: Dietz, 1990.

Markovits, Inga: Die Abwicklung: ein Tagebuch zum Ende der DDR-Justiz. München: Beck, 1993.

Meckel, Markus u. Martin Gutzeit: Opposition in der DDR: zehn Jahre kirchliche Friedensarbeit; kommentierte Quellentexte. Köln: Bund-Verl., 1994.

Musiolek, Bernd u. Carola Wuttke (Hg.): Parteien und politische Bewegungen im letzten Jahr der DDR; Oktober 1989 bis April 1990. Mit einer Einl. von Ralf Rytlewski, Beiträgen von Jürgen Eichler u.a.; -1. Aufl. Berlin: Basis Druck-Verl.-Ges., 1991.

Neugebauer, Gero u. Bernd Niedbalski: Die SDP/SPD in der DDR 1989-1990: aus der Bürgerbewegung in die gesamtdeutsche Sozialdemokratie; Text, Chronik und Dokumentation. Berlin: Zentralinst. für Sozialwiss. Forschung der FU Berlin, 1992.

Opp, Karl-Dieter u. P. Voss: Die volkseigene Revolution. Stuttgart: Klett-Cotta, 1993.

Oschlies, Wolf: "Wir sind das Volk": zur Rolle der Sprache bei den Revolutionen in der DDR, Tschechoslowakei, Rumänien und Bulgarien. Köln u. Wien: Böhlau, 1990.

Pätzold, Rainer: Wenn Diktatoren fallen oder die DDR von A(bitur) bis Z(wangsumtausch). Frankfurt am Main: Haag und Herchen, 1991.

Politische Parteien und Bewegungen der DDR über sich selbst. Handbuch. Berlin: Staatsverlag der DDR, 1990.

Pond, Elisabeth: Beyond the Wall: Germany's Road to Unification. Washington: 1993.

Probst, Lothar: Ostdeutsche Bürgerbewegungen und Perspektiven der Demokratie: Entstehung, Bedeutung und Zukunft. Köln: Bund-Verlag, 1993.

Prokop, Siegfried (Hg.): Die kurze Zeit der Utopie: die "zweite" DDR im vergessenen Jahr 1989/90. Berlin: Elefanten Press, 1994.

Reitinger, Herbert: Die Rolle der Kirche im politischen Prozess der DDR 1970 bis 1990. München: tuduv-Verl.-Ges., 1991.

Rendtorff, Trutz (Hg.): Protestantische Revolution?: Kirche und Theologie in der DDR; ekklesiologische Voraussetzungen, politischer Kontext, theologische und historische Kriterien. Vorträge und Diskussionen eines Kolloquiums in München vom 26. - 28.3.1993. Göttingen: Vandenhoeck und Ruprecht, 1993.

Richter, Edelbert: Christentum und Demokratie in Deutschland: Beiträge zur geistigen Vorbereitung der Wende in der DDR. Leipzig u. Weimar: Kiepenheuer, 1991.

Richter, Manfred u. Elsbeth Zylla (Hg.): Mit Pflugscharen gegen Schwerter: Erfahrungen in der Evangelischen Kirche in der DDR 1949 - 1990; Protokolle. Bremen: Ed. Temmen, 1991.

Rogner, Klaus Michael: Der Verfassungsentwurf des Zentralen Runden Tisches der DDR. Berlin: Duncker & Humblodt, 1993.

Rüddenklau, Wolfgang: Störenfried: DDR-Opposition 1986-1989; mit Texten aus den "Umweltblättern". -2., überarb. Aufl. Berlin: Basis-Druck; Berlin: Ed. ID-Archiv, 1992.

Rüden, Bodo von: Die Rolle der D-Mark in der DDR: von der Nebenwährung zur Währungsunion. Baden-Baden: Nomos-Verl., 1991.

Schabowski, Günter: Das Politbüro: Ende eines Mythos: Eine Befragung/hrsg. v. Frank Sieren u. Ludwig Koehne. Hamburg: Rowohlt, 1990.

Schneider, Rolf: Frühling im Herbst; Notizen vom Untergang der DDR. Göttingen: Steidl, 1991.

Schröder, Thomas (Hg.): Was bleibt?: Die letzten Tage der DDR. Gestaltet von Hans-Georg Pospischil. München: Keyser, 1990.

Schroeder, Friederike: Neue Länder braucht das Land!: Ablauf und Umsetzung der Länderbildung in der DDR 1990. Göttingen: Abt. Kultur- und Sozialgeographie des Geographischen Inst. der Uni Göttingen, 1991.

Semtner, Klemens: Der Runde Tisch in der DDR. München: tuduv-Verl.-Ges., 1992.

Siebenhüner, Andreas: Wegbereiter der Wende: die Rolle der Kirche in der DDR im Umbruchprozess/hrsg. vom Institut der Deutschen Wirtschaft, Köln. Verantw. für den Inh.: Hauptabteilung Bildungs- und Gesellschaftswissenschaften. Köln: Dt. Inst.-Verl., 1991.

Spieker, Manfred (Hg.): Vom Sozialismus zum demokratischen Rechtsstaat: der Beitrag der katholischen Soziallehre zu den Transformationsprozessen in Polen und in der ehemaligen DDR. Paderborn; München; Wien; Zürich: Schöningh, 1992.

Swoboda, Jörg (Hg.): Die Revolution der Kerzen: Christen in den Umwälzungen der DDR. Wuppertal u. Kassel: Oncken, 1992.

Thaa, Winfried/I. Häusler/M. Schenkel/G. Meyer: Gesellschaftliche Differenzierung und Legitimationsverfall des DDR-Sozialismus: Das Ende des anderen Weges in der Moderne. Tübingen: A. Francke, 1992.

Thaysen, Uwe: Der runde Tisch oder wo blieb das Volk?: Der Weg der DDR in die Demokratie. Opladen: Westdt. Verl., 1990.

Villain, Jean: Die Revolution verstösst ihre Väter: Aussagen und Gespräche zum Untergang der DDR. Bonn: Zytglogge, 1990.

Vilstrup, Kim: Im Gespräch mit der DDR: 17 Interviews mit DDR-Bürgern 1988, 1989, 1990; Briefe und Materialien zur Wende. Herning: Systime, 1990.

Von der Revolution in der DDR zur deutschen Einheit: Auswahlbibliographie 1989-1990. Bonn: Wiss. Dienste des Dt. Bundestages, 1991.

Weilemann, Peter R. u.a.: Parteien im Aufbruch: nichtkommunistische Parteien und politische Vereinigungen in der DDR (In Zusammenarbeit mit der Konrad-Adenauer-Stiftung e.V., St. Augustin). -2., akt. Aufl. mit Ergebnissen der Volkskammerwahl vom 18. März 1990. Melle: Knoth, 1990.

Zwahr, Hartmut: Ende einer Selbstzerstörung: Leipzig und die Revolution in der DDR. -2. Aufl. Göttingen: Vandenhoeck und Ruprecht, 1993.

PERSONENVERZEICHNIS